Uwe Petersen

Bénédictions et Victimes de la Mondialisation

Développement économique et social, Appauvrissement relatif, chômage, crises économiques, radicalisme de gauche et de droite, guerres de religions, flux de réfugiés et la responsabilité européenne

Écrivain : Uwe Petersen

Bénédictions et Victimes de la Mondialisation
Développement économique et social, appauvrissement relatif, chômage,
crises économiques, radicalisme de gauche et de droite, guerres de religions,
flux de réfugiés et la responsabilité européenne

Traduit et mis à jour
Titre allemand original :
Segen und Opfer der Globalisierung
Wirtschaftliche und gesellschaftliche Entwicklung,
relative Verarmung, Arbeitslosigkeit, Wirtschaftskrisen,
Links- und Rechtsradikalismus, Religionskriege,
Flüchtlingsströme und die Verantwortung Europas

Publié 2017

Correction des épreuves: Miriam Peters

Conception de couverture de livre :
TomJay - bookcover4everyone / www.tomjay.de
Cover photo: © ginae014 - Fotolia.com

Date de publication : 2018

Maison d'édition : tredition

Paperback ISBN : 978-3-7469-1644-6

Hardcover ISBN : 978-3-7469-1645-3

e-book ISBN: 978-3-7469-1646-0

Contenu

Introduction

Le fait que nous devions faire face aux problèmes du monde entier aujourd'hui est une conséquence de la mondialisation. Ce faisant, nous devons être conscients que la mondialisation est une globalisation de notre esprit européen, de notre mode de vie, de notre technologie, allant jusqu'à la bombe atomique, de notre économie et de notre société, et nous sommes donc en partie responsables de ce qui se passe dans le monde.

La mondialisation entraîne non seulement une amélioration du niveau de vie et une croissance démographique plus rapide grâce à de meilleurs soins et médicaments, mais aussi un appauvrissement relatif, le chômage, les crises économiques, l'extrémisme de gauche et de droite, les guerres de religion et d'énormes flux de réfugiés.

En ce qui concerne les effets négatifs de la mondialisation sur le monde occidental, ils conduisent à l'incertitude générale, qui se manifeste alors par une perte de confiance dans les institutions politiques. Dans le processus, même les plus grandes réalisations de l'après-guerre - le dépassement du nationalisme et l'unification de l'Europe - sont remises en question et compromises ; en conséquence le salut est recherché dans l'isolement et les régions autonomes nationales.

Cette aversion pour les institutions établies et les marchés a atteint son point culminant lors de l'élection du président américain Donald Trump, qui - et c'est la nature discutable de son programme politique - comme milliardaire avec le soutien d'autres milliardaires et avec la promotion des jeux du marché des capitaux veut ramener l'économie en arrière vers une nouvelle prospérité et une nouvelle taille. Pour ce faire, il veut dissocier les États-Unis du marché mondial et ramener les industries perdues dans le pays.

Tous les petits Trumpis : Victor Orbán, Jaroslav Kaczyinski, Gerd Wilders, Marine le Pen, Beppe Grillo et en Allemagne les dirigeants du PEGIDA et de l'AfD et leurs partisans, l'acclament et proclament par analogie, la sortie de la zone euro ou même de l'Union européenne. Ils oublient que les États-Unis peuvent se permettre une forclusion et une autosuffisance parce qu'ils ont un marché intérieur tellement vaste qu'ils peuvent forcer les fabricants étrangers à fabriquer aux États-Unis s'ils veulent y vendre. Mais qui voudrait encore investir dans les petits pays qui quittent l'Union européenne ?

D'un point de vue purement économique, ces nationalistes marginaliseraient leurs pays et, sans le soutien des autres pays européens et de la Banque Centrale Européenne, auraient à se défendre seul contre la monnaie grandissante et la tourmente économique mondiale. Cela signifie qu'un retrait de l'Union européenne peut être lu géographiquement comme limitant la Grande-Bretagne à elle seule après le BREXIT. Cependant, la Grande-Bretagne peut-elle encore être nommée « Grande » après une sécession de l'Ecosse ?

Leur porteur d'espérance - Donald Trump - n'aiderait pas ceux qui voudraient sortir. Il ne pense qu'à l'Amérique et ne reconnaît que les forts. C'est pourquoi il est évidemment intéressé par l'effondrement du facteur de puissance de l'Europe. Comme les Trumpis européens ne reconnaissent pas la nécessité de renforcer l'Europe pour défier l'Amérique et les autres grandes puissances, ils se révèlent aussi inaptes politiquement.

Donc, l'insatisfaction croissante à l'égard des conditions données n'est pas infondée. Elle est le résultat d'un développement inadéquat des théories économiques, sociales et des idéaux et de la politique déterminés par eux. En conséquence, la dysharmonie s'est développée, en particulier, par le développement de la richesse et des revenus de plus en plus inégaux. Mis à part le mensonge de l'injustice sociale, un écart économique croissant de la demande est dû au taux d'épargne élevé par rapport au profit des opportunités prometteuses d'innovation et d'investissement. L'écart de demande ne peut être compensé que par une augmentation des dépenses publiques ou par le fait que, comme en Allemagne, la demande excédentaire soit déplacée à l'étranger par des excédents d'exportation. Dans la situation actuelle néanmoins, les taux de croissance sont restés maigres et ne favorisent presque que les plus riches. Seuls les jeux du marché des capitaux prospèrent et célèbrent la percée des marqueurs d'indices boursiers de plus en plus élevés.

Pour comprendre le développement économique et la mondialisation, nous devons analyser les pulsions sous-jacentes. On démontrera que les forces motrices et les objectifs du développement économique et de la mondialisation sont enracinés dans le développement intellectuel particulier de l'Europe, qui s'est développé à partir de l'héritage antique et judéo-chrétien.

La naïveté de l'évaluation de l'histoire actuelle, du développement social et donc économique, est basée sur une image humaine, selon laquelle l'Homme a toujours été plus ou moins structuré et prédisposé tel qu'il est dans le monde occidental actuel. Par conséquence, il reste impossible de comprendre pourquoi les civilisations et les cultures se sont développées différemment et pourquoi il n'est pas possible d'introduire la démocratie occidentale dans n'importe quel ordre social. Il est important de se rendre compte que l'esprit du peuple, ses sentiments, sa volonté, son comportement, sa confiance en soi se sont développés sur plusieurs milliers d'années et le développement n'a pas eu lieu de manière similaire dans les différents pays. Beaucoup de similarité entre tous les peuples existent, mais beaucoup de différences aussi, et si ces différences ne sont pas prises en compte, aucune interprétation rationnelle des conditions sociales, économiques et politiques n'est possible.

L'analyse des conditions économiques, sociales et politiques du monde montre aussi qu'il ne suffit pas de comparer les relations de pouvoir, le développement économique et les ressources naturelles, mais que les motivations spirituelles et surtout religieuses peuvent être des moteurs beaucoup plus importants de l'action politique et sociale. L'échec des Etats-Unis au Vietnam, la révolution iranienne, la légère progression de l'EI et son affirmation ne peuvent être expliqués autrement.

Cela pourrait étonner le lecteur contemporain que nous réduisions la discussion des problèmes de la mondialisation à la religion. Néanmoins, si l'on considère à quel point d'autres confessions religieuses, en particulier l'Islam, déterminent aujourd'hui les idéaux sociaux des pays musulmans et de la politique internationale, il faut comprendre que les européens réfléchissent aussi à leur héritage intellectuel et au comportement qui en résulte. Cela doit être pris en compte en particulier afin de répondre à d'autres revendications religieuses et de comprendre sa propre position. Donc, puisque l'européisme a comme racines, d'une part, l'antiquité et, d'autre part, le christianisme, il est permis de réfléchir à leur nature.

Quand on parle d'européisme, il ne faut pas oublier qu'il est partagé lui-même en une composante occidentale et une composante orientale, toutes deux devenues mondialisées. Les pays faisant autorité pour l'européisme occidental étaient le Royaume-Uni et plus tard le monde anglo-saxon, dominé par les États-Unis. L'européisme oriental était représenté par les pays d'Europe de l'Est, d'abord la Pologne, mais ensuite de plus en plus la Russie avec son expansion de la Mer Noire à Vladivostok.

Ces deux européismes et leur globalisation sont en conflit depuis la fondation de l'Empire britannique et de l'Empire russe. En particulier, le souhait de la Russie, depuis le règne de Pierre le Grand, de devenir une puissance navale et de s'étendre vers la mer Noire, le golfe Persique et la mer d'Inde, est la conséquence directe de la création d'une puissance maritime par Pierre le Grand, et a été perçue par les Britanniques comme une menace pour leur route maritime vers l'Inde. Comme on le verra, l'antagonisme Est-Ouest qui en résulte continue de déterminer presque tous les conflits du Proche et Moyen-Orient, et est la cause de la scission Est-Ouest après la Révolution d'Octobre en Russie et se superpose aux conflits actuels en Ukraine et au Moyen-Orient.

Pour comprendre les problèmes politiques actuels, la nature de l'antagonisme Est-Ouest et la position de l'Europe devront donc être discutées. Les leçons à en tirer peuvent aider à comprendre la responsabilité et la mission de l'Europe et, de l'Allemagne, en tant que puissance économique la plus forte en Europe centrale à surmonter et à véhiculer l'antagonisme Est-Ouest. Cela aboutit à la structure suivante :

A. L'européisme comme origine de la mondialisation.
B. L'européisme occidental et oriental comme origine du contraste Est-Ouest et de leur globalisation
C. La crise et le développement de l'européisme dans le monde globalisé.

Afin de refléter le contraste Est-Ouest et le rendre plus compréhensible pour les lecteurs occidentaux, les motivations intellectuelles, sociales et politiques de la Russie comme porteur du Salut chrétien, la Troisième Rome et enfin de l'Erastianisme qui déterminent de plus en plus la politique russe et aussi l'antagonisme entre la Pologne et la Russie vont être traités plus en détail.

Afin de comprendre les effets de la mondialisation de l'européisme sur les pays non européens, leur développement a été décrit plus en détail. Chaque pays a ses propres problèmes et peut influencer la paix mondiale. Quiconque connaît l'histoire de la colonisation et des mouvements d'indépendance dans les relations tendues de l'opposition Est-Ouest peut renverser ces rapports. Ils seront identifiés par des lettres spéciales.

A. L'européisme à l'origine de la mondialisation

La mondialisation est la convergence des peuples individuels avec la communauté mondiale. Les motifs de la mondialisation étaient et sont :
1. La domination et l'exploitation
2. Le commerce
3. Prosélytisme et développement de l'homme.

I. La domination et l'exploitation comme motifs de la mondialisation

Relativement aux conditions de production était et reste le comportement des éleveurs nomades. Les pâturages sont donnés et ne tolèrent qu'un certain nombre de personnes, de sorte que les tribus nomades les plus fortes détruisent les autres et récupèrent leur bétail.

Des tribus qui, se sont installées, en tant qu'agriculteurs et plus tard en tant que citadins et ont fondé une société avec une économie et une culture florissante, gagnèrent une valeur intrinsèque pour les conquérants, ainsi ils ne volèrent plus la population ni même la tuèrent, mais plutôt les subjuguaient et même souvent reprirent la culture du subjugué. Il y a eu des transitions. Ainsi, les Vikings ont non seulement opéré un vaste commerce maritime, mais ont aussi entrepris des incursions et réduit en cendres des villes comme Paris et Hambourg. Plus tard, en particulier avec l'adoption du christianisme, les Vikings ont commencé à fonder des empires.

Les grandes cultures s'étant déjà développées en Asie, en Égypte et en Amérique centrale et du Sud, beaucoup plus tôt qu'en Europe, les grands empires se sont développés très tôt. Le premier grand empire européen était celui des Romains. Tous ces empires étaient constitués de masses terrestres, sauf si les pays se groupaient autour de la Méditerranée, comme l'Empire Romain.

C'est pourquoi on peut déjà voir les débuts de la mondialisation dans la formation des grands empires. Dans ce processus, un dirigeant tribal s'imposait à d'autres peuples, qui ont souvent conservé une autonomie limitée ou sont devenus seulement tributaires, souvent un dieu impérial, représenté par le dirigeant, a été superposé aux cultes des familles et des tribus. C'est ainsi que les dieu-rois, bien connus, sont apparus, comme l'empereur en Chine, les Pharaons en Egypte ou les Incas en Amérique du Sud.

Dans la mesure où ces empires pouvaient créer une zone économique protégée et juridiquement ordonnée, ils favorisaient également la division du travail, facteur essentiel de la croissance économique. Le commerce et les affaires prospéraient dans les empires et créaient les conditions d'une vie culturelle et sociale florissante.

La pression pour créer de plus grandes zones économiques a été accue par les nouveaux moyens de production depuis la révolution technique. Au Royaume-Uni, lieu de naissance de la révolution industrielle, les débouchés pour les produits industriels ont été très limités. Les entreprises britanniques ont été forcées de conquérir les marchés étrangers. Tôt ou tard, les autres pays européens industrialisés ont également dû offrir leurs produits à l'étranger pour bénéficier de leurs industries.

Les possibilités de production accrues ont nécessité plus de matières premières. L'importation depuis régions d'outre mer s'offrait à eux. Le développement des marchés de vente et la demande en matières premières ont ainsi été un moteur décisif de la mondialisation.

II. Le commerce comme une forme de mondialisation

Une première forme de mondialisation a aussi été le commerce. Depuis des milliers d'années, l'ambre de la mer Baltique, les fourrures russes, l'or et les artefacts des pays méditerranéens, les produits exotiques d'Asie de l'Est et l'encens d'Éthiopie ont été échangés à travers les continents.

Les commerçants constituent les premières formes d'individualisation. Ils sortent de leur production locale et essaient de faire des profits en achetant et en vendant des biens. Plus ils sont aventureux, plus ils font de voyages, reliant ainsi économiquement des marchés éloignés les uns des autres.

Les producteurs traditionnels, c'est-à-dire les artisans du passé, sont soumis à des codes de conduite sociaux qui, par exemple, ne leur permettent pas de produire quelque chose pour le profit, si ce profit n'est pas uniquement utilisé afin de mener une vie décente.

Pour les concessionnaires ces limites n'existaient pas. C'est pourquoi ils pouvaient devenir très riches. Ils n'avaient pas non plus de relation affective avec leurs biens, mais regardaient seulement le profit t réalisé par l'échange en question. Dans la mesure où le commerce international était plus tard institutionnalisé, comme par exemple, entre les branches commerciales grecques ou la Ligue Hanséatique, les commerçants pouvait également imposer certaines règles de conduite, comme celles d'un *Marchand Royal*. Mais ils étaient toujours beaucoup plus libres dans leur attitude morale que les artisans de production. Les commerçants étaient donc également considérés par les populations autochtones comme des gens douteux et motivés.

III. Le travail missionnaire religieux pour le développement ultérieur des êtres humains

Le troisième motif de la mondialisation - la propagation de sa propre religion comme mission de Dieu et au salut du reste de l'humanité - n'existe que depuis l'émergence du bouddhisme, du christianisme et de l'islam, en ce qu'il ne concerne pas les cultes et les doctrines philosophiques qui ne s'adressent pas aux communautés, mais aux individus.

Les religions anciennes organisent les liens sociaux dans les communautés et définissent les individus, qui ont traditionnellement leur propre identité dans ces relations. Plus nous remontons dans l'Histoire, moins l'individu se comprend par lui-même, mais est plutôt membre d'une communauté. Cela peut également être observé dans le développement du langage. Dans les cultures antérieures, la personne individuelle parlait comme un enfant à la troisième personne. Par exemple, encore aujourd'hui, les Vietnamiens se présentent en fonction leur rôle familial et s'appellent également en fonction de ce titre. Ils se disent « frère aîné », « jeune sœur », « enfant », « Grand-père », etc. Le mot *je* n'est apparu au Vietnam que durant la colonisation de l'Indochine par les Français et signifie dans son sens originel« le plus humble serviteur de l'empereur ». Je traite de ce point plus en détail dans mon livre *Le langage comme objet scientifique, le phénomène philosophique et l'acte.* [1]

Les anciennes communautés sont construites autour de la famille avec un culte des ancêtres, des tribus et des peuples, chacun ayant leurs dieux respectifs. Même le dieu juif Jéhovah n'est que le dieu tribal des Juifs.

1. Prosélytisme Chrétien

Avec l'émergence du christianisme une nouvelle impulsion est apparue dans le monde romain antique alors mourant. Alors que dans les religions pré et non chrétiennes, le monde des dieux était expérimenté ou imaginé en dehors de l'homme dans la nature ou dans le monde non-terrestre, la spécificité du christianisme était que son Dieu suprême a rejoint l'individu par le biais de son Fils, en sacralisant ainsi l'individu ou du moins en lui offrant la perspective de la déification personnelle.

Le christianisme a émergé du judaïsme. L'Eternel a fait des Juifs son propre peuple, et selon leur compréhension, a fait un traité avec eux qui sert de base pour leur conduite par ce dernier. La relation immédiate que le Juif avait avec son Dieu a été étendue à tous les êtres humains dans le christianisme. De plus, chacun a eu l'opportunité de recevoir en soi le Christ et ainsi devenir lui-même divin. Cette possibilité signifiait un appel à une action libre et responsable.

Gerald Kruhöffer écrit : >>Paul enlève le mot « liberté » du contexte gréco-hellénistique et lui donne une nouvelle signification dans le cadre de sa théologie. La nouveauté de l'interprétation chrétienne réside avant tout dans le fait que la liberté est associée à un événement historique : Jésus-Christ est l'origine de la liberté. La liberté est devenue un événement dans son histoire. Pour cette raison la liberté est comprise et vécue avant tout comme une libération.

Plus précisément, Paul déclare : « Le Christ nous a libérés pour la liberté. Alors tenez ferme et ne laissez pas le joug de la servitude rouvrir ! » (Gal 5,1). Essentielle est l'expérience libératrice de Dieu qui a son origine dans l'histoire de Jésus-Christ.

Par la fusion du christianisme et de la domination césarienne traditionnelle, le christianisme actuel a été perverti dans une certaine mesure et répandu par le feu et l'épée. <<_ [2]

---

[1] Uwe Petersen: *Sprache als wissenschaftlicher er Gegenstand, philosophisches Phänomen und Tat.*
[2] Gerald Kruhöffer: *Was heißt christliche Freiheit heute?*, Texte publié en Loccumer Pelikan 3/2003.

2. Prosélytisme islamique

Simplifié, l'Islam est une soumission à l'Allah venu de l'au-delà. Islampedia. Ecrit : >>ALLAH, le Créateur de tout Etre, nous dit dans son dernier livre de révélation à toute l'humanité, le Coran, ce qui suit dans un sens analogue en français:

« Et j'ai créé les djinns (créatures immatérielles)
et les hommes seulement pour Me servir.» (Coran 51:56)

Le véritable but de toutes les vies humaines est donc uniquement de servir ALLAH dans la façon dont il dirige les gens à travers le chemin de la révélation à travers Ses Messagers (dernier dans le Coran et dans la Sunna / modèle du dernier Envoyé Muhammad). Ce type de style de vie est appelé « Islam » ou en français « piété ». En ce sens, l'Islam est le nom du mode de vie de tout peuple donné par Dieu et de tous les prophètes de Dieu. <<[3]

Ainsi dans l'Islam, le salut et le bonheur à long terme des êtres humains dépend uniquement du fait qu'ils se soumettent complètement à leur Dieu Allah. Allah est décrit comme un dieu despotique, qui promet le paradis seulement à l'homme soumis et miséricordieux, et ne pardonnant que dans la mesure où le temps de repentance est passé et il condamne impitoyablement les hommes à la damnation éternelle en les envoyant dans le plus cruel des tourments du feu. Allah prend la même position que Jéhovah au début du judaïsme.

Selon la doctrine originelle, Allah est aussi un dirigeant terrestre ou il est représenté par un calife qui dirige en son nom. Parce qu'il n'y a pas eu d'inspiration divine après Mohammed, la Sharia est le seul livre de droit existant.

Puisque l'Islam a déjà une structure théocratique en tant que religion, le lien entre la politique et la religion est intrinsèquement présent. C'est pourquoi il est si difficile pour les États islamiques de développer des formes de gouvernement démocratiques et laïques. En d'autres termes, lorsque des formes de gouvernement plus ou moins laïques se sont formées dans le monde islamique, il s'agissait soit de dictatures militaires, soit d'acquisitions d'ordres sociaux européens.

L'image de l'homme dans l'Islam est également déterminée par ses besoins sensuels. Allah réduit largement les gens à leur sexualité et ne traite pas les hommes et les femmes de manière égale. Les femmes sont traitées comme des personnes de seconde classe dans de nombreux passages du Coran. Pour un individu qui a confiance en lui et qui évolue mentalement, il n'y a pas de place dans l'Islam. Ainsi, il n'est pas surprenant que le développement spirituel culturel, économique et social dans les États islamiques stagne, alors qu'il est évident pour un ordre social humaniste moderne que l'individu est avant tout l'esprit et qu'il est seulement *incarné* comme un homme ou une femme.

Le fait que les cultures tribales archaïques ont été préservées dans de nombreux États islamiques est également une cause de la perduration du principe de la famille patriarcale stricte avec sa hiérarchie, pour les fils comme pour les filles, et leur asservissement face au patriarche. Il en découle que l'individu se sent avant tout responsable vis-à-vis de sa tribu et en second lieu seulement vis-à-vis de la direction de l'état.

---

[3] http://www.islam-pedia.de/index.php5?title=Mensch.

En raison de cette affiliation tribale dans le monde islamique le prosélytisme depuis Mahomet portait moins sur la conviction des individus que sur la conversion de tribus entières. En conséquence les guerriers islamiques étaient menés par leurs chefs dans la guerre, c'est-à-dire, que le roi ou le calife se basait dans ses campagnes militaires sur les chefs des tribus. Si la reconnaissance religieuse du sultan diminuait, des conflits de loyauté auraient pu surgir. Dans le doute, l'autorité des anciens était plus importante que celle du calife ou du sultan.

Lorsqu'un empire plus grand devait être conquis ou conservé par des campagnes militaires, alors le calife ou le sultan avait besoin de soldats pieux. Il les a trouvés dans lesdits soldats esclaves. À cet effet, comme l'écrit *kriegsreisende.de*, >>Les adolescents ont été arrachés à leur environnement familier, isolés et déracinés dans la nouvelle culture et ont reçu une nouvelle identité. La longue formation était aussi une empreinte de leur nouveau maître. En tant qu'esclaves, ils n'étaient pas seulement ses biens, mais appartenaient aussi dans une certaine mesure à son ménage, à sa famille. Et, bien sûr, les califes ont compris comment augmenter ce sentiment de loyauté avec de riches cadeaux, des robes somptueuses et d'autres privilèges. Les soldats esclaves appartenaient à l'élite sociale de l'Islam. Ce système d'esclaves privilégiés, éduqués et entraînés avec beaucoup d'efforts, fut ensuite copié en Egypte, en Espagne et même chez les Turcs. <<[4]

> Les soldats asservis devinrent une institution permanente ... vers 830 sous le calife Al-Muetasim, qui acheta des esclaves turcs à une très grande échelle et les transforma en armée permanente. En même temps le calife déplaça son siège de gouvernement de Bagdad à Samarra, ville voisine, où ses esclaves militaires - on parle de 70 000 hommes ! - vécurent dans leur propre quartier <<[5]

>>Les soldats esclaves devinrent bientôt une partie intégrante du système et dans la plupart des États islamiques ils étaient l'épine dorsale des armées, ou du moins les gardes du corps des dirigeants. Il n'y a aucune indication de rébellions dans lesquelles les esclaves se sont battus pour leur liberté ou même auraient tenté de se retourner contre leur patrie. Au contraire, lorsqu'ils se rebellaient, ils se préoccupaient de préserver leur position et les privilèges qui lui étaient associés. Ils se sont alors plus comportés comme la garde prétorienne dans l'Empire romain. Toujours à Samarra les successeurs d'Al-Muetasim furent bientôt si complètement dépendants de leurs gardes turcs, que les califes commandèrent à leur discrétion. En Egypte, les Mamelouks ont même complètement pris le pouvoir autour de 1250 et fondé leurs propres dynasties. Plus tard, en Turquie, plus d'un sultan sera renversé par les janissaires ou leur place sera prise par un de ces derniers. <<[6]

Afin de convertir autant de personnes que possible à la foi islamique, Mahomet et ses successeurs ont créé de grands empires musulmans. La domination islamique s'étendait à l'Espagne, à travers les Balkans, mais aussi à la Perse, à l'Inde et jusque dans la Russie actuelle. Jusqu'à l'avènement du tsar Ivan le

---

[4] http://www.kriegsreisende.de/mittelalter/sklaven.htm.
[5] Ibid.
[6] Ibid.

Grand, les dirigeants russes chrétiens ont longtemps été soumis à la domination par des tartares musulmans.

De la foi islamique n'est cependant pas venue d'impulsion spéciale pour un développement scientifique, culturel ou spirituel. Bien que Mohammed ait appelé à l'assimilation de toutes les connaissances existantes, en raison de la richesse au Moyen-Orient du patrimoine culturel hellénistique et autres, les califes islamiques étaient culturellement et au point de vue de la civilisation leaders dans le monde européen et au Proche-Orient. A travers l'Espagne, également dominée par les musulmans, de précieuses impulsions scientifiques et culturelles sont venues en Europe. Mais dans la mesure où le Coran, en quelque sorte, s'est imposé comme une culture et un esprit, l'apogée culturelle du monde à dominance islamique s'est évanouie. En outre, le patrimoine culturel a été détruit par les invasions mongoles.

Les guerriers religieux fanatiques d'aujourd'hui, qui veulent faire de l'Islam la religion mondiale dominante, rêvent encore de l'apogée culturelle médiévale. Cependant, ils négligent le fait que l'Islam, à l'époque, fournissait seulement le cadre de l'État, mais sa culture et sa civilisation se nourrissaient de sources préislamiques. En effet, le zèle religieux des musulmans était l'étude du Coran et, selon les terroristes islamiques de notre temps, cela devrait à nouveau être la seule échelle.

À partir de l'an 1299 les pays musulmans du Moyen-Orient ont été conquis par les Ottomans. Ils ont réussi à fonder un énorme empire comprenant tout le Moyen-Orient et l'Afrique du Nord et à le maintenir pendant de nombreux siècles jusqu'à ce que leur formation impériale missionnaire et belligérante se tarisse.

De plus, l'économie de l'Empire ottoman était significativement affaiblie lorsque le commerce lucratif venant de la Route de la Soie et du sud de l'Arabie s'arrêta parce que les européens avaient commencé à conduire leurs navires directement en Asie de l'Est. L'empire Ottoman a dégénéré en, un soi-disant, « homme malade sur le Bosphore ».

Contrairement à l'Asie Mineure islamique et à l'Afrique, la référence tribale des peuples d'Europe a été surmontée tout au long de l'Histoire. Ce développement a été favorisé par le fait que les différentes tribus erraient à travers l'Europe au cours de la migration des peuples et se mélangeaient avec les peuples soumis. Les Ostrogoths, les Wisigoths, les Vandales et d'autres tribus qui se sont déplacées vers le sud se sont pratiquement perdus culturellement en Italie et en Espagne. Les francs subsistent encore aujourd'hui comme éponyme de la France actuelle.

Dans le sillage de l'empire fondé par Charlemagne, des chevaliers et des vassaux libres, investis de terres, se sont développés. Les régions tribales régionales couvraient un réseau de duchés et de comtés, où la noblesse formait sa propre classe sociale, qui ne se mariait qu'entre elle.

Les zones dirigées ont été héritées plus tard comme propriétés ou ont été données au cours de guerres ou d'héritages à d'autres maîtres ou encore ont été connectées à d'autres zones. Les zones féodales individuelles à leur tour étaient hiérarchiquement liées à l'Empereur. Les fermiers libres à l'origine sont devenus des serfs. De manière analogue, l'Empire russe s'est également développé, centralisé autour de la personne du Tsar.

Par le développement de l'artisanat et du commerce, des villes émergèrent. De celles-ci les serfs pouvaient s'échapper et ainsi devenir des citoyens libres.

Alors que l'islam traditionnel prescrit un règne de Dieu, ce qui est également visé et réalisé par les musulmans radicaux dans le calife IS et le mollah en Iran, ; le royaume du Christ *n'était pas de ce monde*, de sorte qu'en Europe il s'est développé un pouvoir séculaire devenant de plus en plus indépendant de l'Église.

Certes, l'Église catholique a essayé d'établir la domination papale sur toute la chrétienté et que le Pape règne encore aujourd'hui sur le petit État du Vatican. Des tendances correspondantes existaient également dans les régions dominées par l'Église orthodoxe, en particulier en Russie. Mais cette affirmation a été défendue de manière toujours plus cohérente au cours de l'Histoire européenne, de sorte qu'une séparation de l'Église et de l'État pour le monde européen est tenue pour acquise.

Le christianisme s'est également développé plus largement que l'islam, de plus en plus parce qu'associé au patrimoine antique. L'Europe de l'Ouest en particulier était déjà façonnée par la tradition romaine, qui se manifestait en particulier dans l'auto-compréhension du citoyen romain. En outre l'Europe a assimilé le patrimoine hellénistique qui lui a été conféré, en particulier par les Arabes à travers l'Espagne. Le résultat de la confluence du christianisme et du patrimoine antique sera par la suite appellé *Européisme*.

Leur état d'esprit et philosophie de vie sont aujourd'hui considérés comme allant de soi par les Européens, de sorte que toutes autres formes déviantes de croyance ou de société sont considérées comme sous-développées. Néanmoins, l'engagement missionnaire continua à exister sous des formes sécularisées du christianisme. Aujourd'hui les objectifs en sont universalisation des droits naturels de l'homme, de la démocratie, de l'économie de marché, de la liberté de croyance, de la libre scientifique, de la liberté d'expression et du socialisme.

Les récents développements dans la revitalisation et le prosélytisme de l'islam, en particulier en réponse à l'*Européisme*, sont rétrospectifs et comme on peut l'observer largement, ont pu mener à des guerres motivées par la religion, à la terreur et à la destruction.

IV. L'Européisme et sa mondialisation

L'origine de l'*Européisme* lui-même peut être trouvée dans l'antiquité et le christianisme. L'individu libre est né dans la polis grecque. L'individu, en tant qu'acteur, faisait face à ses dieux et n'était plus le seul sujet d'un dieu ou d'un dirigeant divinement légitimé. Il se sentait membre d'une société, mais non seulement porté par elle, mais aussi le porteur de cette dernière. Ainsi la *forme démocratique du gouvernement* est apparue avec l'individu libre.

, la confiance en soi en tant que citoyen libre était encore renforcée et légalement fondée dans l'Empire romain. En tant que citoyen romain, l'individu s'est également affranchi de ses racines archaïques en tant que membre d'une tribu. Le monopole du pouvoir revenait à l'État. Il n'y avait plus de droit de vengeance ou de profession de sang. Cela a constitué la base d'une vie économique et sociale possible des citoyens libres dans le monde entier.

Alors que dans les temps anciens, les dieux existaient indépendamment du peuple, bien que le peuple dépendît du travail des dieux et qu'ils firent miséricorde par des sacrifices et des prières, Jéhovah a fait des Juifs son propre peuple et a conclu avec eux, d'après leur compréhension, un contrat par lequel ils ont été menés par lui.

La relation immédiate que le Juif avait avec son Dieu a été étendue à tous les hommes par le christianisme, qui a émergé du judaïsme. Il a également eu l'opportunité de recevoir le Christ et de devenir ainsi lui-même divin. Cette possibilité signifiait pour les gens un appel à une action libre et responsable.

Le développement personnel de l'homme exige qu'il puisse se détacher des hiérarchies supérieures, telles que la famille, le clan ou la tribu. Les gens qui passaient par cette étape étaient soit des voleurs, des chevaliers, des guerriers, des ermites, des clercs ou des moines. Parce que le christianisme a en quelque sorte déifié l'individu et lui a offert l'opportunité de développer son âme, les monastères sont apparus partout où les gens étaient baptisés. Les monastères étaient aussi les lieux de développement de la science et de la recherche.

L'idéal du chrétien n'est pas seulement de développer et de jouir de lui-même, mais de ramener cela au monde et à la société, et ainsi de se réaliser dans le monde.

La réalisation de soi est le *travail*. Parce que l'Homme qui travaille change le monde, il continue ainsi le processus divin de la création. Avec chaque activité consciente, l'Homme marque son propre monde, le plus ostensiblement dans l'art. L'artiste est la somme de ses œuvres. Mais fondamentalement toutes les personnes agissantes sont la somme de leurs actions. Celui qui fait peu est une simple lumière. Quiconque a beaucoup fait est une personnalité. En comprenant le travail comme réalisation de soi, le travail est anobli.

Le travail est devenu l'essence de l'Homme en Europe. Cette éthique de travail a surmonté le mépris de l'ancienne éthique de travail. Ainsi, la conception européenne du travail diffère encore aujourd'hui de celle des autres cultures. Bien que les attitudes religieuses fondamentales qui sous-tendent l'éthique du travail aient été largement perdues en Europe, elles continuent à servir de base intellectuelle pour les Européens. En Europe le travail n'est pas seulement une épreuve, aucun travailleur n'est considéré comme de seconde classe en Europe. Cependant pour les membres d'autres cultures et civilisations le travail a toujours été une activité secondaire et l'oisiveté luxueuse l'idéal. Cela rend difficile, par exemple, la promotion de la formation professionnelle pratique dans les pays en développement.

En conséquence l'appréciation du travail se retrouve déjà au début du christianisme. Le travail était déjà anobli dans les monastères. K. Simonyi a écrit : « Ainsi nous lisons dans la Règle de l'ordre Nursie Bénédictin fondé par Saint Benoît, en plus de la prescription que les moines doivent lire des livres, c'est-à-dire se former spirituellement, l'exigence qu'ils ont une certaine partie de la journée à propos du travail physique. Cette règle du premier ordre monastique européen a été un modèle pour tous les ordres monastiques européens ultérieurs. La Règle Bénédictine est importante à deux points de vue. D'une part, elle encourage les intellectuels travaillant spirituellement à travailler physiquement et favorise ainsi le développement de nouvelles méthodes et technologies de travail, d'autre part, la direction spirituelle de la société féodale, par son implication directe dans le travail physique, a contribué à la reconnaissance sociale de ce travail ».[7]

La relation positive au travail se retrouve aussi le christianisme orthodoxe oriental. Comme le dit N. Berdiajew (1874-1948) : « L'homme est sans doute appelé au travail et à l'activité. L'homme doit organiser et transfigurer le monde, il doit continuer l'acte de formation du monde. » [[8]][9]

Une telle relation au travail ne peut être trouvée dans aucune culture et civilisation non européenne. Dans toutes les cultures non européennes, il s'agit seulement du plaisir aussi polyvalent que possible et on le travail est considéré comme une activité nécessaire à la subsistance et une corvée. Si possible, il était transféré aux esclaves et domestiques. Les moines des cultures non chrétiennes étaient principalement des moines mendiants. Autrement dit, ils ne travaillaient pas mais se consacrait seulement à la méditation et la prière. Même lorsque l'ascétisme était pratiqué, le travail lié au monde n'était pas l'adoration et la réalisation de soi, mais au mieux le dépassement de soi.

Même aujourd'hui, quand il s'agit d'adopter la technologie et les affaires occidentales, les non-Européens ne se préoccupent généralement que de l'enrichissement. Ils ne vivent pas pour travailler, mais travaillent pour vivre. Cela doit également être pris en compte lors de l'évaluation du développement économique dans les pays non européens.

En général, ces pays adoptent au mieux les méthodes de production et le savoir-faire. Sur les marchés émergents non européens, le savoir-faire est en effet en cours de développement. Mais les innovations et nouvelles impulsions fondamentales du développement qui font avancer l'humanité, telles que Copernic ou Albert Einstein, et même des forges de connaissances aussi dynamiques que la Silicon Valley, ne sont pas non plus à attendre dans ces pays. Si les non-Européens ne sont pas déjà façonnés par l'Européisme, ils ignorent l'éthique de sacrifier leur vie à la réalisation d'une idée avec laquelle on peut échouer, où l'accomplissement de soi est l'objectif principal, avant même la possible exploitation économique.

Bien sûr, en Europe aussi, les masses ne veulent que s'enrichir. Néanmoins, en Europe, l'éthique du travail est déjà tellement entré dans les moeurs qu'une vie sans travail est perçue comme insatisfaisante et qu'une vie seulement tranquille et agréable n'est plus suffisante pour les gens.

Du judaïsme les chrétiens ont également adopté l'idée d'un temps linéaire. Traditionnellement à l'époque pré-hébraïque le temps était perçu comme un événement cyclique : *été* et *hiver*, *jour* et *nuit*, *nouvelle lune* et *pleine lune*, *naissance* et *mort*.[10] En croyant en la création de la terre par Dieu, la chute de

---

[7] K. Simonyi: *Kulturgeschichte der Physik*, P.129f.

[8] N. Berdiajew: *Der Mensch und die Technik*, édition spéciale Luzern 1943, P.28-30.

[9] P. 640.

[10] Pour plus de détails sur le développement du concept moderne du temps, voir: Uwe Petersen: *Raum, Zeit Fortschritt. Kategorien des Handelns und der Globalisierung.*

l'homme et sa rédemption ou condamnation subséquente lors du Jugement. En-fin, les hébreux parviennent à une conception de la notion du temps comme ayant un début et une fin.

Cette idée a également été adoptée par les chrétiens, et elle apparaît alors sous sa forme sécularisée comme un *progrès* éternel, une notion qui n'existait pas dans les cultures anciennes. Certes, l'homme pourrait se développer dans d'autres cultures, devenir plus moral, augmenter ses capacités et même imaginer le dé-passement du monde dans le nirvana, mais la terre elle-même a été exclue de ce développement. Un changement des conditions de vie et de la terre dans son ensemble rendu possible par l'homme en liberté était une conception étrange pour d'autres cultures.

Suite à la réalisation des phénomènes de la nature, l'européen a gagné sa con-fiance en soi et est devenu lui-même un *ego*. Dans la prochaine étape il a aussi fait face à son environnement social et a commencé à s'émanciper des commu-nautés naturelles, telles que la famille, le clan et la tribu, afin de devenir un indi-vidu confiant.

La confession à l'individu libre et confiant inclut le respect de la liberté de l'autre. La relation à l'autre est aussi la base de la compréhension chrétienne. Gerald Kruhöffer, Paul souligne >>que l'individu ne peut pas avoir la liberté tout seul : « Vous êtes appelés à la liberté, frères, seulement : assurez-vous que la liberté ne laisse pas place à votre égoïsme, mais qu'elle se serve les uns les autres dans l'amour » (Gal 5: 13). La liberté ouverte par Jésus-Christ ne peut être com-prise au sens individualiste. Elle est plutôt liée à la communauté humaine et veut donc être efficace dans l'amour. En ce qui concerne la tradition, Paul ajoute que toute la loi (la Torah) trouve son accomplissement dans le commandement de la charité (Ga 5, 14). <<[11]

L'autre ego est identique à l'ego donc en ce qui concerne ma relation avec l'autre ego c'est la relation avec moi-même. Telle est la base de la maxime de la vie : *aimez votre prochain comme vous-même !* La liberté et l'amour total sont les maximes fondamentales d'un vrai Européen. Cependant, l'amour doit être précé-dé par la réalisation de soi, car ce n'est que si une personne est devenue une per-sonne libre qu'elle peut se tourner vers les autres et les aimer. L'émancipation de la famille, du clan et du peuple devrait aboutir en dernière conséquence à l'indi-vidu socialement citoyen du monde. Aussi dans l'amour total, c'est-à-dire la relation de l'individu aux autres, cet idéal est contenu.

La relation d'un homme émancipé de sa famille avec les membres cette fa-mille n'est pas la même qu'avant l'émancipation. En tant qu'enfant, l'homme ne se sent pas encore comme un individu à part, mais s'identifie à son rôle dans la famille, cela est d'autant plus vrai que l'individu est jeune. La famille est la sienne. Dans les familles musulmanes archaïques cette image de soi est toujours valable aujourd'hui.

En règle générale l'adulte reste lié à sa famille d'origine. Il est cependant ré-fléchi vers elle, c'est-à-dire il est engagé dans la famille de sa propre volonté et pas instinctivement par le lien biologique. Si et dans la mesure où l'auto-

---

[11] Gerald Kruhöffer: *Was heißt christliche Freiheit heute?*, Publié en Loccumer Pelikan 3/2003.

développement d'une personne et son émancipation de la famille ne sont pas réussis ou seulement imparfaits, les troubles mentaux les plus divers sont manifestes. Où existe-il une telle émancipation de l'adolescent grandissant de la famille dans les cultures non européennes ?

Mais l'homme n'est pas seulement le produit de sa famille, mais aussi de son peuple et de son héritage spirituel, de ses actes et de son destin. Plus il s'identifie à son peuple, plus le contenu de son âme est riche. Spirituellement, l'homme est la somme de ses relations. Cependant, dans la mesure où l'individu s'identifie à son peuple, il a son propre moi dans le peuple, il est nationaliste et se distingue comme tel des autres peuples.

Le nationalisme, comme le montre l'histoire de l'Europe, peut mener à des guerres dévastatrices. Il a fallu deux guerres mondiales pour surmonter le nationalisme en Europe et, dans une certaine mesure, développer une conscience européenne. Mais aujourd'hui encore, beaucoup de gens risquent de retomber dans un nationalisme borné.

Dans le développement d'un citoyen du monde, il y a aussi la motivation de faire de tous les autres des citoyens du monde. Le prosélytisme de la mentalité européenne est déjà fondé sur le christianisme et s'est étendu dans les aspirations missionnaires sécularisées. Ceci se manifeste dans les idéaux des droits de l'homme, de la démocratie, mais aussi du socialisme, qui se propagent dans le monde entier.

La diffusion de l'européisme dans le monde entier est le noyau-même de la mondialisation. Bien sûr, ces nobles objectifs se mêlent ou sont même dominés par les intérêts nationalistes et exploiteurs. De plus, avec l'adaptation de l'Européisme dans les pays non européens, le nationalisme devient un motif d'auto-identification. Les efforts nationalistes, comme on le verra, favorisent les tendances séculaires, c'est-à-dire l'émancipation des personnes issues de liens étroits avec la famille, du clan et de la tribu. Mais elles conduisent aussi à de nouvelles formes de démarcation et de conflit entre les peuples et peuvent renforcer d'autres tensions sociales ou rivaliser avec elles, comme cela est particulièrement évident au Moyen-Orient.

Avec l'émancipation de la femme comme individu socialement égal, le plus haut niveau de réalisation de soi d'un peuple et d'une société est atteint. Comme vous le savez, ce niveau n'est pas même pleinement réalisé dans les sociétés occidentales. Avec le développement des forces productives les femmes pouvaient ou devaient exercer de plus en plus d'occupations classiquement masculines. Cela aussi est un enrichissement, car à mesure que la société devient de plus en plus complexe, l'esprit d'équipe et l'empathie deviennent de plus en plus nécessaires, de sorte que les femmes complètent l'unilatéralité masculine.

L'émancipation des femmes est également, une fois de plus, difficile pour les autres cultures. Les sociétés islamiques sont les plus durement touchées, parce que la femme y a été trop dégradée, allant jusqu'à ne plus être autorisée à se montrer en public, ou seulement vêtue d'un voile lui couvrant tout le corps. Elle ne peut même pas être une interlocutrice à part entière pour son propre mari, pour qui, sa mère est la véritable personne féminine de référence.

Les hommes, comme les femmes, ne peuvent que se développer s'ils acceptent leur féminité. L'oppression des femmes signifie aussi un développement imparfait de l'homme et l'exclusion des femmes de la société et de la culture un appauvrissement social.

De la concrétisation des phénomènes du monde, l'individu gagne sa confiance en soi. Mais dans l'idéal de l'*Européisme*, c'est aussi le fait que l'ego retourne au monde et s'y réalise, développant ce dernier. L'homme se rend maître du monde, mais en est aussi responsable.

Une telle relation n'existait pas dans les cultures anciennes. L'homme se sentait alors comme porté par une grande Mère, comme *Pachamama* qui est encore vénéré par les Indiens en Amérique. Ou alors l'homme voyait, comme les hindous et bouddhistes, l'incarnation dans la matière comme une prison d'où il pouvait simplement apprécier les fruits terrestres. Tous ces moments se retrouvent aussi dans la relation au monde européen. Mais à cause de leurs motifs religieux et spirituels, ils sont exaltés par une relation amoureuse avec la terre. Ainsi, lors d'une discussion à Heidelberg en juin 1960, le philosophe Ernst Bloch posa la question rhétorique suivante : « Pourquoi ne serait-ce pas la tâche de l'homme de racheter les pierres ? »

Ces interprétations peuvent sembler étranges aux Européens d'aujourd'hui. Mais à cause de leur héritage spirituel, ces interprétations se sont façonnés et sont inhérents à la culture européenne. C'est pourquoi les Européens, dans une certaine mesure, voient et jugent les tâches mondaines et sociales différemment des représentants d'autres cultures.

Quand on parle de l'*Europe* et de la *mondialisation*, bien sûr, l'européisme est assimilé à ce qui a commencé avec la colonisation et le prosélytisme du christianisme occidental : l'image occidentale de l'humanité, ses sociétés démocratiques et surtout son économie capitaliste. Cette interprétation néglige le fait que la Russie appartient aussi à l'Europe. Les églises catholiques et orthodoxes s'étaient séparées il y a presque 1000 ans. Comme Wikipedia écrit : « La date du schisme est couramment fixée à l'année 1054, comme Humbert de Silva Candida, l'envoyé du pape Léon IX et le Patriarche Michel Ier de Constantinople ont excommunié l'un l'autre après l'échec des négociations de réunification. ... La séparation finale eut lieu à Rome en 1729, lorsque la Congrégation pour la Propagande (Propaganda Fide) a interdit la communion des sacrements (communion avec les orthodoxes). En 1755 les patriarches orthodoxes d'Alexandrie, de Jérusalem et de Constantinople déclarèrent les catholiques à des professeurs d'hérésie. »[12]

Comme on le verra, l'Orient et l'Occident diffèrent dans leur compréhension de base jusqu'à ce jour, et cette différence est également établie dans la différence entre la théologie occidentale et orientale.

---

[12] https://de.wikipedia.org/wiki/Morgenl%C3%A4ndisches_Schisma..

B. L'européisme occidental et oriental, origine de l'opposition Est-Ouest et sa mondialisation

Le centre intellectuel et politique de l'Européisme occidental était initialement Rome. Avec la fondation du Saint Empire romano-germanique par Charlemagne et ses successeurs, le pouvoir politique s'est de plus en plus déplacé vers les pays européens en développement. L'Européisme occidental a atteint son apogée lorsque la Grande-Bretagne est devenue une puissance industrielle et mondiale. Après la Seconde Guerre mondiale il s'est perverti de plus en plus dans *Américanisme*.

Le centre spirituel et politique originel de l'Européisme oriental était Constantinople et, ensuite, Moscou. Wikipedia écrit : « Après la conquête de Byzance par les Turcs ottomans (1453) un grand nombre de membres de l'église orthodoxe ont immigré en Russie. C'était alors la seule grande puissance orthodoxe chrétienne qui n'était pas occupée par les conquérants islamiques. Par faveur pour Ivan, les émigrés acceptèrent l'idée, déjà existante chez les Russes, que la Russie devait prendre l'héritage de Byzance comme gardien de l'orthodoxie. Ils l'ont même complétée avec l'hypothèse populaire que la Russie est la *Troisième Rome*. »[13]

La Russie se voit comme un refuge du vrai christianisme. Comme l'écrivait Jörg Himmelreich, l'attente messianique du salut dans l'idée de la « Troisième Rome » correspond aussi à l'idée de libération laïque de l'idéologie *communiste*. Être la « dernière Rome » de la chrétienté, seule en possession de la vérité finale et absolue, renvoie à la revendication totalitaire du communisme soviétique. ... Ainsi, l'idéologie dominante historique et orthodoxe est une fois de plus le terrain d'or du régime autocratique de Poutine. <<[14]

Certes, les Églises orientales et occidentales comprenaient l'homme comme l'image de Dieu, qui peut vaincre la mort terrestre à travers et en Jésus Christ. Mais une différence essentielle entre le monde oriental et le monde occidental s'est cristallisée autour de la relation entre l'individu et la communauté humaine.

La raison de cela réside dans les différences entre les traditions culturelles et civilisatrices. L'Occident était plus marqué que l'Est par l'héritage antique et surtout romain. Même la Loi Romaine et la forme de l'État romain étaient adaptées aux citoyens libres. D'un autre côté, dans l'immensité de la Russie les gens vivaient dans des communautés villageoises. Cela a développé un fort sentiment de communauté et un attachement à la terre plus intense parmi eux et "le Tsar était loin". La où la camaraderie et les relations amoureuses règnent entre les gens, les règles perturbent et l'ordre légalement établi produit une impression de froid détruisant l'action spontanée. Les russes sont donc restés maîtres de l'improvisation.

---

[13] https://de.wikipedia.org/wiki/Iwan_III._(Russland).

[14] Jörg Himmelreich: *Putins Dienerin. Die russisch-orthodoxe Kirche und ihre Mission*, NZZ, 2. 5. 201.5

Bien sûr, dans l'Est et l'Ouest, l'individualisme et la communauté sont liés l'un à l'autre. L'accent en Occident, cependant, est mis sur la liberté de l'individu et à l'Est sur la création commune d'une communauté englobant tout le monde.

Les Occidentaux étaient concernés par la liberté et la réalisation de soi. La communauté se constitue alors, selon Rousseau, comme un *Contrat Social* entre individus qui se réalise, comme l'idéal de l'économie de marché, comme une *Main Invisible*, assurant que les acteurs du marché en maximisant leurs profits augmentent également le bien-être général.

Bien que, selon Ernst Benz, la différence entre le christianisme oriental et occidental n'existe pas par le fait >> « que l'idée de la dignité humaine dans l'est serait moins concrétisée qu'en occident. Au contraire, par le fait que cette dignité rachetée par le Christ est mise en évidence ici comme partout ailleurs dans la chrétienté, parce que nulle part le mystère de l'Incarnation et la déification induite résultant de l'homme sont tellement au centre de la doctrine de la foi, comme cela est le cas dans l'Église orientale. Nulle part la dignité des personnes est augmentée aussi haut que dans l'idée de déification de l'homme comme le but de l'incarnation de Dieu - une idée qui est proclamée par l'Église d'orient depuis sa création". [15]<<16

Mais l'Orient voit le moi individuel comme toujours lié à la communauté. Le bien-être de la communauté est aussi son propre bien-être et, s'il donne le meilleur de lui-même et de ses capacités pour la communauté, il promeut ainsi son propre développement.

L'État est également considéré comme un mal nécessaire, comme en Occident. Néanmoins l'État en tant qu'*institution* au même titre que l'église est rattaché à l'esprit de communion et est *divin* à cet égard.

Le socialisme *marxiste* était une forme sécularisée de la communauté orthodoxe. Le parti avait remplacé l'Église orthodoxe en tant que représentant de la vraie foi.

L'État est également considéré comme un mal nécessaire, comme en Occident. Néanmoins, l'État en tant qu'*institution*, comme l'Église, est attaché à l'esprit de communion et est *divin* à cet égard. L'Est et l'Ouest ont leur unilatéralité et c'est exactement ce qui constitue leur opposition. En économie ce contraste a été démontré par le fait que la réalisation individuelle des individus en Orient n'était poursuivie que spirituellement, mais restait sous-développée dans la transformation du monde et dans la sphère économique. Par conséquent, *l'économie de l'administration centrale socialiste* était loin de celle de l'Occident. D'un autre côté, l'Occident avait tendance à oublier le consommateur et à seulement regarder le *fabricant*. Dans la politique économique dominante, *l'économie de l'offre*, la perception est toujours axée sur l'entrepreneur, et non pas sur la personne qui satisfait et éveille les besoins. Ainsi la Politique au premier plan ne cherche pas à soutenir la demande structurellement en retard - la cause de la *stagnation séculaire* actuelle - mais seulement les entrepreneurs.

---

[15] Ernst Benz: *Die russische Kirche und das abendländische Christentum*, München 1966, P. 77f.
[16] P. 431.

En conséquence, l'idéal chrétien sécularisé de la société qui a prévalu lors de la *Révolution Française* a pris la forme de la libération des bourgeois de la servitude féodale, tandis que l'idéal chrétien russe de la société lors de la Révolution Russe est devenu la réalisation d'une communauté communiste. En termes d'activité humaine, la différence a été formulée comme suit : la lutte pour l'égalité des producteurs en Occident et celle pour l'égalité des consommateurs à l'Est.

Lorsque l'Europe s'est constituée après la chute de l'Empire romain, elle formait encore une unité spirituelle limitée à l'Europe géographique jusqu'au XVe siècle, bien que l'héritage antique et chrétien se soit développé différemment en Europe orientale et occidentale.

Après la conquête de Constantinople par les Turcs en 1453 le Grand-Duc de Russie de l'époque, Ivan III le Grand, se sentait appelé à prendre le contrôle de l'Empire Byzantin et à faire de la Russie la Troisième Rome. Wikipedia écrit : >> Pour corroborer cette théorie, Ivan III épouse en 1472 Sofia (Zoe) Palaiologos, la nièce du dernier romain Basileus Konstantin XI. Paléologue. Sous prétexte que le Patriarche de Constantinople, alors au pouvoir en Turquie, ne pouvait accomplir la cérémonie du couronnement, il prit en 1478 comme premier Grand-Duc Russe le titre tsar. Lui et ses descendants portent dorénavant le titre de « Gardien du Trône Byzantin ». <<[17]

Ce fut la naissance de l'Européisme Oriental. Ivan III a consolidé son empire >>et enfin libéré le pays de la règle de la Horde d'Or<<[18] << Avec Ivan III a commencé l'expansion de la Russie vers le Pacifique et la mer Noire et donc sa mondialisation.

Au 15ème siècle, l'Europe occidentale s'est aussi étendue à l'Amérique. En conséquence l'Européisme, occidental et oriental, sont devenus indépendant. Les pays d'Europe occidentale, notamment la Grande-Bretagne, ont colonisé les territoires d'outre-mer. Naturellement très tôt des conflits d'intérêts entre la Russie et la Grande-Bretagne en particulier devaient apparaître.

En tant que puissance navale, la Grande-Bretagne est devenue le centre de l'Européisme occidental. Après la première et surtout la Seconde Guerre mondiale, les États-Unis sont devenus la puissance dominante à l'Ouest.

Après la Seconde Guerre mondiale le conflit Est-Ouest entre le monde occidental et l'Union Soviétique s'intensifia jusqu'à la soi-disant Guerre Froide. Conformément à leurs missions respectives, les pays occidentaux cherchaient à faire entrer autant de colonies et de territoires dépendants que possible dans les démocraties occidentales et dans l'économie de marché capitaliste, alors que l'Union Soviétique, tentait de convertir les pays au socialisme sous le mot d'ordre « Les prolétaires de tous les pays s'unissent ! » et à ainsi créer une communauté d'États socialistes.

Après que les États-Unis à la fin des années 1980 ont *poussé* l'Union Soviétique dans ses limites en termes d'armement, la guerre froide a pris fin. Les États-Unis sont devenus la seule puissance mondiale et ils ont essayé de répandre leur forme d'européisme dans le monde entier et d'en faire la référence de l'action sociale et économique.

---

[17] https://de.wikipedia.org/wiki/Iwan_III._(Russland).
[18] ibid

L'américanisme a également cherché à marginaliser davantage l'influence de la Russie et à la soumettre même à l'européisme occidental. Dans la résistance à ces efforts, la Russie a retrouvé de la force et est revenue sur la scène mondiale.

Suivons le développement de l'européisme occidental et oriental et de leur mondialisation respective !

I. L'européisme occidental et sa mondialisation

1. L'individualisation de l'homme comme l'essence de l'européisme occidental et sa mondialisation

La base de la conception occidentale de l'Europe de la vie était concentrée autour de la personne qui devient un individu et se réalisait en tant que tel. Cette compréhension fondamentale existe aussi dans tous les dérivés sécularisés du christianisme, tels que dans l'opinion juridique européenne, la liberté de formation de l'opinion, la poursuite de la connaissance scientifique et l'épanouissement personnel dans la réussite économique (le capitalisme).

Dans la mesure où le christianisme s'est sécularisé, les pays les plus influencés par l'héritage culturel et civilisateur de Rome, outre l'Italie - l'Espagne, le Portugal et la France - sont devenus le centre intellectuel et politique de l'européisme. Le développement spirituel et culturel de l'Espagne et du Portugal fut également favorisé par la domination de quelques séculaires des Maures, qui portèrent l'héritage de l'hellénisme en Espagne et au Portugal. En développant les puissances maritimes, ils ont lancé la première mondialisation à l'étranger. Wikipédia écrit : >>Aux XVe et XVIe siècles, à l'époque des découvertes, l'Espagne et le Portugal furent les pionniers de l'exploration européenne et de la conquête du monde. Ils formaient d'énormes empires coloniaux, ce qui leur apportait d'immenses richesses. <<[19]

En Allemagne et en Europe du Nord, le développement intellectuel était axé sur l'approfondissement de l'idée de développement et d'individualisation. L'idée de l'évolution, sécularisée dans la pensée du progrès et de la poursuite de la croissance économique éternelle, est née du concept unidimensionnel du temps hérité du judaïsme, allant du début de l'histoire jusqu'au jugement dernier. L'individualisme a surgi d'un recours au premier missionnaire chrétien européen Paul par Luther et les autres fondateurs du protestantisme.

D'une part, par le début de la domination romaine et plus tard la conquête de l'Angleterre par les Normands et, d'autre part, par l'invasion des Saxons l'héritage romain au Royaume-Uni s'est synthétisé avec l'origine du concept individualiste de l'Europe nordique et centrale. Ainsi la Grande-Bretagne est devenue le berceau de la science, de la technologie et de l'économie capitaliste et s'est mondialisée grâce à l'Empire britannique. Les territoires conquis devinrent des colonies et des protectorats.

Après la Seconde Guerre mondiale, les États-Unis sont devenus le leader du monde occidental. Motivés par le désir d'arrêter l'expansion soviétique, les États-

---

[19] https://de.wikipedia.org/wiki/Britisches_Weltreich.

Unis ont également propagé le mode de vie occidental, sa forme sociétale et son économie. Après l'effondrement du bloc de l'Est, les États-Unis sont même devenus une puissance mondiale dominante.

Les vrais porteurs du développement social sont des individus sûrs d'eux-mêmes et qui s'accomplissent. Ces caractéristiques ont donné aux prophètes, chefs militaires, artistes, scientifiques et entrepreneurs les impulsions pour le développement social. Ce qui développe le monde et la société au-delà de ce que la nature a déjà créé est le résultat d'une action créatrice. Les êtres humains changent le monde et complètent le naturel donné par les produits artificiels.

Cependant, un individualisme qui n'est pas aussi lié à la nature et à la société peut les détruire, et dans un monde globalisé, ces effets affectent aussi les sociétés d'autres cultures en développement. Il convient donc d'analyser de plus près la nature de l'individualisme et son évolution, notamment en tant que mesure de l'évaluation des évolutions économiques et sociales.

1.1 L'essence de l'individualisation

L'individualisation se déroule en deux étapes de développement :
1. L'accomplissement de soi et
2. La réalisation de soi.

Le mode de vie le plus originel des êtres humains est semblable à celui des animaux. Ils sont instinctivement contrôlés et ce contrôle est intrinsèquement dépendant de l'environnement. Un animal sent toujours comment il doit se comporter, ce qu'il peut manger, quand il doit se reproduire et comment il doit élever ses petits. Pour devenir lui-même, l'homme doit se dégager de son encastrement instinctif dans l'environnement et la société, se confrontant au monde extérieur pour pouvoir refléter les impressions et les stimuli émanant de l'environnement et devenir indépendant de ces stimuli.

La forme la plus minimale de l'expérience de soi est la jouissance sensuelle. L'animal ressent également le bien-être en mangeant. Mais il n'objective pas la jouissance, donc elle disparaît après qu'il soit arrivé à satiété. A l'opposée, l'homme peut conceptualiser la jouissance et ainsi la préserver intellectuellement. Il peut alors non seulement vouloir manger quelque chose par faim, mais aussi à cause du plaisir ainsi engendré. Un animal quant à lui ne se livrera jamais à la gourmandise, à moins que ses instincts n'aient été perdus lors d'une période de captivité par les hommes.

L'essence de l'expérience de soi est toujours une sorte de destruction ou de douleur. La destruction apparaît de manière la plus évidente lors de l'apport alimentaire parce que la nourriture y est consommée. La douleur comme possible expression de soi se manifeste le plus fortement lorsque des adolescents se scarifient les bras ou les jambes pour se ressentir eux-mêmes. L'auto-existence a donc une composante sadique ou masochiste[20].

Dans le plaisir sensuel, bien sûr, l'homme ne se voit que comme une personne sensuelle. Les choses à détruire sont les objets qui déclenchent les stimuli senso-

---

[20] Pour plus d'informations, voir: Uwe Petersen: *Das Böse in uns. Phäanomenologie und Genealogie des Bösen*, P.106ff.; ders.: *Philosophie der Psychologie, Psychogenealogie und Psychotherapie. Ein Leitfaden für Philosophische Praxis*, P. 360ff.

riels. En tant que personne sûre d'elle-même par rapport aux autres, dans la lutte entre l'homme et l'homme, la confiance en soi est vaincue par l'autre. Surmonter l'autre en allant jusqu'au meurtre d'autrui est vécu par le gagnant comme une affirmation de soi. Si le vainqueur laisse l'homme vaincu vivant et le rend esclave, le premier est considéré comme le maître et le perdant comme le serviteur. Cette relation entre *la lutte pour la vie et la mort et entre le maître et le serviteur*, Hegel l'a décrite d'une manière grandiose dans sa dialectique. La conscience des hommes est un sadisme subliminal toujours renouvelé, et par conséquent, la conscience servile est un masochisme subliminal continu.

Lorsque la confiance en soi se transforme en possibilités de conception, l'expérience du pouvoir apparaît. Une partie de la quête naturelle du pouvoir consiste à accumuler autant de biens et de richesses que nécessaire pour le présent et la vie à venir. En ce sens, même l'offre de retraite est un effort de puissance. Un effort de pouvoir axé sur les besoins peut répondre aux besoins de luxe.

Le prochain niveau de pouvoir apparait lorsqu'il ne s'agit pas d'options de consommation au sens propre, mais de distinction et de reconnaissance sociales. L'homme veut alors expérimenter sa particularité en tant que soi dans le pouvoir et la reconnaissance du pouvoir par les autres.

Même une telle aspiration au pouvoir peut alors être reliée à la société si cela représente une aspiration vers une position sociale particulière. Les palais bâtis, les parcs, les œuvres d'art sont alors compris comme propriété sociale et sont appréciés par le peuple. Oui, même la vie de luxe élaborée de la noblesse peut être un besoin de divertissement estimé des journaux féminins et de la société. Il ne faut pas non plus oublier que le patrimoine culturel de l'humanité est largement dû au pouvoir des classes supérieures.

Mais même dans l'expérience de soi grâce à la gourmandise et aux stimulants, on peut arriver à l'autodestruction. La cupidité pour la richesse retient les gens - même en termes de temps - d'un emploi spirituel plus profond.

Dans le capitalisme s'ouvrait une autre possibilité pour les gens d'accumuler de la richesse en augmentant le capital-argent au-delà de l'exigence de consommation, afin de le réinvestir et ainsi permettre à la richesse de s'accroitre encore. Cette possibilité n'existe cependant que depuis lors, grâce à la science moderne, de nouveaux produits techniques et de nouveaux produits peuvent être créés.

L'objectivation théorique des phénomènes naturels est la forme la plus spirituelle de l'expérience de soi. En reconnaissant les lois de la nature, les phénomènes naturels perdent leur mystère et leur horreur magique, et l'homme prend le pouvoir sur eux. Tant qu'il reste avec l'analyse théorique, il reste dans l'auto-expérimentation. Mais s'il utilise ce pouvoir pour réaliser ses propres idées, alors il arrive à la *réalisation de soi*.

Alors que dans les hautes cultures traditionnelles, il n'y a essentiellement qu'une répétition constante de la même chose, la réalisation de soi libérée en Europe concerne le dépassement constant et le développement des données ultérieures. L'histoire européenne est une histoire d'évolution constante et de révolution. L'autoréalisation du plus grand nombre d'individus possible est la dynamite du développement économique, culturel et social.

La réalisation de soi, bien sûr, exige l'accomplissement de soi. Parce que celui qui n'est pas devenu un soi auparavant, ne peut pas se réaliser. Cela s'applique également à la mise en œuvre matérielle des idées dans l'économie. Ceux qui n'ont pas assez de capital ne peuvent pas investir, et ceux qui ne peuvent pas disposer de biens ne peuvent pas agir. C'est là la nécessité de l'institution légale de la propriété. Au minimum, un entrepreneur doit être capable de disposer de ses ressources.

L'accomplissement de soi doit toujours trouver son achèvement dans la réalisation du soi. Car l'autodestruction est détruite pour elle-même. L'appréciation sensuelle est détruite, tout comme la suralimentation conduit à l'obésité ou d'autres problèmes de santé. Dans la mesure où la vie appréciée préserve ou produit, elle se lève à nouveau. Sur le plan économique, cela signifie que les revenus pour la consommation et l'épargne pour l'investissement doivent être réémis. Si cela n'arrive pas, les biens resteront invendus et l'économie tombera en dépression.

L'individualisation des personnes n'est pas un acte ponctuel, mais un processus continu. Celui-ci est associé à différents états de conscience et à l'image de soi correspondante.

Un exemple de compréhension de soi dans les temps anciens, peut être trouvé dans l'Ancien Testament dans l'exemple des anciens hébreux. Ils sont toujours dépeints et se sont sentis comme des membres d'une généalogie, en fin de compte tous reliés à Abraham. Toujours dans l'Ancien Testament, le manque de conscience individuelle de l'ego peut être trouvé dans l'utilisation de l'expression « il s'est couché avec ses pères », pour décrire la mort. On ne parle jamais d'un destin individuel de l'âme. Tout ce qui est fait se rapporte au peuple dans son ensemble. Ce que fait un hébreu est pour sa progéniture *«au septième rang »* ou, s'il est roi, pour tout le peuple.

Les méfaits des rois doivent également être subis par le peuple et les descendants, en contrepartie de quoi le roi doit souffrir d'une vie non agréable dédiée à Dieu-. Ainsi dans l'Ancien Testament, Dieu, à cause de la femme du roi Achab qui a fait tuer un citoyen qui ne voulait pas vendre sa vigne, décrète: >>Je vais maintenant faire venir le malheur sur vous et vous balayer et je vais exterminer les parents d'Achab qui sont de genre masculin, barbes, aussi mature en Israël; et je veux le faire avec votre maison comme je l'ai fait avec la maison de Jéroboam, fils de Nabat, et la maison de Baescha, fils d'Achija, parce que vous m'avez mis en colère et avez séduit Israël au péché.<< Achab s'est humilié devant le discours de Dieu rapporté par le prophète Elie. C'est pourquoi Dieu a modifié sa menace : « Parce qu'il s'est humilié devant moi, je ne veux pas laisser le malheur s'incruster dans sa vie ; Ce n'est que sous le règne de son fils que je veux apporter le malheur à sa maison. <<[21] Aujourd'hui, nous nous demandons selon notre pensée individualisée, pourquoi les descendants sont-ils punis pour les crimes de leurs ancêtres ?

Un homme archaïque est également obligé seulement par rapport à son peuple. Les Barbares peuvent, si nécessaire, être éradiqués sans scrupules moraux. Il y a beaucoup d'exemples de cela dans l'Ancien Testament, dans lesquels même Dieu lui-même exige l'extermination des autres peuples, et, si cet ordre

---

[21] Altes Testament, 1. Könige 21, Seite 467f., les Saintes Écritures traduites par D. Dr. Hermann Menge, 7ème édition, Stuttgart, Privilegierte Württembergische Bibelanstalt.

n'est pas achevé, il punit ceux qui en sont responsables. >>Ainsi dit Dieu, le Seigneur des Armées, [à Samuel] : « Je punirai les torts que les Amalécites ont infligés une fois aux Israélites en leur donnant le moyen de sortir d'Égypte. C'est pourquoi dessine maintenant et frappe les Amalécites et exécute le sort sur eux et sur tout ce qu'ils possèdent ; ne les épargnez pas, mais laissez tout mourir, hommes et femmes, enfants comme bébés, boeufs comme bétail, chameaux comme ânes. ».<<[22]

Au fil du temps, les humains ont pris conscience de leur environnement dans des contours de plus en plus clairs. Ils voyaient graduellement plus des *choses* à la place des *êtres*. En conséquence, l'effet immédiatement magique des phénomènes sur lui a disparu. Encore une fois, l'Ancien Testament en est représentatif. Bien qu'au début de l'Ancien Testament il est décrit comment Jéhovah, le dieu tribal, parlait aux hommes, donnait des instructions et les conduisait, plus tard, il ne se révélait cependant qu'à quelques prophètes et finalement à personne d'autre. On ne peut *croire* qu'à ce qui est *écrit* dans l'Ancien Testament. En conséquence, l'individualisation résulte initialement des tribus. De plus, à un moment donné, les Israélites ne voulaient plus être conduits directement par Dieu, mais par un roi[23].

Dans une royauté, l'auto-absorption instinctive / mythique est sécularisée dans un esprit global tribal ou national. Les sujets d'un roi ne ressentent plus l'inspiration instinctive, mais ils sont guidés par la volonté d'un roi. Dans le royaume d'un dieu, par exemple d'un pharaon égyptien, l'autorité spirituelle et temporelle forme encore une unité. De plus en plus, cependant, le roi n'est qu'une institution de la *grâce de Dieu*, poursuivant des intérêts mondains pour lui-même et son peuple et laissant le culte aux prêtres.

Plus un roi satisfait ses propres besoins et poursuit les intérêts du pouvoir, plus les sujets se sentent comme des serviteurs *individuels* du souverain, et la religion devient de plus en plus une affaire privée dans les premiers royaumes. Cela contribue également au fait que plus un roi réussit à élargir son empire, plus les différents groupes ethniques et les groupes religieux correspondants se retrouvent dans le royaume. Dans de tels domaines les gens sont de moins en moins dominés par un esprit commun et de plus en plus par une aristocratie martiale. Pendant des milliers d'années l'histoire de l'humanité a été une histoire de noblesse changeante, de la montée et de la chute d'empires.

---

[22] Altes Testament, 1. Könige 11, Seite 364.
[23] Altes Testament, 1. Samuel 8., P. 353f.: >>Et tous les anciens des enfants d'Israël se rassemblèrent, et ils arrivèrent auprès de Samuel [le prophète] à Rama, et lui dirent: Tu es vieux, et tes fils ne marchent pas dans tes voies; maintenant, nomme un roi pour nous gouverner, comme c'est le cas pour toutes les nations. Bien que Samuel fût mécontent du fait qu'ils exigeaient de lui l'établissement d'un roi, qui devrait régner sur eux ; mais comme il a prié le Seigneur, le Seigneur lui a donné la réponse : "Suivez la demande du peuple dans tout ce qu'ils demandent de vous ; parce qu'ils ne vous ont pas rejetés, mais ils m'ont rejeté, afin que je ne sois plus leur roi sur eux. Ils te le font maintenant, comme ils me l'ont toujours fait depuis que je les ai menés hors d'Egypte jusqu'au jour où ils m'ont quitté et servi d'autres dieux. Alors venez à leur demande ; seulement les avertissez sérieusement et les rappelez aux droits du roi, qui les gouvernera". <<

L'humanité a connu une impulsion qualitativement nouvelle dans l'Antiquité. Grâce aux écoles philosophiques- grecques la pensée des gens a été portée à un niveau plus abstrait et donc la pensée exacte a surmonté le caractère séduisant d'images de détection mentale. Non seulement les phénomènes individuels, mais aussi les connexions mentales sont objectivées intellectuellement. A travers cette réflexion, l'humanité s'est de plus en plus sentie comme une entité unique face à la société et à la nature. Dans le statut légal du *citoyen romain* l'indépendance de l'individu était également reconnue par l'État dans l'Empire romain.

Jusqu'à présent l'homme s'est tellement individualisé en s'élevant au-dessus de sa famille, du clan et de la tribu, qu'il est, en tant que personne pleine d'assurance, plus en confiance dans le culte des ancêtres ou d'une divinité tribale ou locale. Il n'est alors plus membre d'une famille, d'un clan ou d'une tribu. Il est une âme individuelle qui est responsable de ses propres actions et veut préserver son salut.

1.2 L'humanisme comme la philosophie faisant autorité dans la vie de l'Europe Occidentale

L'humanisme est la forme laïcisée de la compréhension de soi européenne. Il est décrit comme suit sur Wikipédia : >>L'humanisme de la Renaissance était un vaste mouvement éducatif qui s'inspirait d'idées antiques ou considérées comme antiques. Les humanistes de la Renaissance espéraient un développement optimal des capacités humaines par la combinaison de la connaissance et de la vertu. L'éducation humaniste était censée permettre aux gens de reconnaître leur véritable destinée et, en imitant des modèles classiques, de réaliser une humanité idéale et de façonner une forme sociale correspondante. Le concept humaniste de la vie, qui a suivi l'ancien concept romain de l'*humanitas*, est venu comme une alternative à l'image médiévale traditionnelle de l'homme, qui était fortement orientée vers Dieu et l'au-delà. Le concept de l'humanisme dans la philosophie existentialiste, ainsi que dans le marxisme et le socialisme réel, a connu de nouvelles formes d'expression, avec une approche complètement nouvelle menant à une distinction nette de l'humanisme « classique ». Comme l'élément de connexion des approches anciennes et nouvelles l'anthropocentrisme peut être considérée, la concentration de l'intérêt et de l'effort sur l'homme et son unicité, par opposition aux visions du monde qui placent Dieu ou la nature au centre ou regardent la forme de vie humaine comme une parmi beaucoup d'autres. .<<[24]

En Europe, au moins depuis l'époque des philosophes grecs, nous avons eu une individualisation spirituelle prenant la forme d'un moi conscient. Bien que l'humanisme soit considéré comme une renaissance de l'ancien mode de vie et ait été une alternative à la compréhension de soi chrétienne depuis la Renaissance, le christianisme a également contribué de manière significative à la compréhension de soi européenne.

---

[24] https://de.wikipedia.org/wiki/Humanismup.

1.3 La sécularisation de l'eschatologie judéo-chrétienne dans la poursuite du Progrès.

Les pays du sud de l'Europe ont été tellement influencés par les plus de 1000 ans d'histoire antique et catholique que les gens de cette région ne pouvaient faire l'expérience de leur propre devenir qu'en retournant aux idéaux de l'antiquité grecque. Dans les pays culturellement moins développés d'Europe du Nord, l'accomplissement de soi et la réalisation de soi ont pris une tournure plus radicale. L'héritage antique avait laissé moins de traces et le retour au christianisme paulinien était plus fort.

Wikipedia écrit : >>Au Moyen Age, le christianisme était considéré comme un *ordre sacré*, qui assignait à chaque personne un lieu fixe, donné par Dieu. L'Eglise dans son ensemble, selon l'Evangile, avait la liberté d'établir cet ordre essentiellement selon sa propre discrétion (en opposition à une loi divine détaillée, comme dans le judaïsme). Mais l'individu devait s'adapter à cet ordre. Ce n'est que par l'insertion dans l'ordre et l'accomplissement de divers devoirs formels définis par l'Église que le chrétien, selon la doctrine justificatrice, a participé au salut du Christ. <<[25]

Mais le protestantisme a renouvelé la conception de soi chrétienne déjà formulée par Paul. Ainsi, Luther postula dans ses thèses : « Un homme chrétien est un seigneur libre sur toutes choses sans aucun subordonné. Un chrétien est un serviteur de toutes choses et soumis à tous ».

L'accomplissement de soi et la *réaffirmation* du monde ont été le plus fortement développées dans l'Europe protestante du nord-ouest et se sont ensuite matérialisées sous sa forme la plus extrême en Amérique du Nord. Le chrétien protestant rejette toute tutelle spirituelle et, en tant qu'individu, ne se sent responsable que devant Dieu et est appelé par lui à développer le monde. En tant que chrétien, l'individu se considère toujours comme associé à tous les autres chrétiens, mais non plus dans un ordre hiérarchique avec un Pape et des saints, mais comme une communauté partagée par tous les membres de la congrégation. Dans beaucoup de sectes protestantes, chaque membre peut aussi officier comme prêtre.

Tobias Becker écrit : >>Les théologiens ont appelé le protestantisme une "religion de conscience", une "croyance personnelle et une conviction religieuse" qui impose des exigences éthiques élevées à l'individu. ... Luther ne vit plus le vrai service dans les ordonnances, accompli par les maîtres ordonnés des cérémonies, mais dans l'accomplissement des devoirs quotidiens, surtout au travail. Toute la vie est un culte. Luther a fait l'éloge du travail et a flagellé la paresse : « Personne ne meurt du travail, mais par l'oisiveté et la paresse les gens perdent le corps et la vie ; parce que l'homme est né pour travailler comme l'oiseau pour voler. »<<[26]

Cette image de soi a également déterminé toutes les visions du monde sécularisé européennes. Le résultat sécularisé de l'ancienne tradition chrétienne, l'image humaniste de l'homme, de l'individu libre et responsable est comme le citoyen romain déifié.

---

[25] https://de.wikipedia.org/wiki/Von_der_Freiheit_eines_Christenmenschen.
[26] Tobias Becker: *Deutsche Protestantische Republik*, en: Der Spiegel 48/2016, P. 141.

Plus que d'autres religions l'eschatologie juive a fait de la rythmique un temps linéaire avec un début et une fin. La vie est donc un test et le but ultime de la vie est donc basé sur l'idéal de développement personnel. Le soin curatif chrétien sécularisé devient le progrès scientifique, culturel, économique et social.

Le développement de la science était la condition préalable à la révolution technologique à travers laquelle les forces productives pouvaient être développées. Les maîtres des forces productives, c'est-à-dire les techniciens et les entrepreneurs, pouvaient enfin se libérer de la noblesse et démocratiser la société.

1.4 Le travail comme un moyen de la réalisation de soi

La particularité, schématisée, du christianisme pour nous était caractérisée par *la divinisation de l'homme,* mais moins sous la forme d'un homme sage ou même saint à cause de son aspiration et de sa vie - qui existe aussi dans d'autres cultures et civilisations - mais en ce que l'homme lui-même devient le créateur, qui transforme et développe le monde. Cela fait du travail un moyen de réalisation de soi.

Une telle compréhension de soi est un blasphème pour un musulman, pour qui seul Dieu peut être créatif. Mais ce postulat est aussi incompréhensible pour les Asiatiques. L'Asie de l'Est provient d'un cosmos éternel. Son idéal est de résonner dans le rythme cosmique. Pour l'ancien Indien, le monde matériel est même un pseudo Maya, dans lequel il naît encore et encore et dans lequel il doit souffrir jusqu'à ce qu'il ait surmonté son individualité et ressuscité dans le nirvana. L'idée d'un développement du monde et de la société, de la réalisation de soi par le travail dans le monde matériel leur est étrangère.

Tandis que l'homme se comprenait davantage comme un utilisateur des fruits de la terre et que le travail était donc un mal nécessaire, qui était autant que possible imposé aux esclaves, dans le christianisme le travail est devenu le contenu même de la vie, donnant une existence aux hommes. La première réalisation de cette détermination de l'homme comme discernant - d'abord sous la forme de l'illumination par Dieu, plus tard sous l'adaptation de l'héritage antique de la nature - était trouvée dans les monastères.

Markus Clausen écrit : Dans la Regula Sancti Benedicti, l'éthique du travail >>a pris une forme formative. Si le travail, spécialement le travail dépendant au service d'un autre, était indigne du vrai Romain et des vrais Grecs (de la classe supérieure), un mal d'un homme libre est une valeur positive pour Benoît. Il a surmonté le mépris désuet pour le travail et a contribué à l'appréciation moderne du travail, dans laquelle l'homme peut gagner sa vie et développer ses capacités. Benoît a trouvé des exemples dans les moines du désert égyptien, qui ont prospéré vigoureusement à partir de l'an 300.

Les Anachorètes voyaient dans le travail un moyen d'ascèse pour assurer leur propre subsistance et surtout la base de leur activité sociale et caritative. Les moines, en particulier les plus jeunes, n'ont pas le droit d'être oisifs. Zèle du cœur et progrès dans la patience et l'humilité se mesurent à la diligence du travail. << [27]

---

[27] Markus Clausen: *Am Ursprung des Arbeitsethos*, Schweizer Monatshefte : Zeitschr. f. Politik, Wirtschaft, Kultur, Bd. (Jahr): 75 (1995), Heft 3, P.23, PDF créé sur: 30.05.2016. Persistenter Link: http://dx.doi.org/10.5169/seals-165423 .

>>S'inspirant des meilleures traditions <u>monastiques</u> du désert et sous l'influence de l'écriture du Saint Augustinus - *De opere monachorum* (de l'artisanat des moines) - Benedikt a formulé son éthique de travail. Cela devrait être efficace non seulement dans les communautés monastiques, mais dans tout l'Occident. La devise "prier et travailler", bien qu'elle ne se trouve dans aucune règle, est à juste titre devenue la marque du monachisme bénédictin. << [28]

Outre la quête de la connaissance, le travail d'ascétisme intérieur devenait le moteur de l'actualisation de l'homme européen et, comme le soulignait Max Weber, de la philosophie religieuse de la vie du protestantisme, du calvinisme et du capitalisme qui se développait dans le monde anglo-saxon. La maximisation des profits n'était pas avant tout un moyen de consommation prolongée, mais un signe de la sélection de Dieu. Par conséquent, les bénéfices devaient être réinvestis autant que possible.

En même temps, cependant, une grande vie intellectuelle était cultivée dans la réclusion des monastères. La pensée était basée sur la logique des anciens philosophes, en particulier d'Aristote. En traitant des écrits cosmologiques et scientifiques d'Aristote sur l'Espagne et leur développement ultérieur par les philosophes arabes, la dogmatique catholique fut de plus en plus critiquée. Il n'est donc pas surprenant que des théologiens tels que Martin Luther, Calvin, Jan Hus et d'autres aient aussi ressuscité l'idéal du chrétien libre et initié le protestantisme. En traduisant la Bible en allemand et en bénéficiant de l'invention de l'art de l'imprimerie, Luther a largement fait connaître le contenu de la Bible.

Ce souvenir et la dépravation morale croissante de l'Église catholique à cette époque déployèrent un grand potentiel révolutionnaire jusqu'aux soulèvements paysans. En fin de compte, cependant, seuls les princes locaux d'Europe du Nord qui aspiraient à plus de souveraineté ont pu en bénéficier. Ils ont pu se débarrasser de la tutelle spirituelle de Rome et même devenir des leaders d'église dans leurs pays respectifs.

L'importance des monastères pour le développement spirituel de l'Europe est allée encore plus loin. En fin de compte, ils étaient à l'origine des universités. >>Avant le 12ème siècle, la vie intellectuelle de l'Europe avait eu lieu dans les monastères :<<[29] De plus en plus, la recherche et l'enseignement s'émancipaient du cadre théologique, et ainsi pouvaient se développer les sciences en Europe. En conséquence, les universités européennes émergentes ont une vision plus positive du travail. Ainsi, le respect du travail manuel à cette époque était révélé par le fait >>qu'HUGO DE SAINT-VICTOR (1097? -1141) en plus des sept arts libéraux (septem artes libéral) a aussi compté les sept arts mécaniques (septem artes mecanicae) parmi les sciences (...). Ceux-ci comprennent le tissage, la forge, l'architecture, la navigation, l'agriculture, la chasse, le théâtre et la guérison. <<[30] [31]

---

[28] Clausen: ibid.

[29] https://de.wikipedia.org/wiki/Mittelalterliche_Univer sit%C3%A4t.

[30] Simonyi, P.132.

[31] Plus sur la signification du travail dans le christianisme voir: Uwe Petersen: *Im Anfang war die Tat I. Die Geburt des Willens in der europäischen Philosophie*, P. 361ff.

La considération des sciences naturelles et de la recherche comme travail était la condition préalable à la révolution industrielle et à l'économie capitaliste.

2. Le nationalisme comme individualisation imparfaite du peuple

Au cours du développement des forces productives, les citoyens obtinrent un tel pouvoir qu'ils purent renverser la noblesse ou créer des monarchies constitutionnelles. En tant que scientifiques, artistes et commerçants, ils étaient, comme la noblesse, déjà des citoyens du monde qui voyageaient dans d'autres pays, y faisaient des affaires et / ou changeaient de lieu de résidence. La Révolution française était donc moins une révolution nationale qu'une révolution bourgeoise générale et était donc célébrée comme un événement humain.

A cette époque, la couche sociale de personnes ayant une compréhension de soi en tant que citoyen du monde n'était que mince. Bien que la masse s'était émancipée de l'autorité du patriarcat familial, la population a cherché une identité nationale et, si possible, un empereur populaire en tant que père ou chef national.

La *Révolution française* avec son idéal de citoyen du monde était donc une naissance prématurée intellectuelle qui ne tenait pas suffisamment compte du développement intellectuel et spirituel réel du peuple. En d'autres termes, le fait de ne plus se comprendre comme un simple membre de la famille ou d'un clan mais comme un *citoyen du monde* était trop abstrait. Alors les Français voulaient rester français, même s'ils assimilaient ce fait au *cosmopolitisme* qu'ils voulaient partager sous l''établissement de l'Empire Napoléonien dans les pays vaincus.

En effet, nous devons à Napoléon la rationalisation de l'ordre juridique bourgeois, un ordre étatique sécularisé, un alignement du temps et d'autres normes, et bien plus encore. Pour l'idéal du citoyen libre, la France a été un élan décisif à côté de l'indépendance et de la démocratisation des Etats-Unis également.. Mais les peuples des autres pays qui s'émancipaient de leur famille et de leurs structures subordonnées ne voulaient pas être « français », mais remplir leur ordre étatique avec leur propre tradition populaire et leur propre sentiment populaire.

C'est ainsi que les tendances nationalistes ont surgi partout. L'aspect positif de cela était l'application des principes *liberté, égalité, fraternité*, qui a fait que les gens dépassent leur simple famille et leurs liens locaux et fassent d'eux des citoyens nationaux. Les nationalistes se considéraient comme des membres d'un peuple, dont ils assumaient également la responsabilité jusqu'à la mort du héros. Cependant, cela signifiait une différenciation par rapport aux autres nations et la diffusion d'intérêts nationaux par rapport aux autres.

Ainsi, l'individualisation apportée par le nationalisme était imparfaite. Après tout, un être humain vraiment sûr de soi ne doit pas se lier à une nation ou à une religion, mais doit se comprendre comme un citoyen du monde qui porte la responsabilité non seulement de sa nation mais de l'humanité tout entière.

L'émergence du nationalisme a donc deux faces : en tant que nationalistes, les peuples se distinguent des autres groupes ethniques et peuvent ainsi créer des antagonismes pouvant conduire à des conflits, d'autant plus que chaque nation tend à considérer sa propre nation comme supérieure aux autres. Dans le même temps, la confiance en soi grandit avec la taille de l'état vécu comme un soi supérieur.

Les conflits se développent quand un autre pays doit être subjugué ou incorporé dans l'état ou si l'autre pays est perçu comme une menace. Surtout les deux motifs vont ensemble. Cela est en train d'être amélioré et augmente le danger de sortir des conflits militaires.

L'intégration tend à être recherchée dans les pays voisins et les différences ethniques et culturelles sont faibles. Les zones plus éloignées sont plus susceptibles d'être tolérées ou, si les différences ethniques et culturelles sont trop grandes, colonisées.

Il y a également eu des conflits sanglants dans l'ère prénatale. Mais ceux-ci étaient tenus dans l'intérêt des princes. Leurs sujets n'étaient que financiers, chair à canon et victimes. En d'autres termes, les peuples vivaient relativement en paix les uns avec les autres et, selon l'héritage et la chance dans la guerre, ils étaient unis ou séparés des autres peuples. Il n'y avait pas de guerres entre sujets civilisés, mais dans la plupart des cas des querelles de famille ou, tout au plus, des querelles tribales, qui, cependant, n'étaient pas plus sanglantes en raison du monopole du pouvoir des dirigeants.

Les antagonismes créés par le nationalisme découlent de son côté négatif. Le côté positif est que la prise de conscience de ses propres racines ethniques et culturelles et l'amarrage d'une estime de soi à la nation dans le peuple en même temps éveillent la volonté de développer la nation et de la renforcer. En particulier l'antagonisme envers d'autres nations peut libérer des forces énormes.

Les mises à niveau mènent à une stimulation scientifique, technique et économique. Ainsi, les conséquences de la crise économique mondiale de 1929 ont été surmontées par l'armement, jusqu'à ce que vienne la destruction de la guerre. Mais même après la guerre, l'économie est restée fleurissante aussi longtemps que la phase de reconstruction a duré. La guerre de Corée et d'autres conflits, y compris la guerre froide dans son ensemble, et encore une fois lorsque l'Amérique a déclaré la guerre au terrorisme islamique, étaient également revigorantes sur le plan économique. En revanche, l'économie a commencé à stagner après la phase de reconstruction dans les années 60 et après la fin de la guerre froide, de sorte que d'autres dépenses et impulsions du gouvernement étaient nécessaires pour empêcher la stagnation séculaire imminente de tomber dans la dépression.

3. Le développement économique et social des pays capitalistes industrialisés et leurs aberrations à travers la perversion de l'individualisme égoïsme

Les pays européens et, dans le contexte de la mondialisation, le reste du monde doivent leur développement économique et social à la libération de la créativité individuelle. Mais le capitalisme contient aussi les germes de sa perversion et de sa propre dissolution. Les caractéristiques du développement économique dans les pays industrialisés sont :

1. Le danger de l'autodestruction de l'économie capitaliste par le remplacement de la force de travail par des machines de plus en plus intelligentes et le danger de la monopolisation de l'économie mondiale par quelques acteurs mondiaux,

2. La transition de l'économie capitaliste vers une stagnation séculaire à la suite d'un taux d'épargne élevé par rapport aux opportunités réelles

d'investissement économique et au danger croissant de crises économiques,

3. La dette publique mondiale croissante et le risque croissant des défail-
lances souveraines,

4. La perversion du marché des capitaux en casino.

3.1 Le danger d'autodestruction de l'économie capitaliste par le remplacement de la main-d'œuvre par des machines de plus en plus intelligentes et le danger de monopole de l'économie mondiale par quelques acteurs mondiaux

Avec l'invention de la machine à vapeur et grâce à de plus en plus d'innovations
jusqu'à la numérisation et la robotisation, les processus de production ont pu être
rationalisés et les emplois remplacés par des machines.

La création de machines et d'équipements, le développement de nouveaux
produits et l'expansion de la production ont toujours créé de nouveaux emplois.
Également à travers les services liés à la production ont été créés : recherche et
développement, logistique, ventes et capitaux, de nouveaux emplois. Mais depuis
le début de la révolution industrielle, il y a eu des périodes de sous-emploi et de
difficultés sociales.

Initialement, seuls les travailleurs non qualifiés ont disparu du fait de la rationalisation. Selon les idées de la *politique économique de l'offre* le déclin des
travailleurs industriels était normal. Car selon leur idéologie une société industrielle doit évoluer vers une société de services. Cela permettrait aux emplois
industriels d'émigrer vers les pays en développement. Les activités détermi-
nantes, telles que la recherche et le développement, la logistique, le marketing et
d'autres services, remplaceraient les emplois perdus.

En outre, les emplois dans les services étaient considérés comme moins menacés par le chômage et on négligeait le fait que l'informatisation et la robotisation de l'économie élimineraient également les emplois de services. Les conséquences de ce développement ont été la désindustrialisation en particulier des
États-Unis et de la Grande-Bretagne et d'énormes friches industrielles.

L'informatisation croissante, la numérisation et le développement de robots
entraînera de nouvelles pertes dramatiques d'emplois. Tous les secteurs de l'économie mondiale sont affectés, bien qu'à des degrés divers, comme les prévisions
suivantes le montrent :

Professions hautement menacées	Emplois moins vulnérables
Probabilité d'automatisation profession-nelle d'au moins 70% au cours des 20 prochaines années	Probabilité d'automatisation profession-nelle d'au moins 30% au cours des 20 prochaines années
Actuellement employé en millions	Actuellement employé en millions
• Secrétaires de bureau 2,7	• Garde d'enfants, éducation 0,9
• Personnel de vente 1,1	• Santé, soins infirmiers 0,7
• Service traiteur 1.0	• Cadres de surveillance 0,5
• Gestion d'entreprise, commerciale et technique 0.9	• Ingénierie mécanique, Exploitation et entretien............0,4
• Services de poste et de livraison 0,7	• Ingénierie automobile............ ... 0.4
• Personnel de cuisine 0,7	• Achat, distribution, commerce....0,3
• Banquiers 0,5	• Travail social, éducation sociale.0.3
• Entrepôt 0,4	• Soins aux personnes âgées 0,3
• Travail des métaux 0,4	• Enseignement universitaire, recherche 0.2
• Comptabilité 0,3	• Construction électrique ….........0,2
	Source : A. T. Kearney

Source : Der Spiegel Nr.36,3.9.2016, S.14

Thomas Schulz écrit : >>Les experts en énergie estiment que dans l'industrie pétrolière et du gaz des États-Unis, entre 50 et 80 000 bons travailleurs qualifiés bien rémunérés ont été perdus depuis 2014, bien que les affaires reprennent. De nombreuses installations de production de pétrole sont maintenant exploitées à distance, à partir de centres de contrôle avec des moniteurs. << [32] Frank Chen, chef de la politique d'Airnb, >>voit le nouveau monde comme celui-ci : « Le conducteur de camion est l'un des emplois les plus utilisés, et peut-être dans 5 ans, au plus tard dans 15 ans, ce travail n'existera plus », parce que le robot au volant est plus sûr et plus économique. << [33]

>>Les machines intelligentes sont déjà meilleures que les humains dans de nombreux travaux de routine. D'abord, les caissiers et les employés ont été rem-placés, puis les conseillers fiscaux et les banquiers. Banquiers ? Goldman Sachs avait jusqu'à récemment 600 traders boursiers sur le parquet, maintenant il y en a 2. Les algorithmes font le travail des 598 autres. Un demi-million d'employés sont menacés d'être remplacés par des logiciels dans les années à venir dans le seul secteur financier britannique, estime le cabinet de conseil Deloitte.

Les exemples sont infinis. Frank Chen cite publiquement le chercheur d'IA Geoffray Hinton: "Nous devrions immédiatement arrêter de former des radio-logues." Parce que les machines peuvent mieux analyser les images radiogra-phiques. << [34]

La mise en réseau numérique toujours plus intensive de la production, des services et de la communication tente de connecter de plus en plus la recherche et le développement, la production, la logistique et le marketing. Cela s'appelle

---

[32] Thomas Schulz: Zuckerbergs Zweifel, dans: Der Spiegel 14/2017, P. 19.
[33] Thomas Schulz: ibid, P. 18.
[34] Thomas Schulz: ibid, P. 19.

en Allemagne la quatrième révolution industrielle après les ingénieurie en méca-nique, l'électrification et l'informatisation, voici l'*Industrie 4.0*.

La force motrice repose ici sur la rationalisation de la technologie de la communication, comme pour Google et Facebook, qui permet une meilleure évaluation des données clients, une publicité de plus en plus sophistiquée et une logistique informatisée et donc la possibilité d'un commerce en ligne. Anderson et d'autres chaînes commerciales forcent les sites de production d'utiliser leurs réseaux logistiques et les rendent ainsi dépendants d'eux, à moins que les sites de production ne soient affiliés à des chaînes commerciales elles-mêmes.

Depuis que le développement de la technologie de communication a son centre aux États-Unis, en particulier dans la Silicon Valley, et est financé là-bas et que le capital d'autres pays a coulé aux États-Unis les autres pays industrialisés sont menacés d'être de plus en plus dominés par les entreprises américaines. C'est aussi aux États-Unis que les grandes entreprises d'internet sont localisées.

Ce danger est visible même pour l'industrie allemande, qui reste le leader en ingénierie mécanique et industrielle. Le danger est d'autant plus grand pour les autres pays industrialisés ou même les pays en développement ! Le monde entier, même l'économie américaine, menace d'être monopolisé par des sociétés d'internet opérant à l'échelle mondiale.

Les développeurs de la Silicon Valley, ainsi que les principaux centres de R & D dans le monde, sont moins motivés par les bénéfices attendus que par la satisfaction de la recherche et le développement par le biais de leurs propres résultats, et par leur conviction de faire progresser l'humanité. Le fait que la numérisation et l'informatisation puissent mettre en péril la vie économique et sociale devient également une évidence pour les principaux développeurs. Cela vaut aussi pour Mark Zuckerberg. Thomas Schulz écrit : >>"Notre travail sur Facebook consiste à aider les gens à avoir le plus grand impact positif possible et de minimiser les pages où la technologie et les médias sociaux contribuent à la division et l'isolement", explique Zuckerberg. Au moins, il y avait des doutes entre les lignes. Le doute de Zuckerberg. Tout n'est pas automatiquement bon. <<[35]

>>"Nous exhortons les législateurs à envisager l'avenir maintenant", déclare Frank Chen, expert en intelligence artificielle. Mais le sentiment que rien ou alors pire va arriver prévaut, et c'est pourquoi les pionniers du progrès commen-cent à travailler sur les instruments politiques eux-mêmes : ils lancent des essais de grande envergure sur la façon dont un revenu universel pourrait fonctionner. Ils conçoivent des concepts pour un nouveau système d'éducation dans lequel les travailleurs peuvent s'entraîner à maintes reprises pour de nouveaux emplois afin de suivre le rythme des machines. <<[36]

>>Ce ne sont pas des milliardaires individuels, mais les parlements qui doi-vent décider de notre mode de vie. Mais pour cela, les politiciens doivent d'abord reconnaître que le changement, le progrès, les bases technologiques changent les règles du jeu et augmentent leur engagement. Cette société ne peut plus se per-

---

[35] ibid, P. 13.
[36] ibid, P. 21.

mettre d'ignorer l'avenir, car dans 5 ans il se passera plus de choses que dans les 20 dernières années. <<[37]

>>Sans l'Etat cela ne marchera pas, entre-temps aussi les plus grands pessimistes doutent. Les outils politiques doivent être utilisés pour façonner le changement, car il n'est pas prêt de s'arrêter. On pourrait s'imaginer que les entreprises qui remplacent les humains par des machines paient une taxe sur les robots, de sorte que les dislocations ne viennent pas en une seule grosse vague. L'idée vient de Bill Gates, et il ne veut pas lutter contre le progrès mais seulement le sécuriser à long terme. Il dit : "Si les gens ont peur du progrès, au lieu de se réjouir, alors nous avons un vrai problème." <<[38]

3.2 La transition de l'économie capitaliste vers une stagnation séculaire à la suite d'un taux d'épargne trop élevés relatif aux opportunités d'investissement de l'économie réelle et les risques croissants de crises économiques[39]

L'idéal de l'économie de marché repose sur l'individu libre, qui offre des produits et des services en fonction de ses capacités et de ses possibilités et acquiert ce dont il a besoin le moins cher possible sur le marché. Le marché devrait s'assurer que les prix des biens sont établis en fonction de leur rareté respective et que les vendeurs à haut rendement augmentent la production et limitent les pertes.

Dans le cas de la concurrence atomistique l'idéal est atteint que s'il y a autant de fournisseurs que de biens. Mais si les entreprises sont déjà établies sur le marché, ont acquis un savoir-faire spécial et produisent déjà de grandes quantités et peuvent donc offrir des biens moins chers que la concurrence, il est difficilement possible de produire ces marchandises en tant que nouveau venu. C'est pourquoi il est si difficile d'industrialiser rétroactivement les régions en retard de développement, et si c'est le cas, cela ne peut alors se faire seulement en rendant ces régions dépendantes des entreprises déjà établies dans les pays industrialisés. Cette difficulté s'applique également aux régions en retard dans les pays industrialisés eux-mêmes, ainsi que dans les pays en développement.

Une économie de marché capitaliste devrait aussi être une méritocratie. Tous les participants devraient avoir les mêmes chances de départ et, selon leur performance, être en mesure de gagner un revenu et d'accumuler de la richesse. Mais cet idéal est violé par l'héritage de la richesse. Les héritiers des riches ont de meilleures conditions de départ que les plus pauvres, sans compter qu'ils sont déjà mieux qualifiés de par l'éducation qu'ils ont reçue pendant l'enfance et dans les écoles secondaires. Ainsi, dès le début de la révolution industrielle, l'évolution était destinée à une distribution de plus en plus inégale de la richesse et des revenus.

Tant que les innovations stimulent l'investissement et la demande, une répartition inégale des revenus et une épargne élevée peuvent stimuler le développement économique. Les périodes d'innovation pionnière sont appelés cycles Kon-

---

[37] Ibid.
[38] Thomas Schulz: Zuckerbergs Zweifel, ibid, P. 21.
[39] Pour plus d'informations voir n: U. Petersen: *Säkulare Stagnation unser Schicksal? Grenzen der Angebotsorientierten Wirtschaftspolitik.*

dratiev. Wikipedia écrit : >>Kondratiev a publié en 1926 dans la revue de Berlin *Archiv für Sozialwissenschaft und Sozialpolitik* son essai *Die Langen Wellen der Konjunktur* [Les cycles longs de l'économie]. Il a déclaré sur la base de données empiriques provenant d'Allemagne, de France, d'Angleterre et des États-Unis que les cycles économiques courts (...) sont recouverts de longues vagues cycliques. <<[40]

Les innovations pionnières sont l'invention de la machine à vapeur au début de la révolution industrielle, l'invention de l'énergie électrique, l'informatisation et maintenant la numérisation et la robotisation. Autrement dit, les quatre types de révolution industrielle peuvent être appelés cycles Kondratiev.

Mais lorsque les cycles de Kondratiev ont pris fin, la surproduction est apparue relativement à la demande. Toutes les politiques économiques ne se sont donc pas répercutées sur la demande de biens d'équipement avec pour conséquence des dépressions économiques et un niveau de chômage élevé.

Cependant, à mesure que les pays industrialisés connaissent un développement économique, l'effet stimulant des innovations pionnières diminue. Au début de la révolution industrielle l'investissement était toujours le plus élevé en termes de construction de l'industrie lourde avec l'expansion des infrastructures, du logement et du développement urbain. Cependant, après que ces investissements ont été en grande partie achevés, de moins en moins de capital a été nécessaire.

Plus l'économie se transforme en une société de services et de connaissances, et plus les marchés et donc le chiffre d'affaires sont importants, moins le capital est nécessaire par rapport aux ventes attendues. En conséquence, les besoins d'investissement par les économies de main-d'œuvre diminuent. Mais les gains en capital augmentent avec chaque travail économisé. Cela signifie que les *coûts de la main-d'œuvre deviennent les bénéfices des sociétés et les revenus des investisseurs*.

Bien entendu, cette équation ne s'applique que si les bénéfices sont réinvestis dans l'expansion et dans la production de nouveaux produits rendant ainsi nécessaire le recrutement de nouveaux travailleurs. Dans ce cas, les revenus de l'entreprise et du capital augmenteraient, également mais le volume des salaires antérieurs et donc la demande économique antérieure des consommateurs ne diminueraient que relativement.

Bien sûr, les profits ne progressent pas dans la mesure où la rationalisation due à la concurrence conduit à des réductions de prix. Dans l'ensemble, cependant, il y a une augmentation de l'inégalité en termes de richesse et de distribution des revenus, et donc du volume d'épargne de l'économie pour laquelle il faut trouver de réelles opportunités d'investissement économique.

Les mesures visant à prévenir l'apparition de crises économiques sont les suivantes :

1. Redistribuer les profits de rationalisation par des augmentations de salaire,
2. Excédents d'exportation,
3. Augmentation des dépenses publiques.

---

[40] https://de.wikipedia.org/wiki/Kondratjew-Zyklup.

3.2.1 Possibilités et limites relatives à la stabilisation de la demande économique à travers les augmentations des salaires

Grâce à la formation des syndicats, qui monopolisent l'offre de travail, les salaires pouvaient être adaptés aux progrès de la production et pouvaient ainsi stabiliser la demande des consommateurs jusqu'à présent. Cependant, cette possibilité n'existe que dans les économies fermées et diminue à mesure que le marché du travail se mondialise.

Dans le contexte de la mondialisation la délocalisation croissante des manufactures et des fournisseurs de services, tels que les centres d'appels et les programmateurs, fragilise les syndicats, de sorte qu'en concurrence avec les pays en développement les salaires des pays industrialisés diminuent ou augmentent moins que ceux des entreprises et des capitaux et les salaires des plus qualifiés.

Cette évolution est favorisée par les réductions tarifaires générales et l'élimination des obstacles à l'importation. Pour éviter l'exode des entreprises et inverser cette tendance, le nouveau président américain Donald Trump cherche à augmenter à nouveau les taxes sur l'importation pour les produits sensibles.

3.2.2 Les excédents d'exportation pour combler l'écart de la demande intérieure

Les entreprises efficaces éprouvent souvent des difficultés dues au fait que le marché national est trop petit ou que le pouvoir d'achat est trop faible. En conséquence elles n'arrivent pas vendre tous leurs biens sur le marché intérieur. C'est pourquoi les entreprises industrielles modernes ont toujours essayé de vendre leurs produits au-delà de leurs besoins nationaux. Cette pression à l'exportation est extrême dans les pays nouvellement industrialisés. L'Angleterre a inondé le reste du monde de tissus et de produits industriels en tant que première puissance industrielle européenne.

Comme les besoins d'importation n'augmentaient pas dans la même mesure - en raison du manque de pouvoir d'achat de masse déjà à cette époque - des excédents d'exportations sont apparus pour ces pays, c'est-à-dire que les biens indésirables du marché sont revendus à l'étranger.

Un exemple typique de ceci à notre époque est la Chine. Il est vrai que la demande industrielle chinoise se développe également avec l'industrialisation. Mais elle est en retard et, dans cette mesure, les produits excédentaires doivent être exportés à l'étranger de manière plus importante que ce qui peut être importé de l'étranger. Cela conduit à l'énorme excédent d'exportations de la RPC.

De même, les excédents d'exportations de l'Allemagne et du Japon témoignent de l'insuffisance de la demande intérieure due à un volume d'épargne économique trop élevé résultant de la saturation économique et de la distribution de plus en plus inégale de la richesse et des revenus.

Nous verrons plus tard quels sont les problèmes posés pour l'économie mondiale et l'Union européenne et en particulier pour la zone euro.

3.2.3 L'importance des dépenses publiques pour l'équilibre économique de l'offre et de la demande

Les besoins d'armement et de luxe de la noblesse étaient déjà dans les temps préindustriels des forces motrices essentielles pour le développement de l'économie. Même pendant la révolution industrielle, il n'aurait pas été possible de vendre tous les produits fabriqués industriellement sans dépenses publiques massives, d'autant plus que le développement industriel commençait avec l'industrie lourde et que ses produits ne répondaient pas aux besoins de consommation des citoyens.

Au fur et à mesure que le besoin d'investissement dans des innovations révolutionnaires a diminué, l'importance des dépenses publiques pour prévenir les crises économiques a augmenté. En conséquence, en période de préparatifs de guerre et de reconstruction durant les phases d'après-guerre, la demande économique est plutôt excessive. Quand la saturation se produit après les phases de reconstruction, en résultent des crises économiques comme en 1929, où il a fallu élargir les dépenses gouvernementales pour des raisons de *conjoncture* économique. Cela se fait depuis la fin des années 1960, mais aussi à cause de la guerre froide et des conflits internationaux. Après l'effondrement du bloc de l'Est, les risques de déflation sont apparus à nouveau, provoquant des dépenses supplémentaires pour le gouvernement. Une part essentielle des dépenses publiques est également le résultat de la redistribution sociale nécessaire afin d'assister les personnes défavorisées dans le processus économique.

Tant que le capital était encore rare et devait être épargné afin d'investir, la répartition inégale des revenus augmentait les possibilités d'investissement et donc la prospérité économique générale. Mais dès lors que l'épargne économique surpasse les opportunités d'investissement rentables, l'épargne devient un poison, car les épargnes qui ne se transforment pas en investissements laissent des produits invendus sur le marché et réduisent ainsi le rendement économique.

En fin de compte, la crise économique mondiale de 1929 n'a pu être surmontée que par des dépenses gouvernementales supplémentaires, aux États-Unis par des investissements publics dans la politique du *New Deal* et en Allemagne hitlérienne grâce aux investissements publics et à l'armement.

Au moins depuis 1929, on aurait pu reconnaître que le déclenchement d'une crise économique ne peut être évité que si le secteur public investit de plus en plus dans les dépenses publiques. D'un point de vue purement social, les personnes à plus faible revenu et les chômeurs sont relativement appauvris, les transferts sociaux et donc les dépenses supplémentaires du gouvernement deviennent nécessaires.

Depuis les années 1960, la dépression en raison d'un manque de demande économique en raison du taux d'épargne économique élevé a été empêchée par l'augmentation correspondante des dépenses gouvernementales. Cependant, l'importance des dépenses publiques pour équilibrer l'offre et la demande est rarement discutée. Par conséquent, les causes de la stagnation séculaire grandissante ne sont généralement pas reconnues.

3.3. La dette publique mondiale croissante et le risque croissant de défaut souverain

Malheureusement, les dépenses supplémentaires du gouvernement n'ont pas eu pour résultat une diminution du pouvoir d'achat excessif des personnes à revenu élevé, mais leur a offert la possibilité d'obtenir des obligations gouvernementales pour leur épargne. Le résultat a été une augmentation mondiale de la dette publique, notamment parce que de plus en plus de fonds étaient nécessaires pour les transferts sociaux. Wikipédia écrit: Alors qu'en République fédérale d'Allemagne, seuls 18,3% du PIB étaient encore consacrés aux prestations sociales en 1960, les prestations sociales s'élevaient déjà à 30,7% du PIB en 1975.[41]<<[42] Les dépenses sociales publiques (y compris les dépenses publiques pour la sécurité sociale) étaient selon les calculs du Statistischen Bundesamtes [l'Office fédéral de la statistique] en 2012 estimé 45,2% du PIB afin d'alléger l'appauvrissement relatif des personnes à faible revenu.<<[43]

Les titres de créance d'État sont différents des obligations de sociétés et d'actions en ce sens qu'ils ne reposent sur aucune valeur *réelle*. L'argent reçu est dépensé par l'état.

Afin de pouvoir attribuer une *valeur réelle* à la dette publique, il a été demandé à plusieurs reprises que seuls les investissements publics puissent être financés par le crédit. Néanmoins, cela n'affecte qu'une petite partie des dépenses gouvernementales. D'autre part, les investissements publics ne peuvent être liquidés que dans une mesure limitée et utilisés pour réduire la dette. Il suffit de penser aux discussions sur la privatisation des infrastructures, telles que les routes, les compagnies d'eau, etc. Aussi peut-on rembourser la dette seulement de manière limitée. Après tout, si les marchés ne sont plus en mesure d'investir leurs épargnes actuelles de manière significative, que devraient-ils faire avec les dettes remboursées ?

En d'autres termes, dans le montant des remboursements de la dette l'écart de demande économique augmente parce que l'État peut dépenser moins. Pour cette raison, on peut à juste titre qualifier la dette publique de « Schrottpapiere » [papiers sans valeur] qui ne peuvent être remboursés qu'en contractant de nouveaux prêts, c'est-à-dire qu'ils sont seulement *prolongés*. La valeur réelle ou potentielle des titres d'état, ni même le niveau d'endettement des états (pouvant aller jusqu'à 250% du produit intérieur brut comme au Japon) n'intéresse pas les acheteurs de titres publics tant qu'ils sont sûrs que les *marchés* fournissent à l'État, à échéance, suffisamment de nouveaux prêts pour faire face à la dette due.

Aux États-Unis et au Japon, on s'attend régulièrement à ce que les remboursements puissent être refinancés par de nouveaux emprunts. Pour les pays plus petits, tels que la Grèce et l'Espagne, cette question peut recevoir une réponse négative et une faillite nationale peut avoir lieu. Mais étant donné qu'*aucun* État ne peut rembourser son endettement net, ils sont en fait déjà tous en faillite et devraient être réhabilités à des réductions de dette, comme dans le secteur privé.

---

[41] Universität Duisburg Essen: *Sozialpolitik aktuell, Entwicklung der Sozialleistungssysteme 1960-2012.*

[42] https://de.wikipedia.org/wiki/Sozialleistungsquote.

[43] https://de.wikipedia.org/wiki/Staatsausgaben.

En tout état de cause, ceux qui sont aussi les principaux créanciers de la dette publique devraient également supporter la charge fiscale en cas de remboursement. À cet égard, les réductions de la dette sont des *matchs à égalité.*

Alors, le vagabondage des dettes nationales énormes et toujours croissantes n'est pas sans danger pour l'économie mondiale. En fonction de la situation, les titres peuvent conduire plus ou moins à des hausses ou à des baisses de prix et donc à des effondrements bancaires où les sorties ou les entrées de titres peuvent déclencher des turbulences monétaires internationales et donc des crises économiques. Cela nous amène au marché des capitaux, qui est perverti en casino.

3.4 Le perversion du marché des capitaux en casino

Le vrai marché concerne les biens et les services. Quand une période de production est terminée, tous les produits manufacturés et les services doivent être vendus. Si les biens et les services ne sont pas vendus, leur production est restreinte et, s'il n'y a pas suffisamment d'autres possibilités de production, il y a du chômage.

Pour l'économie réelle, le marché des capitaux n'est nécessaire que dans la mesure où des épargnes sont recherchées pour financer l'investissement. Cependant, pour les investisseurs et les spéculateurs sur le marché des capitaux le financement des investissements est une opportunité d'investissement qui tend à *perdre* de son importance. Beaucoup plus importants sont les achats et les ventes d'actions, et leur marché augmente alors que de plus en plus d'obligations d'État, d'actions, d'obligations d'entreprises et de dérivés inventés peuplent le marché.

Au cours des dernières décennies les entreprises ont été de moins en moins appréciées pour leur valeur intrinsèque que pour leur valeur de rendement à court terme. Les spéculateurs achètent avec de l'argent emprunté des sociétés dont la valeur des bénéfices est faible et la valeur intrinsèque est élevée, vendent les immeubles et les biens inutilisés et paient avec le revenu le plus possible de prêt pour le rachat. Ainsi, on aurait pu imaginer que Porsche avec des fonds spéculatifs achète sa sœur beaucoup plus grande, la Volkswagen AG et rembourse le crédit emprunté des réserves de trésorerie de la VW AG.

Dans le monde anglo-saxon, et en particulier aux États-Unis, l'éthique des affaires est vite tombée dans le *faire de l'argent* pur. La différence d'attitude entre européens et surtout allemands - dont il a toujours été dit qu'ils ne travaillent pas pour vivre, mais vivent pour travailler - et les Américains est démontrée par une citation de *Carl Martin Welcker* (chef de fabrication de machines-outils de Cologne Schütte, et depuis Novembre 2016 président élu de la Mechanical Engineering Association (VDMA). Dans une interview Alfons Frese lui a demandé : >>Les ingénieurs mécaniciens allemands sont des leaders mondiaux, la distance par rapport aux autres pays est devenue encore plus grande. Est-ce juste à cause de l'ingénierie allemande ? << Welcker a répondu : >> Bien sûr que non. Cela dépend aussi des prix. Les Américains ne sont plus sur le marché, ce qui est déterminé par les faibles rendements des Allemands et des Japonais. Ils disent, "laissez la compagnie allemande de taille moyenne le faire, il est tellement fou et se satisfait d'un rendement de 2%". Toute personne qui veut un retour, ne travaille pas comme l'ingénierie allemande. Nous sommes juste une industrie qui se caractérise par une entreprise familiale et non par la logique des marchés de capitaux. << [44] Par conséquent, aux États-Unis, une personne est généralement estimée en fonction *de la somme d'argent qu'elle dépense*. Avant la crise financière, on dit que les fournisseurs de services financiers aux États-Unis auraient gagné 40% de tous les bénéfices des entreprises. Cependant, si vous n'aimez pas la propriété des biens et des entreprises, mais que vous valorisez uniquement leur *valeur monétaire*, les titres de propriété deviennent des puces avec une certaine valeur de rendement.

Comme affirmé dans les années 1980, les américains se réfèrent uniquement au principe du *Share Holder Value Principe* [le principe de la valeur actionnariale]. Les dirigeants ont été assermentés de primes, notamment en actions, sur ce principe. Par conséquent, les gestionnaires n'étaient que partiellement intéressés à fournir un emploi à la main-d'œuvre en leur permettant d'atteindre leurs objectifs.

Bien que les investissements réels sur le marché des capitaux ne jouent qu'un rôle mineur, des spéculations sur le marché des capitaux peuvent avoir un impact considérable sur l'économie réelle. Si les achats et les ventes de biens et de services seuls déterminaient les relations économiques internationales, il ne pourrait y avoir de compte courant déséquilibré. Comment est-il possible que les États-Unis subissent d'énormes déficits courants chaque année ? Entre le début de 2006 et la fin de 2015, le déficit commercial américain s'est établi en moyenne à 720,1 milliards de dollars par année[45]. Aux États-Unis, en raison de l'excédent des importations, le dollar devrait tomber si bas que les marchandises étrangères deviendraient trop chères et / ou que les exportations américaines aux acheteurs étrangers deviendraient suffisamment bon marché.

Les soldes des comptes courants déséquilibrés sont devenus possibles grâce aux *transactions sur les marchés de capitaux*, parce que dans le cadre des excédents d'importation américains, les capitaux étrangers entrent dans le pays. Les États-Unis sont considérés comme un refuge où investir leur argent pour tous les riches du monde. De plus, comme les Américains ont une tendance à l'épargne relativement faible et que l'État est toujours suffisamment endetté, la dépression est évitée. Cependant, la fragilité et l'apparition des crises est plus fréquente.

Les transactions sur les marchés financiers ont également été la cause de la crise asiatique de 1997/98, qui a amené de nombreux pays asiatiques dans la tourmente économique. Les classements de notation par pays de la zone euro ont conduit à la crise de l'euro, qui a affecté toute l'économie mondiale. Même lorsque la Réserve fédérale américaine relève les taux d'intérêt, le capital s'installe aux États-Unis et augmente le dollar. Bien que les crises économiques internationales aient toujours des causes économiques réelles, le fait qu'ils deviennent des crises économiques mondiales est causé par les transactions du marché des capitaux.

L'importance du marché des capitaux d'aujourd'hui dans l'économie mondiale se reflète également dans le *volume* des transactions en capital. Klaus Stocker a écrit en 2006 en référence à la *Banque des règlements internationaux (BRI)* et le

---

[44] Alfons Frese: „*Protektionismus würde uns böse treffen*", en: Der Tagesspiegel Nr. 23 060/18.3.2017, P.10.

[45] http://de.statista.com, zitiert: https://de.wikipedia.org/wiki/Handelsbilanzdefizit.

FMI: >>Les paiements des transactions commerciales, à savoir les importations et les exportations, ne sont aujourd'hui que responsables d'environ 1,3% (!) des mouvements de capitaux mondiaux<<[46] Par conséquent, le besoin de liquidité est beaucoup plus élevé que celui des ventes dans l'économie réelle.

3.5 L'inondation d'argent du marché des capitaux par les banques centrales comme moyen d'éviction de la dépression

Afin de stimuler l'économie, les banques centrales ont augmenté la masse monétaire pendant des années, plus que les ventes économiques réelles ont augmenté. En conséquence, les théoriciens économiques ont constamment mis en garde contre l'inflation. Ce qu'ils ont négligé était le besoin beaucoup plus grand de transactions sur le marché des capitaux. Pour les sociétés économiques réelles, il ne sert à rien de conserver des liquidités excessives. Sur le marché des capitaux, en revanche, l'argent a une fonction de puce et facilite la spéculation.

Pour les banques, l'investissement sur le marché des capitaux est plus attrayant que le prêt à l'économie réelle. En conséquence, la demande de crédit dans l'économie réelle ne devrait pas être financée tant que les souhaits du marché des capitaux ne seront pas satisfaits. Si les banques centrales ne fournissent pas suffisamment de liquidités, il est à craindre que l'économie soit étranglée en raison de crédits insuffisants. En conséquence, les banques centrales ont commencé à injecter de plus en plus d'argent dans le marché pour alimenter la spéculation, dans l'espoir que suffisamment d'argent coulera dans l'économie réelle et que des investissements économiques réels seront réalisés.

Un effet économique réel n'est pas encore ressenti et ne devrait pas être attendu, à moins que en absence de l'investissement actuel le niveau économique aurait été encore plus bas. Mais le marché des capitaux s'est déjà adapté au flux de l'argent et s'attend à de nouveaux sauts de prix.

Dans le marché des capitaux perverti un monstre a évolué, qui dans la constitution économique mondiale actuelle doit être constamment alimenté en argent et en valeur monétaire afin que l'économie mondiale ne s'effondre pas.

3.6 Résumé du développement économique et social des pays industrialisés capitalistes

Les facteurs du développement économique et social dynamique de l'Europe peuvent être résumés comme suit :
1.   Des individus libres et créatifs cherchant une réalisation de soi pour qui le travail n'est pas seulement une épreuve, mais le but de la vie,
2.   Le cadre social nécessaire sous la forme d'une économie de marché et la formation de la volonté démocratique sans tutelle religieuse.

Des malformations ont révélé des déséquilibres dans le développement économique sous la forme :
1.   D'inégalités des revenus et développement de la richesse,

---

[46] Klaus Stocker: *Management internationaler Finanz -und Währungsrisiken*, Gabler Verlag, Aufl. 2006, P. 3.

2. D'une dette nationale dangereusement élevée dans tous les pays, qui peut à tout moment mettre en danger le marché des capitaux et donc l'économie réelle,
3. De la perversion du capitalisme en capitalisme de casino.

4. La mondialisation de l'européisme occidental

4.1 La mondialisation de l'européisme occidental à travers la colonisation du tiers-monde

Les pays d'Europe avaient une histoire commune et étaient sur un pied d'égalité dans leur développement culturel et de civilisation ainsi que dans leurs capacités militaires, bien que les pays du Nord de l'Europe, et la Grande-Bretagne en particulier, étaient en avance sur le plan scientifique, technique et économique. Comme le soulignait Max Weber, la croyance puritaine selon laquelle le fait qu'un homme soit élu de Dieu se manifeste dans son succès économique était particulièrement propice au développement capitaliste. Les pays européens ont toujours eu des relations économiques étroites et étaient les plus susceptibles d'intensifier leur division du travail à la suite de la révolution technologique.

La mondialisation actuelle ne commence donc qu'avec la domination par l'Europe des pays non-européens. A l'est, la Russie s'est étendue jusqu'à Vladivostok. L'Occident a forcé le commerce avec les pays non-européens, les a exploités et les a colonisés. Lié à cela, se trouvait le prosélytisme à la foi chrétienne et plus tard à l'image humaniste de l'homme et du système social européen.

Dans ce qui suit, la propagation de l'européisme occidental et sa colonisation des territoires d'outre-mer sont résumes. En même temps, il convient de rendre tangible la manière dont les personnes sont intervenues dans les relations sociales traditionnelles des pays non-européens et quelle responsabilité cela implique pour l'Europe. Celui qui connaît l'histoire coloniale, ou le lecteur pressé peut sauter par-dessus ces déclarations. Elles sont, à cet effet, rédigées dans une police spéciale.

4.1.1 Le développement des relations commerciales internationales, de l'impérialisme et la colonisation jusqu'à la Première Guerre mondiale

Il y a des milliers d'années, des commerçants entreprenants ont transporté des marchandises partout dans le monde. Dans la plupart des cas, il s'agissait de produits qui n'existaient pas dans d'autres pays, tels que l'ambre de la région baltique, l'ivoire et les épices d'Afrique et d'Asie ou des œuvres d'art culturellement représentatives des peuples respectifs.

H. Schumacher écrit : >> Les habitants marins de Phénicie sont généralement considérés comme les premiers colonisateurs d'outre-mer. Ils ont déjà établis des colonies sur les rives de la mer méditerranée vers 1100 avant JC.. Depuis le 8ème siècle avant JC de nombreuses cités-états grecs ont suivi cet exemple et ont mis en place des colonies commerciales en méditerranée. La ville de Carthage, fondée comme une colonie phénicienne, est elle-même devenue une puissance coloniale importante : les Carthaginois ont construit un empire commercial basé sur le contrôle de la navigation méditerranéenne, qui comprenait également des colonies en Espagne et en Sicile. L'empire des Carthaginois a été détruit pendant les guerres puniques (3ème au 2ème siècle avant JC) par Rome.

49

Dans les siècles qui ont suivi, les Romains ont continué à étendre leurs dominions et à régner en tant que puissance coloniale sur une grande partie de l'Europe et du Moyen-Orient. <<[47]

Comme l'écrit *Die Zeit*, en Europe de l'Ouest, >>la volonté de développer des pays étrangers pour le commerce est née avec les systèmes économiques capitalistes ... à partir du 16ème siècle. En effet, la demande en matières premières, or, épices et colorants était haute en Europe et ne pouvait plus être couverte par les ressources locales. L'achat des marchandises auprès d'intermédiaires tels que l'Empire ottoman coûtait cher. La croissance démographique et la demande croissante de nourriture ont également conduit les Européens à établir des colonies. L'industrialisation a continué à promouvoir ce mouvement.

Les marchands fusionnaient en sociétés commerciales et, comme les rois et les nobles, ils finançaient des voyages dans le Nouveau Monde. C'est ainsi qu'un réseau commercial mondial a été créé. Les dirigeants de l'Europe ont gagné la domination des colonies en y envoyant des militaires et en construisant des administrations civiles. Ils ont justifié cette approche en déclarant la population dans les colonies inférieure à son nombre réel. Ils considéraient les soi-disant sauvages comme radicalement inférieurs, non civilisés et incapables de s'autogérer. Ils étaient donc légitimes à les forcer à travailler dans les colonies ou à les exporter comme esclaves.

Les puissances coloniales ne voulaient pas seulement dominer et exploiter les colonies, mais aussi imprimer leurs cultures et leurs religions. Les églises ont envoyé des missionnaires pour christianiser populations des colonies. Les administrations coloniales ont forcé la population à adopter la langue des dirigeants coloniaux et ont essayé d'abolir les traditions locales. Dans le même temps, les scientifiques ont utilisé la population coloniale comme sujet de recherche. <<[48]

H. Schumacher décrit ainsi le développement ultérieur de l'histoire coloniale : >>Avec la conquête de la Ceuta marocaine en 1415 et l'établissement de bases sur la côte africaine dédiées au commerce d'or et d'esclaves, le Portugal ouvre l'expansion européenne. Le véritable début de l'époque du colonialisme moderne, cependant, fut la découverte de l'Amérique par Colomb d'Espagne (1492) et le développement de la route maritime vers l'Inde par le Portugais Vasco da Gama (1498). Dans le traité de Tordesillas (...), l'Espagne et le Portugal, les deux premières puissances coloniales des temps modernes, ont convenu de la division des parties encore sous-développées de la terre.

L'Espagne et le Portugal ont poursuivi différentes stratégies coloniales dans leurs zones d'influence. Les Espagnols ont conquis une grande partie de l'Amérique du Sud et centrale ainsi que des Caraïbes en quelques décennies ; Les conquistadors ont établi de vastes empires de vice-royauté (Nouvelle-Espagne 1535, Pérou 1543). Ils ont systématiquement élargi l'administration territoriale d'outre-mer et le développement économique et ont subordonné la population indigène à un système d'exploitation drastique (Encomienda). Les territoires et la richesse en or venant des colonies ont assuré pendant un temps la revendication de la couronne espagnole sur la domination en Europe et dans le monde.

Les Portugais prirent possession du Brésil en 1500, l'incorporèrent comme partie intégrante de leur monarchie, le colonisèrent sur la base de la culture de la canne à sucre et exploitèrent abondamment leur monopole sur le commerce transatlantique des esclaves livrés par leurs bases africaines. Comme les Portugais ont d'ailleurs principalement été en charge du contrôle du commerce des épices, pour lequel ils ont construit des forts et des comptoirs commerciaux sur les côtes de l'Afrique de l'Ouest (par exemple au Mozambique ou à Zanzibar), l'Inde (Goa, Calicut) et la Chine (Macao), ils ont renoncé à une conquête d'autres territoire à longue distance, ce d'autant plus qu'ils étaient à peine

---

[47] http://www.hschumacher.de/html/kolonialismup.html.
[48] Zeit-Online 30. 3. 2012: *Europäischer Kolonialismus*, http://blog.zeit.de/schueler/2012/03/30/kolonialismus/.

capables de le faire dû à une capacité moindre que celle des espagnoles. À la fin du seizième siècle, les anglais et les hollandais ont défié les portugais quant à leur monopole dans le domaine du commerce à longue distance avec l'Asie de l'Est et les ont graduellement chassés de leurs bases; Au début du 17ème siècle, la Compagnie anglaise des Indes orientales s'est établie en Inde et a commencé en 1757 la conquête du sous-continent, notamment des néerlandais en 1800 (aujourd'hui le Sri Lanka) et a ainsi pris le contrôle de Java et de Ceylan.<< [49]

>> A la fin du 16ème siècle, les Pays-Bas ont rejoint le cercle des puissances coloniales à travers les activités de la société privée privilégiée Vereenigde Oostindische Companie. En 1619 Batavia (Jakarta) a été conquise à Java, qui est devenue le centre de l'empire colonial hollandais. La création de la ville de Cape Town en 1652 sur la route de l'Asie du Sud-Est permit l'immigration de colons qui, comme les Boers, ont rapidement développé une vie propre à partir de la mère patrie. Ils ont pénétré à l'intérieur des terres dans les treks et ont fondé plusieurs républiques au 19ème siècle, entre autres, l'État libre d'Orange et la République sud-africaine (Transvaal).<< [50] .

>> L'arrivée et l'installation de colons anglais émigrés pour des raisons religieuses en Amérique dans la première moitié du XVIIe siècle a jeté les bases de l'émergence des 13 colonies anglaises sur la côte nord-américaine. Sur la base d'une migration massive en provenance d'Europe, les colonies ont progressivement étendu leur zone de peuplement vers l'ouest, entrant en conflit avec les Français, qui ont fondé le Québec en 1608 et se sont développés dans la même direction. Malgré une résistance féroce, les colons britanniques ont vaincu les Indiens avec une politique intransigeante d'expulsion et d'extermination. La pratique anglaise de laisser en grande partie les colonies à l'autonomie gouvernementale comportait le danger qu'elles s'émanciperaient rapidement de la patrie et qu'elles préféreraient se rebeller si la politique de la mère patrie allait à l'encontre des intérêts de la colonie. Un tel conflit conduisit en 1776 à la déclaration d'indépendance des colonies britanniques en Amérique du Nord et à la guerre d'Indépendance, d'où les États-Unis sortirent victorieux et souverains.

Malgré cette défaite, l'Angleterre, qui avait vaincu la France dans la lutte pour la domination coloniale pendant la guerre de Sept Ans (1756-1763), resta une puissance coloniale de premier plan. Au cœur de l'Empire britannique s'est développé au 18ème siècle, le sous-continent indien, qui a été complètement ouvert par l'East India Company fondé en 1600, et qui après 1761, s'est développé sous la pression française. En 1858, après un vaste soulèvement dans le Nord de l'Inde, l'entreprise a dû transférer sa domination sur le sous-continent au gouvernement britannique. << [51]

>> La France a commencé ses activités commerciales et militaires au Canada en 1608 et a étendu sa zone d'entrée plus à l'Ouest et au Sud. Dans le conflit qui l'opposait à la Grande-Bretagne, en 1763 suite à la guerre de Sept Ans la France a dû abandonner ses territoires au sud qui s'étendait à travers le continent jusqu'au golfe du Mexique (Louisiane). << [52]

>> Dans le sillage de la révolution industrielle, l'intention du 19ème siècle et l'expression du colonialisme ont été transformés via le renforcement du désir des Européens d'obtenir des matières premières et le développement de leurs avantages en termes de technologies et d'armement. Énergiquement des territoires d'outre-mer ont été colonisés : dans un effort visant à construire un nouvel empire colonial, la France a conquis l'Algérie (1830-1847), a étendu ses colonies au Sénégal et a commencé la conquête de l'Indochine. Le RU s'est étendu sur le sous-continent indien, a annexé de nombreux territoires de l'Empire, y compris la colonie du Cap (1815), l'Australie et la Nouvelle-Zélande

[49] http://www.hschumacher.de/html/kolonialismup.html.
[50] http://www.hschumacher.de/html/kolonialismup.html.
[51] ibid
[52] ibid

(1840), Natal (Afrique du Sud, 1843), la Birmanie (1852) et Lagos (Nigeria, 1861). En même temps, de nouvelles régions ont été ouvertes au commerce et à l'influence des nations européennes. Parmi elles, on retrouve notamment : l'Empire ottoman et l'Egypte, la Perse, une partie de la Chine et du Japon. <<[53]

>> Le colonialisme européen est entré dans une nouvelle dynamique après l'ouverture du canal de Suez en 1869 et surtout l'occupation de l'Égypte par la Grande-Bretagne en 1882. La rivalité entre les puissances européennes pour les territoires et les avantages géostratégiques non colonisées est passée à une course d'expansion coloniale, dans laquelle après la fondation de l'Empire allemand en 1871, l'Allemagne a également participé (...). Afin de réduire les risques de guerre, les grandes puissances ont convenu de la délimitation mutuelle de leurs domaines d'intérêt. Lors de la plus importante de ces conférences, la Conférence de Berlin sur l'Afrique (Conférence du Congo) en 1885, les puissances coloniales ont complètement divisé entre elles les différentes régions d'Afrique : La France a repris les régions du Nord et du Sud du Sahara (Afrique occidentale française et Afrique équatoriale française), les Britanniques ont reçu la plupart de l'Est (Afrique de l'Est britannique) et le Sud, la revendication de l'Empire allemand sur les territoires centrafricains fut reconnue, le Portugal étendit ses enclaves côtières en Angola et au Mozambique à l'intérieur des terres, le roi de Belgique Leopold se vit attribuer la région du Congo. La colonisation du continent (à l'exception du Libéria et de l'Ethiopie) a été réalisée sans aucun égard pour les intérêts des peuples d'Afrique et a été pratiquement achevée en 1900. Il y a aussi eu des conflits dans des régions où les intérêts des puissances coloniales se chevauchaient, par exemple : au Soudan et au Maroc (crise de Fâcha entre la France et la Grande-Bretagne en 1898, crises du Maroc en 1905 et 1911 entre l'Allemagne et la France) qui contribuèrent à la détérioration du climat international et à l'intensification de la course aux armements.

Par rapport à la Chine, politiquement affaiblie, les grandes puissances, dont certaines contrôlaient déjà des zones importantes en Chine, se sont accordées en 1899/1900 sur une politique de la porte ouverte. Les États-Unis s'étaient opposés à une division régionale de la Chine calquée sur l'Afrique afin de donner à tous les pays un accès sans entraves au marché chinois potentiellement énorme. A l'occasion de la répression de la rébellion des Boxers (1900), ils formèrent une force expéditionnaire commune, qui assura l'application inconditionnelle de leurs intérêts impérialistes. <<[54]

>>En tant que « nation tardive », après les hésitations initiales du chancelier Otto von Bismarck, l'Allemagne n'a pas revendiqué d'intérêts expansionnistes outre-mer avant les années 1880. Champions et premiers exportateurs politiques coloniaux étaient des sociétés coloniales, notamment le Deutsche Kolonialverein und die Gesellschaft für deutsche Kolonisation [l'Association coloniale allemande et la Société pour Colonisation allemande] dirigée par Carl Peters, qui ont uni leurs forces en 1887 pour la société coloniale allemande. En 1884-1885 Bismarck plaçait les premières acquisitions territoriales sous la « protection » de l'empire : en Afrique du Sud-Ouest (aujourd'hui Namibie), Togo, Cameroun, Afrique de l'Est et sur le Pacifique. Bien que Bismarck ait publiquement désigné ces colonies comme étant de simple bases commerciales insignifiantes, il a fait entrer l'Allemagne dans le cercle des puissances coloniales. La Conférence de Berlin sur l'Afrique de Bismarck en 1885 a confirmé les revendications coloniales allemandes en Afrique et dans le Pacifique. ... Lors de la deuxième vague d'acquisitions coloniales (1897-1899) ce sont seulement des zones relativement mineures qui ont été ajoutées : Jiaozhou Bay en Chine, une base navale, Nauru, la Karolinen-, Mariana, Palau et Samoa occidentales dans le Pacifique. << [55]

---

[53] ibid
[54] http://www.hschumacher.de/html/kolonialismup.html.
[55] ibid

Dans les pays non européens, l'industrialisation n'était pas comparable à celle connue par les pays européens. Ces derniers étaient donc à la merci des intérêts commerciaux des pays industriels les plus développés et ne pouvaient pas se défendre militairement. Cependant, en fonction de leurs niveaux respectifs de développement culturel et civilisationnel, des différences existaient également parmi les pays en développement. Les cultures avancées d'Asie de l'Est, telles que le Japon et la Chine, n'étaient pas seulement plus intéressantes que les pays culturellement moins développés en raison de leur statut de développement culturel et civilisationnel, mais aussi en tant que partenaires commerciaux des pays industrialisés européens. Ils ont aussi pu maintenir leur souveraineté, mais ont dû accorder des concessions commerciales aux pays européens.

Cependant, tant qu'ils ne pouvaient pas protéger leurs propres marchés et leur industrie, ils étaient à la merci des diktats des intérêts commerciaux européens, à tel point que même la Chine était obligée d'importer de l'opium. Cependant, le Japon et la Chine ont été en mesure de s'ouvrir mentalement à la pensée et à l'économie occidentales, et donc de s'industrialiser.

Au début, le Japon devait également se soumettre à des accords commerciaux inégaux. Marcus Kunath écrit : >> Lorsque les navires de guerre de l'amiral Perry ont finalement forcé l'ouverture du pays, le Japon a dû accorder aux nations occidentales dans les traités commerciaux de 1858 une série de concessions qui leur ont donné un avantage considérable :

Ainsi, les traités établissent une jurisprudence extraterritoriale pour les ressortissants occidentaux par l'intermédiaire de leurs consuls respectifs, jusqu'à ce qu'enfin le Japon, en 1899, soit en mesure d'affirmer pleinement son propre pouvoir juridique.

En outre, le Japon a perdu son autonomie douanière et a dû se soumettre à un tarif unitaire de 5% unilatéralement fixé en 1866.

Enfin, l'effet le plus dommageable sur le budget de l'Etat a été la fixation d'un taux de change externe pour les pièces d'or et d'argent, offrant des opportunités d'arbitrage par son désaccord avec le taux de change interne, qui, jusqu'à sa révision en 1860 était responsable d'une perte substantielle des réserves d'or japonaises[56].<< [57]

Contrairement au Japon, la Chine a dû abandonner des zones de commerce aux pays occidentaux, tels que Hong Kong, Macao et Tsingtao, et a continué à souffrir des effets de contrats déséquilibrés.

Bien plus que dans toutes les autres colonies et régions dépendantes, les émigrés qui avaient quitté l'Europe à cause du chômage ou de la persécution de sectes chrétiennes s'étaient installés en Amérique. Non seulement ils éduquaient les élites sociales, mais ils se sentaient aussi opprimés en tant que citoyens américains et même par les puissances coloniales. S'en sont suivies les luttes pour l'indépendance, suite auxquelles les *Etats-Unis d'Amérique* ont pu se déclarer au 18ème siècle en tant que république indépendante.

>>La confiance en soi croissante des gouverneurs espagnols en Amérique du Sud, également inspirés par la lutte pour l'indépendance des colons britanniques en Amérique du Nord, conduisit<<, comme l'écrit H. Schumacher, >>à un remplacement relativement rapide des territoires d'outre-mer espagnols en une mère patrie dans le courant du premier tiers du XIXe siècle. De même, à la suite des contradictions croissantes entre les gentilshommes portugais de la colonie et le siège en Europe, en 1822 le Brésil déclara être une monarchie indépendante et constitutionnelle. << [58]

---

[56] Baba, Masao/Tatemoto, Masahiro: *Foreign Trade and Economic Growth in Japan: 1858-1937.* P.162f.

[57] Marcus Kunath: *Japans Industrielle Revolution im 19. Jahrhundert.* TU Dresden 2005, P.7f. http://www.qu cosa.de/fileadmin/data/qucosa/documents/1458/1140508799041-4763.pdf.

[58] http://www.hschumacher.de/html/kolonialismup.html.

La position sur le marché des pays africains relativement à celle des pays industrialisés était particulièrement défavorable. Les Africains vivaient dans des associations tribales en tant qu'éleveurs d'animaux et fermiers qui vivaient de leurs propres champs. Au début, l'Afrique ne possédait guère de produits présentant un intérêt pour les pays industrialisés et, par conséquent, guère de pouvoir d'achat. Ainsi, les africains ne pouvaient initialement vendre que des esclaves capturés lors de batailles avec d'autres tribus.

Afin de pouvoir exploiter financièrement l'Afrique, ces zones ont dû être colonisées et, comme l'écrit Sören Utermark par rapport aux colonies africaines, >>certaines conditions devaient être remplies, notamment la mise en place de l'appareil de pouvoir allemand, c'est-à-dire La terre, l'assujettissement des populations qui y vivent, la mise en place d'une administration et d'une infrastructure ainsi que l'installation de colons, de marchands et de sociétés économiques.<<[59] La colonisation a permis aux colons blancs de venir en Afrique pour s'approprier le plus possible de terre appartenant auparavant aux indigènes sur lesquelles des produits exportables étaient cultivés.

Cependant, des problèmes relatifs à l'emploi des travailleurs domestiques existaient. Sören Utermark: >>L'économie de subsistance de la population indigène est un facteur fondamental qui a conduit à une offre de main-d'œuvre insuffisante. Il y avait donc beaucoup de tribus qui vivaient de la chasse, de la pêche ou exclusivement du bétail. Dans de nombreux endroits, les habitants étaient fermement intégrés dans la structure traditionnelle de cette forme économique, de sorte que pour beaucoup, il n'était pas nécessaire de travailler pour les européens contre un salaire. Un autre problème était que les travailleurs africains devaient être récupérés sur de longues distances. Cette situation était aggravée par le fait que de nombreux travailleurs dans les plantations ne pouvaient être employés que de manière saisonnière, ce qui entraînait des problèmes de subsistance le reste du temps. Il était également impensable pour de nombreux africains de quitter leur famille plus longtemps afin de travailler dans une plantation loin de chez eux. Cette réticence a été accentuée par le fait que les africains se souvenaient des enlèvements et des déportations survenus depuis la chasse aux esclaves. [60]

En outre, compte tenu de la manière de se produire et des actions des maîtres coloniaux, il n'est pas surprenant que la population indigène n'ait pas eu un grand intérêt pour le travail salarié dans les fermes allemandes. Les dirigeants coloniaux allemands, venus en tant que représentants d'une puissance étrangère dans les pays africains, ont inondé dans un temps relativement court la population d'uranium et ont détruit les structures indigènes. Avec les méthodes d'accaparement des terres, d'expropriation, d'utilisation rigoureuse de la violence et d'expulsion, accompagnées d'un sentiment de supériorité raciste et extrêmement désobligeante, un système allemand de valeurs et de travail devait être introduit dans les colonies dès le début. <<[61]

Utermark distingue la période allant jusqu'à 1906, où les problèmes sont devenus très critiqués en Allemagne, et la soi-disant période de Réforme, où le nouveau représentant colonial, Dernburg, était responsable des colonies africaines, et écrit : >>Dans la période pré-réformatrice, l'administration coloniale allemande a essayé à l'aide de méthodes coercitives de répondre aux besoins toujours croissants de main-d'œuvre indigène. Les méthodes obligatoires peuvent être divisées en trois formes :

[59] Sören Utermark: „Schwarzer Untertan versus schwarzer Bruder". Bernhard Dernburgs Reformen in den Kolonien Deutsch-Ostafrika, Deutsch-Südwestafrika, Togo und Kamerun, Dissertation, P.61.
[60] Voir: Gründer, Horst: Geschichte der deutschen Kolonien, P. 151.
[61] Sören Utermark: ibid

- "Travail forcé légal". Grâce à la réglementation, les africains pouvaient être forcés d'effectuer un travail non rémunéré (par exemple pour la construction de routes). Officiellement, le travail forcé était légal lorsqu'il était ordonné par l'administration coloniale dans l'intérêt public. [62] Avec l'approbation des Gouvernements, les autochtones étaient également « utilisés pour d'autres travaux », principalement dans les plantations européennes [63]. Le travail gouvernemental libre devait également encourager les africains à accepter du travail mieux payé dans les plantations privées. Ainsi, les africains étaient non seulement utilisés pour le travail forcé non rémunéré pour servir le bien public, mais aussi incités indirectement à travailler pour des employeurs privés. Une contrainte générale au travail existait pour tous les africains capables de travailler dans les colonies portugaises d'Afrique de l'Est ainsi que dans les colonies françaises, britanniques et belges. [64]

- Travail forcé illégal. Surtout au Cameroun et en Afrique de l'Est allemande, les Africains ont été forcés illégalement et par la force au travail dans les plantations européennes [65].

- Contrainte de travail indirecte. Indirectement, les africains devaient être forcés à travailler du fait de l'existence d'impôts, d'expropriations ou, comme en Sud-Ouest africain allemand, par l'existence de lois sur le vagabondage [66]. Toutefois, la législation fiscale, en tant que moyen indirect de travail salarié obligatoire, n'avait qu'une utilité limitée, car elle ne s'appliquait généralement qu'aux africains qui n'étaient pas impliqués dans la production indigène dans les zones rurales peu développées. Le développement intérieur par la construction de chemins de fer après l'inauguration de Dernburg, cependant, a également amélioré leur capacité à produire des produits agricoles pour le marché et à les vendre contre de l'argent. À l'époque de Dernburg, le développement de l'infrastructure des colonies réduisait donc l'efficacité de la législation fiscale en tant que moyen de travail salarié obligatoire [67]. <<[68]

La même chose a pu être signalée dans les colonies d'autres pays.

>>Les Portugais avaient remplacé le servage par ce qu'on appelle le travail contractuel. Les noirs qui ne pouvaient pas prouver qu'ils avaient fait du bénévolat pendant une demi-année devaient travailler de manière forcée et gratuite dans les champs. La plupart des travailleurs ont même dû apporter leur nourriture et leur propre équipement. Les travailleurs forcés n'avaient aucun droit, comme les détenus des goulags. Ils pouvaient être arbitrairement transférés d'une colonie une autre. Toujours au début des années cinquante [19. Siècle], plusieurs centaines de milliers de travailleurs contractuels ont été déplacés entre les colonies portugaises, en Rhodésie ou en Afrique du Sud <<.[69]

> Lorsque l'aventurier américain Henry Morton Stanley a acquis la colonie du Congo pour le roi belge roi Léopold II dans les années 1870, plus de 20 millions de personnes y vivaient. Au cours de la

[62] Claß, Paul: *Die Rechtsverhältnisse der freien farbigen Arbeiter in den deutschen Schutzgebieten Afrikas und der Südsee,* P. 73.

[63] Voir § 2 der Instruktion zur Ausführung der Verordnung, betreffend die Heranziehung der Eingeborenen zu öffentlichen Arbeiten. In: Zimmermann, Alfred (Hg.): Die deutsche Kolonial-Gesetzgebung, Bd. 9/10, P. 108.

[64] Claß, Paul: Die Rechtsverhältnisse der freien farbigen Arbeiter ..., P. 73.

[65] Schröder, Peter: *Gesetzgebung und Arbeiterfrage in den Kolonien,* P. 366-370.

[66] Claß, Paul: ibid, P. 74ff.

[67] Schröder, Peter: *Gesetzgebung und Arbeiterfrage in den Kolonien,* P. 593.

[68] Sören Utermark: *„Schwarzer Untertan versus schwarzer Bruder"* P.61f.

[69] Erich Wiedemann: DAS ZEITALTER DER KOLONIEN ZWIESPÄLTIGES ERBE, in: SPIEGEL SPECIAL Geschichte 2/2007, P.40.

Première Guerre mondiale, la population a été réduite d'environ 10 millions d'habitants. C'est le résultat du génocide qui est entré dans l'histoire comme Congo-horreur. << [70]

Des rapports sur le comportement inhumain et parfois scandaleux par vis-à-vis des peuples indigènes existent dans toutes les colonies.

4.1.2 La colonisation du Moyen-Orient et de l'Afrique du Nord à travers l'établissement de zones de mandats français et britanniques après la Première Guerre mondiale

Le Sultanat ottoman, dominant le Moyen-Orient et l'Afrique du Nord, était devenu le soi-disant « homme malade sur le Bosphore » et s'était effondré à la suite de la Première Guerre mondiale. Cela a créé une nouvelle opportunité pour les puissances coloniales européennes : la Grande-Bretagne et la France.

La Perse et l'Empire ottoman étaient un rempart contre la menace russe et ses routes maritimes vers l'Inde et étaient donc les alliés naturels de la Grande-Bretagne contre la Russie. Le Moyen-Orient et la Perse gagnèrent également de plus en plus d'importance stratégique en raison des gisements de pétrole découverts, qui ne devraient pas non plus tomber aux mains des russes. Tant que l'Empire ottoman existait, les puits de pétrole pouvaient être exploités par des contrats de concession avec la France et la Turquie.

La politique bienveillante à l'égard de l'Empire ottoman a cependant dû être interrompue par l'Angleterre. En effet, l'intensification des relations des turcs avec l'Empire allemand avant la première guerre mondiale, qui a abouti à une alliance durant la Première Guerre mondiale, en était la cause.

Georg Brunold écrit : >>Les britanniques se voient contraints dans quelques semaines de réviser leur politique au Moyen-Orient, à laquelle ils sont restés fidèles tout au long du 19ème siècle. Leur impératif était la préservation de l'empire malade. Déjà dans la guerre de Crimée des années 1853 à 1856 les britanniques et les français ont rejoint les turcs contre la Russie. La veille, le tsar Nicolas 1er, dans une conversation avec l'ambassadeur britannique, traitait moqueusement le sultan de la Sublime Porte - le gouvernement de Constantinople - de « malade sur le Bosphore », un titre qui sera immédiatement associé à tout l'Empire ottoman. Mais jusqu'à présent, l'empire profite de l'influence des routes britanniques vers l'Inde, joyau de la couronne de l'Empire victorien, puisuqe cela est plus bénéfique aux britanniques que le chaos qui pourrait être provoqué par un éffondrement de l'empire. << [71]

Ainsi, la Grande-Bretagne a non seulement commencé à soutenir, mais même à provoquer, les efforts d'indépendance des pays arabes dominés par les Turcs. Wikipédia écrit : >>En 1916, Emir Faysal I s'est lié avec les tribus bédouines contre l'hégémonie ottomane et a joué un rôle clé dans les opérations de guérilla pendant la Première Guerre mondiale. Avec l'officier britannique T. E. Lawrence, il lutta pour l'indépendance de la péninsule arabique. Il a combattu avec succès en Palestine et en Syrie. En 1918, les troupes arabes arrivèrent à Damas. << >>Le 7 mars 1920, le Congrès national syrien proclama Faysal roi de Syrie. << [72]

La France et l'Angleterre ne réalisaient pas les espoirs d'indépendance des arabes, mais revendiquaient leurs propres prétentions au pouvoir. Georg Brunold écrit : L'accord secret Sykes-Picot >>du 16 mai 1916 divise les provinces ottomanes arabes en zones d'influence britanniques et françaises. Les régions du Liban et de la Syrie d'aujourd'hui et de Vilayet Mossoul devaient revenir à la France. La Grande-Bretagne revendique pour sa part la Palestine et les vilayets ottomans Bagdad et Bassorah.

---

[70] Erich Wiedemann: P.41.

[71] Georg Brunold: *Die Erfindung des Iraks*, in: http://www.zeit.de/2015/03/osmanisches-reich-entstehung-irak-winston-churchill.

[72] https://de.wikipedia.org/wiki/Faisal_I.

Même la Russie [un allié de la Première Guerre mondiale] ne sera pas oubliée dans l'accord : Constantinople avec les Détroits et l'Arménie devaient désormais appartenir à l'Empire tsariste - un plan qui disparaît lorsque les bolcheviks prennent le pouvoir l'année suivante et publient l'accord secret. <<[73]

>>En raison de l'accord Sykes-Picot, la France a reçu le mandat de la Société des Nations pour la Syrie et le Liban lors de la Conférence de San Remo en avril 1920. Faysal I. a été expulsé par les Français suite à la bataille de Mayssaloun le 24 juillet 1920 et s'est refugié en Grande Bretagne. [[74]]<<[75] La Grande-Bretagne obtint la tutelle sur la Palestine et la Mésopotamie. La Mésopotamie britannique dominait trois régions distinctes : les provinces turques de Bassorah, Bagdad et Mossoul, concédées par la France ; en somme, trois régions très différentes avec des populations et des appartenances religieuses différentes. Mis à part le fait que ces trois provinces, avec leurs parts de population et leurs différences respectives, constituaient déjà un potentiel conflictuel (encore présent aujourd'hui en Irak) elles se sont également comportées de manière rebelle contre le pouvoir du mandat britannique.

4.1.3 Qu'est-ce que la colonisation et la domination des zones de protectorat ont apporté pour les pays européens et pour les colonies et les zones de protectorat ?

La motivation initiale des pays développés pour la mise en place du commerce avec les pays en développement était de trouver des marchés supplémentaires et d'importer des matières premières plus nombreuses et moins chères. Si l'on se demande si cet objectif a été atteint, la réponse est extrêmement négative au moins concernant la période de colonisation.

Un exemple extrême en est le bénéfice, ou plutôt, la perte que l'Empire allemand a retiré de ses colonies. Sören Utermark rapporte : >>Afin de clarifier la question de l'importance des colonies en tant que fournisseurs de matières premières, il est nécessaire de prendre en compte les importations des colonies dans le Reich ainsi que la part des importations coloniales dans les importations totales allemandes. Les informations suivantes se réfèrent exclusivement aux colonies germano-africaines [[76]]<<[77]

Année	Importation des colonies dans le Reich (en millions de marks)	Importation totale en Allemagne (en millions de marks)	Pourcentage d'importation des colonies par rapport à l'importation totale du Reich allemand
1895	3,37	4566	0,07%
1900	5,76	6406	0,09%
1910	41,52	9535	0,44%
1913	42,51	11638	0,37%

[73] Georg Brunold: *Die Erfindung des Irakp.*
[74] Al-Massad Joseph: Colonial Effectp. *The Making of National Jordan*, P. 102ff.
[75] https://de.wikipedia.org/wiki/Faisal_I.
[76] Compilé par Sören Utermark aus: Stat..s Jahrbuch für das Deutsche Reich, Bd. 1895-1914 en: Sören Utermark: „Schwarzer Untertan versus schwarzer Bruder", P.332.f
[77] Sören Utermark: P.110f.

Les exportations allemandes vers les colonies étaient conformément faibles :

Année	Exportation du Reich aux colonies (en millions de marks)	Exportation totale allemande (en millions de marks)	Pourcentage des exportations vers les colonies dans les exportations totales du Reich allemand
1895	4,90	4132	0,13%
1900	17,54	5101	0,34%
1910	43,78	8080	0,54%
1913	52,02	10892	0,48%

[78]

Pour le contribuable allemand, le maintien des colonies représentait une af-faire à perte. >>Le revenu des colonies se composait principalement de droits, taxes et redevances [...]. Les droits étaient la principale source de revenus [...]. Chaque colonie constituait un territoire douanier fermé avec ses propres droits d'importation et d'exportation par rapport au Reich allemand. En conséquence, les marchandises coloniales étaient exemptées de droits de douanes lors de leur importation dans le Reich allemand. La même chose s'appliquait vice-versa aux colonies [...]. << [79]

Les revenus n'étaient pas suffisants pour financer les dépenses du gouverne-ment. Par conséquent, pendant la période coloniale, c'est-à-dire de 1894 à 1913, des subventions devaient être accordées de façon continue par le Reich. Elles s'élevaient à 58,1% pour le Cameroun, à 330,4% pour le Sud-Ouest africain allemand et à 73,5% pour l'Est africain allemand. Seul le Togo n'avait besoin que de 5,4% des recettes des subventions du Reich.

Selon Horst Gründer, l'entreprise nationale des pertes coloniales a toutefois, >> dès le début, été contrebalancée par l'enrichissement privé de spéculateurs individuels, de grands armateurs et d'entrepreneurs coloniaux ou de membres du conseil colonial, comme par exemple, Woermann, Scharlach, von der Heydt, Hofmann, Douglas et leurs sociétés commerciales. De même, grâce aux colonies, les banques associées aux sociétés de commerce et de transport maritime ont pu réaliser de grands bénéfices, notamment grâce aux subventions gouvernemen-tales et au rôle assumé par le Reich en tant qu'intendant et garant [80]. Dans l'en-semble, le développement des colonies est loin des attentes initiales, de sorte que la critique de la politique coloniale allemande s'est intensifiée, soulignant ses nombreuses lacunes [81]. << [82]

En ce qui concerne cette discordance, Bebel a déclaré en 1899 : >>dans le Reichstag allemand : « Partout où nous ouvrons l'histoire de la politique colo-niale au cours des trois derniers siècles, nous rencontrons partout la violence et l'oppression des peuples concernés, qui abouti souvent à leur extermination com-

---

[78] ibid P.333.
[79] Sören Utermark: P.99.
[80] Voir Gründer, Horst: *Geschichte der deutschen Kolonien*, P. 240.
[81] En particulier, la mauvaise gestion, l'évaluation et la bureaucratie de l'administration coloniale ont été critiquées. Voir Laak van, Dirk: *Über alles in der Welt*, P. 84.
[82] Utermark: P.110f.

plète ... Et afin de réaliser une telle exploitation de la population africaine, des millions devraient être utilisés, provenant des poches du Reich, des poches des contribuables ... Vous comprendrez que nous, opposants à toute oppression, ne prêterons pas main forte à une telle entreprise. « <<[83]

Dans l'ensemble, ce bilan négatif est également susceptible de s'appliquer aux autres pays européens. Erich Wiedemann écrit : >>Certes, la traite des esclaves était une entreprise importante pour les Européens du XVIe au XVIIIe siècle. Mais aucune base sur terre ferme n'était nécessaire. Les locaux livraient les esclaves franco à bord. Mais plus tard, après l'abolition de l'esclavage par les États du sud des États-Unis après la guerre civile américaine (1861-1865), ce modèle d'exploitation était considéré comme obsolète.

Il est vrai que certaines colonies ont contribué à l'enrichissement des colonialistes. Mais ce sont des exceptions. Il y a même des preuves suggérant que la prospérité des puissances européennes était inversement proportionnelle à l'étendue de leurs empires coloniaux.

L'économiste mondial Adam Smith a mis fin aux illusions en prédisant en 1776 que le coût de la préservation des possessions britanniques en Amérique du Nord était en grande disproportion avec les rendements économiques. Il a conseillé que, dans la mesure où l'on ne pouvait pas rendre les colonies déficitaires plus rentables, il serait préférable de s'en séparer. "Nos hommes d'Etat doivent enfin soit réaliser soit se réveiller du rêve d'or dont eux-mêmes et le peuple rêvent." L'Angleterre était bien avisée d'adapter sa politique de médiocrité à sa situation économique. <<[84]

>> Le Maroc et l'Algérie ont été deux champs d'expérimentation opportuns pour l'impérialisme français, ce qui a certainement profité à l'économie française. Mais pourquoi le Mali, la Mauritanie, le Sénégal, le Tchad et l'Ubangi-Shari ? Ce n'était que le désir des militaires qui les a amenés à s'emparer des territoires étrangers.

Dans le secteur privé, le calcul coûts-avantages semblait plus avantageux dans certains endroits. Une poignée d'armateurs, de commerçants et de propriétaires de plantations se sont enrichis dans le commerce de café, de cacao, d'ivoire et de minéraux. Mais d'un point de vue macroéconomique ces retours n'étaient pas particulièrement significatifs.

L'Afrique coloniale jouissait d'une grande richesse minérale. Cependant, les ressources exploitées à cette époque n'étaient pas très significatives. L'industrie minière du Ghana en 1949 produisait des diamants d'une valeur marchande de 6,4 millions de livres sterling. Cela correspondait seulement à 3% des réserves de change ghanéennes. Les rendements de l'or et des diamants étaient réalisés en Afrique du Sud. Mais les colonialistes n'y avaient pas accès, et l'âge du pétrole n'avait pas encore commencé en Afrique sub-saharienne. <<[85]

Les zones de protectorat se sont également rapidement avérées comme étant des zones de coûts importants et des problèmes, à l'exception des zones productrices de pétrole en Irak, aux Emirats Arabes Unis et de l'influence sur l'Iran, d'où

---

[83] Erich Wiedemann: das Zeitalter der Kolonien *zwiespältiges Erbe*, ibidP.45.
[84] Wiedemann: ibid.
[85] Wiedemann: P.46.

d'énormes profits ont été tirés. Afin de réduire les coûts, la Grande-Bretagne a néanmoins mis fin aux traités de protection contre les Émirats arabes unis en 1971, de sorte que ces pays ont été contraints de constituer leurs propres forces armées. La suprématie sur l'Egypte a assuré la couverture des frais du canal de Suez.

Quel est le résultat de la colonisation pour les pays en développement touchés aujourd'hui ? Leur société traditionnelle a été détruite. Ils étaient opprimés, humiliés et exploités.

D'autre part, il faut considérer que les hautes cultures traditionnelles en Asie et en Amérique latine n'ont pas connu de développement économique et social significatif pendant des milliers d'années et que les populations d'Afrique, d'Amérique du Nord et d'autres régions se situaient encore au niveau de collectionneurs ou de chasseurs, éventuellement à celle de producteurs agricoles auto-suffisants.

Concernant l'Afrique, Sören Utermark écrit : >>Les conditions de vie sur le continent noir dans la phase précoloniale étaient tout sauf paradisiaques. L'Afrique n'était pas un jardin d'Éden, où de nobles sauvages vivaient des fruits de leur travail honnête et pratiquaient la charité. C'était un endroit à prédominance sombre, dominé par la tyrannie, l'esclavage et, dans une moindre mesure, le cannibalisme. <<[86] La population de l'Afrique a également été décimée par les conflits militaires. Par conséquent, de nombreux habitants étaient également prêts à se regrouper dans des zones protégées garanties par des Etats européens pour assurer leur tranquillité d'esprit.

Il est également reconnu par les représentants des anciennes colonies que les colonisés ont bénéficié d'éléments individuels du colonialisme. Le Premier ministre indien Man Mohan Singh a fait l'éloge de son Inde natale en tant que "joyau le plus brillant de la couronne britannique" dans un discours prononcé devant les étudiants de l'université d'Oxford. L'Inde, a-t-il dit, était au début du 20ème siècle le pays avec le revenu par habitant le plus bas sur terre. C'est pour cela que la civilisation britannique était à blâmer. La domination de l'Inde avait également quelques "éléments bénéfiques". Ils auraient donné à l'Inde une presse libre, une administration exemplaire et « une bonne idée de la primauté du droit ». Tout cela s'applique en principe aussi aux anciennes possessions britanniques en Afrique. <<[87]

>> James Feyrer et Bruce Sacerdote du Dartmouth College, New Hampshire, ont quantifié ces avantages. Ils ont calculé que suite au colonialisme une augmentation de 40 % du produit social a pu être observé. <<[88]

>>Aussi la soumission aux langues des colonialistes s'est révélée plus tard utile. Sans les langues coloniales, l'anglais, le français et le portugais, la plus grande partie de l'Afrique noire serait restée Babylone. En particulier l'anglais et le français sont aujourd'hui le pont culturel vers le reste du monde. La littérature

---

[86] Ibid. P.37.
[87] Ibid. P.42.
[88] Ibid.

africaine, étant donné que les grandes cultures ne savaient pas écrire, ne serait rien sans les langues de leurs anciens occupants. <<[89]

Sans l'ouverture forcée des marchés et les initiatives d'industrialisation qui en résulteraient, comme au Japon, les pays en développement n'auraient pas pu devenir des États indépendants partenaires du monde mondialisé. En outre, le comportement traditionnel et les conditions sociales ont dû être brisés pour que les gens se développent en tant qu'individus indépendants. Plus cela a réussi ou réussit dans les différents pays, plus ceux-ci sont capables de développer leur économie et leur société.

4.1.4 La fin des colonies

Après la Seconde Guerre mondiale l'idée de la séparation des colonies s'est développé dans les pays européens, notamment en raison des avantages relativement faibles voire des coûts élevés que ces dernières représentaient. En outre, les puissances européennes ont été si sévèrement affaiblies par la Seconde Guerre mondiale qu'elles pouvaient difficilement contrôler leurs colonies. Les mouvements d'indépendance ont également été favorisés par l'intensification de l'opposition Est-Ouest, qui a forcé les puissances coloniales à faire des concessions pour maintenir les colonies se trouvant dans leur sphère d'influence. Néanmoins, ce processus était souvent sanglant, comme le montrent les exemples de l'Indochine et de d'Algérie, mais aussi les affrontements liés au mouvement Mau Mau au Kenya.

Contrairement au reste des puissances coloniales, la France a obligé les colonies, si elles voulaient être politiquement souveraines, à payer des compensations et à lui accorder des franchises, desquelles elle profite encore aujourd'hui. >>Par exemple, en échange de la reconnaissance de l'indépendance d'Haïti en 1825, la France exigea une compensation pour les anciens propriétaires de plantations. Pendant des décennies, Haïti a versé à la France un total de 90 millions de francs or. <<[90]En alternative, les anciennes colonies continuaient à dépendre à de nombreux égards des puissances industrielles par le biais de traités ou des relations monétaires.

Comme *Deutsche Wirtschaftsnachrichten* l'écrit, les colonies africaines de la France dans les années 1950 et 1960 ont décidé >>de devenir indépendantes. Bien que le gouvernement de Paris ait formellement accepté les déclarations d'indépendance, il a exigé que les pays signent un soi-disant « pacte de poursuite de la colonisation ». Dans celui-ci, ils se sont engagés à introduire la monnaie coloniale française FCFA (« francs pour les colonies françaises en Afrique »), à maintenir le système scolaire et militaire français et à établir le français comme langue officielle.

Depuis cette loi, 14 pays africains sont toujours tenus de stocker environ 85% de leurs réserves de change à la banque centrale française à Paris. Ils sont sous le contrôle direct du Ministère des finances français. Les pays touchés n'ont pas accès à cette partie de leurs réserves. Si les réserves restantes de 15% sont insuffisantes, ils doivent emprunter les fonds supplémentaires auprès du Ministère des

---

[89] Ibid.
[90] https://de.wikipedia.org/wiki/Haiti#Geschichte.

finances français au taux du marché. Depuis 1961 Paris contrôle les réserves monétaires du Bénin, du Burkina Faso, de la Guinée-Bissau, de la Côte d'Ivoire, du Mali, du Niger, du Sénégal, du Togo, du Cameroun, de la République centrafricaine, du Tchad, de la Guinée équatoriale et du Gabon.

En outre, ces pays doivent transférer chaque année leurs « dettes coloniales » pour les infrastructures mises en place par la France à Paris, comme le rapporte *Silicon African* en détail. >>L'Etat français perçoit chaque année 440 milliards d'euros d'impôts auprès de ses anciennes colonies. La France mise sur ce revenu pour ne pas sombrer dans l'insignifiance économique, souligne l'ancien Président Jacques Chirac. Ce fait montre qu'un monde juste est difficilement imaginable parce que les anciennes puissances coloniales sont devenues dépendantes de l'exploitation. <<[91]

>>Le gouvernement de Paris dispose également d'un droit de préemption sur tous les gisements minéraux récemment découverts dans les pays africains. Enfin, les entreprises françaises doivent bénéficier d'un traitement préférentiel lorsqu'elles concluent des marchés dans les anciennes colonies. En conséquence, la plupart des actifs dans les domaines des services publics, de la finance, des transports, de l'énergie et de l'agriculture sont entre les mains de sociétés françaises. <<[92]

Si un pays refusait d'accepter les conditions de la France ou de s'en défaire, les français s'y opposaient violemment. Wirtschaftsnachrichten écrit : >>Un exemple de ceci est le premier président du Togo ouest-africain, Sylvanès Olympie. Il a refusé de signer le "Pacte pour continuer la colonisation". Mais la France a insisté pour que le Togo paye une compensation pour l'infrastructure que les Français avaient construite pendant l'ère coloniale. La somme annuelle était d'environ 40% du budget du Togo en 1963 et a rapidement amené le pays nouvellement indépendant à ses limites économiques.

En outre, le nouveau président du Togo a décidé d'abolir la monnaie coloniale française FCFA et d'imprimer sa propre monnaie nationale. Seulement trois jours après cette décision, le nouveau gouvernement a été renversé par un groupe d'anciens légionnaires étrangers et le président a été tué. Le leader légionnaire, Gnassingbé Eyadema, a reçu l'équivalent de 550 euros de l'ambassade de France locale pour l'assassinat, selon le British Telegraph. Quatre ans plus tard Eyadema devient le nouveau président du Togo avec le soutien de Paris. Il a établi une dictature tyrannique dans le pays ouest-africain et est resté au pouvoir jusqu'à sa mort en 2005.

Dans les années qui suivirent, le gouvernement de Paris a eu recours à plusieurs reprises à d'anciens légionnaires étrangers pour renverser les gouvernements non-désirés dans les anciennes colonies. Ainsi, le premier président de la République centrafricaine, David Dacko, a été renversé en 1966 par d'anciens membres de la Légion étrangère. Il en est de même pour Maurice Yaméogo,

---

[91] Frankreich kann seinen Status nur mit Ausbeutung der ehemaligen Kolonien halten Deutsche Wirtschafts- Nachrichten | Veröffentlicht: 15.03.15, deutsche-wirtschafts-nachrichten.de/2015/03/15/ frankreich-kann-seinen-status-nur-mit-ausbeutung-der-ehemaligen-kolonien-halten/.

[92] Ibid.

Président du Burkina Faso, et Mathieu Kérékou, Président du Bénin. Et même le premier président de la République du Mali, Modiba Keita, a été victime d'un coup d'État par d'anciens légionnaires en 1968. Quelques années plus tôt, il avait décidé d'abolir la monnaie coloniale française. << [93]

Il est donc compréhensible que dans les colonies françaises, seuls les gouvernements qui suivaient une politique acceptable pour les Français, mais dont les habitants aussi profitaient, pouvaient se maintenir. Ainsi, lorsque les troupes françaises sont intervenues à plusieurs reprises dans des situations de crise dans leurs anciennes colonies et rétablissent l'ordre, elles le font pour protéger leurs propres intérêts. Cependant, étant donné les conditions chaotiques dans les pays gouvernés par des noirs seulement, on peut aussi croire que le développement normalement relativement pacifique dans les anciennes colonies africaines françaises est aussi dû à l'intérêt de la France pour ses revenus provenant de ces pays.

A la fin des colonies des autres pays européens il a été indiqué que : >> En revanche, les autres puissances coloniales ont renoncé à de telles mesures. La Grande-Bretagne a dû apprendre sa leçon à la suite de la Révolution américaine de 1763. Le déclencheur était la décision de la Grande-Bretagne d'imposer les coûts des guerres françaises et indiennes récemment terminées sur les colonies américaines. La manifestation a abouti au «Boston Tea Party » et finalement à la guerre d'Indépendance et à la fondation des États-Unis en 1776. En 1778 le Parlement britannique a adopté la « Taxation of Colonies Acta ». La Grande-Bretagne a supprimé les taxes et droits sur les ventes dans les colonies « British America » et « British West India ».

Le même constat s'applique aux anciennes colonies d'Australie et du Canada. Bien que ceux-ci fassent encore partie du «Commonwealth of Nations » et sont donc formellement soumis à la famille royale britannique, la souveraineté fiscale au moins existe depuis la déclaration d'indépendance des pays au début du 20ème siècle seulement dans les gouvernements locaux.

Egalement l'ancienne puissance coloniale néerlandaise ne perçoit plus d'impôts de ses anciennes sphères d'influence en Amérique du Sud et en Asie du Sud-Est. En Asie du Sud-Est, au début du XXe siècle, les finances avaient été si désastreuses en raison des guerres dévastatrices que les Pays-Bas devaient fournir un soutien financier régulier aux colonies. Le royaume s'est séparé de beaucoup de ses colonies dès le début du 19ème siècle. Plus récemment, les Antilles néerlandaises ont quitté le royaume en octobre 2010. Seules les îles des Caraïbes d'Aruba, Curaçao et Saint-Martin font encore partie du Royaume des Pays-Bas. <<[94] Au sujet de l'ancienne colonie belge du *Congo* et de son indépendance et des circonstances chaotiques qui y ont existé depuis lors il n'y a probablement pas d'autre commentaire à faire.

Franz Ansperger résume ainsi : >>Alors que l'équilibre coût-bénéfice propre aux colons en termes de zones d'influence pouvait être en partie ambigüe et par-

---

[93] Ibid.

[94] ibid., La France peut préserver son statut uniquement grâce à l'exploitation des anciennes colonies.

fois négatif [95], les colonisés étaient principalement exposés au pillage. Ainsi, les colonies et semi-colonies des puissances européennes en Asie et en Afrique sont restées pauvres et arriérées pendant les décennies d'intenses relations économiques avec leurs patries, ainsi que les semi-colonies américaines en Amérique latine, tandis que les développements en Europe et en Amérique du Nord ont vu une augmentation rapide de la prospérité sociétale. Près d'un quart des investissements étrangers de la France en 1914 étaient destinés à la Russie et seulement 9% aux colonies françaises. Les investissements étrangers de l'Allemagne avant le déclenchement de la Première Guerre mondiale n'ont atteint que les 2% dans les zones protégées coloniales.[96]<<97

4.2 Le développement du nationalisme en Europe et dans les pays en développement après la Seconde Guerre Mondiale

4.2.1 Le déclin de la vieille Europe par le nationalisme et l'autonomisation des colonies et des zones de protectorat après la Seconde Guerre Mondiale

Dans la compétition des grands États-nations, la Grande-Bretagne et la France étaient relativement saturées par leurs colonies et leurs capacités étaient épuisées. L'Allemagne et l'Italie, cependant, se sont efforcées de construire un empire mondial plus grand.

Après la fondation de l'empire en 1871, l'Allemagne rêvait de se faire « une place au soleil », ce qui signifiait un rapprochement avec les pays d'Europe occidentale au vu de leurs possessions coloniales. Après que les colonies aient été perdues suite au traité (ou plutôt : diktat) de Versailles, les nazis ont proclamé les allemands comme « peuple sans espace » et ont poursuivi une expansion de l'Allemagne à l'est. L'Italie voulait faire revivre l'Empire romain, s'étendre à la Libye, à l'Érythrée, à l'Éthiopie et à la Somalie et a tenté pendant la Seconde Guerre mondiale de conquérir les Balkans et la Grèce. La confiance en soi des peuples au-delà de la nation était liée à la race germanique ou romaine causant l'éclatement du cadre national par ces empires mondiaux.

Une nation contient toujours tout l'héritage spirituel et culturel d'un peuple. Toute personne qui s'identifie à sa nation peut encore se développer mentalement et personnellement. Cependant, la *race* était un concept sous-humain et, par conséquent, le comportement des nazis et des fascistes italiens était dénaturé. Il est compréhensible que les nationalismes se sont affrontés et ont nécessairement déclenché des guerres.

La Première Guerre mondiale était déjà menée à des fins nationalistes. Le nationalisme pur des pays occidentaux a survécu au traité de paix de Versailles et a été élevé par le président américain Woodrow Wilson au *principe de paix*. Le résultat fut que les populations opprimées telles que les Polonais, les Tchèques et

---

95 Caractéristique dans ce contexte est le mot de Estournelles de Constant en 1899 au parlement français: « Il y a deux choses dans la politique coloniale: d'abord la joie des conquêtes et ensuite la carte à payer. » Franz Ansprenger: *Auflösung der Kolonialreiche*, P. 22 f.
96 Franz Ansprenger: ibid, P. 22 f. und 26.
97 https://de.wikipedia.org/wiki/Kolonialismup.

les Slovaques furent libérées, mais vécurent alors leur propre nationalisme. Ainsi, l'Etat polonais nouvellement formé sous Pilsudski a commencé à subjuguer les Etats baltes. Józef Piłsudski poursuivait >>l'objectif de reconstruire les frontières de l'époque avant la partition de la Pologne, également bien au-delà des frontières de la zone d'implantation polonaise. Cette politique conduisit d'abord à l'émergence de la Grande-Pologne établie par le Traité de Versailles et à la guerre avec la Russie soviétique ainsi qu'à la guerre avec la Lituanie par rapport au territoire de Vilna (Lituanie centrale) revendiqué par les deux parties. <<[98]

Les nouveaux états ont également reçu des zones géographiques à population allemande. Des parties de la Silésie sont tombées en Pologne, la région des Sudètes en Tchécoslovaquie et le Tyrol du Sud en Italie. Cela a encouragé de nouvelles tendances nationalistes. En outre, les puissances centrales, c'est-à-dire en particulier l'Allemagne, ont été déclaré seules coupables de la guerre et étaient tellement accablés par les réparations de guerre que celles-ci ont failli briser ces pays.

A cela s'ajoute, d'un côté, la révolution socialiste en Russie, qui a créé une antithèse au le capitalisme occidental, concurrençant ce dernier, et, de l'autre côté, l'effondrement de l'économie capitaliste lors de la Grande Dépression de 1929. Suite à ces événements une réaction extrême prenant la forme d'un nationalisme de masse a émergé en Italie, en Espagne, au Portugal, mais de la manière la plus extrême dans l'Allemagne national-socialiste.

Enfin, il ne faut pas oublier qu'un nationalisme raciste aussi extrême s'est développé au Japon. L'Allemagne et le Japon ont déclenché la Seconde Guerre mondiale, qui a provoqué d'énormes destructions et de la misère, mais dans laquelle les connaissances au sujet des dangers du nationalisme ont également mûri. En a résulté l'idée d'une unification nécessaire de l'Europe. Cette idée était davantage alimentée par l'opposition grandissante entre l'Est et l'Ouest durant la guerre froide et le fait que les puissances coloniales européennes étaient trop faibles pour maintenir leur empire colonial et s'appuyaient en conséquence les unes sur les autres.

4.2.2 Le nationalisme dans les pays en développement comme moteur du développement d'une société laïque et de sa tension avec les mouvements religieux, théocratiques et tribaux

Le nationalisme est également devenu une force motrice dans les pays non européens pour l'individualisation et l'émancipation de l'homme des formes de vie traditionnelles et pour la laïcisation de la société. Les porteurs de ce développement étaient les intellectuels formés par les européens et les militaires.

Dans la mesure où les aspirations nationalistes étaient en conflit avec les aspirations d'autres parties de la population, des guerres sanglantes ont été et sont toujours menées. En Turquie, les aspirations nationalistes des turcs, des arméniens et des kurdes, qui ont même conduit au génocide des arméniens, se sont affrontées.

La division de la colonie britannique de la couronne en Inde et au Pakistan a conduit aux querelles et expulsions les plus sanglantes, dans lesquelles le natio-

---

[98] https://de.wikipedia.org/wiki/J%C3%B3zef_Pi%C5%82sudski.

nalisme pakistanais avait une motivation musulmane. Mais tandis que les groupes religieux vivaient relativement pacifiquement à l'époque précoloniale et coloniale, les conflits liés aux aspirations nationalistes ont commencé à s'enflammer relativement au Cachemire.

Dans la mesure où le nationalisme éloigne les gens des relations traditionnelles et qu'ils ne se considèrent plus comme des hommes de la tribu, mais comme des citoyens, le nationalisme favorise la mondialisation de l'humanité et donc aussi le développement économique et social. Cependant, l'impact de l'*européisme* ne touche généralement que la fine couche des intellectuels et des militaires, qui constituent le corps étranger par contraste avec la masse de la population vivant dans des relations plus traditionnelles. En outre, les dominions laïques sont relativement sensibles à la corruption. Les groupes musulmans sont liés par les commandements sociaux de l'Islam, alors que l'ancrage religieux dans les actions des séculiers est moindre. Cela diffère de la situation dans les pays chrétiens, en particulier dans les pays protestants - pensez à la morale officielle prussienne et aux racines puritaines du capitalisme, comme l'a décrit Max Weber.

En partie à cause de cette plus grande vulnérabilité à la corruption des structures de pouvoir laïques, le Hamas basé sur la religion a pu se séparer de l'OLP laïque. La susceptibilité à la corruption du régime militaire égyptien a toujours été flétrie par les moudjahidin islamiques. Ils ont également obtenu leur approbation à travers leur comportement social. C'est une autre raison pour laquelle les régimes laïques des pays musulmans risquent toujours d'être emportés par les populations incitées par les clercs musulmans, comme ce fut le cas en Iran et en Égypte.

Les régimes laïques sont donc difficiles à démocratiser et, par conséquent, prennent nécessairement plutôt la forme de régimes autocratiques, comme des derniers prévalent dans presque tous les États musulmans du Moyen-Orient et de l'Afrique. Des exemples extrêmes étaient le régime de Saddam Hussein en Irak, de Kadhafi en Libye, ainsi que les régimes autocratiques en Algérie et en Égypte et le régime Assad en Syrie.

En éliminant les dictateurs occidentaux et en tardant à créer d'autres structures laïques, qui auraient naturellement dû être adapté à ces pays, l'Occident a contribué au chaos et aux mouvements de réfugiés qui en ont résulté.

4.3 L'impact de l'européisme sur les pays du tiers monde

4.3.1 La destruction des modes de vie traditionnels à travers l'européisme

Les relations sociales primitives sont perturbées par des formes profanes d'entreprise et de société. Sur le plan économique, cela signifie que les gens doivent devenir des salariés ou créer une entreprise par eux-mêmes. Les gens ne travaillent plus dans un groupe familial hiérarchique, mais avec des étrangers et d'autres travailleurs et ne sont pas considérés comme membres d'une famille, mais selon leurs réalisations individuelles.

Même la qualification elle-même affecte la relation entre les jeunes et les personnes âgées dans la famille, parce que les connaissances modernes sont d'abord acquises par les jeunes inversant ainsi la pyramide des connaissances dans une certaine mesure. Qui ne dépend pas de ses petits-enfants quand il s'agit de problèmes de smartphone ?! C'est ainsi que l'individualisation de la société est promue. Dans une famille traditionnelle et fondée sur la religion, cela peut être un choc pour l'image de soi de tous les membres de la famille et détruire les sociétés traditionnelles.

Parallèlement aux premières étapes de l'industrialisation, ou même en avance sur ce développement, les colonies et les pays en voie de développement ont été inondés de biens provenant des pays industrialisés, et depuis la révolution agraire les produits agricoles en font également partie. En conséquence, les nombreuses fermes traditionnelles ont été détruites et les personnes qui y travaillaient se sont retrouvées sans emploi. Le principal problème, à savoir pourquoi de nombreux pays en développement n'ont pas pu se développer en acquérant un savoir-faire manufacturier acquis dans les pays industrialisés, est le manque de mentalité suffisante en matière de recherche et d'entrepreneuriat dynamiques.

Pendant plus de 2000 ans on assisté au développement du chercheur et entre-preneur individualisé et créatif en Europe qui investit de l'argent dans la re-cherche et le développement ainsi que dans les machines et les équipements pour développer, produire et commercialiser de nouveaux produits. Dans les pays en développement, il y a toujours eu des gens riches et même très riches. Même aujourd'hui, ils ont rarement eu l'idée d'utiliser leurs fonds pour leur propre re-cherche et développement et la construction d'installations de production, à moins que le processus de production ne soit déjà établi et promette des profits rapides. Dans ces pays, seulement le travail de commerçant est considéré comme emploi indépendant. La norme ici est d'exporter le capital et de l'investir dans les pays industrialisés. Ainsi, un pays ne peut pas devenir un pays industriel avancé.

Bien que les pays ayant de précieuses réserves de matières premières puissent atteindre un niveau de vie plus élevé, en règle générale les profits des ressources minérales ne reviennent qu'aux élites, qui ont alors tendance à les investir dans les pays industrialisés. Ce n'est qu'avec des bénéfices extrêmes provenant, par exemple, des gisements de pétrole et sous réserve qu'il s'agisse d'un pays avec une faible population, que les revenus sont également partagés avec la popula-tion domestique dans son ensemble. C'est notamment le cas dans les Etats du Golfe, mais aussi en Iran et au Venezuela, qui sont des Etats plus socialiste. Mais si les revenus baissent en raison d'une baisse des prix des matières premières, alors, surtout au Venezuela, la pauvreté de masse et l'effondrement de l'offre deviennent probable.

La situation économique la plus défavorable est celle des pays où les gens sont plus susceptibles de se considérer comme des tribus que comme des natio-naux, comme en Afrique subsaharienne, mais aussi, plus ou moins prononcé, dans les pays musulmans, notamment en Libye et en Afghanistan.

De manière très prévisible ces pays resteront dépendants des pays européens pour le développement économique et social. Les pays européens, qu'ils le veuil-lent ou non, devront veiller à ce que ces pays se développent de manière à ce que les pauvres et les chômeurs ne se rendent pas en Europe.

Beaucoup de pays, en particulier musulmans, forment également de nom-breux ingénieurs qualifiés. Mais comme eux-mêmes n'agissent pas en tant que promoteurs et / ou entrepreneurs et ne peuvent pas trouver d'emploi dans leur pays, ces pays ont même un prolétariat académique, qui ne peut réaliser ses perspectives professionnelles que par le biais de l'immigration.

Contrairement à l'incapacité des États africains noirs et à la réticence des États musulmans à s'ouvrir complètement à l'européisme, les religions taoïstes, hindoues et bouddhistes d'Asie de l'Est résistent à peine à l'assomption de la pensée et de la volonté occidentales. Les cas les plus impressionnants sont ceux du Japon et de la Chine, mis à part l'adhésion à une dictature autocratique du parti.

4.3 2. La croissance rapide de la population due à l'amélioration des soins médicaux en tant que raison supplémentaire des conflits dans les pays en développement et de l'émigration vers l'Europe

L'européanisation a également amélioré la santé publique et la mortalité a considérablement diminué, en particulier en raison de la baisse des taux de mortalité infantile et juvénile. Donc, la population pourrait devenir plus importante. Dans les pays industrialisés, le taux de natalité a diminué. Mais dans les pays non européens, il a augmenté d'autant plus.

Puisque tout le monde, à moins de disposer d'un capital préaquis, doit gagner sa vie et chercher un emploi, alors que le nombre d'emplois créés est insuffisant en comparaison avec le nombre d'emploi nécessaires, en particulier dans les pays industrialisés en retard, le chômage augmentera. Cela provoque également la migration vers les pays industrialisés. Ces mouvements migratoires sont en partie alimentés par des conflits tribaux ou religieux, qui sont également déclenchés ou exacerbés par la croissance de la population.

En soi, l'amélioration de la situation sanitaire est un progrès, tout comme l'européisme a permis le développement de l'économie, de la société et de l'individu. Cependant, il faut dire que les pays ne peuvent supporter seuls les conséquences de ces développements sans le soutien des pays industrialisés, notamment parce qu'ils ne peuvent pas « inhaler » l'européisme aussi rapidement qu'ils deviennent eux-mêmes des inventeurs et des entrepreneurs investisseurs. Si les européens n'apportent pas ce soutien, de plus en plus de personnes partiront et chercheront le salut dans les pays industrialisés.

4.4. Le développement économique des pays en développement et la politique de développement après la Seconde Guerre

Franz Ansperger écrit : >>D'un point de vue économique, les changements de politique coloniale … ont été rétablis après la Première Guerre mondiale. Alors qu'avant 1914 le colonialisme exercé par la France et la Grande-Bretagne - en dépit de quelques profits des entreprises individuelles et des spéculateurs - avaient plutôt constitué une perte en raison des coûts de la bureaucratie militaire et administrative dans les colonies, il a commencé à payer pour les mères patries en raison des investissements dans l'infrastructure coloniale, notamment pour la France. [99] Les grands bâtiments ferroviaires ont été suivis par le développement

---

[99] Boris Barth: *Die Zäsur des Ersten Weltkriegs. Hochzeit und Dekolonisation der Kolonialreiche*, P. 115.

des routes rurales, qui ont également ouvert des zones reculées à la circulation des camions et stimulé l'entrepreneuriat dans les transports nationaux. En même temps, cela a jeté les bases d'une nouvelle logistique de la sécurité des règles coloniales en permettant aux organisations militaires d'être transportées plus rapidement et plus facilement vers les points de conflits. À cela s'ajoutaient les nouvelles possibilités de surveillance et de raids aériens. Grâce aux nouvelles voies de transport, la production d'exportation des régions côtières s'est étendue de plus en plus à l'intérieur des terres et l'économie d'exportation coloniale a connu une reprise de plus en plus fructueuse.[100] << [101]

Comme mentionné ci-dessus, les moteurs de la mondialisation étaient les intérêts économiques ainsi que les intentions missionnaires des pays européens. A l'origine l'intention missionnaire était la propagation du christianisme pour le bénéfice de tous. Il va de soi que le niveau de vie de tous devait être amélioré. A cet égard, toute la colonisation était liée à l'objectif de développement des pays. Bien sûr, cet objectif a persisté même après l'indépendance des colonies, d'autant plus que leur engagement politique mais aussi économique dans ces pays était la raison pour laquelle ce développement était également dans l'intérêt des pays européens.

L'engagement du monde occidental, mais aussi communiste a été accéléré par l'opposition Est-Ouest. Les deux parties souhaitaient provoquer le ralliement de pays aussi nombreux que possible. Il y avait une campagne pour les pays en voie de développement et cette campagne a déclenché des paiements d'aide au développement et une aide militaire aux anciennes colonies courtisées.

Bien sûr, l'intérêt pour les marchés de vente et les matières premières est également resté, les matières premières prenant de plus en plus d'importance à la suite de la course aux armements. et contrairement à la période coloniale, les réserves de matières premières ont été exploitées. Cela exigeait plus d'investissements dans les pays en développement, d'autant qu'ils n'avaient ni capital ni savoir-faire pour utiliser leurs ressources.

La concurrence commerciale avec les pays en développement les moins solvables a conduit alors les pays à fournir des assurances-crédits à l'exportation (en Allemagne les soi-disant garanties Hermès) pour les biens livrés aux conditions de paiement et des garanties pour les investissements. Mais ces garanties ont également permis aux pays en développement d'emprunter davantage que ce qui aurait été possible sans ces garanties. En conséquence, des accords d'allègement de la dette et de rééchelonnement étaient nécessaires à maintes reprises.

En dehors du développement lucratif des matières premières, aucun investissement majeur n'a été réalisé dans les pays en développement. La raison en est non seulement l'absence de conditions juridiques, le manque de sécurité des investissements et des infrastructures inadéquates, mais aussi des travailleurs insuffisamment formés et un besoin de les former, chose que les entreprises des pays industrialisés ne voient pas au premier abord.

---

[100] Jürgen Osterhammel: *Vom Umgang mit dem „Anderen". Zivilisierungsmissionen – in Europa und darüber hinaus.* In: Boris Barth et al.: Das Zeitalter des Kolonialismus. Stuttgart 2007, P.43.

[101] Sören Utermark: „Schwarzer Untertan versus schwarzer Bruder", P.61f.

Cela a changé à mesure que les grands pays en développement ont rendu difficile l'accès des industries à leurs marchés, qui n'investissaient pas dans le pays eux-mêmes. Par exemple, les entreprises des pays industrialisés, si elles voulaient préserver le marché, étaient obligées d'établir elles-mêmes au moins une production subordonnée dans les pays en développement. Pour l'industrie pharmaceutique par exemple, c'était la dernière étape du processus de production, la finition, c'est-à-dire le pressage des pilules et l'emballage.

Mais même pour ces étapes de production, les travailleurs devaient être formés et, plus cela arrivait, plus il devenait intéressant d'utiliser cette main-d'œuvre bon marché pour des emplois plus qualifiés et de produire dans les pays en développement non seulement pour le marché local mais aussi pour le reste du monde. Dans les pays en développement est donc né ce qu'on appelle la *sous-traitance*. Dans la mesure où les processus de production ne sont pas spécifiques à certaines industries, les risques liés à la production ont été répercutés sur les entreprises locales. En conséquence, dans certains domaines tels que l'industrie textile, des sociétés indépendantes ont vu le jour dans les pays en développement.

La sous-traitance présente toutefois l'inconvénient de pouvoir être délocalisée à tout moment vers d'autres pays si une main-d'œuvre encore moins chère peut y être utilisée. Pour cette raison, le développement durable présuppose l'émergence dans le pays d'entreprises indépendantes, qui participent également suffisamment aux bénéfices des entreprises, afin qu'elles puissent investir et que la quasi-totalité des bénéfices ne soit versée qu'aux investisseurs et bailleurs étrangers.

Pour y parvenir, il est souvent nécessaire d'exiger des investisseurs étrangers qu'ils impliquent des entreprises nationales en tant que partenaires de co-entreprise dans les investissements. Dans les petits pays en développement, cela est plus difficile à appliquer que dans les grandes économies, qui représentent un marché non négligeable pour les entreprises étrangères. La Chine, par exemple, a su développer son propre esprit d'entreprise et attirer de riches investisseurs, ce qui explique en partie le développement industriel rapide de la Chine pour devenir l'une des plus grandes économies du monde.

En revanche, les petits pays en développement moins développés sont dominés par des acteurs mondiaux de plus en plus puissants. Pour être intéressants en tant que lieux d'investissement, les petits pays en développement doivent accepter que les pays occidentaux les inondent de leurs produits, y compris les produits agricoles des grandes fermes américaines et canadiennes et les produits agricoles issus de l'agro-industrie moderne européenne. Il en résulte que leurs propres industries sont d'autant moins à même de se développer et que même l'agriculture traditionnelle est menacée.

4.4.1 Une mondialisation plus importante des échanges grâce à la conclusion de l'Accord général sur les tarifs douaniers et le commerce (GATT)

Afin d'intensifier les relations commerciales internationales, *l'Accord général sur les tarifs douaniers et le commerce (GATT)* a été établi en 1947. Wikipédia écrit : Le GATT >>est un accord international sur le commerce mondial. Jusqu'en 1994, les droits de douane et autres obstacles au commerce ont été progressivement réduits lors de huit cycles de négociations. Le GATT a jeté les bases de la création de l'Organisation mondiale du commerce (OMC, 1995), dans laquelle il est encore incorporé aujourd'hui. À cette époque, l'accord comprenait 123 pays membres à titre égal. Afin de faire la distinction entre les accords de l'OMC d'origine et actuels, on mentionne généralement les années 1947 et 1994.[102][103] <<[104]

Les membres s'engagent à continuer d'abaisser les droits de douane et à réduire les autres obstacles à l'importation et à passer à *la clause de la nation la plus favorisée*, ce qui signifie que les concessions d'importation accordées par un pays à un autre pays doivent également être accordées à tous les autres pays.

Si l'on considère que les barrières à l'importation des produits individuels ont en même temps une fonction de protection, que les industries nationales ne sont pas évincées et détruites par des produits étrangers ou qu'elles peuvent se développer mieux, il est compréhensible que les tarifs soient différents dans chaque pays et aussi en fonction des différents produits. Il faut un processus très long pour réduire les droits de douane afin que les pays concernés bénéficient plus des réductions que du maintien des barrières.

La force des pays industrialisés vis-à-vis des pays en développement est qu'ils peuvent, grâce à leur niveau de développement plus élevé, produire plus efficacement et, souvent, grâce à leur savoir-faire, produire à moindre coût des produits qui pourraient normalement être produits plus facilement dans les pays en développement selon les conditions géographiques naturelles. . C'est pourquoi les pays en développement ont besoin de plus d'obstacles à l'importation que les pays développés et cela est rendu possible par le mécanisme du GATT.

Parce que les pays en développement sont encore loin derrière les économies développées en termes de développement économique diversifié, il sera de plus en plus difficile de libéraliser davantage les relations commerciales générales et de réduire les droits de douane et les obstacles.

Un problème particulier est offert par l'agriculture. Grâce à l'industrialisation de l'agriculture et aux réformes agraires, la productivité agricole est généralement plus élevée dans les pays industrialisés que dans les pays en développement. En particulier, les énormes plantations de blé des États-Unis et du Canada ont une productivité supérieure à celle d'autres pays et donnent un avantage à leurs produits sur le marché mondial.

Néanmoins, la productivité de l'agriculture dans les pays industrialisés est généralement inférieure à celle du reste de l'industrie. Afin de garantir que les revenus agricoles ne soient pas inférieurs au revenu urbain et que les exploitations agricoles ne soient abandonnées, l'agriculture des pays industrialisés bénéficie de diverses subventions. Cela supprime les possibilités d'importation en provenance d'autres pays et, si l'économie agricole des pays industrialisés produit plus qu'elle ne consomme dans son propre pays, et si les produits ne sont pas

---

[102] Allgemeines Zoll- und Handelsabkommen (GATT). BMZ, 7. August 2010, récupéré sur 20. 10. 2010.

[103] Welthandelsorganisation und allgemeines Zoll- und Handelsabkommen. BMZ, 29.12.2009, récupéré sur 20. 10. 2010.

[104] https://de.wikipedia.org/wiki/Allgemeines_Zoll-_und_Handelsabkommen.

exportés, les prix des produits agricoles risque de tomber trop bas. Les états soutiennent également l'agriculture au moyen de subventions à l'exportation.

A cause de la possibilité de production moins chère plus les subventions à l'exportation des produits agricoles, ceux-ci peuvent alors être offerts sur les marchés mondiaux à un prix si bas qu'ils peuvent détruire l'agriculture dans les pays en développement. En conséquence, les négociations du GATT sur une libéralisation plus poussée du commerce mondial échouent souvent parce que les pays en développement exigent que les subventions à l'exportation des produits agricoles des pays industrialisés soient abandonnées, alors que les pays industrialisés ne sont pas prêts à le faire. Dans la mesure où les pays en développement doivent alors céder à la pression des pays industrialisés, parce qu'ils sont économiquement dépendants ou que leurs élites y gagnent un profit, l'agriculture dans le pays touchés est dans la plus grande détresse.

Harald Schumann écrit : >>Parce que beaucoup de pays africains dépendent des fonds de développement des pays industrialisés, ils ont cédé aux demandes de leurs créanciers et abaissé leurs tarifs pendant des années. Les conséquences ont été dévastatrices. Les exportateurs agricoles européens ont inondé les marchés africains avec des ailes de poulet bon marché, du lait en poudre subventionné ou des légumes en conserve, tuant ainsi les producteurs nationaux.

Au Ghana, par exemple, les tomates sont un aliment de base. Le fruit du paradis rouge est un composant de chaque plat et sa production offre à plusieurs milliers de paysans un revenu. Mais ensuite, à la demande de leurs donateurs, le gouvernement a abaissé le tarif des marchandises en conserve. Les paysans étaient appauvris et leurs fils étaient en route pour l'Europe. Là, comme décrit par Matthias Krupa et Caterina Lobenstein dans un rapport primé pour Die Zeit, des milliers de ghanéens travaillent maintenant pour des salaires de famine dans les plantations italiennes pour faire les mêmes choses qu'ils faisaient à la maison : cueillir des tomates. <<[105]

Un danger particulier pour l'économie mondiale et spécialement pour les pays en développement provient du renforcement des sociétés internationales et des acteurs dits mondiaux. Car aujourd'hui ce ne sont plus principalement avec les états tiers que les économies individuelles sont en contact. Le pouvoir économique se trouve de plus en plus dans les entreprises opérant à l'échelle mondiale, qui opèrent avec des valeurs qui peuvent être plus importantes que le produit national ou le budget d'un pays.

Ces entreprises sont de moins en moins contrôlables par les états, et peuvent même les forcer à servir leurs intérêts. Comme l'a montré la dernière crise économique, les États se sont sentis obligés de rattraper les fonds spéculatifs et les banques lorsqu'ils ont trébuché, et d'importantes entreprises ont été sauvées grâce aux fonds de l'état. Notamment l'industrie automobile a été soutenue par des primes à la casse.

Les acteurs mondiaux bénéficient du soutien de leurs pays d'origine car ils participent aux bénéfices globaux des entreprises. Néanmoins les entreprises internationales et les investisseurs potentiels échappent à la souveraineté fiscale

---

[105] Harald Schumann: *Fluchtursache Handelspolitik*, in Der Tagesspiegel Nr. 22925, 31.10.2016, P.6.

de leur pays d'origine en transférant leurs bénéfices dans des paradis fiscaux. Les autres pays se disputent les investissements de sociétés opérant à l'échelle mondiale. Les entreprises internationales tentent même de supprimer la compétence des États en exigeant dans les accords commerciaux internationaux que les différents entre les entreprises et les États soient tranchés par des tribunaux d'arbitrage internationaux.

Ce faisant, ils invoquent les dispositions de protection juridique conclues avec les pays en développement. Le but de ces accords était toutefois de rendre l'investissement dans un état en développement possible, à condition qu'il n'y ait pas de système juridique adéquat et pas de sécurité d'investissement. Aujourd'hui, cependant, il existe généralement des dispositions de protection nationale suffisantes pour que les litiges puissent également être réglés devant des tribunaux nationaux. Incidemment, les acteurs mondiaux ont tellement de pouvoir en capital qu'ils sont beaucoup moins vulnérables que les populations des pays concernés, dont les États sont responsables.

Il est donc important, dans les accords économiques internationaux et les unions douanières et économiques, de veiller à ce que les droits des États à protéger une économie diversifiée ne soient pas compromis. Dans le cas contraire, la mondialisation pourrait devenir une malédiction.

4.4.2 La fusion de pays individuels en zones franches et en zones économiques

Pour éviter les désavantages d'une réduction générale des droits de douane et des barrières à l'importation et pour exploiter la division du travail dans une zone économique plus vaste, les pays se combinent avec d'autres pays comparables en termes de puissance économique pour former des unions économiques.

D'une part, la création de zones de libre-échange régionales et d'unions économiques est un pas en avant vers la poursuite de la mondialisation, car elles réduisent les barrières commerciales et, éventuellement, les obstacles à l'investissement dans la zone du traité. D'un autre côté, elles constituent également une garantie contre une globalité trop globale, car les pays participant à l'Union peuvent mettre en place des tarifs protecteurs et des barrières contre les tiers. Car il ne faut pas oublier que les pays industrialisés disposent d'un avantage naturel sur les pays en développement : savoir-faire, capital, organisation mondiale du commerce, entreprises de logistique, etc.... Un petit pays qui s'expose sans défense à leurs pouvoirs pourrait en devenir leur jouet.

Il ne fait aucun doute que l'unification des pays européens dans *l'Union économique européenne* est un exemple d'aspiration pour d'autres pays, même si les pays européens sont des économies développées. Certes, les différents pays de *l'Union européenne* se complètent dans une certaine mesure. Les pays du Sud peuvent préférer vendre leurs produits agricoles dans la Communauté européenne, tandis que les pays industrialisés ont un avantage compétitif pour leurs produits. Néanmoins, le pouvoir économique est diversifié et l'*Union européenne* ne peut prospérer que si les pays les moins développés sont soutenus par les pays industrialisés et si leurs économies sont encouragées.

Certains pays européens sont allés plus loin et ont créé une monnaie commune : l'euro. Cependant, une union monétaire ne peut fonctionner que s'il existe une politique économique et financière unique qui donne aussi aux États-nations le cadre de leur politique économique et financière.

Comme les conditions-cadres étaient inadéquates et qu'il n'y avait pas de politique uniforme, les traitements et salaires dans les différents pays pouvaient se développer différemment. En conséquence, de nombreux pays européens ont également perdu leur compétitivité vis-à-vis de l'Allemagne et ont donc des soldes commerciaux extérieurs négatifs.

À l'instar de l'Union européenne, les zones de libre-échange et les approches des unions économiques se sont également développées dans d'autres régions. Mais même là, les responsables doivent s'assurer que, dans la mesure du possible, des pays au même niveau de développement s'unissent et qu'aucune économie ne domine les autres.

Étant donné que les partenaires individuels ont des forces différentes, même dans les pays moins développés, la meilleure répartition du travail est rendue possible par une fusion qui peut être bénéfique à tous. Cependant, il convient de noter que dans les zones franches et les unions économiques qui n'ont pas encore de politique économique commune, voire de monnaie commune, il peut également être dangereux pour les pays d'abandonner leurs capacités de production en faveur d'autres pays.

Il est vrai que grâce à ce genre d'union tous les pays bénéficient d'échanges de biens spécialisés produits à moindre coût au niveau national. Mais la répartition du pouvoir d'achat entre deux pays peut changer pour diverses raisons. Pour une raison quelconque, le taux de change d'un pays peut baisser ou augmenter, et donc les relations en termes de parité de pouvoir d'achat vont changer. En guise d'exemple peuvent être cités les problèmes de fusion du Brésil et de l'Argentine dans l'Union économique du Mercosur :

Helio Jaguaribe écrit : Les processus d'intégration amènent >>inévitablement chaque État membre à abandonner ses propres secteurs non compétitifs au profit des secteurs les plus compétitifs de l'autre pays. Le blé brésilien et le sucre argentin sont des exemples typiques d'une telle situation. En effet, les processus d'intégration sont créés dans le but exprès de donner de la place aux secteurs plus compétitifs des autres participants sur leur propre marché, ce qui profite à toutes les parties, à condition que les échanges mondiaux atteignent un équilibre satisfaisant. Au blé du Brésil du Sud est avantageusement substitué le sucre argentin, avec pour conséquence le fait que les producteurs brésiliens sont transférés vers d'autres activités telles que par ex. la production de soja. Le sucre de Tucumán, à son tour, est avantageusement remplacé par l'équivalent brésilien, de sorte que les producteurs argentins sont délocalisés vers d'autres productions, par ex. ils devraient envisager le marché des agrumes. <<[106]

Si les taux de change entre le Brésil et l'Argentine changent, d'autres conditions de concurrence peuvent survenir et ceci est particulièrement problématique dans le cas de la culture de produits agricoles, qui nécessitent également une commercialisation spéciale.

---

[106] Helio Jaguaribe: *Mercosur: faktische und institutionelle Probleme*, P.29ff.
http://www.kap.de/wf/doc/kas_297-544-1-30.pdf?020319150939.

Encore plus difficile est la fusion en une union économique, si les différentes conditions de production sont basées sur un usage différent du savoir-faire et une puissance de capital différente. Il s'en suit un commerce pas nécessairement bénéfique pour le pays qui a moins de savoir-faire ou moins de capital. Il en découle le danger que le pays le plus faible soit inondé par des produits d'entreprises du pays le plus fort. Dans une telle situation, il peut être préférable que l'économie plus faible se protège et n'ouvre son marché que si cela apporte en même temps l'opportunité de développer un savoir-faire, une main-d'œuvre qualifiée et des capitaux dans son propre pays. Pour cela, comme dans le cas de l'Europe, il sera généralement nécessaire que les partenaires les plus forts contribuent au développement économique des moins développés par des moyens financiers.

À la lumière de ce qui précède, les zones de libre-échange entre pays industrialisés et pays en développement doivent être fortement découragées. L'accord de libre-échange nord-américain des États-Unis, du Canada et du Mexique, entré en vigueur le 1er janvier 1994, en est un exemple impressionnant. >>Déjà à l'occasion de la révision décennale de l'accord, la Banque mondiale avait admis dans une étude qu'au Mexique, « le développement depuis le lancement de l'ALENA n'était pas tout à fait remarquable ». Bien que les exportations aient augmenté, les niveaux de salaires ont même baissé par rapport aux niveaux de 1994, le nombre de Mexicains vivant en dessous du seuil de pauvreté ne cesse d'augmenter. <<[107]

Les résultats de cet accord 20 ans plus tard, soit à la fin de l'année 2013, est décrit comme suit par Wikipedia : >>Les conséquences économiques et sociales de l'accord sont plutôt négatifs (et cela pas seulement par rapport aux principaux bénéficiaires): Le Mexique, où le maïs était traditionnellement en libre-service à domicile, a été inondé de produits agricoles américains fortement subventionnés et de viande dont le prix est inférieur de 20% aux coûts de production locaux. La spécialisation attendue de l'agriculture mexicaine n'a pas eu lieu : selon la confédération syndicale américaine des millions de producteurs de maïs ont renoncé à cette activité, mais le nombre de paysans sans terre et au chômage ne peut pas être absorbé dans les industries nouvellement créées. Le crime a augmenté. Aujourd'hui, le Mexique doit importer 60% de son blé et 70% de ses besoins en riz. Le Canada est devenu de nouveau un exportateur important de matières premières et se débat de plus en plus avec les problèmes environnementaux, tandis que l'industrie pétrolière internationale fait pression sur la réglementation environnementale. Dans l'ensemble, les revenus ont stagné dans les pays membres tandis que l'inégalité des revenus a augmenté.[108]<<[109]

À la suite des délocalisations au Mexique, les États-Unis ont également perdu des emplois. La TAZ écrit : >>Dans la période qui a précédé la création de l'ALENA, les promesses concernant de nouveaux emplois qui auraient pu se

---

[107] BERLIN taz 1. 1. 2014: *Weniger Jobs, weniger Kleinbauern. 20 Jahre Nafta*, http://www.taz.de/!5051711/

[108] Barbara Eisenmann: *Das Netz des Geldep.* In: Der Tagesspiegel, 6. Dezember 2014, online:

[109] Wikipedia: *Das Nordamerikanische Freihandelsabkommen*, https://de.wikiped ia.org/wiki/Nordamerikanisches_Freihandelsabkommen#Folgen

produire automatiquement grâce au libre-échange étaient aussi bien corsées qu'inexistantes - .... En fait, il y a deux ans, le think tank Economic Policy Institute basé à Washington a estimé le nombre d'emplois américains perdus du fait de l'ALENA à environ 700 000. <<[110]

Comme les emplois perdus dans l'agriculture mexicaine étaient plus importants que les emplois industriels nouvellement créés, des réductions d'emplois partout et des baisses de salaires ont eu lieu. En conséquence économique de l'ALENA on ne peut parler que d'un transfert de revenu des travailleurs vers les propriétaires de capital grâce à la rationalisation. >>Entre-temps, même les maquiladoras, où les Mexicains produisent des biens pour le marché américain avec des salaires de misère, ne sont plus un moteur de l'emploi, car les usines chinoises et d'autres pays d'Asie de l'Est sont moins chères. <<[111].

Comme la TAZ, on peut seulement constater que : >>Alors, quelqu'un a-t-il gagné quelque chose grâce à l'ALENA ? La réponse est oui : les investisseurs et les entreprises. L'objectif de l'accord, outre la réduction des droits de douane et autres obstacles au commerce, est la protection des investisseurs étrangers contre l'expropriation et d'autres formes d'arbitraire du pays d'accueil. La société Ethyl a d'abord démontré que la société américaine a intenté une action en dommages et intérêts contre le gouvernement canadien devant un tribunal de l'ALENA en 1997 parce que l'interdiction canadienne d'importer du pétrole contenant l'additif toxique MMT équivaut à une expropriation. Le Canada a ensuite levé l'interdiction et payé un million de dollars en guise de compensation. <<[112]

>>Stephen Gill, de l'Université de York à Toronto, l'un des « cinquante principaux penseurs des relations internationales », parle de la privatisation du droit commercial et de la « légalisation des dogmes néo-libéraux ». En 2014, selon une étude réalisée par l'ONG *Public Citizen's Trade Watch* la valeur des demandes en dommages et intérêts en attente devant les tribunaux arbitraux (en particulier aux Canadiens) dépassaient le montant de 12,4 milliards de dollars américains. [113] Selon l'étude, au total les États ont été condamnés à payer des dommages de 360 millions de dollars américains.[114] <<[115]

4.4.3 Poussée de croissance pour les pays en développement due à la demande croissante de matières premières

Au cours de la guerre froide et de la guerre de l'armement, comprenant la guerre de Corée, la guerre du Vietnam, mais aussi le développement économique général des pays industrialisés, la demande de matières premières a augmenté et les pays en développement en ont profité dans la mesure où ils pouvaient fournir celles-ci. Lorsque le conflit Est-Ouest a pris fin et que les états ont commencé à consolider leurs budgets, la demande de produits s'est effondrée. En consé-

---

[110] BERLIN taz 1. 1. 2014: *Weniger Jobs, weniger Kleinbauern. 20 Jahre Nafta.*

[111] ibid

[112] ibid

[113] NAFTA's 20-Year Legacy and the Fate of the Trans-Pacific Partnership, Public Citizen, février 2014.

[114] NAFTA's 20-Year Legacy ibid.

[115] Wikipedia: *Das Nordamerikanische Freihandelsabkommen,* https://de.wikipedia.org/wiki/Nordamerikanis-ches_Freihandelsabkommen#Folgen.

quence, les pays en développement producteurs de matières premières ont non seulement pu exporter moins, mais les prix des produits de base se sont également effondrés, laissant ces pays avec des revenus beaucoup plus faibles.

Il aurait été logique que les pays exportateurs de produits de base aient utilisé leurs bénéfices tirés des exportations pour diversifier l'économie afin de devenir moins dépendants des exportations de produits de base. Dans ce cas, ils auraient moins souffert de la baisse des exportations et de la chute des prix des matières premières, ou bien ils auraient eux-mêmes contribué par leur croissance à une plus forte demande de matières premières.

En raison du développement économique rapide des pays émergents et de leur demande supplémentaire en matières premières, en Chine en particulier, les opportunités d'exportation des pays exportateurs de matières premières ont de nouveau fortement augmenté, de même que les prix des matières premières, permettant à ces pays d'augmenter leurs revenus. En particulier, la demande de matières premières en Chine, comme celle-ci n'arrive pas à couvrir ses propres besoins à cause de son développement industriel, a conduit à une pénurie mondiale de matières premières et apporte ainsi aux pays avec des réserves de matières premières plus de croissance économique et des revenus supplémentaires.

Mais encore une fois, trop peu a été fait dans la plupart des pays africains, mais aussi en Russie, pour développer leur propre industrie. Néanmoins, suite au récent embargo dû au conflit en Ukraine, le gouvernement russe voit enfin un certain intérêt à inciter à mieux développer la capacité de production nationale.

En outre, la Chine, en particulier, a investi dans le développement des matières premières en Afrique noire et dans d'autres régions et a également amélioré les infrastructures dans ces pays. Cependant, les investissements de la Chine dans les pays africains ont à peine donné à ces pays la possibilité de former ou employer leurs propres professionnels, car les travailleurs qualifiés étaient souvent venus expressément de Chine. Les pays les moins développés sont également, et cela se fait sentir de plus en plus douloureusement, inondés de produits en provenance de Chine. Malgré leur indépendance, de nombreux pays en développement sont largement dominés non seulement par les anciens pays industrialisés, mais aussi par la Chine.

Dans ce cas également, la situation fatale est que les élites des pays en développement d'Afrique subsaharienne ne développent pas leur propre initiative entrepreneuriale économique, mais se laissent financer et corrompre par les nouveaux investisseurs chinois.

La faim d'énergie dominant le monde avait déjà enrichi les riches pays exportateurs de pétrole. En outre, la plupart des pays exportateurs de pétrole ont uni leurs forces pour former le cartel de l'OPEC afin de faire grimper les prix de l'énergie extrêmement rapidement.

La dépendance des pays industrialisés vis-à-vis des pays exportateurs de pétrole leur a permis de réduire le volume de pétrole afin d'atteindre des objectifs politiques et de déclencher ainsi la première crise pétrolière. Wikipédia écrit : >>La première et la plus conséquente crise pétrolière a été déclenchée à l'automne 1973 à l'occasion de la guerre du Kippour (du 6 au 26 octobre 1973). L'Organisation des pays exportateurs de pétrole (OPEP) a délibérément réduit la production de pétrole d'environ cinq pour cent afin de faire pression sur les pays occidentaux pour qu'ils soutiennent Israël. Le 17 octobre 1973, le prix du pétrole est passé d'environ trois dollars américains le baril (159 litres) à plus de cinq dollars. Cela correspond à une augmentation d'environ 70%. Au cours de l'année suivante, le prix du pétrole a augmenté à plus de douze dollars américains dans le monde entier. <<[116]

La deuxième crise pétrolière a été déclenchée en 1979/80, principalement par la perte de l'extraction pétrolière, l'incertitude après la révolution islamique en Iran et l'attaque irakienne ultérieure contre l'Iran (première guerre du Golfe). L'augmentation du prix du pétrole à ce moment-là a atteint son maximum à environ 38 $ le baril (159 litres). À la fin des années 1980 il est retombé sous les 20 dollars le baril. <<[117]

La signification de la première crise pétrolière pour l'Allemagne selon Wikipedia : >>En 1974 l'Allemagne a dû payer environ 17 milliards de DM de plus pour ses importations de pétrole par rapport à l'année précédente. Cela a aggravé la crise économique et a conduit à une augmentation significative du chômage partiel, du chômage, des dépenses sociales et de la faillite des entreprises. <<[118]

Il est entendu que les prix plus élevés de l'énergie rendent aussi tous les produits utilisant cette énergie plus coûteuse en fonction de leur consommation d'énergie. À plus long terme, de telles augmentations de prix peuvent être répercutées. Mais à court terme, les entreprises peuvent s'y perdre.

Bien sûr, une telle augmentation du prix des matières premières et l'augmentation des prix des autres produits qui en résulte, conduisent à une redistribution significative des revenus économiques mondiaux. Dans les pays industrialisés, cela affecte particulièrement les dépenses de consommation, c'est-à-dire que les ménage de consommateurs manquent de ce qu'il faut dépenser de plus pour le chauffage, le gaz et le prix des autres produits, à moins qu'ils épargnent moins, ce qui est seulement possible dans une mesure limitée.

En revanche, dans les pays exportateurs de pétrole, ce pouvoir d'achat, perdu dans les pays industrialisés, constitue un revenu supplémentaire. Comme ces pays ne sont initialement pas habitués à dépenser leurs recettes, ces fonds sont économisés à plus grande échelle et font donc défaut dans la demande économique mondiale. En conséquence, moins de produits peuvent être vendus. Cela entraîne une restriction de la production et du chômage qui en découle. En d'autres termes, la stagnation séculaire déjà existante se transforme en dépression.

Alors que les pays exportateurs de pétrole utilisaient à nouveau leur richesse comme pouvoir d'achat, c'est-à-dire consommaient et investissaient, la demande globale de l'économie mondiale a de nouveau augmenté, atténuant les tendances dépressives. Bien sûr, les dépenses des pays exportateurs de pétrole sont devenues partie intégrante de la demande économique mondiale.

Le marché pétrolier montre que dans un monde globalisé, les pays individuels peuvent acquérir un pouvoir presque capable de paralyser l'économie mon-

---

[116] Wikipedia: Ölpreiskrise, https://de.wikipedia.org/wiki/%C3%96lpreiskrise.
[117] Ibid.
[118] Ibid.

diale. À la suite de la crise pétrolière, les pays industrialisés souhaitaient être aussi indépendants que possible de l'approvisionnement en pétrole et en gaz. Pour cette raison, à l'origine d'autres centrales nucléaires ont été construites, et le développement des énergies renouvelables a été accéléré également sous l'influence de la catastrophe climatique attendue.

Les États-Unis sont allés plus loin en augmentant leur production de pétrole et de gaz par ce que l'on appelle la *fracturation* à un tel point qu'ils dépendent de moins en moins des approvisionnements du marché mondial et aspirent même à devenir un exportateur d'énergie en 2020.

En outre, la baisse des taux de croissance chinois exige également un ralentissement de l'augmentation des besoins en énergie. De plus, après l'accord nucléaire, l'Iran avec ses énormes réserves de pétrole insiste pour revenir sur le marché. Bien qu'il soit concevable que les pays exportateurs de pétrole réduisent leur volume d'exportation et stabilisent ainsi les prix, aucun pays ne veut perdre des revenus provenant des exportations d'énergie. .L'Arabie Saoudite craint également que les Etats-Unis ne soient plus son protecteur ni celui de des intérêts en raison de sa dépendance inferieure vis-à-vis des importations de pétrole en provenance de ce pays. Par conséquent, l'Arabie Saoudite voit un moyen de concurrencer la fracturation hydraulique américaine en maintenant ses taux actuels de circulation de courant et un prix continu très faible. Cela permet d'augmenter la dépendance des États-Unis vis-à-vis de l'Arabie Saoudite. Il semble que, dans un avenir prévisible, une nouvelle réduction des prix du pétrole et du gaz est probable.

Bien sûr, les prix bas de l'énergie ont un impact significatif sur les pays exportateurs de pétrole. Les exportations de matières premières et les revenus qui en découlent représentent la plus grande partie des exportations et des recettes budgétaires dans de nombreux pays. Selon VOV: >>Les prévisions du Fonds monétaire international (FMI) indiquent que la Russie est la plus touchée par le pétrole, qui représente jusqu'à 80% de la valeur totale des exportations russes et représente environ 50% de son produit intérieur brut. Depuis la crise des prix du pétrole, le budget du gouvernement russe a subi une perte de plus de 100 milliards de dollars américains. La dépréciation de la monnaie russe s'est accélérée de façon spectaculaire. ... L'Iran, le Venezuela et le Nigeria sont également durement touchés par la chute des prix du pétrole. Ils peuvent seulement équilibrer leur budget si le prix du pétrole est d'au moins 120 $ le baril. <<[119]

Alors que le pouvoir d'achat des pays développés a été transféré aux pays exportateurs de pétrole à la suite de la hausse des prix du pétrole, avec la baisse des prix de l'énergie les reflux vers les pays industrialisés favorisent les dépenses de consommation. Cependant, l'augmentation des recettes qui en résulte dans les pays développés ne profite que partiellement aux couches inférieures de la population, qui consacrent la majeure partie de leurs revenus aux dépenses de consommation. La plupart des recettes proviendraient probablement d'entrepreneurs et d'investisseurs qui ne savent déjà pas quoi faire de leur épargne excédentaire. Donc, dans l'ensemble, la stagnation séculaire risque de s'intensifier.

---

[119]http://vovworld.vn/de-DE/Politische-Aktualit%C3%A4t/Einfl%C3%BCsse-der-%C3%96lpreissenkung-auf-die-Weltwirtschaft/295081.vov

Il ressort de ce qui précède que la possession de ressources en matières premières peut être une source importante de richesse pour une économie. Cependant, la bénédiction à long terme ne conduit à l'abondance des ressources que si

1. tous les citoyens de l'économie nationale en profitent et pas seulement les élites plus ou moins corrompues et
2. s'il ne contribue pas au développement spirituelle et à l'industrialisation de.

Sinon, la richesse des ressources peut devenir une malédiction. Les élites, lorsqu'elles gagnent leur argent, ne sont souvent même pas engagées à éliminer les dommages environnementaux causés par l'exploitation des ressources, et si la population participe aux revenus des produits de base, un effondrement des prix peut avoir un impact significatif sur toute l'économie. Surmonter la pénurie d'énergie causée par le développement des énergies renouvelables et aussi la fracturation montre une fois de plus que la recherche et le développement et le savoir-faire qui en résulte sont plus importants sur le long terme que les réserves en matières premières.

4.4.4. Les économies émergentes et leur impact sur le développement économique des pays industrialisés

Comme déjà indiqué, l'accès à un marché potentiel de vente est l'un des motifs d'investissement les plus importants pour les pays industrialisés. Les principales économies en dehors du monde occidental sont : la Chine, la Russie, le Brésil, l'Inde et l'Afrique du Sud. Cependant, ces pays sont aussi ceux qui, comme la Chine, l'Inde, la Russie et, dans une certaine mesure, le Brésil, ont une très longue culture propre ou ont un nombre important d'immigrés européens qui jouent un rôle clé dans leur développement économique et social, comme en Afrique du Sud et au Brésil.

En raison de leur taille et du développement de la société, ils pourraient également empêcher les investisseurs occidentaux de dominer leur propre économie ou d'inonder le marché de leurs produits. Par exemple, ces pays dits BRICS ont connu un développement exceptionnellement dynamique, avec la Chine en tête, qui stimule en même temps l'économie mondiale dans son ensemble. On pourrait même dire que cela nous a empêchés de tomber dans une dépression mondiale.

En raison de l'énorme croissance dans les marchés émergents, plus de 14% en 2007 et plus de 10,6% en 2010 en Chine [120], un formidable engouement pour les biens hautement industrialisés est apparu, donnant aux entreprises des pays industrialisés des opportunités de vente supplémentaires. Sans cette demande, les économies des pays industrialisés seraient probablement en dépression. Aujourd'hui, les craintes d'un effondrement de la croissance dans les pays industrialisés sont également élevées, car les taux de croissance en Chine ont diminué.

En raison de la baisse des salaires dans les pays en développement, de nombreuses productions y ont été transférées. Ces pays fournissent maintenant les pays industrialisés en textiles, chaussures, appareils électroniques de masse, etc. en échange des machines et installations qu'ils ont achetées dans les pays indus-

---

[120]http://de.statista.com/statistik/daten/studie/14560/umfrage/wachstum-des-bruttoinlandsprodukts-in-china/.

trialisés. Mais l'offre de biens de consommation de masse aux pays industrialisés atteint des limites de saturation. La Chine est donc contrainte de vendre davantage ses produits sur le marché national. Bien que l'économie chinoise continue à croître, mais pas dans la même mesure qu'avant, la question se pose pour les pays industrialisés de savoir là où ils fourniront leurs produits. Dans l'ensemble, cela augmente le risque que la stagnation séculaire se transforme en dépression.

4.4.5 La mondialisation du marché des capitaux

Lorsqu'ils sont investis dans des installations industrielles, les capitaux proviennent généralement de pays industrialisés. Il est vrai qu'il existe des différences considérables de richesse aussi parmi les pays en développement et parmi les personnes aisées. Cependant, leurs actifs restent marginaux par rapport aux profits générés dans les pays développés. En outre, les élites des pays en développement manquent souvent de la mentalité d'entrepreneurs occidentaux, donc lorsqu'ils investissent de l'argent, c'est souvent au bénéfice de sociétés occidentales. Le capital peut ensuite retourner dans son pays lorsque la société occidentale installe des locaux commerciaux dans le pays de l'investisseur. Dans le même temps, son propre pays reste dépendant des décisions des entreprises dans les pays industrialisés.

La dépendance vis-à-vis des pays industrialisés existe également en matière d'emprunt d'état. Les investisseurs des pays industrialisés essaient également d'acquérir des biens immobiliers attrayants dans les pays en développement. Ils sont alors en concurrence avec des investisseurs nationaux. Les riches nationaux préfèrent investir dans l'immobilier. Ainsi, les prix de l'immobilier peuvent augmenter plus fortement en raison de l'influence du capital spéculatif, et cela peut conduire à des bulles spéculatives.

Si un pays a de lourdes dettes envers d'autres pays ou si les conditions économiques dans le pays en développement ou dans le pays industrialisé se détériorent, les fonds investis dans les pays en développement peuvent rapidement être retirés. Lorsque les conditions économiques se détériorent dans les pays en développement, les raisons sont des rendements plus faibles et, à mesure que l'économie des pays développés se détériore, les entreprises peuvent avoir besoin de capitaux pour financer leurs pertes et donc déduire des fonds des pays en développement.

Un exemple de crise déclenchée par le marché des capitaux est la crise asiatique de la fin des années 1990. Wikipedia écrit : >>Suite à la libéralisation des secteurs financiers des pays asiatiques, un boom du crédit est survenu en Asie dans les années 1990. La croissance du crédit au cours de cette période était en moyenne de 8 à 10% supérieure à la croissance du PIB. Il n'y avait pas que des surcapacités industrielles comme en Corée du Sud, mais de plus en plus de crédits étaient utilisés pour acheter des actions et de l'immobilier. Les conséquences ont été une hausse des marchés boursiers et une forte augmentation des prix de l'immobilier allant jusqu'à leur multiplication par quatre. Avec la hausse des prix de l'immobilier et des actions, les banques asiatiques ont cru avoir une bonne sécurité, ce qui favorisait de nouveaux prêts. Ce capital a à son tour coulé dans les actions et l'immobilier. Les hausses de prix qui en ont résulté ont créé une bulle spéculative dans certaines régions. Ce « cercle vicieux » des prêts et l'augmentation de la valeur des garanties ont abouti à une approche fortement biaisée des prêts. À la fin de 1997, la part des prêts adossés à des créances hypothécaires en Thaïlande, en Indonésie et en Malaisie se situait entre 25 et 40% [[121]], ce qui a rendu les banques vulnérables aux baisses des cours et des prix des actions. <<[122]

>>Le principal problème de cette politique budgétaire était que les prêts en devises à court terme empruntés par les banques asiatiques étaient relativement élevés en termes de réserves de change [[123]]. Au début de la crise et de la maturité des prêts précédemment empruntés, les pays en crise n'ont pas été capables de les rembourser en temps opportun avec des devises étrangères. ...

Les taux d'intérêt relativement bas au Japon sont considérés comme un facteur qui a conduit les banques asiatiques à emprunter des devises libellées en yen. De nombreux investisseurs souhaitaient être présents sur le futur marché de l'Asie du Sud-Est et financer leurs engagements avec un faible ratio de fonds propres.

En Occident aussi, on croyait que s'il y avait des problèmes, les gouvernements asiatiques auraient les ressources nécessaires pour faire face à d'éventuels problèmes de solvabilité. Cependant, lorsque les banques créancières n'ont cessé de « fermer » alors que les devises et les actifs asiatiques commençaient à décliner et que leurs créances arrivaient à échéance, cela a provoqué un retrait massif de capital de ces pays. Cela a conduit à une dégradation de la solvabilité de ces pays asiatiques, ce qui a entraîné la poursuite de la vente d'actifs détenus par des investisseurs institutionnels axés sur la sécurité. Cette fuite de capitaux auto-renforcée des pays en crise est considérée comme un échec de la coordination. Pour un seul créancier, il était rationnel de collecter les créances le plus rapidement possible et de limiter ainsi les pertes. Le fait que de nombreux créanciers aient agi en même temps (comportement du troupeau) a contribué à la dépréciation de leurs actifs. <<[124]

Les flux de capitaux d'autres pays peuvent également être déclenchés par une banque centrale décidant de limiter la masse monétaire ou d'augmenter les taux d'intérêt, et cette fuite de capitaux peut provoquer des turbulences économiques importantes dans le pays concerné. Par exemple, la fixation du taux d'intérêt américain doit être décidée en prenant compte le risque de provoquer des flux de trésorerie en provenance des pays en développement.

Des influences négatives substantielles peuvent également provenir d'une variation des taux de change entre devises, et celles-ci peuvent avoir diverses

---

[121] Pour les banques, la proportion de prêts garantis par l'immobilier est généralement de 15% à 20% par rapport au total des prêtp. En Inde, par exemple, les réservations de prêts adossés à des biens immobiliers se situaient en moyenne entre 8% et 17% au 31 mars 2006. Cf. Weber, W.L., Devaney,M: Bank Efficiency, Risk-Based Capital, and Real Estate Exposure: The Credit Crunch Revisited. Real Estate Economics, Vol. 27 March 1999 und RBI to cap banks' home loan exposure.

[122] Wikipadia: Asienkrise, https://de.wikipedia.org/wiki/Asienkrise

[123] Voir McKinnon, Ronald; Pill, H (1996): *Credible Liberalizations and International Capital Flows: The "Overborrowing Syndrome*, in: Takatoshi Ito, Anne O. Krueger (Hrsg.): Financial Deregulation and Integration in East Asia, Chicago, London, P. 7–42., 1996.

[124]Wikipadia: Asienkrise, https://de.wikipedia.org/wiki/Asienkrise.

causes. Au cours de la crise de l'euro, il y a eu un mouvement de panique par rapport au franc suisse. La Suisse a été contrainte d'abandonner le taux de change fixe par rapport à l'euro, ce qui a entraîné une forte hausse de la valeur du franc suisse. Cela a eu des conséquences importantes pour les pays ayant emprunté en francs suisses. Cela était notamment le cas en Pologne et dans d'autres pays d'Europe de l'Est :

>> La fin du taux de change minimum du franc suisse a déclenché la panique en Pologne. La flambée du franc a été coûteuse pour environ 700 000 ménages, qui ont dû rembourser des prêts immobiliers qui avaient été conclus en francs suisses. La monnaie nationale polonaise Zloty a perdu près de 20% en valeur par rapport à la forte hausse du franc suisse. L'indice dominant de la bourse de Varsovie avait perdu environ 2%à midi.

Au total, environ 40% des prêts immobiliers en Pologne ont été effectués en francs suisses. Selon l'Autorité de surveillance financière polonaise, ils s'élevaient à environ 31 milliards d'euros.

La tendance a commencé au début du millénaire en Pologne, en Croatie et en Hongrie. En Croatie, environ 60 000 emprunteurs sont concernés et doivent rembourser des prêts contractés en francs suisses, comme l'a annoncé leur organisation de défense Franak. <<[125]

L'augmentation de la dette publique, une fois qu'elle a atteint un niveau qui n'est plus toléré par les marchés de capitaux, peut également déclencher des turbulences monétaires, qui peuvent affecter le commerce mondial dans son ensemble. Un exemple de cela était la crise de l'euro.

4.4.6 La mondialisation de la stagnation séculaire

Il a déjà été dit que les économies des pays industrialisés occidentaux sont dans un état de stagnation séculaire parce que la somme de leurs épargnes est plus élevée que les opportunités d'investissement lucratives. Un signe marquant de ceci est le niveau historiquement bas des taux d'intérêt et le fait que les banques centrales sont incapables de stimuler suffisamment l'investissement par de nouvelles réductions artificielles des taux d'intérêt.

Dans les pays en développement, nous avons déjà expérimenté une stagnation depuis des millénaires, car les élites économiques ont au mieux accumulé des trésors, mais n'ont pas investi leur argent dans des installations de production. La croissance phénoménale, en particulier dans les marchés émergents, a créé de nouvelles opportunités d'investissement, tant dans les pays en développement eux-mêmes que dans les industries fournissant ces pays. Maintenant, il devient évident que les taux de croissance élevés en Chine et certainement aussi dans d'autres pays ne peuvent pas être maintenus et diminuent de plus en plus au niveau des anciens pays industrialisés. Pour les investisseurs des pays industrialisés, mais aussi pour les investisseurs de la Chine et d'autres pays en développement, cette soupape d'investissement supplémentaire disparaît.

Comme il existe des différences considérables de richesse et de revenu dans les pays en développement, il existe également un écart entre l'épargne et les

---

[125]http://www.t-online.de/wirtschaft/boerse/devisen/id_72511678/nach-aufwertung-des-schweizer-franken- die-folgen-fuer-verbraucher.html.

opportunités d'investissement dans ces pays, de sorte que la stagnation séculaire risque d'y être également exacerbée..

4.4.7 La tendance à la baisse de l'emploi par la rationalisation, notamment en raison de la numérisation et de la robotisation croissante

Comme les travailleurs les plus qualifiés sont plus susceptibles d'être employés dans les pays industrialisés et des personnes moins qualifiées dans les pays en développement, du fait de la rationalisation attendue ces derniers auront plus tendance à perdre leur emploi et essaieront de gagner leur vie en Europe.

La rationalisation précédente de la production concernait essentiellement la production de masse. Si la production de masse est basée sur la production en chaînes de montage, ce qui nécessite un grand nombre de travailleurs qualifiés, cela vaut la peine d'externaliser la production vers les pays à bas salaires. Comme la main-d'œuvre peut être remplacée par des machines, des ordinateurs et des robots et que seule une poignée de travailleurs hautement qualifiés est nécessaires, il peut être intéressant de délocaliser la fabrication dans les pays développés.

De nombreux produits fabriqués techniquement sont constitués de pièces qui, à leur tour, sont elles-mêmes soumises à des possibilités de rationnement dans leur production. Plus ces pièces sont normalisées et les utilisateurs sont encouragés à utiliser ces produits standardisés, plus elles peuvent être fabriquées en nombre encore plus grand - pensez à des vis, des puces d'ordinateur, des éléments robotiques et bien plus encore. Il était donc logique d'acheter des pièces dans quelques usines situées n'importe où dans le monde. Cela s'est traduit par une mise en réseau de la production industrielle dans le monde entier et, par conséquent, par de grands mouvements de transport internationaux. Il va sans dire que ces pièces sont également produites là où les spécialistes nécessaires sont les moins chers.

Plus cette production partielle est distribuée dans les installations de production de masse, plus les mouvements internationaux de marchandises sont importants. D'un autre côté, les entreprises de production de masse sont de moins en moins nombreuses et la plupart des pays perdent leurs capacités de production.

Les néolibéraux, bien sûr, ne croient pas que de tels dangers soient réels parce qu'ils croient que la main-d'œuvre libérée retrouvera un emploi grâce à l'innovation et à l'investissement d'expansion. En période de stagnation séculaire, cependant, cela ne se produit pas du tout, parce que la demande venant de clients solvables et en même temps disposés à acheter est inférieure aux possibilités de production ou que l'épargne ne trouve pas suffisamment d'opportunités d'investissement.

Les dernières possibilités de production numérique, les usines dites *fractales*, permettent de réunir des processus de production séparés, car les différentes parties sont programmées dans des étapes de production et peuvent être appelées en cas de besoin. En conséquence, les coûts de transport et les processus logistiques associés sont éliminés, ce qui signifie que les moyens de transport, ainsi que la main d'œuvre concernée, peuvent être libérés.

Si le marché domestique est suffisamment grand, les marchés peuvent être fermés et les transporteurs de savoir-faire internationaux peuvent être contraints de fabriquer les quantités utilisées dans chaque pays. On a déjà montré quelles énormes possibilités de rationalisation la numérisation croissante et la robotisation de l'économie impliquent. L'exonération du travail qui en résulte touche en particulier les pays en développement. L'augmentation attendue du chômage pourrait être mieux répartie dans le monde en raison de la fermeture des marchés. Dans l'ensemble, cependant, il va augmenter de même que l'appauvrissement de la plus grande partie de la main-d'œuvre. En conséquence, la demande précédemment induite par eux va diminuer. Si les politiciens ne résolvent pas le problème de la distribution extrêmement inégale de la richesse et de la distribution associée du revenu, la stagnation séculaire continuera d'augmenter.

4.5 Mondialisation et environnement

La révolution industrielle intervient toujours plus profondément dans les conditions naturelles. Tant que le développement technique et économique ne concernait que l'Europe, l'impact négatif sur l'environnement était gérable. Cependant, avec la mondialisation, les pressions environnementales deviennent un problème, principalement pour l'air, l'eau et le climat, puis pour les plantes, les animaux et les humains, comme cela s'est manifesté de façon répétée et plus urgente.

Ce développement est favorisé, quoiqu'involontairement, par l'aide au développement. Au lieu de soutenir les petites exploitations et de préserver l'environnement dans les pays en développement, il encourage les grandes entreprises agricoles à exporter leurs produits tels que le soja, l'huile de palme et d'autres produits vers les pays industrialisés.

Les entreprises agricoles et pharmaceutiques des pays industrialisés exportent des semences génétiquement modifiées, des engrais et des pesticides et détruisent l'environnement. Le bénéfice est principalement dû aux fournisseurs étrangers et aux destinataires des produits. Puisque les intérêts des élites largement corrompues des pays en développement rencontrent des intérêts de capitaux étrangers, on ne peut empêcher que la jungle soit défrichée à grande échelle et que les petits agriculteurs soient déplacés et deviennent chômeurs.

Comme l'écrit Philipp Lichterbeck sur Rio de Janeiro : >>Après trois années de stagnation, l'économie brésilienne a encore progressé : 1% de croissance au premier trimestre 2017. Un examen plus attentif a révélé que la croissance était uniquement due à une récolte exceptionnelle de soja. 20% de plus de haricots que l'année précédente grâce aux agriculteurs introduits en 2016/17. La récolte s'élève maintenant à 114 millions de tonnes. Le soja représente plus de la moitié des céréales récoltées au Brésil, suivi du maïs avec 94 millions de tonnes.

Les chiffres décrivent une catastrophe environnementale rampante parce que la récolte exceptionnelle est principalement due à une expansion de la superficie de soja. En un an ils ont grandi de 7% - le soja au Brésil s'épanouit dans une région presque aussi grande que l'Allemagne. ... Plus de la moitié du soja va directement à l'exportation vers la Chine, l'Europe et les Etats-Unis. Là, les fèves sont données à manger aux animaux d'engraissement, en particulier les porcs et la volaille.

Les conséquences écologiques sont dévastatrices. Au Brésil, les monocultures de soja couvrent aujourd'hui des sols où se trouvaient autrefois les forêts vierges ou la forêt tropicale du Cerrado. Peu connu à l'extérieur du Brésil, le Cerrado est le deuxième plus grand écosystème en Amérique du Sud.

Tout aussi destructrice est la méthode de production. 100% du soja brésilien est génétiquement modifié pour résister à tous les pesticides qui tuent toutes les autres plantes et les parasites. Le plus connu de ces pesticides est le *Glyphosate*. Il est suspecté de déclencher des maladies graves. Il pourrait aussi être responsable de la mortalité des abeilles à travers le monde. Cependant, sans pesticides ni modifications génétiques, la culture massive du soja ne serait plus possible. <<[126]

Les effets négatifs des grandes entreprises agroalimentaires, en particulier de l'agriculture industrielle, affectent également l'environnement dans les pays industrialisés. Même le gouvernement de la République fédérale d'Allemagne ne peut se décider à engager la lutte contre la pollution du sol par les nitrates, qui a déjà été réclamée par l'Union européenne.

Toutefois, le progrès technique et économique ne provoque pas automatiquement la destruction de la nature. En effet, le progrès technique peut aussi développer les moyens et les instruments pour éviter ou pour réparer les dommages naturels. Pour ce faire, cependant, les peuples doivent s'engager à observer les règles, non seulement au détriment des motifs égoïstes, mais aussi pour les pays les plus développés en faisant preuve de la volonté d'aider les pays moins développés. La protection de l'environnement au niveau mondial requiert une solidarité à la même échelle.

II. L'européisme oriental et sa mondialisation

La Russie, mais aussi les autres pays d'Europe de l'Est - en particulier la Pologne - sont les porteurs de *l'européisme oriental*. L'européisme post-byzantin a commencé avec la fondation de Kievan Rus en 882 lorsque la capitale de l'ancien état russe de Novgorod, qui avait été fondé quelques années auparavant, a été relocalisée à Kiev[127]. Ensuite, en 988, la christianisation orthodoxe grecque a commencé[128].

>>Le duché de Pologne, dont le nom dérive de la tribu occidentale slave les *polonais*, a été fondé au début du 10ème siècle de Poznań et de Gniezno. Il a été gouverné de 960 à 992 par le duc Mieszko I de la dynastie Piast, qui a progressivement subjugué les autres tribus slaves occidentales entre l'oder et le bug.

En 966, Mieszko a été baptisé selon le rite catholique. Suite aux conquêtes de Mieszko I et son fils Bolesław le Brave le territoire a atteint des frontières très proches des frontières actuelles de l'Etat. <<[129]

>>L'Ukraine d'aujourd'hui a son origine, tout comme la Russie et la Biélorussie, dans le premier état slave de l'est : la Kievan Rus. À partir du VIIIe siècle, les Vikings ont navigué sur les rivières d'Europe de l'est et se sont mêlés à la

---

[126] Philipp Lichterbeck: *Der Fluch des Sojas*, in: Der Tagesspiegel, Nr. 23 161/ 2.7.2017, P. 32.

[127] https://de.wikipedia.org/wiki/Kiewer_Rup.

[128] https://de.wikipedia.org/wiki/Ukraine#Geschichte.

[129] https://de.wikipedia.org/wiki/Polen#Fr.C3.BChgeschichte_und_Gr.C3.BCndung.

population majoritairement slave. Ces marchands guerriers, également appelés Varangiens ou Rus, ont joué un rôle dans la fondation de la Russie kiévienne avec pour centres Kiev et Novgorod. <<[130]

>> Les zones géographiques de l'Ukraine moderne ont rejoint … le territoire polonais à partir du 16ème siècle. A l'est, la principauté de Vladimir-Souzdal devint le grand-duché de Moscou, consolidant progressivement toutes les principautés russes voisines et finissant par subjuguer le Khanat tatar de Kazan. L'Ukraine est devenue par son extension à la zone de rivalité russo-polonaise à la frontière. <<[131]

Les Russes, les Ukrainiens et les Polonais, en tant que Slaves, ont la même tradition et les mêmes idéaux. Cependant, les Russes sont orthodoxes et les Polonais sont des chrétiens catholiques et représentent ainsi différentes confessions chrétiennes.

Sous l'influence de la Russie et de la Pologne, l'Ukraine >>est un pays de confessions mixtes. Environ 75% des Ukrainiens appartiennent aux églises orthodoxes. Le plus grand nombre de croyants au patriarcat orthodoxe ukrainien [...] internationalement reconnue est constitué par une partie autonome de l'Église orthodoxe russe. Il existe aussi l'Église orthodoxe ukrainienne du patriarcat de Kiev fondée après 1991, néanmoins non reconnue internationalement. ... Le rite orthodoxe est également suivi par l'Église catholique grecque ukrainienne, fondée en 1596, qui, cependant, reconnaît la suprématie du pape et est ralliée à Rome. Elle est composée d'environ 5,5 millions de croyants, principalement dans l'Ouest du pays.

En outre, il y a environ 2 millions de musulmans en Ukraine (4%, dont 1,7% de Tatars), 1,1 million de chrétiens catholiques (2,4%, en particulier des polonais et des allemands), 1,2 million de chrétiens protestants (2,7%) et environ 300 000 juifs [[132]]. <<[133]

Depuis le début de leur formation étatique, l'antagonisme entre leur même origine ethnique et de leurs dénominations différentes détermine les relations entre Russes et Polonais et, jusqu'à aujourd'hui, se manifeste en Ukraine. Pour comprendre le développement politique et la situation politique actuelle, il est logique d'analyser à la fois l'auto-compréhension des russes et celle des polonais.

1. La Russie

1.1 La mission ressentie de la Russie
La mission perçue par la Russie doit être expliquée par le biais de citations de Wilhelm Goerdt issues de son livre *Philosophie russe* : Selon Louis J. Shein, « le leitmotiv de la philosophie russe « est >>la question de la « nature de l'homme », de la « nature de la liberté ». « La transcendance et l'immanence de Dieu et l'uni-

---

[130] https://de.wikipedia.org/wiki/Ukraine#Geschichte.

[131] https://de.wikipedia.org/wiki/Ukraine#Geschichte.

[132] http://www.worldjewishcongresp.org/en/about/communities/UA.

[133] https://de.wikipedia.org/wiki/Ukraine#Religion.

té organique du cosmos. ». <<[134] La formule trinitaire de l'aspiration russe était : *l'orthodoxie, l'autocratie, le folklore*. [135]

Selon une des théories de M. Léon, la philosophie russe se déroule dans un processus complexe de convergence, comme un syndrome de la conscience de l'objet, de la conscience de soi et de la conscience nationale. << >>L'objectivité crée la conscience de soi. Si vous comprenez une chose, elle "peut", et vous pouvez travailler avec elle. La connaissance de l'objet et de la tâche de la philosophie implique la possibilité de la conscience de sa propre compétence en la matière, à savoir la capacité de philosopher, non seulement de reproduire la philosophie, mais aussi de la produire. ...

Une composante spéciale de la connexion de la conscience avec la tâche générale de la philosophie et la capacité de l'individu est formée par le patriotisme, la conscience de l'identité nationale, de telle sorte que les individus se sentent comme russes, comme la progéniture du pays russe, qui permet de faire face à la tâche universelle de la philosophie. Le « leadership patriotique » de la culture russe a été puissamment ressenti depuis Pierre le Grand. [[136]]<<.[137]

Radishchev part d'une conception de l'homme « en soi », dont le système naturel doit être formé par l'illumination, afin que l'homme puisse vraiment devenir lui-même homme.

La séquence de sa chaîne de pensée conduit à travers un concept de vraie philosophie qui transmet la connaissance des « vrais devoirs » à la conception du « vrai homme », qui agit en vertu de sa bonne nature, c'est-à-dire guidé par l'esprit sur le droit chemin. ... « Dans le service éternel à la race humaine, mais surtout à ses propres compatriotes » [[138]] ... Le patriotisme est la conséquence ultime, qui peut être dérivée du concept général de l'humanité dans des circonstances spatio-temporelles concrètes. Radichtchev se voit aussi comme un patriote. Comme « fils de la patrie » il ne peut agir que par la raison, et non dans « l'obscurité des passions » [[139]]. La pensée doit rendre ces raisons intelligibles par la philosophie. Cela signifie qu'en Russie, les russes doivent philosopher de façon créative pour leurs compatriotes et toute la race humaine ..., Le général - la philosophie - doit être réalisé par des individus dans une particularité historique - la Russie -, car la réalisation de cette philosophie doit pouvoir bénéficier à toute la race humaine au vu de l'œcuménisme, (...) significatif pour tous. <<[140]

>>Malgré toute la perspicacité dans la vision positive des sciences, Skoworoda les critique eux et leurs conséquences. Il est persuadé que les hommes "dont l'objet est ce monde matériel" - comme l'historien, chimiste, physicien, logicien, grammairien, géomètre, soldat, locataire, horloger, etc. - - ne peuvent apporter ni bonheur ni tranquillité d'esprit aux hommes.

---

[134] Wilhelm Goerdt: *Russische Philosophie*, P. 43.
[135] Wilhelm Goerdt: P. 57.
[136] M. Leo: *Patriotische Färbung und Wirklichkeit in der rusp. Lit.im ersten Drittel des XVIII. Jahrhundertp.*
[137] Goerdt: P. 180.
[138] A.N. Radischtschew: Ausgew. Werke ..., Berlin 1959, P. 119: „Wer ist ein Sohn des Vaterlandes?";
[139] Ibd., S. 114.
[140] Wilhelm Goerdt: *Russische Philosophie*, P. 182f.

C'était la tâche des « enseignants chrétiens éclairés », des « pères spirituels » et des apôtres, à qui la parole du Christ (« Ma paix je vous laisse » (Jean 14 :27)) a été attribuée. Skoworodas - La phrase anticipative de L. Tolstoï sonne comme un appel à la contemplation de Lomonossov et de tous les optimistes scientifiques : "Votre vérité est sur la terre, mais la vérité des apôtres est en nous, comme il est écrit" Le royaume de Dieu est en vous " (Luc 17 :21). "[141].<<142

Alors que Lomonossov utilise les écrits « sacrés-paternels » pour justifier la légitimité de la science moderne, Skoworoda les utilise pour justifier sa critique de la science comme preuve de sa conception de la vraie science, comme « science du Christ », « philosophie chrétienne » et la connaissance de Dieu, qui conduit pratiquement à l'accomplissement de soi et à la déification.

Lomonossov, lui aussi, avait parlé de « déification » où l'homme participe à la connaissance et à la reconstruction de la nature comme second seigneur et créateur, tandis que Skovoroda désigne l'union de Dieu avec l'homme et en lui la vision de Dieu qui est atteinte par "Théorisa" ascétique mystique et la pratique. <<143

En conséquence, Vladimir Solovyeff écrit : >>"Le but du travail, par rapport à la nature matérielle, n'est pas son utilisation pour acquérir la propriété et l'argent, mais la perfection de cette nature même - l'animation de ce qui est mort, la spiritualisation, ce qui est matériel en elle "- c'est son" droit à notre aide "(...), [144] notre" service "à elle. [145]<<146

1.2 La relation ambivalente de la Russie avec l'Occident et les conséquences pour le développement de la Russie

En 1915, Rudolf Steiner a décrit comment la mission perçue comme une tâche par les Russes était mêlée à des motifs impériaux, et ceci est également reconnu par Vladimir Solowjeff :

Dans l'idée de la mission perçue du peuple russe, vit la croyance que la vie intellectuelle ouest-européenne est entrée dans un état de sénilité, de déclin et que l'esprit national russe est appelé à renouveler et à rajeunir complètement cette vie spirituelle. Cette idée de rajeunissement développe dans l'opinion l'idée que tout développement historique de l'avenir coïncidera avec la mission du peuple russe.

Dès la première moitié du dix-neuvième siècle, Khomiakov a développé cette idée dans une construction d'enseignement complet. ... Il est soutenu par la conviction que le développement spirituel de l'Europe de l'Ouest n'a jamais vraiment été conçu pour trouver le chemin vers la bonne humanité et que le peuple russe doit être le premier à trouver ce chemin.

---

[141] Grigorij Skoworoda: *Socinenija v dvuch tomach* (Werke in zwei Bänden), Moskau 1973 T. 1, P. 354f. ...

[142] Goerdt: P. 208.

[143] Goerdt: P. 208f.

[144] Wl. Solowjew: *Deutsche Gesamtausgabe der Werke*, Bd. V, Freiburg i.Br. 1957, P. 498;

[145] Ibid. P. 498;.

[146] Goerdt: P. 500.

Khomiakov voit à sa manière ce développement mental de l'Europe occidentale. Le mode actuel d'intuition coule essentiellement de l'héritage romain. Cela n'a jamais été capable de révéler l'humanité intérieure dans les actes du monde. Au contraire, ils imposaient à l'homme intérieurement les formes des décrets de l'homme extérieur, et ils concevaient de façon intellectuelle et matérialiste ce qui devait être saisi dans le tissage intérieur de l'âme. Selon Khomiakov, cette extériorité dans la compréhension de la vie s'est poursuivie avec le christianisme des peuples d'Europe occidentale. Leur christianisme vit dans la tête, pas dans le noyau de l'âme.

Ce que l'Europe occidentale a comme vie intellectuelle, selon les croyances de Khomiakov, est de la « barbarie » moderne où on inverse intériorité et extériorité comme dans la romanité et le christianisme. Le peuple russe, d'après la mission supérieure qui lui a été incorporée par le monde spirituel devra apporter l'intériorisation manquante. ...

Si, d'un côté, on peut dire de l'aimable et poétiquement intelligent Khomiakov, qu'il attendait l'accomplissement de la mission russe d'un courant intellectuel pacifique, il faut aussi se rappeler que dans son âme cette attente coïncidait avec celle de la Russie comme opposant belliqueux à l'Europe comme guerrière. Il n'aura aucun mal à déclarer en 1829 qu'il prit part à la guerre turque en tant que hussard volontaire, parce qu'il sentait en cela un premier aperçu de la mission historique mondiale de la Russie. - Ce qui bouillonnait dans le charmant Khomiakov souvent en transfiguration poétique, a également bouillonné dans un livre de Danilewsky « La Russie et l'Europe » qui, à la fin du XIXe siècle, était considéré par beaucoup comme un évangile de la tâche de la Russie. Les impulsions ainsi exprimées complètent la « tâche spirituelle du peuple russe » avec une volonté de conquérant de grande envergure.

... La position que le subtil philosophe russe Vladimir Solovieff a prise à l'égard de ces manières de penser et de sentir est particulièrement caractéristique. Solowieff peut être considéré comme l'une des incarnations les plus significatives de la spiritualité russe. Dans ses œuvres vit la belle puissance philosophique, la perspective spirituelle noble, la profondeur mystique. Mais il était aussi pénétré de l'idée grondante de la mission de la Russie dans l'esprit de ses compatriotes. Pour lui aussi, cette idée reflétait l'idéal d'abandon de l'européisme occidental. Pour lui, la raison pour laquelle l'Europe occidentale ne pouvait pas aider le monde à révéler l'humanité la plus intime était que cette Europe occidentale avait attendu le salut du développement des pouvoirs inhérents de l'homme. Mais dans un tel effort sur les pouvoirs propres de l'homme, Solowieff ne pouvait voir qu'une aberration stupide, à partir de laquelle l'humanité devait être rachetée par un miracle, sans intervention humaine, déversant un pouvoir spirituel sur la terre. Ainsi le peuple choisi pour recevoir ce pouvoir deviendrait le sauveur de l'humanité perdue. Dans la nature du peuple russe, il a vu ceux qui étaient prêts à recevoir une telle force sur-humaine et donc à devenir sauveurs de l'humanité véritable. <<[147]

---

[147]Copyright Rudolf Steiner Nachlass-Verwaltung Buch: 2 4 P. 310ff.
http://fvn-archiv.net/PDF/ GA/GA024.pdf.

Cependant, il a fait >>la découverte que beaucoup d'autres ne parlent même pas des idéaux que le peuple russe recherche pour son propre salut, mais qu'ils font eux-mêmes du peuple russe une idole, comme c'est le cas aujourd'hui. Et par cette découverte Solowieff est devenu le critique le plus dur de ceux qui sous le drapeau d'une mission du peuple russe introduisirent dans la volonté de la nation les instincts offensifs dirigés contre l'Europe occidentale, comme les forces salutaires d'un développement mental ultérieur. ...

Solowieff, qui voyait les instincts russes dans les idées de la mission historique mondiale de la Russie, surtout dans le livre de Danilewsky, trouva sa réponse à cette question dans une critique de ce livre (1888). Danilewsky avait dit : « L'Europe nous craint comme le type de culture nouveau et supérieur, appelé à remplacer la sénilité de la civilisation romano-germanique ». Solowieff cite ceci comme la foi de Danilewsky. Et puis il dit: « Cependant, à la fois le contenu du livre de Danilevsky ainsi que ses concessions plus tard et celles de son ami d'esprit - on entend par là Strakhov, qui a préconisé les idées de Danilevsky après sa mort - ont une autre réponse: l'Europe semble antagoniste et peureuse de nous parce que dans le peuple russe vivent des pouvoirs sombres et élémentaires peu clairs parce que ses forces spirituelles et culturelles sont pauvres et insuffisantes, mais que ses demandes sont formulées clairement à la lumière et avec conviction. Les cris de ce que le peuple russe veut violemment parviennent à l'Europe : il voudrait détruire la Turquie et l'Autriche, battre l'Allemagne, capturer Constantinople et, si possible, l'Inde ». <<[148]

Le désir missionnaire russe vers l'ouest se croise avec le désir de s'ouvrir à l'Occident et de profiter de ses réalisations.

La différence essentielle entre l'Europe de l'Est et l'Occident était la relation à l'individu, à la société et à la nature. L'homme occidental veut développer son individualisme et se réaliser dans la nature selon le mandat divin originel de l'Ancien Testament: "Peupler la terre, subjuguer et régner sur le poisson de la mer, les oiseaux du ciel et tous les animaux qui vivent sur le Terre » (Gn 1,28), alors que les orientaux se préoccupent avant tout de se perfectionner avec leurs semblables. Ils répondent donc davantage à la requête du Christ:« Là où deux outrois sont rassemblés en mon nom, je suis au milieu parmi eux » (Matthieu 18:20).

En conséquence, l'homme occidental veut repousser l'État autant que possible en faveur d'un possible développement libre de sa personnalité. L'égoïsme sousjacent est plutôt suspect pour les gens de l'Est. Ils voient cela comme une menace pour les relations interpersonnelles et comme un danger pouvant mener au chaos social. Bien que l'homme oriental aimerait aussi voir le moment où l'état meurt et que les gens cultivent une communauté d'amour, selon K. S. Aksakowa, les Russes ont cependant reconnu à travers leur histoire que l'état comme une institution est nécessaire. Néanmoins, il faut l'intégrer ensuite comme faisant partie de la communauté d'amour. En conséquence, Wilhelm Goerdt interprète l'histoire russe comme suit : >>En des temps immémoriaux, les Slaves vivaient pour eux-mêmes et sans contrainte, pleins de haine pour chaque joug étranger dans la

---

[148] Ibid.

communauté (... Obshchina), paisibles et indépendants, liés dans les coutumes, la foi et le mode de vie.

« Ainsi, la communauté slave était un groupe de personnes qui a été fondé sur le principe moral, guidé par la loi interne et donc par la coutume commune. » Mais en 862 après J-C, les communautés slaves sont tombées sous le joug des peuples étrangers qui les ont envahis. Les slaves du nord furent bientôt capables de les chasser. Les temps de subjugation leur ont, cependant, montré d'une part « l'impossibilité de vivre sur la terre dans une organisation communautaire purement morale », et d'autre part, un moyen « qui pourrait les sécuriser par rapport à leurs voisins (point principal) et assurer l'ordre interne, qui a si fortement influencé la violation du principe moral. » Ainsi, les slaves eux-mêmes ont commencé à construire un règne. Mais les écarts par rapport à leur principe moral intérieur a entraîné des disparités internes et une confusion « car l'organisation de la justice extérieure ne s'intégrait pas dans leur système, elle restait étrangère pour eux. » Leur propre expérience leur a montré le « mauvais côté » des institutions étatiques, tandis que leurs « avantages et leur nécessité étaient évidents ».

Dans cette situation paradoxale-aporétique, qui appelait une solution, ils ont « invoqué » l'état. La communauté slave a reconnu la « nécessité » de l'état, mais en même temps «s'en préserve, ne se mêle pas à l'état, sépare l'état d'elle-même et le nomme sol étranger ».

Ainsi, les fondements de l'histoire russe ont été posés : les pays sont une multitude de communautés moralement libres et l'état une unité d'organisation nécessaire à la loi « dans le lien de l'amour. Nulle part l'Etat ne se mêle à la terre ... » [149]

Cet ordo naturaliter christianus fut finalement sanctifié par l'acceptation du christianisme ; [150] Axakov voit la déduction de l'état, considéré comme empirique et historique, encastré dans la substance religieuse : La loi externe, l'état est nécessaire à cause de la faiblesse humaine [151] et du travail économique que le royaume de Dieu sur terre n'autorise pas. Et cela attaque aussi l'église, la terre et l'intériorité. [152]<<153

Pour repousser les ennemis, mais aussi à cause de la faiblesse de l'homme, surtout à cause de son égoïsme, le besoin d'état est reconnu. Le développement social est également attendu par l'état plutôt que par des individus. Il néglige le fait que la créativité ne peut venir que des individus et que l'état agit aussi à travers les individus. C'est pourquoi un état est d'autant plus créatif, qu'il est démocratique et, par conséquent, il est moins créatif lorsqu'il est plus centralisé. Même le dirigeant le plus dynamique ne peut pas développer autant de créativité que des millions de citoyens libres. Mais un dirigeant autocratique dynamique peut changer les conditions sociales grâce à son pouvoir et ainsi stimuler la dynamique dans la société.

---

149 K. P. Aksakowa: *Socinenija istriceskija*, Moskva 1861, P. 53-56.
150 K. P. Aksakowa: Zapiska, p. N.L. Brodskij: *Rannie slavjanofily*, Moskva 1910, P. 73.
151 N.L. Brodskij: *Rannie slavjanofily*, Moskva 1910, P. 76.
152 K. P. Aksakowa: *Socinenija istriceskija*, Moskva 1861, P. 54.
153 Goerdt: P. 307ff.

De manière significative, les développeurs de la société russe sont également venus de l'Ouest ou ont ouvert la Russie à l'occident et ont reçu un nouvel élan à partir de là. La toute première fondation de l'empire remonte aux varangiens, une tribu viking venue de Suède. Pierre le Grand a ouvert sa terre aux idées occidentales et a fait venir des intellectuels occidentaux, des artistes, des entrepreneurs et des fermiers dans le pays. Il a marqué l'ouverture vers l'ouest avec la fondation de Saint-Pétersbourg comme nouvelle capitale. Les tsars après lui l'ont suivi, surtout les tsars d'origine allemande : Pierre III. et Catherine la Grande.

L'ordre social russe traditionnel et l'image de soi de la noblesse et des serfs étaient ainsi minés. Dans la société traditionnelle de la Russie, la noblesse était obligée de servir la couronne et devait donc être exemptée du gagne-pain de la paysannerie. C'est ainsi que le servage s'est développé en Europe. Grâce à l'ouverture à l'occident et à la technologie de guerre moderne, la noblesse de service n'était plus nécessaire et la noblesse a été libérée par le service au tsar.

Wilhelm Goerdt écrit : >>En 1762 le tsar Pierre III a publié son décret "Sur la liberté de la noblesse" (...). La noblesse était donc exemptée du service civil, elle ne servait plus dans l'armée ou dans l'administration civile - malgré le fait que le décret soulignait l'obligation morale au service. Le noble a même été autorisé à quitter le pays. La noblesse a ainsi gagné les privilèges pour lesquels elle avait longtemps lutté. Mais ce n'était qu'un aspect dudit décret. Avec la libération de la fonction publique sont en même temps conservés les droits qui en découlent: La noblesse, composée principalement de serviteurs, était autorisée à garder ses biens, ce qui signifiait que le paysan était encore obligé de gagner sa vie et de financer grâce à son travail une vie amusante et agréable dans les capitales russe et européennes.

Ce nouvel ordre de choses contredit totalement les tâches assignées aux paysans dans l'organisation de l'état de service russe médiéval. Comme la noblesse servait le tsar dans l'armée et l'administration de l'état, le paysan trouva sa dignité en rendant service à la noblesse par l'intermédiaire de son travail pour le pays. Mais maintenant que la noblesse n'était plus obligée de servir, la libre circulation de l'agriculteur devrait être rétablie. Cela ne s'est pas produit. Au contraire, plus la noblesse consolidait ses libertés devant la couronne et son nouveau statut, plus le paysan sombrait dans l'esclavage de la noblesse. En 1785, Catherine II avait délivré le "certificat de miséricorde" (...) pour la noblesse, le décret de Pierre III. confirmait cela et introduisit l'autonomie de la noblesse et la libre disposition de ses biens, avec les paysans héréditaires associés.

Mais déjà à la fin des années 1960, la même tsarine éclairée avait permis que le noble envoie ses paysans en Sibérie pour le travail forcé en conséquence de toute action illégale intentée par le paysan contre son maître. Ainsi le paysan était devenu un objet, un objet d'arbitraire, se plaçant en dehors de tout ordre raisonnable et de tout droit universel, tandis que la noblesse jouissait d'une subjectivité titrisée jusque-là peu connue. Ici on parlait d'habitude de la capacité de souffrance de la paysannerie russe, de *Dulder Mutschig* - et cette force de tolérance des conditions indicibles existait vraiment - mais les émeutes, les révoltes et l'insoumission des paysans était aussi une réalité. La plus grande révolte étant celle de Pugatschów (1773-1775), portant indubitablement une

touche sociale et faisant trembler l'Empire russe jusque dans ses fondements. <<
[154]

Mais même la noblesse avait perdu ses tâches et dégénérait vers l'idéalisme, la célébration, un esprit festif et la souffrance de l'ennui et l'oisiveté, si elle ne se rebellait pas aussi contre la domination tsariste.

>>Après le soulèvement de décembre 1825, dont le succès aurait pu beaucoup changer, la société aristocratique russe s'effondre sous la pression du troisième Département du greffe de Sa Majesté, le tsar Nicolas Ier, la police publique-secrète de l'esprit et de la pensée, en léthargie. L'idée que l'on ne pourra rien pouvoir changer se propage. Ici et là, on essaie d'adoucir la situation des paysans, de les rencontrer personnellement, mais cela n'a pas d'impact important. [155] C'est l'absence d'égalité sociale en Russie qui rend la noblesse presque obligée d'agir et de penser selon un principe de sophisme comme une planification, et action illusoire en-dessous de chaque réalité.

C'est la naissance de la philosophie de vie selon Oblomov : La crise sociale et politique de la Russie, qui atteignait son apogée au milieu du XIXe siècle, fait renaître la perturbation associée et la croissance de l'ordre, de la consistance spirituelle, ainsi que le bien-être émotionnel, lui-même, le dégoût, la paralysie, le chaos intérieur, l'ennui et l'évasion dans la jouissance esthétique fugace, qui permettent à l'ennui de se condenser de nouveau. <<[156]

En simplifiant, l'individualisme importé de l'Ouest a été affilié à la communauté russe. L'âme et la société russes se sont ainsi scindées entre occidentaux et slavophiles. Les slavophiles, et parmi eux la masse des sujets simples dans le vaste empire, ont souhaité voir un retour de la capitale à Moscou. Les occidentaux étaient composés d'élites occidentales qui régissaient la vie sociale. Néanmoins, les élites aussi étaient divisées entre-elles. L'esprit occidental, pour ainsi dire, se superposait à l'âme russe ressentie. Comme les élites russes, elles aussi, étaient guidées par l'idéal de la parfaite communion, elles étaient ouvertes aux idées socialistes. Il n'est donc pas surprenant qu'une transformation en une société communiste ait été recherchée pour la Russie.

Suite à la révolution industrielle, aussi dans l'Ouest, les travailleurs sont sortis des moyens de production traditionnels se retrouvant ainsi dans le besoin. Karl Marx et Friedrich Engels, en particulier, se sont penchés sur le développement moderne de la société de classe, décrivant le développement économique non plus comme le travail d'entrepreneurs et de scientifiques créatifs, mais comme un travail cristallisé de la classe ouvrière. La communauté des travailleurs a été déclarée sujette au développement économique et social.

En occident, à cause de son individualisme prononcé, le socialisme ne pouvait pas devenir la doctrine sociale dominante. Les idéaux socialistes sont synthétisés en occident soit comme des idéaux individualistes dans la démocratie sociale, soit dans l'idéal de *l'économie sociale du marché*, où ils représentent uniquement une niche politique.

---

154 Wilhelm Goerdt, P. 254ff.
155 Voir: V. Gitermann: *Geschichte Rußlandp.* Bd. 1-3, Hamburg 1949, …
156 Goerdt: P. 256f.

À l'Est, la réévaluation de l'activité entrepreneuriale individuelle en travail collaboratif en tant que moteur de l'histoire a trouvé un terrain fertile. Ainsi, en Russie, le marxisme est devenu la doctrine dominante et est à l'origine de la révolution d'Octobre. Mais le marxisme n'est qu'une utopie de développement pour une société industrielle de plus en plus saturée, dans laquelle les capitalistes sont exclus du marché et où, à la fin, seuls les derniers expropriateurs doivent être expropriés.

En tant que doctrine pour un développement social et économique, en particulier dans un pays industriellement sous-développé comme la Russie, le marxisme a dû être complété par le léninisme. Le léninisme peut être compris comme un guide politique de l'action selon les principes administratifs de la Deutsche Reichsbahn, comme l'a formulé Lénine. Pour lui, en référence à l'économie, le communisme est *le pouvoir soviétique et l'électrification de tout le pays*. Réalisé dans le vaste Empire russe et basé sur l'administration tsariste, l'Union soviétique est devenue une administration tsariste socialiste modifiée.

L'émergence de l'Union soviétique était une provocation adressée au monde occidental. Elle était également considérée comme un danger politique avec sa prétention missionnaire à rendre le monde entier socialiste. Par conséquent, jusqu'à la consolidation de l'Union soviétique dans les années 1920, toutes les actions contre-révolutionnaires en Russie ont été soutenues militairement par les pays occidentaux.

Contrairement à leur propre idéologie, le développement économique en Union soviétique et dans l'ensemble du bloc de l'Est a continué à se détériorer à l'inverse de l'occident. Par conséquent, il est compréhensible que le régime soviétique se soit finalement effondré.

1.3 La mondialisation de la Russie

En ce qui concerne la mondialisation de la Russie, elle a commencé avec le tsar russe Ivan III qui s'est défait de la domination tatare islamique en 1480. Ensuite, la Russie a continué à pénétrer en Sibérie et en Asie centrale, où elle a conquis les khanats culturellement développés au Kazakhstan, le Turkestan, le Turkménistan, le Kokand, la Khiva et le Boukhara. Elle est arrivée jusqu'à la longue frontière avec la Perse et l'Afghanistan, entrant ainsi dans la sphère d'influence de la Grande-Bretagne. À l'Est, elle étendit ses activités coloniales à la Mandchourie et à la Corée du Nord, où il finit par violer les intérêts expansionnistes du Japon, déclenchant ainsi la guerre russo-japonaise en 1904-1905 dont elle sortira perdante. <<[157]

Wikipédia écrit : >> Dans les années 1552 et 1556, après la conquête des khanats tatar de Kazan et d'Astrakhan la Russie à commencé à devenir multiethnique. Par la suite, elle a commencé la conquête de la Sibérie, où, après la chute du Khanat de Sibérie, les cosaques russes ont avancé de plus en plus vers l'Est. Ils ont fondé des forts et forcé la population indigène à rendre hommage au tsar. L'un des principaux moteurs du développement et de l'établissement était le commerce des fourrures et la liberté du servage. A la fin du 17ème siècle, la Russie conclut le traité de Nerchinsk avec la Chine, qui définit les limites des

---

[157] http://www.hschumacher.de/html/kolonialismup.html.

zones d'influence des deux états sur l'Amour. Au 18ème siècle, la Russie contrôlait toute la Sibérie jusqu'au détroit de Béring et a commencé à s'étendre sur le continent nord-américain (Alaska, Fort Ross). Pendant la seconde moitié du XIXe siècle, la Russie s'est débarrassée de l'inquiétude suscitée par la surexploitation des possessions américaines (vente de l'Alaska), mais a étendu son influence sur l'Extrême-Orient au détriment de la Chine (Traité d'Aigun). Un autre empiètement russe en Mandchourie et la mise en place des ports de Port Arthur et Dalian ont déclenché des tensions avec le Japon et a conduit à la perte de l'influence en Corée et en Mandchourie. <<[158]

L'expansion russe était comprise comme une colonisation interne. Mais depuis *Pierre le Grand*, la Russie a également cherché à devenir une puissance navale avec un accès à la mer Noire, au golfe persique et à l'océan indien. La Russie a réussi à prendre de plus en plus de zones de l'Empire ottoman près de la mer Noire. L'objectif de la Russie était même, si possible, de conquérir Istanbul et de contrôler ainsi l'accès à la mer Noire.

Puisque Constantinople est le lieu d'origine de l'Église orthodoxe, la Russie a vu dans cette entreprise une sorte de croisade pour la réclamation des terres conquises par l'Islam. Cette croisade se plaçait dans sa mission de faire de la Russie une *Troisième Rome*.

La Russie a également tenté d'influencer la Perse. Afin >>d'étendre l'influence russe sur la région caspienne et le Caucase du Sud aux dépens de la Perse et de préserver l'empire ottoman rival des gains territoriaux<<[159], Pierre le Grand a mené une guerre contre la Perse de 1722 à 1723. >>A la veille de la guerre russo-turque de 1735-1739, Tsarina Anna Ioannovna [cependant] a rendu tous les territoires conquis aux Perses pour entrer dans une alliance contre l'Empire ottoman. <<[160]

Dans la guerre russo-perse de 1804-1813, la Russie a pu étendre son territoire aux rivières Kura et Aras ... Au lendemain de la guerre, les khans d'Azerbaïdjan se sont, au fur et à mesure, rendus ou sont morts, de sorte que les territoires sont devenus des provinces russes. <<[161]

Dans une autre guerre de 1826-1828 la Perse a perdu le >>Khanat d'Erevan et Naxcivan, qui appartenait désormais à la Russie. En outre, le Shah a dû payer 20 millions de roubles d'argent et permettre la migration d'arméniens vers la Russie. En outre, les russes ont assuré la suprématie navale sur la mer Caspienne et le libre-échange. <<[162]

Le choc de l'européisme oriental et occidental et la concaténation des intérêts commerciaux et missionnaires chrétiens ont culminé dans la mondialisation de la Chine. Du nord, l'européisme oriental, par le biais de la Russie, a essayé d'incorporer des parties de la Chine, de la Mongolie et de la Corée. Cependant, les extensions territoriales russes n'entrent pas en conflit avec les intérêts

---

[158] https://de.wikipedia.org/wiki/Russische_Kolonisation.
[159] https://de.wikipedia.org/wiki/Russisch-Persischer_Krieg_(1722%E2%80%931723).
[160] https://de.wikipedia.org/wiki/Russisch-Persischer_Krieg.
[161] Ibid.
[162] Ibid.

commerciaux occidentaux, de sorte que l'européisme occidental et oriental va de pair avec le contrôle de la Chine.

À la fin du XIXe siècle, cependant, l'élève modèle asiatique d'Europe occidentale, le Japon, commença à étendre sa sphère d'influence et à coloniser la Corée et certaines parties de la Chine. Cela a conduisit à la guerre russo-japonaise de 1895-1905, que la Russie a perdit en raison de son industrie sous-développée. La confiance en soi de l'Empire tsariste a souffert de cette défaite, une fissure qui a également contribué à sa désintégration dans la révolution russe de 1905 et finalement dans la révolution d'Octobre 1917.

Bien sûr, l'expansion de la Russie à l'Est, au Sud et à l'Ouest était en grande partie déterminée par les ambitions impérialistes, mais était aussi, comme nous l'avons dit, soutenue par la mission russe telle que ressentie.

Après la Révolution d'Octobre, la politique russe s'est transformée en une mondialisation du communisme traduisant le cri de guerre « Prolétaires de tous les pays unissez-vous !». Jusqu'au début de la Seconde Guerre mondiale, les soviétiques s'employaient à consolider leur pouvoir dans l'ancien empire tsariste. Pour consolider leur territoire pendant la Seconde Guerre mondiale toutes les forces ont été absorbées par la défense et l'enjeu de la défaite de l'Allemagne.

La faiblesse croissante des anciennes puissances coloniales en Asie combinée à la déstabilisation des sociétés locales par l'invasion japonaise favorisa alors les développements socialistes en Chine, en Corée et en Indochine. Le Japon était l'ennemi commun de l'Est et de l'Ouest. Ce n'est qu'après la Seconde Guerre mondiale, avec le début de la guerre froide, qu'a été prise une véritable position de front contre l'occident.

2. La Pologne

Bien que la Russie soit le peuple le plus important d'Europe de l'Est, sa partie européenne n'atteint que l'Oural. Néanmoins, c'est une limitation de l'européisme oriental que de se référer uniquement à la Russie, d'autant plus qu'au Moyen Age, les autres peuples d'Europe de l'Est avaient une plus grande importance.

Pour analyser l'européisme oriental, nous examinerons la Pologne comme le deuxième pays le plus grand d'Europe de l'Est après la Russie. Elle représente également largement les autres pays d'Europe de l'Est.

La Pologne est donc traitée plus en détail car elle forme la frontière entre la Russie et les autres plus petits pays d'Europe de l'Est et qu'elle a été divisé entre 1772 et 1918 entre la Russie, l'Autriche et la Prusse, et entre 1939-1945 entre la Russie et l'Allemagne. Après l'occupation allemande et à partir de 1945 au elle a fait partie du bloc de l'Est déterminé par la Russie ce qui a aggravé son antagonisme, en particulier contre les pouvoirs de partition.

Le caractère national de la Pologne comme peuple slave et catholique est encore vivant, quoique modifié de façon nationaliste, et rend la compréhension des autres pays européens plus difficile pour la Pologne. En effet, la Pologne n'a pas été prise au sérieux comme pouvoir politique jusqu'à la chute du mur de Berlin, mais représente aujourd'hui un membre de l'Union européenne avec ses propres particularités, surtout parmi les électeurs du parti *PiS Droit et Justice* actuellement au pouvoir.

Dans l'intérêt d'une intégration harmonieuse en Europe, notamment exigée par la politique mondiale, la Pologne doit être mieux comprise dans ses motivations et ses craintes par les autres pays européens, ce qui va de pair avec une meilleure compréhension des autres petits pays d'Europe de l'Est, aussi dans une certaine mesure des allemands de l'Est.

À cette fin, il devrait être analysé :

1. L'européisme oriental de la Pologne en tant que pays slave.
2. L'image de soi de la Pologne catholique en tant que gardienne du véritable européisme.
3. Le déclin de la Pologne en tant que république noble et sa renaissance en tant qu'État nationaliste.

Je me réfère ici essentiellement au livre d'Alix Landgrebe : « *Si la Pologne n'existait pas, il faudrait l'inventer»*[163], dans lequel le développement de la conscience nationale polonaise dans un contexte européen est présenté de manière très détaillée et saine sur 294 pages.

2.1 L'européisme oriental de la Pologne en tant que pays slave

Axil Landgrebe écrit : >>L'attitude à l'égard de l'élément slave en Pologne est très différente pour les démocrates et les conservateurs, en ce sens qu'il y a un désaccord sur la mesure dans laquelle le slave peut être considéré comme une catégorie importante de l'identité nationale de la Pologne.

Au début du 19ème siècle, il y avait quelques slavophiles parmi l'aristocratie polonaise, qui étaient orientés vers la Russie et reconnaissaient l'hégémonie russe. Mais dès les années 1820, ils avaient dévié de ce point de vue et proclamé la Pologne comme le chef parmi les Slaves, notamment parce qu'ils considéraient le système de pouvoir russe comme despotique et donc non slave et aussi parce que la Pologne se conformait aux traditions *Rzeczpospolita*. ....

Les attitudes pro-slaves, mais aussi les rejets envers la Russie, ont été une ré-action, surtout depuis le milieu du XIXe siècle, au panslavisme de plus en plus russo-russe, ... qui trouve ses racines dans l'idéologie slave slavophile et évolue vers une idéologie expansive et agressive.<<[164] >>Selon les penseurs polonais, la Pologne, en tant que leader slave, ne cherche pas à établir l'hégémonie, comme la Russie, mais avant tout à protéger le petit peuple slave de l'empire tsariste ou d'autres puissances impérialistes (surtout germaniques) .<<[165]

Alix Landgrebe fait référence à l'historiographie romantique de Joachim Lelewel en Pologne, l'un des plus importants historiens polonais du 19ème siècle. Son point de vue sur l'histoire polonaise, en particulier dans la période entre les deux soulèvements (1831 et 1863) est d'une importance décisive et caractérise l'image romantique de l'histoire polonaise. <<[166]

---

[163] Alix Landgrebe: *«Wenn es Polen nicht gäbe, dann müsste es erfunden werden» Die Entwicklung des polnischen Nationalbewusstseins im europäischen Kontext*, Studien der Forschungsstelle Ostmitteleuropa an der Universität Dortmund, Bd. 35, Harrassowitz Verlag 2003.

[164] Alix Landgrebe: *ibid*, P. 156.

[165] Landgrebe, P. 156.

[166] Alix Landgrebe, P. 64.

Reflétant cela les polonais invoquent aussi le fameux chapitre >>de Herder sur les slaves dans l'ouvrage « Idées pour l'histoire de l'humanité », dans lequel il souligne que, malgré son âge historique, cette tribu a reçu une jeunesse inhabituelle qui a son importance dans le futur en tant qu'élément le plus important et principal de l'avenir de l'Europe, la Pologne étant le principal point de référence ici. [167] La jeunesse particulière des slaves est interprétée comme étant restée fidèle à la simplicité de son style de vie se préservant ainsi d'une corruption opposée à la nature rationnelle du peuple (*lud*), c'est-à-dire les paysans. ... Parmi les tribus slaves, les Polonais sont considérés par la plupart comme ceux qui ont le mieux conservé les traditions de la Slavonie et l'histoire fait d'eux les plus fidèles disciples de l'ancien monde slave et les représentants de la civilisation slave. <<168

Les Slaves >>sont décrits dans certains récits comme l'un des premiers peuples de la terre, déjà mentionnés dans la Genèse, dont découle la croyance que les slaves devraient - au même titre que les romains, les grecs ou les gaulois - s'appeler 'anciens glorieux', qui étaient déjà installés en Europe plusieurs siècles avant la naissance du Christ. Les slaves sont également appelés «la plus ancienne colonie européenne préhistorique de la tribu indo-européenne » [169]. <<170

Selon cette auto-perception les Slaves >>ont toujours été une bonne tribu qui a vécu en grande partie inaperçue et autonome sans attirer l'attention sur elle, et a été réprimée et asservie par d'autres peuples en raison de sa bonne nature. Ils sont également considérés comme une tribu qui vivait en contact avec la nature dans la « vertu la plus pure » et ils sont connus en raison de leurs émotions et de la façon d'organiser la vie sans que l'alphabétisation ne soit nécessaire. Ainsi, le mode de vie intuitif des slaves est interprété dans un sens plus moral que dans les autres sociétés qui ont développé l'écriture, notamment parce que l'absence de langage écrit est attribuée à une harmonie naturelle et à la moralité des Slaves. ... L'esprit des slaves «se tourna vers les justes, beaux, saints et divins, les distinguant de tous les peuples de l'Europe » [171] ...

Le principe de la civilisation des slaves est constamment associé à la forme du village (*wiejska cywilizacja*), contrairement à l'image de la ville qui domine chez les romains ou chez les européens occidentaux. <<172

>>Le mythe *gmina* doit être considéré comme faisant partie intégrante de l'histoire pro-slave comme l'un des fondements de l'application idéologique du « principe slave ». [173] La virginité et la solitude de la communauté villageoise

---

[167] Voir: Kuk, Leszek: *Orientacja slowianska w mysli politycznejWielki Emigracji. (do wybuchu wojny krymskiej). Geneza uwarunkowania, podstawowe koncepcje.* Thorn 1996: 101. Zur Herder Rezeption im allgemeinen: Drews, Peter: *Herder und die Slawen.* ...

[168] Alix Landgrebe, P. 65f.

[169] Voir Mickiewicz, Dziela 1875:250ff. ... Das Zitat ist aus der Zeitung *Gmina* 1866 Ner.1: 1. Diese Vorstellung hält sich auch in der Geschichtswissenschaft der 2. Hälfte des 19. Jahrhunderts und wird häufig vertreten. ...

[170] Landgrebe, P. 66.

[171] Voir Mickiewicz, Dziela. 875:233 und 242.

[172] Landgrebe, P. 67.

[173] Voir Bronowski, Franciszek: *Idea gminowladztwa w polskiej histografii.* Lodz 1969.

n'est pas un défaut du point de vue pro-slave contrairement à la perception d'autres cultures, mais il est au contraire conçu comme une opportunité pour les slaves, car cette situation particulière leur permet de pouvoir occuper une position particulière dans la tribu. Cela était possible car contrairement à d'autres peoples les slaves ne s'étaient pas ouverts à l'influence de nombreuses autres cultures, ce qui leur a permis de rester dans leur organisme d'origine (*ustroj*) et a préservé la coexistence juste datant des temps anciens. Les traits saillants de la société primitive slave sont sa structure patriarcale et juste et son organisation démocratique, qui sont nommées d'après les principes d'égalité et de liberté. La communauté du village (*gmina*) et la coexistence sous sa forme de gouvernement (*gminowladztwo*) sont considérées comme les principes, que l'ensemble de la société a acceptés dans l'état idéal et que Lelewel en même temps regarde comme le principal principe de la prédestination polonaise [[174]]. <<[175]

Comparez cela avec ce qui a déjà été dit à propos des russes. Ce que les polonais ont aussi en commun avec les russes est la mission perçue et leur capacité de souffrance, au travers de laquelle, comme les Juifs, ils se considèrent comme un peuple élu. Dans le même temps, la capacité ethnique de la souffrance du paysan primitif est exagérée par des motifs chrétiens.

>>L'histoire de la Pologne cherche à prouver que cette nation est choisie pour être le sauveur du vrai christianisme et de l'humanité. Dans ce contexte, la Pologne, en tant que mur de la civilisation, a la position d'un sauveur de l'humanité.
...

L'hypostase de la Pologne en tant que peuple élu est basé sur le cours de son histoire et sur son « martyre ». En partie, l'idée de la Pologne, tirée du Messianisme polonais, en tant que Christ des peuples, est incluse dans la théorie de la chute, attribuant ainsi à la souffrance des polonais une signification dans le contexte de l'histoire du monde. Mickiewicz exprime cette idée dans son récit de l'histoire. Il voit sa signification dans le fait qu'au cours de son développement la Pologne a fait des erreurs en s'éloignant de son *ustroj* actuel et qu'après sa repentance elle sera ressuscitée dans la "pureté" et pourra en même temps racheter les autres nations, créant ainsi une communauté mondiale rachetée. <<[176]

Comme les russes, les polonais sont réservés par rapport à toute forme de hiérarchie, et en conséquence à l'encontre un état hiérarchique. C'est pourquoi en Pologne il n'y avait qu'une démocratie de noblesse du soi-disant *Szlachta*, dans laquelle chaque membre avait un « liberum veto », c'est-à-dire, possédait un droit véto sur toutes décisions communes. Les décisions nécessitent l'unanimité.

Les membres de la *szlachta* se considèrent comme plus proches du peuple, comme on l'admet également de la noblesse germanique, et représentent avec 8 à 10% une proportion beaucoup plus importante de la population. Néanmoins, même pour les radicaux la *Szlachta* est une détérioration de la coexistence égalitaire de tous les citoyens dans une communauté villageoise.

>>L'émergence de la noblesse est vue dans ce contexte comme une théorie de l'attaque sur les Slaves. Les ancêtres de la *szlachta* étaient donc des envahisseurs

---

[174] Voir Lelewel, Uw.agi: In: *Polska. Dzieje i rzeczy jej*. Posen 1855: P. 278ff. ...
[175] Landgrebe, P. 68
[176] Landgrebe, P. 82.

et non des Slaves, supposément des normands et ils ont corrompu les principes de la société primitive slave. [177] On doit aussi souligner que l'aliénation des chevaliers slaves aurait finalement dû être introduite, parce que les slaves étaient constamment harcelés par des puissances étrangères. Cependant, la *szlachta* est vue par de nombreux penseurs même à l'époque de la *Rzeczpospolita* comme une représentation des idéaux démocratiques slaves, [...] de sorte qu'il y a en principe différentes interprétations, notamment de la vision idéologique de l'historiographie romantique, connectant ainsi l'élément slavique avec la Pologne.

L'émergence d'une monarchie avec des éléments féodaux est aussi interprétée par certains historiens comme un élément étranger, un élément contradictoire à la tradition slave, qui par erreur pour le malheur des slaves-polonais avait été adopté par les teutons, dont les systèmes sociaux dans l'histoire mondiale représentaient le principe de la domination unique de la Pologne. [178] Cette forme de société était toujours liée au latinisme et à la religion qui s'est répandue en occident, tandis que la Pologne a emprunté ses traditions les plus importantes aux slaves et connaissait depuis longtemps les valeurs positives du christianisme. <<179

Les russes, en revanche, dans de nombreuses représentations, ne sont pas considérés comme des slaves mais comme des mongols, c'est-à-dire comme un peuple asiatique qui n'a rien en commun avec les peuples européens. [...] De nombreux auteurs, cependant, ne nient pas l'origine slave des russes, mais les considèrent comme un peuple dans lequel les vertus slaves ont d'abord été minées par les vikings ou les varangiens, puis sous le joug des tatars. Les russes sont donc considérés comme des slaves asiatiques, barbares ou germanisés, qui, sous la domination tatare et yarique, devinrent despotiques et sont donc destinés à être orientaux et non européens. <<180

>>L'orthodoxie est également considérée comme une expression de l'état sombre, en retard, superstitieux du peuple russe. On parle souvent d'hérésie ou de superstition, mais pas de religion chrétienne ; la Pologne catholique est comparée à une Russie hérétique. L'église de Russie est une sorte de pseudo-église hostile au contenu barbare. <<181

Les polonais se désignent eux-mêmes comme le le refuge du slavisme pur, et ils méritent donc le leadership des peuples slaves. La Pologne se sent appelée à rendre aux slaves leur propre vrai Slavisme.

>>Les autres peuples slaves, y compris les slaves du Sud, sont généralement considérés comme des « amis », même si certains pensent que les tchèques se sont germanisés ou sont devenus trop russes. ... Les rusins (plus tard les ukrai-

---

177 Un représentant de cette théorie est par exemple Waclaw A. Maciejowski. D'autres auteurs voient également la noblesse comme un élément étranger à la Pologne, comme des auteurs de l'école de Varsovie : Koronowicz, Wroblewski ou l'historien Karol Szajnocha, voir. :*Nowe szice historyczne*. Lemberg 1857: 265,269. Moraczewski, Jedrzej, *Dzieje Rzeczypospolitej Polskiej do pietnastego wieku*. Posen 1843: 2f.

178 Lelewel, Joachim: *Historyczny rozbior prawodawstwa polskiego* (1828) In: Polska wiekow srednich, 3. Bd. Posen 1859, P. 1ff.

179 Landgrebe, P. 69f.

180 Landgrebe, P. 145.

181 Landgrebe, P. 146f.

niens) sont généralement jugés positivement, souvent, contrairement à la Russie, ils ne sont pas dépeints comme des barbares, mais apparaissent sous un jour plus positif. Ainsi, ils sont considérés par les slavophiles comme les « slaves les plus purs », qui, protégés par la Pologne, pourraient le mieux préserver les anciens principes de la *Gmina*. [[182]].<<[183]

Cependant, en Pologne il y a aussi eu des critiques de la romanisation de la Pologne, de sorte que les polonais, comme les russes, sont divisés entre occiden-taux et autrichiens. Les occidentaux voient dans la romanisation de la polonité la cause de l'arriération économique, sociale et politique de la Pologne et veulent que la Pologne assume l'attitude occidentale vis-à-vis de la vie, de la structure sociale et de l'économie. Voici quelques exemples :

Karol Boromeusz Hoffmann >>est l'un des critiques les plus sévères de la glorification de la *Rzeczpopolita* propagée par l'école Lelewel. La critique de Hoffmann sur l'histoire polonaise repose surtout sur le fait que, selon lui, la Po-logne n'avait pas un état suffisamment fort et que c'était la raison du développe-ment négatif de l'histoire polonaise. Il souligne que l'anarchie a surgi à travers l'histoire qui a rendu complètement impossible de faire bon usage des ressources abondantes du pays ; cela explique la chute économique de la Pologne [[184]]. …

Les libertés glorifiées par Lelewel et d'autres représentants de l'école roman-tique sont donc perçus ici comme négatives et interprétées comme une déprava-tion d'un état autrefois caractérisé par des réformes significatives. Hoffmann décrit le comportement de la *szlachta* comme un individualisme patriotique qui a nui à la communauté et donc à la nation entière. [[185]]... Hoffmann critique le manque de développement féodal en Pologne, car il n'y avait pas d'absolutisme en Pologne, comme nécessaire à la modernisation du système étatique. Par con-séquent, Hoffmann n'insiste pas sur le renforcement du *rodzimosc* exigé par les romantiques, mais voit au contraire une réalisation trop faible des principes de l'Europe occidentale comme étant une raison de la faiblesse de la Pologne. Pour lui, l'aspect positif dans le développement spécifique de la Pologne n'est pas le *rodzimosc*, mais plutôt les éléments que la Pologne a adoptés de l'Europe occi-dentale et qui se sont ensuite développés à leur manière, c'est-à-dire ont été réé-valués au sens national. Pour Hoffmann, la Pologne appartient donc très claire-ment à la culture occidentale et n'a rien en commun avec l'Asie, ce qui rend son développement encore plus pathologique <<[186].

En conséquence, la monarchie est considérée comme positive par beaucoup de polonais orientés vers l'occident. Ainsi, Karol Sienkewicz suppose que les *narod* [peuple] ont besoin d'un roi fort pour les guider et qu'il n'y avait pas de *concordia* en Pologne quand les faibles rois élus régnaient. La faiblesse de l'Etat, selon Sienkewicz, a conduit à ce que la *szlachta* autrefois vertueuse, quand elle

---

[182] Siehe *Gmina* 1866, (August) Nr. 1: 3f.

[183] Landgrebe, P. 144.

[184] Pour le terme nierzad, voir par exemple, Hoffmann, Skarb 1839, P. 111.La pire période selon Hoffmann se trouve donc entre 1365-1717. Ici, donc, tout l'âge d'or est vu négativement.

[185] Voir Hoffmann, Karol Boromeusz: *Historya reform politycznych w dawnej Polsce*, Leipzig 1867, P. 71.

[186] Landgrebe, P. 87f.

était encore orientée par un roi, succombe à la décadence et cultive un égoïsme qui a plongé l'État dans le malheur. [187] Sienkewicz considère cela comme d'autant plus fatal que la *szlachta*, au début de l'histoire polonaise, avait, de son point de vue, joué un rôle positif dans le développement de la Pologne. <<188

Josef Szujski, l'un des représentants possédant le plus d'autorité de l'école de Cracovie, exprime des critiques similaires et voit également des faiblesses dans le caractère national polonais. >>Il note que les slaves étaient fatalistes et anciens : de là découlent d'autres qualités négatives : « Le fatalisme fait déteindre toute son insouciance [des slaves AL] sur l'avenir, d'où sa gaieté insouciante à la veille du malheur [...] ; il est contentieux, querelleur et méfiant quand la discipline générale et l'unité sont requises. Il aime les courants des gens ordinaires (*rucho ludowe*), mais il reconnaît rarement le succès de l'organisation [...], depuis long-temps il était incapable de gouverner ». [189] Cependant Szujski concède que « le slave » équilibrera ces faiblesses avec d'autres bons côtés comme par exemple, en ayant un cœur particulièrement bon et de vraies traditions nationales (*naro-dowe tradycje*). Que « les slaves et les polonais » aient une bonne âme ne les aide pas, car cela ne suffit pas pour qu'un état fonctionne. [190]<<191

2.2 L'image de soi de la Pologne catholique en tant que gardienne du véritable européisme

Wikipédia écrit à propos de la religion polonaise : la Pologne au Moyen-âge n'a jamais été >>jamais religieusement homogène. Avant même que la foi chré-tienne ne l'emporte enfin, pour les siècles à venir, favorisée par l'édit de tolérance de Kalisz, 1.265 juifs d'Europe occidentale et hussites de Bohême émigrèrent en Pologne. Grâce à l'union avec la Lituanie en 1386 et 1569 beaucoup de chrétiens orthodoxes de langue biélorusse et ukrainienne sont venus sous la domination des rois de Pologne. Le luthéranisme a trouvé de nombreux adeptes depuis le 16ème siècle, en particulier parmi la population allemande dans les villes du nord de la Pologne, tandis que le calvinisme était populaire auprès de la no-blesse, *Szlachta*. L'Église réformée représente la naissance de l'Église unitarienne des Frères polonais en 1565, qui avait sa propre académie à Raków .... Le Sejm de 1555 a débattu de l'introduction d'une église nationale protestante en Pologne. Bien que cela n'ait pas été fait, la Confédération de Varsovie et l'Articuli Henri-ciani de 1573 a tout de même assuré la liberté individuelle de croyance dans la Constitution polonaise. En conséquent, il n'y a jamais eu de guerre de religion en Pologne. En 1596, l'Église catholique grecque a été fondée lors du sommet de Brest. Au XVIIe siècle, cependant, la contre-réforme réussit à attirer la plupart des « dissidents » du côté catholique.

À la fin du 17ème siècle, le roi polonais Jan Sobieski a installé des tatars mu-sulmans à Podlaskie. Une minorité musulmane relativement importante vivait

---

[187] Voir: *Kronika Emigracyi Polskiej* Bd. 5 1837, P. 113ff.

[188] Landgrebe, P. 89.

[189] Voir Szujski, Josef: *History polskiej trasciwie opowiedzianej -Ksiag dwanascie*. Warschau 1880: II.

[190] Voir à ce sujet ibid.

[191] Landgrebe, P. 73.

également autour de Kamieniec Podolski en Podolie, qui appartenait à l'Empire ottoman entre 1672 et 1699. <<[192]

>>Depuis la Seconde Guerre mondiale et le déplacement de la frontière polonaise vers l'ouest, le pays est principalement catholique. 87% de la population totale de la Pologne est catholique (pourcentage de catholiques baptisés dans la population totale en 2011) [[193]], alors qu'avant 1939, il s'agissait seulement de 66%. [[194]] Parmi eux, 54% disent qu'ils pratiquent aussi leur foi. [[195]]<<[196] En tant que catholiques, les polonais ont un sentiment d'appartenance à l'Europe. La Russie, d'un autre côté, appartient à l'Asie.

>>La vision du monde des polonais est presque exclusivement euro-centrée, de sorte qu'il est constamment soutenu qu'il est évident dans la pensée polonaise que les valeurs positives sont européennes, alors que toutes les aspirations menaçantes et négatives sont asiatiques. <<[197]

La Pologne se voit comme un rempart contre l'Asie. >>La théorie de la flottabilité a gagné en popularité au 17ème siècle pendant les guerres [...] turques, notamment grâce au succès de Jan Sobieski à Vienne. Enfin, au XVIIIe siècle, elle se poursuit dans le contexte d'une idée pré-mécène, en ce sens que les polonais servent de rempart à la sainte foi. . <<[198] En tant que nouvel ennemi de la Pologne à l'Est, la Russie incarne l'Asie. >>Le mythe du bastion est également soutenu par des penseurs non-polonais. ... comme la déclaration de Napoléon sur la Pologne servant de *clé de voûte* de l'Europe ou la vision de Victor Hugo selon laquelle la Pologne se pose comme garde-frontière de l'Europe.<< [199]

La Russie est stylisée dans de nombreuses représentations du représentant européen le plus dangereux de l'Asie et l'ennemi de l'Europe, et décrite sous le nom de Moscovia comme une entité tatar-mongole qui détruit l'Europe par son premier but et sa « mission ». Pour prendre le contrôle de la domination mondiale. L'Asie est ainsi assimilée au principe de l'expansion, avec une envie barbare irrépressible de conquête. << [200]

Corrélativement, les dimensions géographiques de l'Europe et de l'Asie sont considérées comme déplaçables dans les représentations des penseurs polonais, et il en est ainsi aussi des valeurs idéologiques : les frontières originelles de l'Europe étaient les frontières orientales de la Pologne en 1772, d'après lesquelles l'Ukraine appartenait à l'Europe et que l'Asie commençait derrière le Dniepr, et non pas derrière l'Oural. Ainsi la Pologne était un avant-poste géographique de l'Europe. << Alix Landgrebe cite K. Wojciech z Medyki : >>La nudité barbare de la civilisation asiatique s'est immédiatement manifestée aux frontières des

---

[192] https://de.wikipedia.org/wiki/Polen#Mittelalter_und_Neuzeit.

[193] Główny Urząd Statystyczny: Mały rocznik statystyczny Polski 2012. Zakład Wydawnictw Statystycznych, Warszawa 2012, P. 117, 134–135 (PDF [abgerufen am 15. Januar 2013]).

[194] Dieter Bringen, Krzysztof Ruchniewicz (Hrsg.): *Länderbericht Polen*, P. 373.

[195] Ibid.

[196] https://de.wikipedia.org/wiki/Polen#Mittelalter_und_Neuzeit.

[197] Landgrebe, P. 115.

[198] Landgrebe, P. 123.

[199] Landgrebe, P. 124.

[200] Landgrebe, P. 117.

deux continents. La sauvagerie et, plus particulièrement, la sauvagerie de l'Asie a attiré l'attention. Dès que vous avez traversiez le Dniepr, vous pouviez voir la nudité et la cruauté de l'Asie. <<[201]

La Pologne se voit comme un représentant de la civilisation occidentale, engagé dans la civilisation de l'Asie. Kazimierz Kazimierzewicz écrit : >>La belle, mais extrêmement difficile et dangereuse, mission non enviable de la Pologne, était, est et sera toujours, de répandre la culture, l'humanité, la liberté et la civilisation de l'occident toujours plus loin en orient et au Nord de l'Europe et enAsie et en revendiquant sa propre indépendance pour protéger et préserver l'indépendance et la culture de l'occident contre le déclenchement des barbares de l'est. <<[202]

En Europe, l'image de soi polonaise est clairement marquée par l'idée que le slavisme n'est pas considéré comme un élément étranger à l'Europe, mais en dépit de toutes les opinions qui considéraient encore les polonais comme barbares au XIXe siècle, on s'accorde pour dire qu'ils occupent une position particulière en Europe. Cela signifie que dans leurs versions historiques, les positions pro-slaves peuvent être interprétées comme une tentative de rendre l'élément slave en Europe plus populaire, évident et en même temps de souligner qu'il est indispensable en tant qu'élément de l'Europe et pour l'avenir de l'Europe et pourrait être exploité pour le progrès. <<[203]

Jedrzej Moraczewski distingue même la bonne Europe, représentée par Rome, et l'Europe négative des germains. Par conséquent, il voit la Pologne comme un double rempart protégeant les slaves de la civilisation d'Allemagne de l'Ouest d'une part, et de l'Asie d'autre part. [[204]]<<[205]

Josef Ordega écrit : >>Parmi les peuples d'Europe, la Pologne est celle qui a le plus fait, en-dehors de la France, pour réaliser la parole de Dieu comme principe de l'humanité. La Pologne, comme la France, est la fille de l'église sous l'influence du catholicisme. <<[206]

Julian Klaczko écrit : >>Le slave est le vrai démocrate, pour les slaves la démocratie est la voix de la conscience, la coutume immanente et la moralité, contrairement aux allemands, pour qui cela représente seulement un paragraphe accepté par les votes. C'est pourquoi le slave s'oppose aussi aux teutons et combat pour la liberté de toutes les nations. <<[207]

Pour la Pologne, les principes slaves et germaniques sont >>antagonistes dans la mesure où les allemands, à travers l'histoire, sont considérés comme un

[201] Kp. Wojciech z Medyki: *Poglad na wschopdnia Europe i Azya i wyjasnienie stosunkow, jakie miala Moskwa z ludami slowianskiemi od pierwocia bytu do czasow naszych.* Przemysl 1864: 7ff. zit. nach Landgrebe ibid P. 117.

[202] Kazimierzewicz, Kasimierz: *Europa wird es kosakisch oder republikanisch? P.*140. Cité aprèsLandgrebe P. 172.

[203] Landgrebe, P. 93.

[204] Voir par exemple Zbyszewski, Leon: *La Pologne*, Paris 1863, P.158.

[205] Landgrebe, P. 126f.

[206] Ordega, Josef: *O narodowosci polskkiej z punktu widzenia kotolicyzmu i postepu.* Paris 1840, P. 65. Cité aprèsLandgrebe ibid P. 241.

[207] Voir u Klaczko, Julian: *Die Deutschen Hegemoden.* Offenes Sendschreiben an Herrn Georg Ger Venus, Berlin 1849: 22. Cité aprèsLandgrebe ibid P. 233.

peuple impérialiste agressif, ayant toujours le désir de conquérir les slaves. Pour preuve, le slogan « pousser vers l'Est » est cité. En même temps, ils représentent le principe typiquement germanique de l'individualisme, tandis que les slaves incarnent le principe de l'altruisme et de la fraternité. Les exemples incluent l'Empire allemand après Charlemagne et l'Ordre des chevaliers, afin de prouver que la folie de destruction allemande traverse l'histoire. <<[208]

En dehors de leur attitude sociale originelle, les polonais sont anticapitalistes et prônent un socialisme d'inspiration catholique. À l'heure actuelle, cette attitude slave-catholique est représentée en particulier par le parti majoritaire polonais et l'actuel parti au pouvoir : *PiS Droit et Justice*.

Jan Puhl écrit : Idéologiquement, Jarosław Kaczyński >>représente la vision essentiellement gauchiste d'un état providence généreux, qu'il affine avec une « sauce national-catholique », comme l'a dit un jour le politicien libéral Leszek Balcerowicz. Kaczyński qui se défend comme étant le protecteur des petites gens, qui les garde des conséquences supposées « pathologiques » du libéralisme économique d'après-guerre.

Depuis le début de sa carrière politique, il a soutenu que le boom économique après 1989 n'a pas profité aux masses, mais aux ex-communistes et aux dissidents. Ils auraient selon Kaczyński profité des meilleurs morceaux de la réussite polonaise, des postes les plus importants et des entreprises, puis déclenché un capitalisme prédateur. Les simples polonais one été privés de ce développement. Un état fort devait combattre les « réseaux » de l'époque et contenir les pires excès du nouvel ordre économique froid. <<[209]

>>PiS s'adresse aux polonais qui sont frustrés par le fait que le progrès économique est plus lent que prévu. Ce ne sont pas les personnes les plus pauvres qui choisissent le PiS mais les gens de la classe moyenne : les familles qui trouvent des écoles et des jardins d'enfants délabrés, mais aussi les petits entrepreneurs ou commerçants qui se voient menacés par les grandes chaînes internationales. Pour ces électeurs, il est particulièrement important que PiS ait introduit une allocation par enfant de 500 zlotys à partir du deuxième enfant et ait abaissé l'âge de la retraite de 67 ans à 65 ans pour les hommes et à 60 ans pour les femmes. <<[210]

>>Kaczyński « aime la Pologne, croit en Dieu et en l'état », dit Michal Kamiński. ... Kaczyński était profondément convaincu qu'il savait lui-même ce qui était le mieux pour les polonais et leur pays. Il n'était pas opposé à la démocratie en principe, mais ne voulait pas être arrêté par des freins et contrepoids agaçants, comme une cour constitutionnelle. Le PiS ressemble plus à une secte qu'à un parti politique », dit Kamiński. <<[211]

---

[208] Landgrebe, P. 151.
[209] Jan Puhl: *Herrscher im Hinterzimmer*, dans : Der Spiegel 30/22.7.2017, P. 90.
[210] Jan Puhl: P. 90.
[211] Ibid.

2.3 La chute de la Pologne en tant que république des nobles et sa renaissance en tant qu'état nationaliste

Wikipédia écrit : >>Après la bataille de Tannenberg (1410) et la lourde défaite de l'ordre teutonique en Prusse contre le double Etat de Pologne-Lituanie, le grand empire issu de la Pologne et de la Lituanie devint l'une des principales puissances continentales. C'était le plus grand état d'Europe avec des sphères d'influence allant de la mer baltique à la mer noire et de la mer adriatique jusqu'aux portes de Moscou. À l'instigation du dernier roi polonais de la dynastie jagellonne, Zygmunt August, l'union personnelle entre la Pologne et la Lituanie à Lublin en 1569 se transforme en une véritable union. La Pologne et la Lituanie formaient depuis 1569 la soi-disant république aristocratique et donc le premier état moderne d'Europe avec un système de noblesse républicaine et une séparation des pouvoirs. <<[212]

Pendant ce temps, la Russie se sentait également mise en danger par la Pologne, ce qui, à répétition, a mené à des guerres permettant aux polonais de pénétrer jusqu'à Moscou.

Comme les polonais ne se développaient pas économiquement et socialement, et qu'ils glorifiaient, en outre, l'état primitif peu développé du pays, ils ne pouvaient s'affirmer en tant qu'état et étaient divisés par la Russie, l'Autriche et la Prusse.

L'une des principales raisons de la faiblesse de la Pologne résidait en ce que la démocratie était basée sur l'aristocratie, dans laquelle chaque membre pouvait empêcher la prise des décisions conjointes. Sienkiewicz voit le *liberum veto* comme un « monstre politique » qui a détruit le Sejme et ses lois. [[213]]<<[214] Ainsi, la vie politique de la Pologne était largement paralysée bien avant sa division. De plus, les futurs pouvoirs de division ont été capables d'assurer leurs intérêts dans la prise de décisions politiques par le biais de l'influence personnelle qu'ils exerçaint sur différents aristocrates.

La Pologne revendique que, au vu de son attitude démocratique de base et avant même la révolution française, elle a inspiré une constitution en France. >>Les principes d'égalité (*rownosc*), de liberté (*wolnosc*) et de fraternité (*braterstwo*) ont toujours été les principes de la société primitive slavo-polonaise, grâce auxquels les slaves ont réalisé beaucoup plus tôt et pacifiquement les principes qui ont dû être combattus en Europe occidentale seulement après la Révolution française faisant de nombreuses victimes. [[215]]<<[216]

Tragiquement, cependant, cette constitution était une raison de la dernière division politique, parce que les puissances divisionnistes, qui continuaient à être gouvernées par la règle absolutiste, ont voulu supprimer la dynamique révolutionnaire à l'intérieur du pays.

---

[212] https://de.wikipedia.org/wiki/Polen#Mittelalter_und_Neuzeit
[213] Voir Sienkiewsicz, Karol: *Skarbiec historii polskiej*. Paris 1839: XIV.
[214] Landgrebe, P. 89.
[215] Voir Widman, Karol: *Narodowosc a rewolucja. Studjum plityczne*. Lemberg 1864,. P. 12. …
[216] Landgrebe, P. 68.

>>L'un des stéréotypes les plus importants de l'historiographie polonaise du dix-neuvième siècle est l'influence néfaste des jésuites et la faiblesse interne du pays. Il est repris par des représentants de toutes sortes d'orientations politiques différentes et constitue donc le modèle explicatif le plus répandu, remontant à Joachim Lelewel. ...

Dans la polémique contre les jésuites, on soutient que leurs idées n'étaient pas polonaises mais au contraire totalement opposées à la nature polonaise. Les jésuites représentent tous les aspects négatifs des sociétés occidentales et envahissent un mécanisme qu'ils ont rejeté et détruit sagement et par tous les moyens à leur disposition. L'invasion des jésuites était encore la faute des rois étrangers ; l'établissement toujours croissant de l'ordre a mis un terme à l'âge d'or, la gloire de la Pologne a disparue [...].

Les jésuites sont tenus responsables de l'inhibition du progrès et de la prévention de toutes idées politiques positives en Pologne. Notamment de nombreux penseurs affirment que la szlachta n'est pas devenue idéologiquement aberrante jusqu'aux temps des jésuites, qui se considéraient comme une caste privilégiée et ont agit dans ce sens. Ainsi, les jésuites ont été accusés d'infiltrer la société démocratique slave juste de nature, dont la base était si importante pour la Pologne qu'elle ne pouvait plus justifier son existence sans elle. On soutient qu'ils ont affaibli la monarchie en corrompant les rois et toute la cour avec leurs « principes organisationnels païens » contraires au catholicisme. [217]<<[218]

Sont considérés en tant que forces destructrices polonaises, à côté des jésuites et les teutons, les juifs. >>Le commerce polonais entre les mains des allemands et des juifs conduisit selon ce point de vue au fait que les polonais étaient constamment induits en erreur par ces éléments étrangers, et donc ni l'importation ni l'exportation ne leur apportaient quelque chose [219] ... Étant confrontée à d'autres cultures, la bonne âme folklorique du paysan polonais est opprimée ou gâtée par la population juive de ce point de vue. [220]<<[221]

Les positivistes polonais se sont opposés à cette interprétation. >>Parmi les « maladies » de la société polonaise, les positivistes polonais estiment que le *lud* était dans un état sombre et douloureux. L'idée romantique du *lud* et de son pouvoir démocratique est complètement abandonnée. L'écrivain Boleslaw Prus voit les coutumes comme primitives : à travers les structures féodales de la société, le polonais est encore « sauvage » et a une mentalité médiévale. [222] Les vieilles structures sociales, contre lesquelles les positivistes polémiquent aussi, sont donc en grande partie responsables de la misère de la nation. Prus en tire la conclusion qu'il faut éduquer le *chlop* (paysan) pour pouvoir l'utiliser dans le cadre d'une politique nationale d'éducation du citoyen moderne. [223]L'historien Josef Szujski

---

[217] Siehe Jablonowfski, Waclav: *Do emigracyi polskiej*. Paris 1843, P. 8f.

[218] Landgrebe, P. 105f.

[219] Voir: Zebrowski: *Polska*. Paris 1847, P. 35f.

[220] Zukowski, Jan Ludwik: *O panszczyznie z dolaczeniem uwag nad moralnym i fizycznym stanem ludu naszego*. Warschau 1830,. P.6, 26 und 96. ...

[221] Landgrebe, P. 108.

[222] Prus, Boleslaw: *Wybor publicystyki*. Hrgp. V.F. Przylubski 1957, P.106.

[223] Ibid.

formule la même idée et veut résoudre ces défauts par des réformes éducatives. <<[224]

>> Le verdict des positivistes- que le peuple n'a pas de conscience nationale [...] - constitue la base d'une promotion consciente de ce groupe. Les positivistes imaginent dans ce contexte qu'ils pourraient eux-mêmes façonner la nation en tant qu'élite spirituelle. L'intention est de dissuader les paysans de penser dans les catégories dynastiques et traditionnelles et de se sentir comme sujets de dirigeants respectifs des divisions. Si une activité est exigée d'eux, alors toujours dans l'intérêt national. <<[225]

Cependant, >>malgré toutes les critiques et tous les arguments utilitaires, les penseurs positivistes ne manquent pas de pathos national. La référence à la mémoire insiste aussi sur l'orientation de son propre *zywiol* (Polité) et la préservation en toute progressivité de ce qui est important pour les traditions afin de préserver l'unité de tous. [[226]]<< [227]

En *Szlachta*, les nobles, comme toute la noblesse de l'Europe, n'étaient pas principalement des allemands, des russes et des polonais, mais simplement des personnes distinguées. Cela justifiait leur règne sur d'autres groupes ethniques. Dans un nationalisme naissant, les citoyens se sont affranchis des liens familiaux et tribaux, mais ne sont pas simplement devenus des citoyens du monde, mais des membres d'une communauté nationale.

Nous avons caractérisé le nationalisme comme égoïsme de groupe. Le nationalisme contient une composante socio-darwinienne qui a conduit à de nombreux conflits en Europe et dans le monde, mais qui *in fine* est d'origine ouest-européenne.

En capturant les peuples d'Europe de l'Est le véritable idéal slave de la coexistence pacifique de tous les êtres humains est déjà corrompu. La Pologne, en tant qu'état, ne pouvait être ressuscitée que sur une base nationaliste, mais, comme d'autres pays d'Europe de l'Est qui se sont réformés, elle a créé des conflits nationalistes. Ainsi, après 1918, il y avait beaucoup de minorités en Pologne, et l'homme fort de la Pologne, Józef Piłsudski, a essayé de conquérir la Lituanie et d'autres anciens territoires polonais immédiatement après l'indépendance.

En Tchécoslovaquie, les allemands des sudètes, mais aussi les slovaques, se sont sentis désavantagés, c'est pourquoi ces derniers se sont séparés des tchèques. Des problèmes similaires existaient en Hongrie, en Roumanie, au Tyrol et ailleurs.

Des tensions internationales et sociales ont surgi quand, comme en Pologne, la compréhension de soi slave-catholique a commencé être vécue d'une manière nationaliste. Cela risquait de conduire à la scission de sa propre société entre les laïcs et les traditionalistes, à des tensions aux frontières et à des comportements égoïstes envers les pays voisins.

---

[224] Landgrebe, P. 252.
[225] Landgrebe, P. 254.
[226] Prus: *Wybor*. Warschau 1957, P. 7.
[227] Landgrebe, P. 255.

Comme démontré ci-dessus, le nationalisme a deux faces. D'une part, il individualise tellement l'homme qu'il ne s'attache plus à la famille et à la tribu, mais à la nation. Nous avons dépeint les racines slaves et catholiques de la Pologne. Ceux-ci ont également abouti à un retour à une coexistence fraternelle du peuple. Ce retour peut contribuer à vaincre un capitalisme perverti en Europe.

D'un autre côté, le nationalisme inclut aussi la liberté des citoyens et donc la séparation constitutionnelle des pouvoirs et l'indépendance du pouvoir judiciaire. Ceux-ci sont en train d'être abolis avec le recours à la polité primitive par le PiS au pouvoir. En outre, l'étroitesse de la perception de soi s'identifiant à la nation en Europe doit être surmontée.

Le chef actuel du PiS, Jarosław Kaczyński, en revanche, cultive les vieux préjugés des polonais contre les russes et les allemands avec une mystification brutale de son frère jumeau, qui est mort dans un accident d'avion à Smolensk. Jan Puhl écrit : Kaczyński >>croit, comme beaucoup dans son parti, que son frère n'a pas été victime d'un malheur, mais qu'il a été assassiné par la Russie - que le gouvernement libéral de Varsovie de l'époque aurait soutenu. << [228] >>Le jumeau Jaroslav survivant est devenu une partie du mythe national qui a une fonction créatrice d'identité pour les droits des polonais : les polonais sont des héros éternels et des victimes des russes et des allemands.

Cette compréhension de base façonne également la politique étrangère de Kaczyński. « Il ne comprend pas le principe de l'UE », affirme un ancien membre du PiS. L'histoire est pour Kaczyński une compétition unique entre les nations. Par conséquent, il ne considère pas non plus l'Union européenne comme un projet visant à assurer la paix et la prospérité commune. Pour lui, l'UE est avant tout un instrument de la puissance allemande. << [229]

III. Le développement de l'antagonisme Est-Ouest et son impact sur le tiers-monde

Le nationalisme en Europe a conduit aux deux guerres mondiales dévastatrices. Ces catastrophes ont eu comme conséquence de réveiller les populations et de les appeler à unir les pays européens.
Ces aspirations ont été renforcées par le développement de la *guerre froide*. À la suite de la Seconde Guerre mondiale, l'Union soviétique a pu étendre son ordre social communiste à tous les pays d'Europe de l'Est. Elle a également soutenu le développement desdites *démocraties populaires* en Asie, en Afrique et en Amérique latine.

Selon l'idéologie soviétique, il n'y a qu'une démocratie formelle en Occident, puisque le pouvoir appartient au capitaliste, qui contrôle aussi les médias. Ainsi, la masse de la population ne reconnaît pas ses propres intérêts et ne peut pas faire valoir ces derniers en raison des relations de pouvoir données. Ainsi, dans la démocratie occidentale, une minorité - les capitalistes - domine la majorité - les travailleurs. En revanche, dans le socialisme, la classe ouvrière, représentée par

---

[228] Jan Puhl: Herrscher im Hinterzimmer, dans: Der Spiegel 30/22.7.2017, P. 89.
[229] Puhl: P. 90.

le Parti communiste, régnait sur les capitalistes ce qui équivaut à un règne de la majorité sur la minorité. Les intérêts de la majorité pour les communistes viennent de l'analyse marxiste du développement social. Cette analyse est considérée comme scientifique.

L'Union soviétique espérait également que le sort des européens, et surtout des allemands et des autrichiens, en tant que perdants de la guerre, les amènerait à rejoindre le socialisme après la Seconde Guerre mondiale.

Craignant que la misère croissante en Allemagne n'alimente les aspirations socialistes, mais aussi en conséquence du fait que les puissances occidentales ne sont pas parvenues à un accord avec l'Union soviétique sur la stabilisation de l'économie allemande, les puissances occidentales ont réformé la devise dans les zones occidentales d'occupation et ont créé la *République fédérale d'Allemagne*. En réponse, la zone d'occupation soviétique est devenue la *RDA République démocratique allemande* et la Russie a tenté de rallier la partie occidentale de Berlin à la RDA par la mise en place d'un blocus.

Pour la défense militaire, *l'OTAN, l'Organisation du Traité de l'Atlantique Nord* à l'Ouest et, à l'Est, le *Pacte de Varsovie* ont été fondés. L'Allemagne et son ancienne capitale Berlin étaient ainsi divisées et étaient donc la scène de l'opposition Est-Ouest la plus spectaculaire.

1. Les effets de la Guerre Froide sur les pays du tiers-monde

Entre l'Est et l'Ouest, un concours est apparu pour attirer les pays du tiers monde dans la sphère occidentale ou orientale du pouvoir. L'opposition Est-Ouest favorise donc les efforts d'indépendance des colonies détenues par les pays industrialisés occidentaux. Avec l'aide militaire et l'aide au développement, ces pays ont également été attirés vers l'Ouest ou l'Est.

Dans ce bras de fer, l'Union soviétique a réussi à faire de la Chine, du Vietnam et de Cuba des régimes communiste. En Corée, comme en Europe, il y a eu une division. Les Etats-Unis ont réussi à étouffer les aspirations socialistes en Iran à l'époque de Mohammad Mossadegh et au Chili sous Allende, en particulier grâce à l'aide de la CIA.

Les gauchistes tels que les maoïstes en Chine et en occident étaient prédestinés à une connexion avec l'Est et des dirigeants autocratiques, comme *Mobutu Sese Seko* au Congo avec l'Ouest. Cependant, le choix du camp qu'ils rejoindraient n'était pas clair pour tous les pays. *Ho Chi Minh*, par exemple, espérait d'abord unifier le Vietnam avec l'aide des États-Unis et ne rejoignit le bloc de l'Est que lorsque les États-Unis suivirent les traces de l'ancienne puissance coloniale française et se rangèrent du côté de l'empereur sud-vietnamien *Bao Dai*. Même Fidel Castro s'est joint au bloc de l'Est seulement à cause de la résistance des États-Unis contre sa prise de contrôle et des changements sociaux.

En dehors de la crise des missiles cubains, les différents entre l'Est et l'Ouest étaient plus prononcé à la frontière du bloc de l'Est, c'est-à-dire en Europe et au Proche, Moyen et Extrême-Orient.

Du côté occidental, pour contenir l'Union soviétique différentes alliances se sont crées comme l'OTAN en Europe le SEATO en 1954 (Organisation du Traité de l'Asie du Sud-Est) en Asie de l'Est, et en 1955 le CENTO (Organisation du

Traité Central) au Proche et Moyen-Orient. Le SEATO comprenait les pays suivants : Australie, France, Nouvelle-Zélande, Pakistan, Philippines, Thaïlande, Royaume-Uni et États-Unis. Les États contractants du CENTO >>étaient la Grande-Bretagne, l'Irak, l'Iran, le Pakistan et la Turquie. Les États-Unis avaient le statut d'observateur [230]. <<231

L'Egypte et la Syrie ont résisté à la tentative des puissances occidentales de devenir membre des pactes antisoviétiques. Markus Eckelt écrit : >>Dans les années 1950, un plan a été annoncé par la CIA pour financer une invasion de la Turquie afin de mettre fin à la coopération de l'Etat syrien avec l'Union soviétique. L'invasion des marines américaines au Liban en 1958 a accru la crainte de l'ingérence américaine dans la région. Les pressions diplomatiques américaines pour forcer la Syrie et l'Egypte à faire pression dans le Pacte antisoviétique de Bagdad ont échouées et ont intensifié leur rapprochement avec l'Union soviétique. [232]<<233

La lutte de l'Ouest et de l'Est avec les états devenus indépendants après la Seconde Guerre mondiale est représentée comme suit par la station de télévision russe RT sur l'exemple de la Syrie : >>Avant même que la communauté internationale des états ait reconnu l'indépendance de la Syrie, l'Union soviétique avait déjà établi des relations diplomatiques avec Damas en 1944. Quelques mois après l'expiration du mandat français en octobre 1945, la Syrie a conclu le premier accord important avec l'URSS. Le 1er février 1946, les deux états ont signé un traité secret stipulant que l'URSS soutiendrait la Syrie dans les affaires étrangères et dans la construction de ses forces armées. Dans les années 1950, le Kremlin a cherché à améliorer les relations avec les États arabes pour endiguer l'influence croissante des États-Unis.

Au tournant de l'année 1954/55, une guerre menaçait d'éclater entre les membres du pacte de Bagdad (Grande-Bretagne, Irak, Iran, Pakistan et Turquie) et la Syrie, qui refusait de rejoindre le pacte. Les soviétiques se sont précipités afin d'aider la Syrie, garantissant qu'ils la défendraient contre des menaces similaires à l'avenir. Dans le contexte de cette menace, Damas a accepté en 1955 un important achat d'armes et un accord commercial avec l'Union soviétique. Au cours des années suivantes, la Syrie a signé d'autres accords économiques avec l'Union soviétique et d'autres états socialistes. Le commerce a fortement augmenté. En 1957, l'URSS a de nouveau soutenu Damas contre l'agression turque. Le Kremlin a envoyé un petit escadron d'aviation en Syrie.

La phase de la République Arabe Unie (1958-1961), lorsque l'Égypte et la Syrie ont fusionné en un seul État, a entraîné une brève rupture de ces relations. Après le retrait de la Syrie du réseau étatique, les deux pays ont rétabli des contacts étroits. Ils ont réconcilié les fournitures d'armes, un programme d'aide agri-

---

230 Guy Hadley: CENTO: The Forgotten Alliance. ISIO Monographs, University of Sussex,
    UK 1971, P. 2.
231 https://de.wikipedia.org/wiki/Central_Treaty_Organization.
232 Voir Stäbeli 2001, 32.
233 Markus Eckelt: *Syrien im internationalen System. Die Politische Ökonomie des Ba'th-Regimes vor und nach der doppellten Zäsur 1990, Demokratie und Entwicklung* Bd.64, LIT Verlag. P.34.

cole et d'autres accords. Bien que le gouvernement syrien ait pris des mesures anticommunistes à l'intérieur, Moscou a maintenu ses contacts avec la Syrie, car elle constituait un allié important contre l'influence occidentale au Moyen-Orient.

Après l'arrivée au pouvoir du parti Baas en 1966, le partenariat soviet-syrien a continué de s'améliorer. Depuis que le nouveau gouvernement syrien a suivi un cours plus à gauche, il dépendait du soutien de l'URSS. L'influence soviétique sur la politique intérieure syrienne a augmenté. Moscou considérait maintenant la Syrie comme un pays engagé sur une voie non capitaliste. La perspective d'un développement socialiste s'est ouverte.

Un autre rapprochement entre les deux états a eu lieu en 1967 après la guerre de Six Jours opposant Israël à l'Egypte, la Jordanie, la Syrie et d'autres états arabes. Pour l'armée syrienne, la guerre s'est soldée par une défaite ruineuse. Dès lors, l'occident n'a plus vendu d'armes à la Syrie. La Syrie a comblé ce vide en achetant de grandes quantités d'armes soviétiques. Moscou a envoyé des conseillers militaires. Les contacts avec l'URSS devinrent de plus en plus importants pour les dirigeants syriens, car le pays était politiquement isolé sur le plan interne et externe. Les états du bloc de l'Est ont émis des prêts pour renforcer le secteur public en Syrie.

La prise de contrôle d'Hafiz Al-Assad en novembre 1970 a mis à l'épreuve le partenariat soviet-syrien. Il était, contrairement à la fraction de gauche du parti Baas, politiquement indépendant et moscovite. Cependant, les relations soviet-syriennes ont survécu à cette crise. Damas a promis sa coopération à l'URSS. Assad s'est rendu à Moscou en février 1971. Les deux états ont compté l'un sur l'autre pour atteindre leurs objectifs régionaux stratégiques.

Bien que l'influence des dirigeants soviétiques sur la politique intérieure syrienne ait diminué, la coopération dans d'autres domaines a été renforcée. À partir de 1971, les activités économiques et les livraisons d'armes des pays du bloc de l'Est ont augmenté rapidement. Entre 1971 et 1980, le volume de la promotion économique et technique soviétique a triplé. Au début des années 1970, un quart de l'aide militaire soviétique destinée aux pays en développement allait en Syrie. La stabilité assurée par Assad devint plus importante pour Moscou que l'établissement d'un régime socialiste de style soviétique. Il a mis fin à l'instabilité politique qui sévissait en Syrie dans les années 1950 et 1960.

Pendant la guerre d'octobre 1973 opposant Israël à l'Egypte et à la Syrie, l'URSS a grandement soutenu Damas. À la fin de la guerre, 42 500 tonnes de matériel militaire avaient été livrées. Des conseillers militaires et des ingénieurs de l'Union soviétique ont aidé les forces armées syriennes. Après la guerre, les dirigeants syriens ont de nouveau compté sur l'URSS pour reconstruire leurs forces armées.

Lorsque l'Égypte s'est distanciée du camp socialiste au milieu des années 1970, Moscou s'est retrouvée avec la Syrie pour seul allié fiable au Moyen-Orient. Ils ont travaillé en étroite collaboration pour endiguer la « diplomatie de la navette » menée par Henry Kissinger. Kissinger cherchait à conclure des négociations bilatérales de paix négociées par les USA. En revanche, l'Union soviétique a insisté pour la tenue d'une grande conférence internationale de paix dans laquelle elle a également joué un rôle important.

L'intervention d'Assad dans le premier conflit au Liban en 1976 a provoqué une crise dans les relations entre Moscou et Damas. Les troupes syriennes ont par endroits attaqué les forces palestiniennes de gauche avec lesquelles l'URSS était alliée. Le Kremlin a ensuite réduit son soutien à la Syrie. Cependant, l'Union Soviétique a finalement dû accepter la politique libanaise de la Syrie car elle comptait sur les dirigeants syriens pour influencer efficacement les développements au Moyen-Orient. Le fait que plus de conseillers militaires des pays du bloc de l'Est aient été stationnés en Syrie en 1978 que dans n'importe quel autre pays en voie de développement montre à quel point le pays était important pour le Kremlin.

Dans le contexte de l'aggravation des problèmes de politique intérieure et extérieure, Damas a cherché à établir, dès la seconde moitié des années 1970, des relations encore plus étroites avec l'Union soviétique. Cet effort a abouti en 1980 à un traité d'amitié entre l'URSS et la Syrie. Les syriens ont essayé d'impressionner Moksa. La Syrie était l'un des rares pays musulmans à ne pas condamner l'intervention soviétique en Afghanistan. Les soviétiques ont eu un meilleur accès aux installations portuaires syriennes. Moscou a réussi à repousser plusieurs initiatives diplomatiques occidentales et israéliennes dans le conflit libanais. Damas a rendu cela possible grâce à sa grande influence sur le Liban. <<[234]

À mesure que les pays du Moyen-Orient devenaient indépendants ou que leurs régimes changeaient, ils changeaient souvent de position par rapport à la relation Est-Ouest, comme le montre l'exemple de la Syrie. En outre, la relation Est-Ouest en Asie a changé après la fin de la guerre du Vietnam et le rapprochement opéré entre les États-Unis et la Chine. Le résultat fut que SEATO et CENTO se séparèrent dans les années 1970.

>>A l'initiative du Premier ministre indien Nehru et du Premier ministre yougoslave Tito, en 1955 des envoyés de 23 pays d'Asie et de six pays africains se sont réunis à Bandung, en Indonésie. Ce sont des états qui n'appartenaient à aucun système d'alliance, ni occidental ni oriental. ...

À la suite de la conférence, les 29 états ont adopté plusieurs résolutions. Dans l'une, ils ont condamné « toute forme de colonialisme et de discrimination raciale » et appelé au « respect de la Charte des Nations Unies ». Dans une autre résolution, ils se sont prononcés en faveur d'une « réduction des tensions entre les blocs de pouvoir, du désarmement universel et de l'interdiction des armes nucléaires ». Pour la première fois, la conférence de Bandung a également appelé à des revendications du tiers-monde pour l'égalité des droits et l'égalité de traitement avec les anciennes puissances coloniales. L'esprit de Bandung contribua de manière significative au processus de décolonisation. <<[235] >>120 états étaient membres du mouvement des non-alignés en 2012. <<[236] Les indépendants utilisèrent aussi les tensions Est-Ouest pour obtenir le maximum de soutien des deux côtés, comme l'Egypte pour le financement et la construction du barrage d'Assouan.

[234]rt le 6.08.2016: *Historischer Überblick der russisch-syrischen Beziehungen seit 1946*, https://deutsch.rt.com/der-nahe-osten/39826-historischer-uberblick-russisch-syrischen-beziehungen/..

[235] https://de.wikipedia.org/wiki/Bewegung_der_Blockfreien_Staaten.

[236] Ibid.

2. Le développement du monde musulman et sa résistance à l'européanisation

Les peuples des anciennes civilisations d'Asie centrale et orientale étaient si développés spirituellement et civilement qu'ils ont pu s'ouvrir à l'européisme et même se développer en tant que puissances industrielles. Notamment, le Japon, la Chine et l'Inde, ou sont en train d'y parvenir.

En revanche, les pays musulmans ont eu et ont encore beaucoup de mal à s'ouvrir à l'européisme. Il est bien connu que l'Islam est arrivé environ 500 ans après le christianisme. Par sa propre compréhension, il était un développement du judaïsme et du christianisme. Muhammad s'est appelé le dernier prophète. Le christianisme était donc une religion arriérée pour les musulmans, mais aussi synonyme du diable. En effet, comme Wikipedia écrit : >>L'avocat et théologien Ibn Qayyim al-Ǧauziyya († 1350) énumère cinq communautés non-islamiques : les juifs, les chrétiens, les zoroastriens, les sabiens et les polythéistes. En conséquence, Ibn'Abbās dit : « Il y a six religions : l'une (c'est-à-dire l'Islam) est pour le miséricordieux (Dieu), les cinq autres pour le diable. »

Sourate 2, verset 42 : « Et n'obscurcis pas la vérité avec tromperie et tromperie ... » est déjà interprété par les premiers exégètes du Coran, comme Yaḥyā ibn Salām († 815) [237] citant Qatāda ibn Di'āma, comme suit : «ne mélangez pas l'islam avec le judaïsme et le christianisme ». Dans l'ex-exégète Al-Qurṭubī († 1275) la tendance à donner à l'Islam la priorité absolue sur les autres religions devient encore plus claire : « Ne confondez pas judaïsme et christianisme avec l'Islam, la religion de Dieu, à la place de laquelle rien d'autre n'est acceptable et irremplaçable. Le judaïsme et le christianisme (d'un autre côté) sont une hérésie (Bid'a) ; ils ne viennent pas de Dieu. » [238]<<[239]

En conséquence, un chrétien comme un juif peut devenir musulman, mais la conversion d'un musulman au christianisme est considérée comme un crime mortel. En outre, les premiers califats, construits sur l'hellénisme, avaient un rang culturel et civilisationnel plus élevé que celui des chrétiens de l'époque. Par conséquent, il était inconcevable pour les musulmans d'être gouvernés par des chrétiens.

Les musulmans sont généralement devenus tellement absorbés dans leur soumission mystérieuse à Allah qu'il n'y a rien de plus élevé pour eux que de se plonger dans le Coran. L'éducation et l'individualisme occidentaux sont une abomination et un péché pour eux.

Pour eux l'homme, par sa nature même, est un être de plaisir et de sexe, qui est autorisé à vivre pleinement sa vie seulement au paradis. Corrélativement, les plaisirs paradisiaques sont chantés. Sur la terre, cependant, Allah exige que la jouissance et la vie sexuelle soient soumises à des lois strictes quant à la consommation et à des lois sur les relations de ce genre. En particulier les femmes sont considérées comme des tentatrices notoires de l'homme. Elles doivent être

---

[237] Fuat Sezgin: *Geschichte des arabischen Schrifttump.* Brill, 1967. Band 1, P. 39.
[238] M. J. Kister: *„Do not assimilate yourselvep...“* Lā tashabbahū. In: Jerusalem Studies in Arabic and Islam (JSAI) 12 (1989), P. 321. Anm. 2.
[239] https://de.wikipedia.org/wiki/Dhimma.

dominées par leur père ou leur mari et être enfermés le plus possible et voilés pour des tiers.

Outre le fait que dans la vision islamique, seul Dieu peut être créateur et que la propre action créatrice de l'homme est présomptueuse et presque pécheresse, dans une société où les hommes et les femmes ne sont pas considérés comme des individus libres, on ne peut guère attendre de dynamique créative. Dans cette image religieuse de l'homme, les gens ne pouvaient même pas s'émanciper de leur famille et il fallait continuer à vivre dans une société tribale prémédiévale où la loyauté envers les chefs tribaux ou les anciens était plus grande que celle pour l'état ou le roi.

L'affiliation tribale de la plupart des musulmans au Proche et Moyen-Orient et en Afrique du Nord a survécu jusqu'à ce jour. Wikipedia écrit : >>Le pouvoir des tribus pouvait aller aussi loin que, sur leur territoire, elles ont réduit l'influence de l'état au minimum et l'état doit coopérer avec les anciens tribaux selon le principe de la domination indirecte. La province pakistanaise du Balout-chistan est un exemple typique de domination tribale. [240] Dans les régions kurdes de Turquie et d'Irak, l'influence du tribalisme a augmenté malgré l'urbanisation simultanée depuis les années 1980 [241]<<[242].

>>En Afrique du Nord et au Moyen-Orient, avec une population majoritairement musulmane, les musulmans s'identifient aux unités tribales dans la plupart des cas, tandis que les minorités chrétiennes sont fragmentées en de nombreuses sectes qui assurent la cohésion sociale de leurs membres. La revendication universelle de direction religieuse et politique soulevée par l'Islam est idéologiquement incompatible avec l'aspiration des tribus à l'autodétermination politique. <<[243] L'ancienne orientation tribale archaïque sous-jacente aux états islamiques complique en outre le développement de l'individu en un individu confiant et créatif et donc de sociétés démocratiques.

Afin d'avoir des disciples fidèles, les dirigeants islamiques ont acheté ou enlevé des garçons dès le Moyen Âge, les transformant en soldats loyaux seulement à eux. Par conséquent, des armées privées telles que les Mamelouks en Égypte et plus tard les Janissaires des sultans ottomans ont émergé. Les garçons étaient de préférence enlevés ou achetés à des parents chrétiens des Balkans.

Il n'est donc pas surprenant que les idées et les idéaux occidentaux dans les pays islamiques - mais qui s'appliquent aussi à d'autres colonies - aient été principalement pris en charge par un personnel militaire initialement recruté par les puissances coloniales comme troupes auxiliaires. Les militaires étaient alors ceux qui se battaient pour l'indépendance et essayaient de se moderniser et d'industrialiser leurs pays. Ils ont également adopté des formes démocratiques de gouvernement, mais sont toujours retombés dans les dictatures militaires lorsque leurs idéaux laïques progressistes de la société étaient mis en danger. Ce déve-

---

[240] Boris Wilke: *Governance und Gewalt. Eine Untersuchung zur Krise des Regierens in Pakistan am Fall Belutschistan*, P. 20.
[241] Martin van Bruinessen: *Innerkurdische Herrschaftsverhältnisse: Stämme und religiöse Brüderschaften*. epd-Dokumentation, Evangelischer Pressedienst, Juli 2003, P. 9–14.
[242] https://de.wikipedia.org/wiki/Volksstamm
[243] Ibid.

loppement peut être clairement vu en Turquie après Kemal Atatürk, mais aussi dans d'autres états islamiques.

En conséquence, l'armée relativement laïque a été inspirée non pas par des idéaux religieux, mais par des idéaux nationalistes. Les réformes ont été particulièrement soutenues par les commerçants, les industriels et une classe moyenne émergente.

Pour la majorité de la population musulmane, les militaires et les groupes de soutien ont été perçus comme des corps étrangers en raison de leur attitude laïque. Notamment un mode de vie laïque de la population, incluant l'interdiction du port du foulard islamique par Kemal Atatürk, a émergé. Ainsi, il y avait une scission dans la société islamique : d'une part les militaires, l'intelligence en développement, les commerçants et industriels transfrontaliers, vivant principalement dans les villes et, d'autre part, les masses, en particulier les ruraux musulmans.

En outre, il existait des tensions sociales entre les différents groupes religieux : chrétiens, druzes et autres, mais aussi entre les sectes islamiques, dont certaines contiennent encore des éléments zoroastriens de l'époque préislamique, tels que les alaouites, les alévis, les yézidis, mais avec les kurdes qui étaient plus ouverts aux idées modernes que les orthodoxes sunnites et chiites.

Avant la mondialisation, les différents groupes religieux vivaient ensemble pacifiquement. La religion majoritaire était, en quelque sorte, celle de l'état et les adeptes d'autres religions devaient tout au plus payer des impôts spéciaux depuis Mahomet, mais étaient également exemptés du service militaire.

En outre, les militaires dans des pays individuels étaient surtout soutenus par des minorités religieuses. La majorité de l'armée syrienne était constituée d'alaouites auparavant méprisés par la majorité sunnite. En revanche, en Irak, la majorité chiite était dominée par des militaires contrôlés par les sunnites.

Les tensions entre les deux principaux courants islamiques de l'Islam étaient les plus fortes : les sunnites et les chiites, dont la controverse séculaire sur la vraie doctrine et la succession légitime de Mahomet a éclaté à nouveau.

La plus grande impulsion pour la résurgence de l'islamisme politique, qui a d'abord uni toutes les tendances islamiques, a probablement été la fondation d'Israël. Selon l'opinion islamique, l'état islamique, fondé sur une religion encore plus arriérée que le christianisme, a fondé un état qui était également attaché aux idéaux sociaux occidentaux et a fait d'Israël un pays industrialisé moderne.

La fondation d'Israël signifiait non seulement la séparation d'un pays conçu comme arabe, mais c'était aussi une provocation religieuse et sociale. En outre, Israël s'est avérée être de loin supérieure aux états musulmans en termes de puissance militaire et économique, et a permis aux pays musulmans de ressentir constamment leur retard économique et social. Mais la frustration de la vie est le déclencheur le plus efficace pour la radicalisation politique.

Tant que la prospérité générale était à peu près garantie par la modernisation, les classes supérieures sécularisées pouvaient se maintenir dans les états islamiques. Cependant, à mesure que la répartition des revenus et des richesses s'est aggravée au détriment des masses musulmanes, les classes dirigeantes sont devenues corrompues et le chômage a augmenté, entraînant des troubles sociaux. Les masses islamiques, désavantagées par le développement économique, ont tendance à blâmer l'*européisme* pour leurs problèmes sociaux. Par conséquent, le social se mêlait aux motifs islamistes et les islamistes ont, comme en Egypte, même infiltré l'agitation sociale d'origine afin d'obtenir plus de liberté et de démocratie. En conséquence, lors des élections, les islamistes se sont renforcés et ont menacé d'arracher le pouvoir aux élites laïques. Les puissances laïques ont résisté en interdisant les partis musulmans, en les excluant des élections ou en manipulant les élections en leur faveur. Mais cela a d'autant plus radicalisé les forces musulmanes.

Ainsi, dans le monde musulman s'est développé un mélange de motivations sociales, ethniques, nationalistes et religieuses et d'interventions économiques, politiques et militaires des pays industrialisés, qui ont vu leurs intérêts menacés. Cela a entraîné le chaos économique, social et politique actuel au Proche et Moyen-Orient et en Afrique du Nord.

Dans ce qui suit, j'essaie de rendre perceptible l'interaction entre différentes forces politiques dans les différentes régions. Quiconque connaît le développement des pays islamiques ou le lecteur pressé peut sauter cette déclaration ou l'utiliser à titre de référence uniquement pour les pays individuels. Ils sont écrits à cet effet dans une police spéciale.

2.1 Perse / Iran

Le potentiel de conflit de l'Iran d'aujourd'hui vers le reste du monde émerge de

1. sa position en tant que centre de l'islam chiite opposé à la majorité de l'islam sunnite et
2. sa défense islamique radicale contre l'européisme.

>>L'empire achéménide (également connu sous le nom de l'ancien empire perse) fut le premier empire perse. Il s'est étendu à partir de la fin du 6ème siècle avant J-C. À la fin du 4ème siècle avant J-C il se trouvait dans les régions des états actuels de Turquie, Chypre, Iran, Irak, Afghanistan, Ouzbékistan, Tadjikistan, Turkménistan, Syrie, Liban, Israël, Palestine et Egypte. L'Empire achéménide s'est développé pour la première fois en 550 av. J-C sous Cyrus II par l'annexion des empires des Mèdes. Pendant le règne de ses successeurs des expansions plus importantes ont eu lieu avec un point culminant en 500 avant J-C où des parties des états actuels de Libye, Grèce, Bulgarie, Pakistan ainsi que des zones dans le Caucase, le Soudan et l'Asie centrale ont été atteintes. En l'an 330 av. J-C, Alexandre le Grand a mis fin au règne des Achéménides. <<[244]

>>Après une histoire mouvementée, la Perse devint islamique 1000 ans plus tard, vers 600 après J-C, et après la scission de l'Islam le centre de la direction chiite. De 1501 à 1722, les Safavides gouvernèrent >>une dynastie de prince persan d'Ardabil<<, qui >>établit l'islam chiite comme religion d'État. <<[245]

>>L'ère des Safavides a eu des conséquences fondamentales pour l'état islamique d'aujourd'hui. Sous Ismail, non seulement il réussit à réunir la majorité des zones et des régions peuplées d'iraniens, mais aussi à créer le germe d'une « conscience nationale » perse et ainsi que la base de l'État iranien actuel. <<[246] Avec cela la Perse est devenue aussi le grand antagoniste de l'Empire ottoman se développant à partir du XIIe siècle.

---

[244] https://de.wikipedia.org/wiki/Ach%C3%A4menidenreich.

[245] https://de.wikipedia.org/wiki/Safawiden.

[246] https://de.wikipedia.org/wiki/Safawiden.

>> A partir de 1514, pendant un siècle, l'Empire ottoman et l'Empire safavide furent impliqués dans une guerre presque continue qui tournait autour de la domination du Caucase et de la Mésopotamie. [247] Les deux empires étaient les plus puissants du Moyen-Orient. Cette rivalité a été particulièrement approfondie par les différences dogmatiques entre les deux royaumes. Les Ottomans étaient sunnites, tandis que les Safavides étaient des musulmans chiites fanatiques ... et étaient considérés comme hérétiques par les Ottomans. [[248]]<< [249]

>> La guerre ottomane-safavide de 1623-1639 fut la dernière d'une série de conflits militaires entre l'Empire ottoman et l'Empire perse safavide, impliquant l'occupation de la Mésopotamie. << >>Le Traité de Qasr-e Schirin, établi le 17 mai 1639, a finalement clarifié la frontière ottomane-perse. <<[250]

Quant à la confrontation de la Perse avec la mondialisation émanant de l'Europe, la Perse a souffert des luttes expansionnistes russes dans le Golfe Persique et de la Grande-Bretagne, et plus tard, surtout des Etats-Unis, provoquées par les aspirations expansionnistes soviétiques.

Comment les pays musulmans ont été contraints de

1.   se séculariser pour se développer
2.   devoir se défendre contre les revendications des Etats européens,
3.   en même temps s'opposer au conflit européen Est-Ouest, et
4.   ces défis ont également conduit à des soulèvements de la population islamique,

sont également des facteurs importants dans le développement de la Perse, ou plus tard l'Iran.

>>Jusqu'en 1828, le Caucase a perdu face à la Russie et la Russie avait son mot à dire dans la succession des Shahs iraniens. La Grande-Bretagne a réalisé que de vastes zones de l'Iran oriental sont devenues une partie de l'Afghanistan. [251] ...

Le fait que le gouvernement du Shah était à peine capable de collecter des taxes a ouvert la porte à l'influence économique des états européens. Ceci était principalement dû à l'octroi de concessions, qui donnaient aux étrangers une partie de l'économie contre le paiement de petits impôts, tels que la construction du réseau télégraphique, les droits de pêche, l'exploitation des banques ou l'exploration pétrolière à partir des années 1860. Le point culminant de ce développement a été atteint avec le Tobacco Monopoly pour un consortium britannique menant à un boycott complet du tabac et au retrait de la concession - le premier mouvement réussi des commerçants - du clergé et des intellectuels contre les dirigeants. [252]

Le clergé a pu se distinguer dans ce milieu en tant que gardien des intérêts nationaux et s'est développé un islam militant sous l'influence d'intellectuels comme Jamal ad-Din al-Afghani. Lorsque le Shah voulut faire d'autres concessions à la Russie en 1905 face à une faillite de l'Etat, des mois d'agitation ont eu pour conséquence que l'Iran a établi son premier parlement. Le 5 août 1906, il adopta la première constitution qui fut étendue en 1907. [253] Il envisageait une séparation des pouvoirs basée sur le modèle occidental, mais aussi la compatibilité de toutes les lois avec la charia [254][255][256] et

---

[247] Ibid.

[248]Caroline Finkel: *Osman's Dream: The Story of the Ottoman Empire 1300-1923*, P. 104-105.

[249] https://de.wikipedia.org/wiki/Osmanisch-Safawidischer_Krieg_(1623%E2%80%931639).

[250] Ibid..

[251] Monika Gronke: *Geschichte Irans, Von der Islamisierung bis zur Gegenwart*, P. 87.

[252] Monika Gronke: P. 92.

[253] Wilhelm Litten: *Die neue persische Verfassung. Übersicht über die bisherige gesetzgeberische Arbeit des persischen Parlaments*. In: Beiträge zur Kenntnis des Orients: Jahrbuch der Münchener Orientalischen Gesellschaft. 6 (1908). P. 1-51, (online auf archive.org).

[254] Mahnaz Shirali: *The Mystery of Contemporary Iran*, P. 23-25.

[255] Monika Gronke: P. 97.

un organe de surveillance de cinq clergés. Cette constitution est restée en vigueur sur papier jusqu'en 1979. Ainsi, la révolution constitutionnelle a mis fin à la monarchie absolue en Iran. [257][258]<<[259]

Mohammed Ali, couronné Shah de Perse le 19 janvier 1907, ne voulait pas partager le pouvoir absolu d'un Shah avec un parlement … et voulait reconvertir la monarchie constitutionnelle, qui existait depuis 1906, dans l'ancienne forme de gouvernement absolutiste. Il était soutenu par le clergé conservateur, qui rejetait les institutions démocratiques nouvellement introduites comme trop laïques et trop occidentales. Pour le clergé, le nationalisme était une idée étrangère, occidentale et fondamentalement incompatible avec l'islam. Alors que certains ecclésiastiques ont soutenu la révolution constitutionnelle, ils l'ont fait principalement en raison de l'opposition aux concessionnaires occidentaux. [260]<<[261]

>> Le règne de Mohammed Ali Shah allait cependant inclure un traité qui représente un nouveau niveau d'ingérence dans l'intégrité de l'État Perse. Le Traité de Saint-Pétersbourg, signé par les ministres des Affaires étrangères de la Russie et de la Grande-Bretagne le 31 août 1907, divise la Perse en trois zones, une zone russe, une zone britannique et une zone neutre. La zone russe comprenait la zone au Nord de la ligne (grossière) Kermanshah - Yazd - Sarakh, et les britanniques la partie Sud-Est du pays (aujourd'hui Iran-Baloutchistan). Après la signature du traité en Iran en septembre 1907, il y eut des démonstrations et des protestations dans tout l'Iran. <<[262]

>>Le différend entre le régent et le parlement sur la politique future s'est élargi dans une lutte de pouvoir, dans laquelle la Grande-Bretagne et la Russie sont intervenues directement en juin 1908. Elles ont fait pression sur le gouvernement et le parlement afin qu'ils cèdent aux vœux du Shah. À la fin du mois de juin 1908, des combats ouverts éclatèrent dans les rues autour du parlement entre les troupes parlementaires et les troupes loyalistes. Un peu plus tard a également éclaté le combat de rue à Tabriz. Tout le pays était dans la tourmente. <<[263]

>> Une partie des troupes régulières, dirigée par Mohammad Vali Khan, a nié le Shah et les partisans ont défilé de Mazandaran à Téhéran pour soutenir le mouvement constitutionnel. << En raison des troubles qui ont suivi, Mohammed Ali a abandonné le trône en faveur de son fils et s'est exilé en Russie. >>Les Pahlavi sont arrivés au pouvoir en 1925 en tant que successeurs des Kajars. Ceux-ci avaient été abandonnées à la suite d'une décision parlementaire du 31 octobre 1925. Le 12 décembre 1925, le parlement décida d'élever Reza Khan au rang de Shah. Il a été nommé Reza Shah Pahlavi. << [264]

>> Les deux monarques de la dynastie Pahlavi poursuivirent une politique de modernisation et de sécularisation, parallèlement à l'occupation du pays pendant la Première Guerre mondiale par les troupes russes, britanniques et turques et pendant la Seconde Guerre mondiale par les troupes britanniques et soviétiques. Après cela, il y eut une influence étrangère répétée, comme la fondation d'une République Autonome d'Azerbaïdjan avec l'aide soviétique ou un coup d'État organisé par la CIA en 1953. <<[265]

Le contexte de ce coup d'état de 1953 était la nationalisation des installations de production et de raffinage du pétrole contrôlées par BP et les craintes que l'Iran ne s'éloigne de l'Ouest et ne tombe

[256] Michael Axworthy: *Revolutionary Iran: A History of the Islamic Republic*, P. 28.
[257] Ervand Abrahamian: *A History of Modern Iran*, P. 47-48.
[258] Monika Gronke: P. 97.
[259] https://de.wikipedia.org/wiki/Iran.
[260] Cyrus Ghani: *Iran and the Rise of Reza Shah. From Qajar Collapse to Pahlavi Rule*, P. 8.
[261] https://de.wikipedia.org/wiki/Mohammed_Ali_Schah.
[262] Ibid.
[263] Ibid.
[264] https://de.wikipedia.org/wiki/Pahlavi_(Dynastie).
[265] https://de.wikipedia.org/wiki/Iran.

sous le pouvoir du bloc de l'Est. Dans la lutte de pouvoir iranienne, le Premier ministre de l'époque, Mossadegh, et ses partisans, y compris le Parti communiste, ont fait face au Shah, à l'armée, mais aussi au clergé. La répression de l'opposition libérale, communiste et islamiste qui en a résulté a conduit à des tensions multiples qui ont culminé avec la révolution de 1979 et le renversement du Shah. <<[266]

>>Le clergé chiite (Uléma) a toujours exercé une grande influence sur la population iranienne religieuse et conservatrice et a rejeté les influences occidentales dans la société iranienne : << Dans ses écrits, le dirigeant révolutionnaire Khomeiny se réfèra directement aux constitutionnalistes pendus en 1909 Sheikh Fazlollah Nuri et les décrit comme un modèle qui avait combattu pour la suprématie de la religion dans le système politique iranien. Nuri avait affirmé à l'Assemblée constituante qu'un clerc chiite devrait revoir chaque loi votée par le parlement pour s'assurer qu'elle ne contredise pas les lois de l'Islam, sinon ce serait vain. <<[267]

Des décennies plus tard, se sont produits les affrontements attendus entre le clergé et Reza Shah Pahlavi, qui a remplacé les lois et les tribunaux islamiques jusque-là valides en 1927 par un système juridique occidental moderne, interdit le port du hijab et introduit l'éducation mixte dans le écoles <<[268]

Ainsi, en 1963, le religieux chiite Ruhollah Khomeini s'est opposé avec véhémence au programme de réforme du Shah, appelé plus tard la révolution blanche .... Khomeini y a vu une attaque contre l'Islam dans le programme, qui se concentrait sur la réforme agraire, l'autonomisation des femmes et une campagne d'alphabétisation. <<[269]

Khomeiny a été assigné à résidence, a été arrêté et a finalement dû quitter l'Iran. En exil >>l'œuvre la plus importante de Khomeyni est apparue : L'Etat Islamique (1970). Dans ce travail, il a développé le principe d'état du Welayat-e-faghih (« règle du juriste suprême »). Dans son agitation, il a réussit peu à peu à discréditer l'idée du progrès social en ciblant l'occident, qui était l'une des bases du programme de réforme du Shah, et à développer sa propre idéologie islamique du progrès. Il a rappelé la critique de Jalal-e Ahmad sur l'occidentalisation de l'Iran. Al-e Ahmad a parlé de l'occidentalisation (Gharbzadegi) comme d'un fléau qui a empoisonné la société iranienne. [270] Une autre contribution importante à la réorientation de l'Islam chiite rétrograde a été la publication d'Ali Shariati. Pour lui, l'Islam a montré le chemin de la libération du tiers monde sous le joug du colonialisme, du néocolonialisme et du capitalisme. [271] Morteza Motahharis sermons populaires sur la lutte de l'islam chiite contre l'injustice dans le règlement du successeur Mohammad a fait le reste pour mobiliser son public pour la nouvelle lutte contre les injustices présumées du régime Shah.

L'un des thèmes centraux de Khomeiny était que la révolte, et en particulier la lutte des martyrs contre l'injustice et la tyrannie, devait être au centre de l'islam chiite [272] et que les musulmans ne devraient suivre ni la voie occidentale (libéralisme et capitalisme) ni la voie orientale (communisme). <<[273]

Le développemane de l'Iran révèle comment la population musulmane, dirigée par son clergé, se tourne non seulement contre l'occident, mais aussi contre ses propres élites laïques. Alors que l'isla-

---

[266] https://de.wikipedia.org/wiki/Iran.

[267] https://de.wikipedia.org/wiki/Islamische_Revolution.

[268] Ibid.

[269] Ibid.

[270] Sandra Mackay: Iranianp. 1996, P. 215.

[271] Nikki R. Keddie: Modern Iran. 2003, P. 201ff.

[272] *The Last Great Revolution Turmoil and Transformation in Iran*, von Robin WRIGHT.

[273] https://de.wikipedia.org/wiki/Islamische_Revolution.

misme politique revitalisé se tourne contre l'*européisme*, et en particulier contre les confessions islamiques concurrentes, et se sent obligé de remettre en question politiquement l'existence d'Israël, les États à dominante islamique sont une menace constante pour la paix mondiale. Cependant, il ne faut pas oublier qu'Israël provoque constamment le monde islamique avec sa politique de colonisation et son expansionnisme.

Après la révolution chiite en Iran, les conditions sociales au sens de la charia islamique ont été réorganisées et, bien sûr, le libre développement du peuple a été restreint. Il est révélateur de l'attitude envers l'intelligentsia occidentale que le Conseil révolutionnaire, sur instructions de Khomeiny le 4 juin 1980, a décidé de « fermer toutes les universités du pays et de commencer une révolution culturelle ». Khomeini n'était pas sûr de l'appui des étudiants et des professeurs et dit : « Nous n'avons pas peur des attaques militaires, nous avons peur des universités coloniales [274]. Le contexte était la perturbation du discours d'Alī Akbar Hashemī Rafsand-schānīs en avril 1980 dans la faculté de médecine. Les mots « Les universités sont plus dangereuses que les grenades à main » [275] du 17 décembre 1980 ont mis au premier plan les préoccupations de Khomeini. <<[276]

Techniquement, cependant, l'Iran a essayé de rattraper l'occident, et comme il poursuivait un objectif de prestige dans le développement de l'énergie nucléaire, l'Iran était perçu par le reste du monde comme une menace pour la paix mondiale.

De toute façon, l'occident était hostile au nouveau régime, parce que l'Iran avait abandonné la phalange des forces de confinement occidentales contre l'Union soviétique, totalement nationalisé l'industrie pétrolière et arrêté l'influence occidentale sur la production pétrolière. En outre, les États-Unis étaient l'ennemi principal idéologique de l'Iran. L'Iran a construit son ordre social basé sur la religion comme une alternative à l'image américaine de l'homme et de la société.

L'Irak sous Saddam Hussein, avec une minorité sunnite mais dominé par une population majoritairement chiite, devait craindre que l'Iran n'influence la majorité chiite en Irak, qu'il a opprimée. Cependant, Saddam Hussein voulait également intégrer les zones pétrolières iraniennes. Nous y reviendrons dans le traitement de l'Irak.

L'Arabie Saoudite, qui, avec les principaux lieux de pèlerinage du monde islamique - la Mecque et Médine - se considère comme le centre même du monde islamique et représente le véritable islam sunnite, dans sa version wahhabite radicale. Il ressent un état chiite comme une provocation religieuse et un danger politique dû à sa représentation unique du vrai Islam.

L'opposition religieuse déjà existante entre chiites et sunnites était encore aggravée par un contraste entre l'Iran et l'Arabie Saoudite, comme l'écrivait Daniel Steinvorth, Abd al-Aziz ibn Mohammed al-Saoud le 21 avril 1802, les habitants et les pèlerins chiites, qui, ce jour-là, célébraient une fête en l'honneur du martyr Ali ont été victimes d'une descente et le pèlerinage a terminé dans un bain de sang. >>Al-Saoud n'était pas que à propos de l'argent et des bijoux, il s'agissait aussi d'une mission religieuse. << Il était engagé dans le wahhabisme. >>Les Chiites à ses yeux s'étaient tellement éloignés de la pure doctrine de l'Islam qu'ils ne pouvaient plus être considérés comme des Musulmans. Mais comme des apostats. <<[277]

---

[274] Bahman Nirumad, Keywan Daddjou. Chomeini. P. 343.

[275] Bahman Nirumad, P. 343.

[276] https://de.wikipedia.org/wiki/Ruhollah_Chomeini.

[277] Daniel Steinvorth: *Quelle des Terrors*, in: Der Tagesspiegel Nr. 23 175/ 16.7.2017,Geschichte S 2.

2.2 Afghanistan

Afin de comprendre les conditions sociales et politiques en Afghanistan, l'interaction des conditions suivantes doit être considérée :

1. la diversité ethnique de l'Afghanistan,
2. les relations politiques avec les pays voisins,
3. L'Afghanistan en tant que jouet de la mondialisation orientale et occidentale et de la résistance religieuse contre
4. le développement des milices en Afghanistan à la suite de la dissolution de la structure sociale traditionnelle et de l'ordre étatique.

2.2.1 Pluralité éthique en Afghanistan

Wikipédia écrit : >>La population du pays estime qu'elle appartient à une multitude de groupes ethniques et de tribus, et pour des raisons historiques, les Pachtounes se considèrent souvent comme le peuple porteur de l'état. Souvent, plusieurs groupes ethniques vivent dans des zones de peuplement où aucun recensement n'a était fait et que donc la population ne peut qu'être estimée. La catégorisation en groupes ethniques n'est pas claire, car l'auto-identification et l'usurpation d'identité diffèrent souvent.

Les données sur la taille et la population des groupes ethniques ne peuvent donc pas être données en valeurs concrètes mais seulement dans des domaines spécifiques. Les informations suivantes décrivent la population de l'année 2009. [[278]]<< [279]

Les >> Pachtouns, historiquement "Afghans", sont les fondateurs et l'homonyme du pays. Ils représentent environ 42% de la population. [[280]] Les plus grands sous-groupes sont les Durrani (Sud et Ouest) et les Ghilzai (Est). [[281]] Les Pachtounes sont associés à plusieurs tribus nomades, en particulier les Kuchi avec environ 5 millions de personnes. << [282] Les Pachtouns sont organisés en tribus, >>clans et grandes familles qui reposent sur des ancêtres communs. Jusqu'à aujourd'hui aucun sentiment nationaliste n'existe pour la plupart des Pachtounes ruraux. Chaque tribu est plutôt considérée comme une association et considère les autres tribus en partie comme étrangères et hostiles. Ainsi, à la fin du 19ème siècle (et dans certains cas jusqu'à ce jour) les deux plus grandes tribus pachtounes, Durranis et Ghilzai, étaient ennemies. Jusqu'au début du XXe siècle, les Durranis et les Ghilzai étaient considérés comme deux groupes ethniques distincts. <<[283]

>> Les Pachtounes sont majoritairement musulmans sunnites. << Par conséquent, leur société <<est principalement déterminée par le système tribal avec son code d'honneur Pachtunwali strict, fortement influencé par l'islam orthodoxe, <<[284] >> Le Pachtunwali est un code de conduite et de droit commun, désigné par les chercheurs européens comme un code d'honneur ou « chemin des pathans » (Espagne). Il est d'origine préislamique et montre, selon Enevoldsen, une origine indo-européenne ancienne, mais certaines pratiques, telles que la Badal (vengeance), rappellent les caractéristiques de la religion abrahamique.

---

[278] Conrad Schetter: *II. Strukturen und Lebenswelten – Stammesstrukturen und ethnische Gruppen*, P. 124.
[279] https://de.wikipedia.org/wiki/Afghanistan#Ethnien.
[280] https://www.cia.gov/library/publications/the-world-factbook/geos/af.html.
[281] Aghanistan – Provincial Overviews, Afghanistan Tribal Map (Memento vom 28. April 2015 im Internet Archive).
[282] https://de.wikipedia.org/wiki/Afghanistan#Ethnien.
[283] https://de.wikipedia.org/wiki/Paschtunen.
[284] Ibid..

Les termes les plus importants du Pachtunwali comprennent :
- l'hospitalité (Melmastya)
- la vengeance (Badal), littéralement «échange» (voir aussi vengeance sanglante)
- la cohésion de la famille
- le droit d'asile (Pana) <<[285]

>> Pour le règlement des conflits, la jirga (« assemblée ») est convoquée, au niveau national la Loya Jirga (« Grande Assemblée »). Les parties en conflit (Gond) sont réconciliées par la Jirga. Si nécessaire, les décisions de la Jirga sont appliquées par les Zalwechti, un exécutif de 40 hommes. ... Les décisions de la Jirga sont contraignantes. <<[286]

La combinaison du tribalisme extrême et de la religiosité sunnite orthodoxe rend difficile la construction d'un état avec une société et des formes de comportement laïques.

>> Les Tadjiks, qui représentent environ 27% de la population, sont le deuxième plus grand groupe du pays. « Tadjik » est un terme général pour la population de langue persane en Afghanistan, souvent appelé « parsiwan » (« porte-parole persan ») ou, à l'Est et au Sud, « Dihgan » et « Dihwar » (« propriétaire de village » [287]) Les Tadjiks ne forment pas un groupe ethnique au sens strict, il n'y a pas de démarcation culturelle, sociale ou politique reconnaissable avec les autres groupes. En occident, ils sont la continuation directe de la population iranienne de langue iranienne, au Nord de la population persane de l'Asie centrale. Ils forment également la majorité dans la plupart des villes. [288] ....

Les Hazara, également de langue persane mais en grande partie chiites et d'origine mongole, représentent environ 9% de la population. En raison de leur affiliation ethnique et religieuse, ils ont été persécutés et tués en Afghanistan.

Les Ouzbeks, l'un des nombreux peuples turcs d'Asie centrale, représentent environ 9% de la population.

En outre, il y a plusieurs petits groupes, parmi lesquels Aimaken (4%), Turkmènes (3-4%), Baloutches (2%), Nuristani et de nombreux autres groupes ethniques (4%). <<[289]

Edda Schlager écrit : >>Encore et encore, l'instabilité de l'Etat afghan est retracée à la multitude de tribus différentes. Conrad Schetter du centre de recherche pour le développement de Bonn ne s'oppose toutefois pas à une surestimation de l'origine ethnique des conflits en Afghanistan. Schetter voit plus d'un « problème de démarcation ethnique et de la passivité de nombreux afghans envers leur groupe ethnique ». Pour beaucoup d'afghans, les villages, les vallées, les familles élargies, les tribus et les groupes religieux représentent bien davantage la base de leur identité politique. <<[290]

[285] Ibid..

[286] https://de.wikipedia.org/wiki/Paschtunwali.

[287] R. Ghirshman: Afghanistan, (ii) ethnography, in The Encyclopaedia of Islam. New Edition, CD-ROM Edition v. 1.0 ed. , Leiden, Niederlande.

[288] R. Ghirshman: Afghanistan ibid

[289] https://de.wikipedia.org/wiki/Afghanistan#Ethnien.

[290] Edda Schlager: *Paschtunen, Tadschiken, Nuristani. Wer sind die Afghanen?*, http://www.scinexx.de/dossier-detail
- 408-11.html.

2.2.2 Les relations politiques avec les pays voisins

L'Afghanistan est >>un pays enclavé en Asie du Sud à l'interface du Sud et de l'Asie centrale, voisine de l'Iran, du Turkménistan, de l'Ouzbékistan, du Tadjikistan, de la République populaire de Chine et du Pakistan. <<[291] Pendant plus de 2 000 ans, l'Afghanistan a appartenu aux grands empires, qui étaient alternativement gouvernés par des perses ou des grecs à l'époque d'Alexandre le Grand, ou par des Mongols, des nababs indiens et d'autres. Le plus longtemps et le plus fréquemment l'Afghanistan appartenait à la Perse.

Le Pachto, langue pachtoun, est la « langue officielle » par décret royal depuis 1936, mais le persan est la langue majoritaire [292] et, depuis le Moyen Age, la langue administrative et culturelle dominante de la région. La langue littéraire écrite du persan a été la langue officielle et administrative depuis la fondation de l'Afghanistan. Plus de la moitié de la population de l'Afghanistan ... parle un dialecte du persan comme langue maternelle. ... [293]]<<[294]

Ethniquement, les afghans sont proches des iraniens. En Afghanistan, plus de 99,9% de la population est musulmane, dont environ quatre cinquièmes sont pour la plupart des sunnites hanafis et un cinquième des chiites imamites. << [295] En revanche, selon le recensement de 2011, >>99,4% des citoyens iraniens sont musulmans. ...[296]. On estime que de 89% à 95% des Iraniens se déclarent être de la religion d'état des chiites duodécimains et les 4% à 10% restants de l'islam sunnite [297]. <<[298]

L'Iran, en tant que centre de l'islam chiite, cherche à influencer les chiites et à agir en tant que missionnaires dans l'Afghanistan voisin, et en particulier à empêcher un gouvernement déterminé par des talibans strictement sunnites. Afin d'éliminer l'influence occidentale et surtout américaine sur l'Afghanistan, l'Iran a également contribué à déstabiliser l'Afghanistan en soutenant les talibans. Alors que l'Iran est opposé aux missionnaires religieux iraniens, L'Afghanistan nécessite le soutient de l'Iran comme contrepoids au Pakistan, qui a longtemps soutenu les talibans afin d'obtenir une influence politique sur l'Afghanistan.

La plus grande population en Afghanistan sont les Pachtounes (environ 12 millions de Pachtounes), qui ont considérablement influencé le développement politique de l'Afghanistan. En 1747, le pachtou Ahmad Shah Durrani >>fonda un royaume pachtoune indépendant que l'on peut considérer comme le prédécesseur de l'Etat moderne d'Afghanistan. << [299] Son empire s'étendait parfois de l'Est de l'Iran moderne jusqu'au Nord de l'Inde.[300] Dans l'histoire de l'Afghanistan, il y a donc aussi une association étroite avec le Pakistan et l'Inde.

>> Toutes les analyses linguistiques disent que les pachtounes sont originaires du Pakistan d'aujourd'hui. Ils ont profité des conflits entre les moghols et les safavides pour devenir complètement

---

[291] https://de.wikipedia.org/wiki/Afghanistan.

[292] CIA World Factbook: Afghanistan.

[293] Ch. M. Kieffer: *Languages of Afghanistan*. In: Ehsan Yarshater (Hrsg.): Encyclopædia Iranica, Stand: 2009,einges ehen am 20. 9 2015 (engl., inkl. Literaturangaben.)

[294] https://de.wikipedia.org/wiki/Afghanistan#Sprachen.

[295] https://de.wikipedia.org/wiki/Afghanistan#Religion.

[296] Ervand Abrahamian: *A History of Modern Iran*, P. 77.

[297] Jacques Leclerc: *L'aménagement linguistique dans le monde – Iran*, Université Laval Québec, 1. März 2015, Abge rufen am 8. 7. 2015.

[298] https://de.wikipedia.org/wiki/Iran#Religion.

[299] https://de.wikipedia.org/wiki/Afghanistan.

[300] https://de.wikipedia.org/wiki/Ahmad_Schah_Durrani.

indépendants d'une part et devenir eux-mêmes des dirigeants d'autre part. En outre, environ 23 millions de pachtounes [301], soit presque deux fois plus de pachtounes, vivent au Pakistan.[302]

Après les deux premières guerres anglo-afghanes, la Grande-Bretagne réussit en 1893 avec la ligne Durand à délimiter ses possessions coloniales dans l'Inde britannique (aujourd'hui le Pakistan) contre l'émirat d'Afghanistan. ... La ligne de démarcation a été délibérément placée à travers des zones de peuplement pachtounes, ce qui a conduit à la division de certaines tribus pachtounes, comme le Kharoti , et à la séparation de centaines de villages afghans. Environ un tiers du territoire afghan est tombé aux mains des britanniques. La puissance coloniale britannique visait également à mieux protéger la frontière Nord-Ouest de son territoire en établissant une zone tampon stratégique, alors l'Inde britannique, contre la Russie tsariste en expansion. [303]<<[304] La rupture de l'habitat pachtoune n'a jamais été surmontée et est également la cause des problèmes politiques actuels entre le Pakistan et l'Afghanistan et des problèmes militaires dans la zone frontalière inexplorée.

>> En 1947, l'Etat du Pakistan a été fondé comprenant les zones pachtounes. La Loja Jirga afghane de 1949 déclara alors la ligne Durand invalide puisque l'accord initial avait été convenu avec les britanniques et non avec le gouvernement pakistanais; La Convention de Vienne sur le droit des traités, selon laquelle un traité bilatéral ne peut pas être contesté par une opposition unilatérale, n'a été ratifiée ni par l'Afghanistan ni par le Pakistan. ... [305]. << [306] L'Afghanistan, pour sa part, a déclaré qu'il ne reconnaissait plus la séparation des zones pachtounes de l'Afghanistan et l'a donc revendiquée.

À l'appui de sa revendication, l'Afghanistan s'est penché davantage vers l'Inde et l'Union soviétique d'alors. Cela mit le Pakistan dans une position de double front, d'une part contre l'Inde, contre laquelle il devait encore lutter dans le conflit interminable sur le Cachemire, et d'autre part avec l'Afghanistan. C'est pourquoi le Pakistan a toujours cherché à se lier plus étroitement à l'Afghanistan et a ainsi contrecarrer les tendances laïques en Afghanistan, d'abord à cause de l'attachement de l'Afghanistan à l'Union soviétique et plus tard à cause de l'influence occidentale et aussi des talibans.

>>Après 1992, les conflits ethniques ont été marqués par les affrontements entre moudjahidines. Les dirigeants traditionnels d'Afghanistan étaient les pachtounes, ils forment aussi la grande majorité du mouvement taliban. La chute du régime des talibans en 2001 a donné à une alliance des tadjiks, des hazaras et des ouzbeks la possibilité de faire appliquer un accord sur la division du pouvoir. Les pachtounes ont depuis été soumis à des attaques de représailles. Il y avait aussi des conflits entre sunnites et chiites sous les talibans. <<[307]

>>Le public a repris conscience de la ligne de démarcation, à peine possible à surveiller, suite à la lutte anti-terroriste qui a suivi les attentats du 11 septembre. Les combattants talibans et les partisans d'Al-Qaïda ont été relativement libres dans la région, trouvant protection dans la région autonome pachtoune du Pakistan. Ainsi, établir une frontière officielle pour la paix et la stabilité des deux pays est d'une importance capitale et joue un rôle clé dans les négociations de paix. <<[308]

---

[301] Jörg Mittelsten Scheid: *Pulverfass Pakistan*..

[302] https://de.wikipedia.org/wiki/Paschtunen.

[303] Habibo Brechna: *Die Geschichte Afghanistanp*.

[304] https://de.wikipedia.org/wiki/Durand-Linie.

[305] http://afghanic.de/images/Docs/Durand%20Line%20Agreement.pdf Durand Line Agreement 12 1.1893, consulté le 11. 12. 2014.

[306] https://de.wikipedia.org/wiki/Durand-Linie.

[307] https://de.wikipedia.org/wiki/Afghanistan#Ethnien.

[308] https://de.wikipedia.org/wiki/Durand-Linie.

Syed Irfan Ashraf écrit : >>Lorsque les États-Unis ont attaqué l'Afghanistan en 2001, une foule hétéroclite de milliers de combattants étrangers a fui la ligne Durand - ... - et s'est répandue dans les sept districts des zones tribales sous l'administration fédérale (FATA). Au cours des quelques années qui ont suivi, les nouveaux arrivants ont établi des réseaux avec des groupes radicaux locaux de pachtounes et, ensemble, ils ont pris le contrôle des territoires semi-autonomes des FATA. Depuis lors, les zones pachtounes sont devenues (...) les zones de recrutement les plus importantes pour les terroristes, et les jeunes peu éduqués affluent de tout le Pakistan pour être entraîné par des « guerriers divins » locaux dans la lutte armée, afin d'attaquer les forces étrangères « incrédules » en Afghanistan de l'autre côté de la frontière. Les talibans ont réussi à faire de la ceinture tribale du Pakistan un centre de formation pour les radicaux.

Au début de leur règne de terreur, les militants ont d'abord brisé l'ordre politique et social dans les régions tribales montagneuses et ont assassiné plus de 8 000 personnes ciblées comme les chefs des groupes talibans et les soi-disant chefs tribaux. En 2007, la violence dans les territoires des FATA a continué à augmenter. Les premières unités de jeunes sans emploi ont été suffisamment formées pour apporter la terreur dans les zones adjacentes de Pakhtunkhwa et aider les talibans afghans de l'autre côté de la frontière. Les terroristes avaient cinq ans pour conquérir toutes les régions pachtounes du Pakistan et de l'Afghanistan depuis les terres tribales reculées, tandis que les dirigeants d'Islamabad détournaient les yeux. <<[309]

Ce n'est que lors des émeutes de juin 2007 à la suite d'un soulèvement dans la mosquée rouge (Lal Masjid), qui a paralysé la capitale, qu'Islamabad a été >>ébranlée, et les gens éveillés. Finalement, l'armée a assiégé la Mosquée Rouge et a mis fin aux émeutes d'étudiants qui duraient depuis 18 mois. Des étudiants armés qui résistaient ont été abattus, et l'assaut a causé la mort d'une centaine de squatters dans la mosquée. En réponse, des radicaux d'autres écoles coraniques et djihadistes ont attaqué l'Etat pakistanais. Les radicaux soutenus par Al Qaïda dans les zones tribales attendaient une telle opportunité.

Après que les forces de sécurité ont lancé un total de neuf opérations militaires - toutes dans le territoire à prédominance pachtoune - le Pakistan est devenu un champ de bataille. La tentative de l'État de mettre fin à la violence par la contre-violence a conduit à encore plus de violence. Une chose, cependant, a été clarifiée par cet épisode tragique : l'extrémisme religieux ne fait pas partie de la culture pachtoune (comme on le croyait au Pakistan). Au contraire, les années de tolérance officielle du djihadisme ont conduit à la diffusion d'académies religieuses et de groupes de « guerriers divins » et à une radicalisation généralisée du Pakistan et de l'Afghanistan. <<[310]

>>Quand, après 2001, les cadres d'Al-Qaïda sont arrivés dans les zones tribales, les nationalistes pachtounes et les anciens tribaux craignaient que le spectre de la guerre ne revienne. En outre, les talibans avaient une interprétation très stricte de l'islam, en soi incompatible avec la culture pachtoune. Pour ces raisons, les pachtounes, à l'esprit national et progressiste, ont résisté aux talibans et à Al Qaïda dans les vastes zones tribales. Cependant, ils ont dû passer beaucoup de temps avant que les forces de sécurité ne battent les talibans dans la vallée de Swat au début de l'année 2009. << [311]

[309] Syed Irfan Ashraf: *Paschtunen in Pakistan: Warum der Krieg gegen den Terror verloren geht*, https://www.boell.de/de/navigation/asien-Pakistan-Warum-der-Krieg-gegen-den-Terror-verloren-geht-DSAFGHANISTANII-13515.html.

[310] Syed Irfan: Ashraf: Paschtunen in Pakistan ... I

[311] Ibid.

2.2.3 L'Afghanistan comme un jouet de la mondialisation orientale et occidentale et de la ésistance religieuse contre la mondialisation

Wikipédia écrit : >> En Afghanistan, les intérêts coloniaux russes et britanniques (The Great Game) sont entrés en collision. Depuis l'établissement de la marine impériale russe par le tsar Pierre le Grand, la politique d'expansion de la Russie a été d'avancer dans l'océan Indien et d'y construire un port sans contraintes météorologiques (gel). Afin de prévenir cette mission de la Russie, les britanniques ont tenté en vain de défendre l'Afghanistan de 1839-1842. Quand ils se retirèrent, ils ont été attaqués >>au col du Chaibre et tous les soldats, dont 690 Britanniques et 2840 Indiens, mais aussi 12 000 civils ont été tués. <<[312] C'est seulement dans une autre guerre, de 1878-1880, que les britanniques réussirent à s'affirmer en Afghanistan.

Une marionnette a été installée >>comme roi. Dans le même temps, les britanniques ont repris la politique étrangère afghane pour les 40 prochaines années. En raison de nombreux soulèvements en Afghanistan en 1893, le pays fut divisé par la ligne Durand par les britanniques qui incorporaient la zone Sud-Est (les provinces pakistanaises actuelles NWFP, FATA et une petite partie du Balochistan) de la colonie de la Couronne indienne. <<[313]

En mai 1919, l'Afghanistan tenta de s'affranchir des aspirations coloniales britanniques et, finale-ment, en menaçant de se rapprocher de la Russie, le 8 août 1919, il réussit à ce que « l'Afghanistan soit reconnu comme un État souverain et indépendant par la Grande-Bretagne ». Cependant, une grande partie des zones perdues a été attribuée à la colonie de la Couronne indienne ou l'État du Pakistan actuel. >> L'Afghanistan indépendant était un tampon entre les intérêts russes et britanniques. << [314]

>>Depuis 1933, Mohammed Sahir Shah (Mohammedzai) a dirigé un royaume constitutionnel. Cepen-dant, Sahir Shah a inauguré un revirement démocratique en Afghanistan. .... Les politiques progres-sistes et occidentales de Shah n'étaient pas incontestées parmi la population afghane. [315] Après la chute de Daoud dans la révolution de Sawre en 1978, le parti démocratique populaire d'Afghanistan dirigé par Nur Muhammad Taraki s'empare du pouvoir à Kaboul, et institue la République démocratique d'Afghanistan. « Avec le soutien de l'Union soviétique, une transformation sociale a été tentée, com-prenant l'alphabétisation de la population rurale[316].<< >>En renforçant le gouvernement laïc de l'Afgha-nistan, il fallait empêcher la propagation de l'islam radical dans les républiques soviétiques d'Asie centrale (Turkménistan, Ouzbékistan, Tadjikistan et Kirghizistan). [[317]]<<[318]

>>En particulier, la laïcisation forcée, l'impuissance et l'expulsion partielle de groupes précédem-ment privilégiés ont rapidement conduit à une résistance généralisée, qui a été rapidement soutenue et financée par la CIA. Environ 30 groupes de moudjahidin ont été fondés pendant cette période. Il y avait aussi des conflits politiques et des luttes de pouvoir au sein de la DVPA. Avec l'assassinat de Tarakis en septembre 1979, Hafizullah Amin a repris le pouvoir et a tenté de réprimer la résistance. En consé-quence, la guerre civile a dégénéré. <<[319]

---

[312] https://de.wikipedia.org/wiki/Afghanistan.

[313] Ibid.

[314] Ibid.

[315] Sophie Mühlmann: *"Vater der Nation" Sahir Schah begraben*. In: Welt Online. 24. Juli 2007 (welt.de [abgerufen am

1. Juni 2016).

[316] https://de.wikipedia.org/wiki/Afghanistan

[317] Joseph J. Collins: *Understanding War in Afghanistan*.

[318] https://de.wikipedia.org/wiki/Sowjetische_Intervention_in_Afghanistan.

[319] Ibid..

>> Pour lutter contre les troubles civils internes, Taraki avait demandé à plusieurs reprises et de toute urgence une assistance militaire soviétique depuis la fin de 1978. A cette époque, l'Union soviétique, entre autres en raison du risque élevé lié à la politique étrangère, a rejeté l'aide militaire. Cependant, alors que le KGB craignait qu'Amin puisse s'appuyer sur l'occident et appeler les forces de l'OTAN pour sécuriser son pouvoir, les voix appelant à une intervention militaire temporaire au sein de la direction de l'URSS ont augmenté. Lorsque les relations avec l'occident ont atteint un nouveau creux après le double décret de l'OTAN du 12 décembre 1979, cette position a prévalu, et Leonid Ilitch Brejnev a donné l'ordre. Le but de cette invasion était d'établir à Kaboul un régime prosoviétique, dominé par Moscou, et de pacifier de force le pays tout en sécurisant le flanc sud de l'Union soviétique. <<[320]

>> Avec l'invasion des troupes soviétiques en décembre 1979, la guerre civile s'est transformée en guerre de dix ans par procuration entre le pouvoir d'occupation soviétique et la guérilla islamique (mujahed-din) soutenue par les Etats-Unis, l'Arabie saoudite et le Pakistan. <<[321] >>Le gouvernement soutenu par les soviétiques sous le président Mohammed Najibullah a pu tenir jusqu'à la prise de Kaboul par les moudjahidin en 1992. [[322]] En avril 1992, l'État islamique d'Afghanistan a été créé par l'Accord de Peshawar. Après cela, il y eut plusieurs batailles entre différentes milices tribales avec et contre le gouvernement résidant à Kaboul. <<[323]

>>Le 27 septembre 1996, les talibans ont envahi Kaboul et établi l'émirat islamique d'Afghanistan, qui n'était reconnu que par le Pakistan, l'Arabie saoudite et les Émirats arabes unis. Cependant, le gouvernement de l'État islamique d'Afghanistan, auquel appartenait le Ministre de la défense Massoud, est devenu le gouvernement internationalement reconnu de l'Afghanistan (basé aux Nations Unies). <<[324]

>>En octobre 2001, les Etats-Unis ont lancé une invasion de l'Afghanistan à travers une alliance militaire sous leur direction << parce que les Etats-Unis identifient des membres d'Al-Qaïda d'origine saoudienne, comme Oussama ben Laden, basé dans l'émirat taliban et allié avec les talibans, comme les auteurs des attentats terroristes du 11 septembre 2001. > A la fin de 2003, un Loja Jirga constituant a été convoqué pour ratifier la nouvelle constitution afghane en janvier 2004. <<[325]

Les talibans et les adversaires religieux de toute sécularisation sont entrés dans la clandestinité. Pour la reconstruction, le dépassement du retard et la protection contre les attaques des différentes milices, le gouvernement démocratique laïc en Afghanistan a été soutenu politiquement, économiquement et militairement par les états occidentaux.

Nous comprenons clairement, à partir de ce qui précède, comment l'Afghanistan est entré dans le collimateur de la mondialisation russe et britannique, et pourquoi les forces traditionnelles et surtout religieuses se sont rebellées et se rebellent encore contre les influences étrangères.

2.2.4 *Le développement et le rôle des milices en Afghanistan*

Les milices sont des groupes armés qui se forment spontanément pour des motifs criminels, politiques, nationaux, mais aussi religieux ou de défense commune. Souvent, c'est aussi une combinaison de ces motifs ou les motifs changent avec le temps.

---

[320] Ibid..
[321] https://de.wikipedia.org/wiki/Afghanistan.
[322] Nikolas K. Gvosdev: *The Soviet Victory That Never Was*. Foreign Affairs 10. Dezember 2009.
[323] https://de.wikipedia.org/wiki/Afghanistan.
[324] Ibid..
[325] Ibid..

Les milices se financent, recrutent des militants et poursuivent souvent leurs objectifs à travers des activités criminelles, telles que le chantage, les prélèvements obligatoires, le vol et les actes de violence, voire la terreur. La transition vers les gangs criminels est fluide. Cependant, leurs actions ne sont illégales que si elles ne sont pas encore dominantes et reconnues comme autorité publique par d'autres pays.

Les milices émergent principalement quand l'ordre d'état échoue ou ne peut pas être appliqué partout en raison de son inefficacité. C'était aussi le cas en Afghanistan. Comme on le voit, la laïcisation favorisée par la Russie et la Grande-Bretagne a rencontré l'opposition des tribus religieuses vivant dans les tribus et les clans avec une orientation fortement patriarcale de la population rurale d'Afghanistan. Lorsque le gouvernement populaire démocratique a été soutenu par les troupes soviétiques, la lutte contre les occupants russes est même devenue une tâche nationale. D'innombrables milices se sont formées, lesquelles, bien que dépourvues de combattants légaux, furent énormément renforcées militairement par de nombreux pays et pour les motifs les plus divers.

Claudia Hangen cite Sayed Yaqub Ibrahimi, qui travaille pour *Institute for War and Peace Reporting (IWPR)*, basé à Londres depuis mars 2004 : >> « Les seigneurs de guerre, comme les talibans, sont des fondamentalistes. Il y a 20 chefs de guerre dans tout l'Afghanistan, dont certains occupent même des postes clés dans le gouvernement de Hamid Karzaï », explique Sayed Yaqub Ibrahimi. ... En tant que l'un des rares journalistes indépendants de l'état multiethnique, il a des contacts avec tous les groupes politiques et ethniques du pays. <<[326]

Les milices étaient pour la plupart secrètement soutenues par le Pakistan parce que ce dernier voulait avoir un gouvernement ami à Kaboul qui ne coopérait ni avec les russes ni avec les indiens. Les puissances occidentales, et surtout les Etats-Unis, ne voulaient pas d'un Afghanistan socialiste dépendant de l'Union soviétique. L'Arabie saoudite était principalement préoccupée par un développement séculaire étouffant et voulait, si possible, un état radicalement sunnite.

Comme on le sait, il a été possible d'expulser les soviétiques d'Afghanistan et de renverser le gouvernement de gauche. Mais les milices étaient devenues si fortes et, pour consolider leur pouvoir, avaient annexé les tribus ou assassiné les anciens tribaux, de sorte que l'ordre tribal traditionnel était en grande partie détruit et que les talibans radicaux restaient le seul pouvoir traditionnel de l'ordre. Ils sont également difficiles à combattre dans la région montagneuse qui présente beaucoup de risques d'accidents.

Le rôle d'Abdul Rashid Dostum témoigne de manière flagrante du rôle des chefs de milices dans le développement et la politique de l'Afghanistan. Wikipédia écrit : >>Abdul Rashid Dostum (...) est un ancien chef de milice afghan. ... Dostum est considéré comme un représentant de la minorité ouzbèke. Pendant l'occupation soviétique, il est devenu général dans l'armée gouvernementale afghane. Après le retrait des soviétiques, il a construit sa propre milice, avec laquelle il a combattu dans des alliances changeantes et a pris le contrôle de plusieurs provinces dans le Nord du pays. Après la conquête de ses bastions nordiques par les talibans en 1997 et 1998, il s'est enfui en Turquie. En 2001, il est retourné en Afghanistan. Depuis la chute des talibans la même année, il a été membre du gouvernement dirigé par Hamid Karzaï et a pu reprendre une partie de son ancienne position de pouvoir dans le Nord du pays. <<[327]

>>Dostum est l'une des personnes les plus controversées de l'histoire afghane récente. [[328]] Les organisations de défense des droits de l'homme lui reprochent de nombreux crimes de guerre graves,

---

[326] Claudia Hangen: *Die Macht der afghanischen Warlords*, http://www.heise.de/tp/artikel/28/28370/1.html.
[327] https://de.wikipedia.org/wiki/Abdul_Raschid_Dostum.
[328] Frank Clements: *Conflict in Afghanistan*, S.74 ff.

et son contrôle sur les provinces du nord est considéré comme brutal. Ses forces tchétchènes Melli sont accusées de pillage et de mauvais traitements de civils dans la région de Kaboul entre 1992 et 1995, [329] ainsi que de milices lors des deux reconquêtes de Masar-e Sharif et de ses environs en 1997 et 2001. Ils ont également été accusés d'expulser, d'abuser et de tuer délibérément des milliers de pachtounes et de massacres de talibans capturés. Il était également connu pour son changement d'alliées : entre 1979 et 2001, il a presque eu toutes les factions comme alliées ou comme opposantes . [330]

Mais le même Dostum est également à l'origine du développement d'un système de gestion efficace dans les territoires dominés : il a réussi à créer un cadre pour une économie florissante à l'échelle nationale et, jusqu'à ce que les talibans conquièrent Mazar-e-Sharif en 1997, il a tenu à distance les batailles qui ont eu lieu dans tout le pays de la région depuis l'invasion soviétique. La ville de Masar-e-Sharif était généralement considérée comme la dernière île de paix et de prospérité en Afghanistan dans les années 1990. À cela s'ajoute le facteur que Dostum était le seul chef de milice qui n'était pas islamiste. En dépit de son régime autoritaire, sa politique laïque a permis aux habitants des territoires qu'il contrôlait d'obtenir une liberté personnelle inégalée dans le reste du pays. Lorsque dans le reste de l'Afghanistan les talibans ont refusé aux femmes de travailler et aux filles d'être scolarisées, environ 1 800 femmes étudiaient dans la région de Dostum à l'université Balch de Masar-e Sharif, la plupart sans besoin de dissimulation. En même temps, des musiciens et des danseurs célèbres, qui n'étaient plus autorisés à se produire à Kaboul, se réfugiaient dans les territoires dominés par Dostum[331][332]<<333

Ce chef de milice a été ministre sous la présidence de *Hamid Karzaï* et, après les dernières élections du 5 avril 2014, même vice-président sous le nouveau président *Ashraf Ghani*. Néanmoins, Dostum est toujours le chef de la milice et joue également avec des cibles militaires qu'il ne peut pas imposer au gouvernement mais qui peuvent être réalisées grâce à ses propres ressources de milices. D'*orf.at* rapporte que : Dostum >>a passé des mois à essayer de persuader le gouvernement de lancer une offensive contre les extrémistes dans le Nord du pays, a écrit le New York Times cette semaine [20.08.2015]. Cependant, après n'avoir apparemment pas été auditionné par le Conseil de sécurité nationale de son pays, il a pris lui-même la direction de la mission - selon la devise « Retour aux sources ». En juillet, il a appelé sa milice aux armes, transformé son palais de la province de Jowzjan à la frontière avec le Turkménistan en un centre de commandement et a annoncé qu'il allait de là coordonner son combat contre les talibans dans les provinces voisines de Faryab et Sar-e Pol. De nombreuses milices locales, dont beaucoup possédant des armes lourdes, l'ont rejoint « malgré une campagne de désarmement coûteuse », écrit le journal américain. <<334

La situation politique instable en Afghanistan ne peut être mieux résumée que par le fait que son vice-président est également un chef de milice.

---

[329] Human Rights Watch: Blood-Stained Hands: Past Atrocities in Kabul and Afghanistan's Legacy of Impunity Human Rightp. 2005.

[330] Human Rights Watch: World Report, 2003: Events of 2002 (November 2001 – November 2002). HRW 2003. ISB N 1-56432-285-8. P.189 f.

[331] Achmed Raschid: Taliban: *Islam, Oil and the New Great Game in Central Asia.*, p.57.

[332] Angelo Rasanayagam: *Afghanistan: A Modern History*, p.154.

[333] https://de.wikipedia.org/wiki/Abdul_Raschid_Dostum.

[334] http://orf.at/stories/2294465/2294466/.

2.3 L'empire ottoman

Le développement de l'Empire ottoman en République de Turquie constitue l'exemple le plus représentatif, à la fois de la mondialisation précoce ainsi que :

1. des difficultés de la laïcisation d'un pays musulman,
2. et de l'accroissement des tensions sociales internes d'un pays multiethnique avec un nationalisme croissant.

2.3.1 Le développement de l'Empire ottoman.

Wikipédia écrit : >>1299 est traditionnellement considérée comme l'année de fondation de l'Empire ottoman. ... Le 27 juillet 1302, les ottomans menèrent leur première bataille contre une armée byzantine (Bataille de Bapheus / Bataille de Koyunhisar), qui se termina par une victoire des ottomans. Selon l'érudit byzantin Georgios Pachymeres, c'est cette victoire sur une armée byzantine qui a valu la renommée d'Osman dans une grande partie de l'Anatolie. Ainsi le 27 juillet 1302 est considéré comme le jour de la fondation de la dynastie. [335]<<336 >>L'Empire ottoman émergea des restes du Sultanat Rum-Seljuk et fut pendant plusieurs siècles le pouvoir décisif en Asie Mineure, au Moyen-Orient, sur le Balkans, l'Afrique du Nord et la Crimée<<337

>> L'ère de Soliman Ier (1520-1566) est généralement considérée comme l'aboutissement du pouvoir de l'Empire ottoman. Dans l'historiographie ottomane et turque, il était surnommé « Kānūnī » (« législateur ») parce que sous son règne, une série de lois ont été créées, qui devaient combler les lacunes des dispositions de la charia et consolider la loi positive et la codifier. [338] Dans le monde occidental, il est appelé "le Magnifique". Parmi les souverains ottomans, il est également considéré comme l'un des plus grands mécènes d'art. Son règne comprend les chefs-d'œuvre architecturaux de Mimar Sinan. Grâce à de nombreuses campagnes, Suleiman étendit l'empire à l'Ouest, à l'Est et au Sud-Est. <<339

2.3.2 Le déclin de l'Empire ottoman, notamment par son retard vis-à-vis de l'Europe et par sa volonté insuffisante de réformer

>> Même pendant le règne de Suleiman on pouvait constater les premiers symptômes de la crise qui a augmenté au fil du temps et a initié le déclin de l'Empire ottoman. Ainsi, les tımare, fiefs non héréditaires avec lesquels les cavaliers spahi finançaient leurs moyens de subsistance et leur équipement, ont été de plus en plus donnés à des personnes non autorisées, ce qui a conduit à un affaiblissement de cette force armée de base. Comme pratiquement aucun nouveau territoire n'était conquis, il y avait un manque de terres qui auraient pu être intégrées dans le système tımar. Les tımares étaient donc repartis dans des domaines de plus en plus petits, ce qui a également affaibli les Spahis.

Moins les troupes pouvaient se financer grâce à tımare, plus il fallait payer, ce qui mettait la Sublime Porte devant des tâches financières auxquelles elle ne pouvait pas faire face. Les moyens utilisés par les Grands Vizirs et le Diwan pour remédier aux problèmes financiers chroniques de l'empire depuis le XVIe siècle ont aggravé la crise. D'une part, le bail fiscal a été introduit, le soi-disant « malikâne » : le droit de percevoir une certaine taxe était mis aux enchères, ce qui permettait au trésor

---

[335] Devlet-i Aliyye – Osmanlı İmparatorluğu Üzerine Araştırmalar I - Klasik Dönem (1302-1606), P. 17.

[336] https://de.wikipedia.org/wiki/Osmanisches_Reich.

[337] Ibid..

[338] Özay Mehmet: *Fundamentalismus und Nationalstaat*, P. 95.

[339] https://de.wikipedia.org/wiki/Osmanisches_Reich.

public de toucher l'argent tout de suite. Les contribuables, nommés « Mültezim », essayaient en conséquence de retirer beaucoup plus d'impôts de leurs secteurs assignés que les sommes qu'ils avaient dû payer aux enchères, ce qui les rendaient impopulaire dans la population rurale taxable.

En conséquence, la corruption générale s'est répandue dans tout l'Empire ottoman - sans « cadeaux » ou pots de vin rien ne fonctionnait plus au niveau de l'administration. A cela a contribué depuis le 17ème siècle à la vénalité des postes publics. Cela remplissait certes le trésor et surtout les poches des Grand Vizirs et Beylebeys responsables de la répartition des postes vacants avec des sommes considérables. Néanmoins, cela a également contribué à l'émergence de beaucoup de personnel incompétent et sans formation ni éthique pour les tâches respectives, qui essayaient d'amortir les montants investis pour l'achat de ce personnel dans les plus brefs délais. La conséquence en a été une exploitation intensifiée du peuple.

Un autre moyen de restauration des finances publiques était la détérioration répétée des pièces de monnaie en réduisant la teneur en argent de l'Akçe, la monnaie de l'Empire ottoman, en réduisant la taille des pièces de monnaie ou en ajoutant des métaux de base. Le résultat était une inflation significative. En conséquence, les prix augmentaient, ce dont souffrait surtout la population simple. Une autre raison de la baisse de la valeur des pièces de monnaie venait de l'Ouest : comme le commerce atlantique apportait de grandes quantités d'argent de l'empire colonial espagnol en Europe, sa valeur a chuté. [340]<< [341]

>>L'expansion des états chrétiens à l'étranger a eu d'autres conséquences négatives pour l'Empire ottoman. Avec la découverte de la route maritime autour de l'Afrique, les ottomans ont perdu leur monopole sur le commerce avec l'Inde. Bien que les caravanes aient apporté de précieux produits de luxe dans les ports du Levant au cours des 16ème et 17ème siècle via la route des épices et la route de l'encens, leur part dans le commerce mondial a continué de baisser par rapport au commerce atlantique. <<[342]

>> Toujours dans le commerce maritime méditerranéen, les ottomans perdirent de plus en plus d'importance<<[343] >>En 1536, la première reddition des privilèges du Sultan fut signée avec la France, qui accepta le libre échange et transféra en France la juridiction de ses sujets sur le sol de l'Empire ottoman. <<[344]

>> Plus tard, suivirent d'autres redditions avec la France et d'autres pays européens. Ils accordaient des avantages considérables aux commerçants européens de l'Empire ottoman vis-à-vis des commerçants locaux, notamment en matière de tarifs. ... Pour ces droits commerciaux dans l'Empire ottoman, les états européens offraient des tributs ou de l'aide militaire. Cependant, en raison de la forme des traités les marchands ottomans n'avaient aucun avantage commercial dans les états européens. Cela a conduit à long terme à la détérioration de la position économique de l'Empire ottoman par rapport à la concurrence européenne. [345] ...

Le retard dans le développement économique et militaire a conduit au fait qu'au 18ème et surtout au 19ème siècle, les accords, qui étaient encore en partie décrits comme des capitulations, ont eu des conséquences négatives pour l'Empire ottoman. Au 18ème siècle, par exemple, les désavantages commerciaux des marchands ottomans ont conduit à ce que de plus en plus de marchands chrétiens

---

[340] Halil İnalcık und Donald Quataert (Hrsg.): *An economic and social history of the Ottoman Empire*, P. XIX.

[341] https://de.wikipedia.org/wiki/Osmanisches_Reich.

[342] Ibid.

[343] Ibid.

[344] Ibid.

[345] Neumann: *Ein besonderes Imperium (1512-1596)*. In: Kleine Geschichte der Türkei, P. 134.

indigènes soient formellement désignés comme traducteurs et placés sous la protection d'un état européen. Ils ont bénéficié de privilèges commerciaux, mais aussi l'influence de l'État a été ainsi éliminée. [346] Seul l'Empire russe avait en 1808 environ 120 000 grecs orthodoxes sous sa « protection ». [347] <<348 >>Avec les réformes du Tanzimat, les ottomans ont tenté d'endiguer le lent déclin de leur empire, en particulier par rapport aux puissances émergentes et industrialisées de l'Europe. <<349 >>Mais même pendant la Tanzimatära, la faiblesse de l'Empire ottoman signifiait qu'il fallait abolir les traités commerciaux inégaux. Cela s'applique en particulier au traité ottoman-anglais de 1838. Dans le traité de paix de Paris de 1856, bien que la Sublime Porte ait été incluse dans le système de pouvoir européen et que l'État ait été soutenu dans une modernisation conditionnelle, les capitulations étaient néanmoins maintenues. [350]<<351

>>Les navires ottomans furent bientôt techniquement inférieurs à ceux des européens, qui investissaient leurs profits commerciaux dans des innovations techniques telles que le Galéasse. Dans d'autres domaines également, un retard technique des ottomans par rapport à l'Europe chrétienne est rapidement apparu. Les sultans n'étaient pas très novateurs - par exemple, en 1483, Bayezid II avait interdit, sous peine de mort, l'impression de livres à caractères mobiles. Par conséquent, les chrétiens pouvaient produire beaucoup moins cher dans leurs manufactures qui seront créées peu de temps après et ont pu inonder l'empire avec leurs marchandises manufacturées. Il en résulta un chômage parmi les artisans et les ouvriers des villes et une balance commerciale négative dont l'Empire ottoman souffrit de façon permanente depuis le 17ème siècle. Les exportations de denrées alimentaires, telles que les céréales, qui auraient pu compenser le bilan, ont été interdites afin de fournir du pain à la population. Cependant, elles ont été introduites clandestinement dans une mesure suffisante pour surpasser des crises d'approvisionnement répétées.

Le mécontentement grandissant d'une grande partie de la population s'est reflété dans une série de soulèvements tels que les soulèvements de Celali qui ont à peine permis à l'Anatolie de s'installer entre 1519 et 1598. Puisque la population rurale a particulièrement souffert de l'augmentation des pressions fiscales, de l'inflation et de la corruption, de nombreux agriculteurs ont quitté leurs fermes. Ils s'installèrent dans les villes, dans des zones montagneuses inaccessibles ou rejoignirent les rebelles ou les gangs de voleurs en maraude, les soi-disant Levent, qui sont souvent menés par d'anciens Spahis à qui les Timare ne suffisaient plus pour vivre décemment. L'exode rural, dont les conséquences sont encore visibles aujourd'hui dans les problèmes structurels de l'agriculture anatolienne, aggrave encore les problèmes, car sans les paysans, les Timare ne font plus de profits, l'approvisionnement alimentaire de la population devient plus difficile et échappe également à la trésorerie des contribuables.

L'État était largement impuissant face à ces symptômes de crise multiples qui se renforçaient mutuellement. Après la mort de Soliman I. des personnalités déconseillées se sont retrouvées à répétition sur le trône du sultan, comme l'alcoolique Selim II., l'attardé mental Mustafa I, Murad IV. qui n'avait que onze ans lors de son avènement ou encore İbrahim le fou. Ils étaient la plupart du temps sous l'influence de leurs épouses ou mères, le sultan valide, n'avait pas de formation préalable au gouvernement d'un empire et, de plus, n'était pas autorisé à quitter le harem, mais de facto gouvernait le

346 Neumann: *Das kurze 18. Jahrhundert*. In: Kleine Geschichte der Türkei, P. 280.

347 Neumann: *Das Osmanische Reich in seiner Existenzkrise*. In: Kleine Geschichte der Türkei, P. 303 f.

348 https://de.wikipedia.org/wiki/Kapitulationen_des_Osmanischen_Reichep.

349 https://de.wikipedia.org/wiki/Tanzimat.

350 Schölch: *Wirtschaftliche Durchdringung und politische Kontrolle*, P. 409, P. 411.

351 https://de.wikipedia.org/wiki/Kapitulationen_des_Osmanischen_Reichep.

royaume. Donc la fin du 16ème et la première moitié du 17ème siècle est appelé le temps du sultanat des femmes (« Kadınlar saltanatı »). Contre les femmes du harem même les grands vizirs étaient impuissants puisqu'ils étaient nommés ou démis de leurs fonctions à la discrétion des habitants du harem. Durant le gouvernement des femmes, la durée moyenne d'un grand vizir était d'un peu plus d'un an et donc trop courte pour prendre les mesures de réforme nécessaires. <<[352]

Le soi-disant sultanat des femmes s'explique aussi par la perception islamique des relations sexuelles. La femme est pour l'homme principalement une partenaire sexuelle et la mère de ses enfants. Le père quant à lui a aussi une position divine dans les familles islamiques pour les enfants, et selon le Coran, la mère joue un rôle spécial pour les enfants, de sorte que les enfants sont plus liés émotionnellement à la mère qu'au père. Incidemment, quand un nouveau sultan prend ses fonctions, son père est déjà mort. La mère est pour les fils ainsi un conseiller et un interlocuteur plus proche que les épouses. >> Le respect et l'appréciation de Walide sont évidents dans le proverbe islamique : « Le paradis est sous les pieds de la mère ». <<[353]

>>En 1783, la Russie annexa la Crimée et commença son développement économique << En 1792, lors du traité de paix de Jassy, l'Empire ottoman fut forcé d'accepter d'autres pertes territoriales, y compris la région du Dnepr-Bug. <<[354]

> En Égypte, le gouverneur Muhammad Ali Pacha a progressivement pris le pouvoir et liquidé les émirs mamelouks influents. Grâce à une série de réformes, l'Egypte fut bientôt supérieure à bien des égards au quartier général de Constantinople. Muhammad Ali fonda une dynastie dont la domination sur l'Egypte ne prit fin qu'au milieu du 20ème siècle. <<[355]

L'Empire ottoman devint de plus en plus le jouet des puissances européennes. >>La Russie y voyait une chance d'accroître son influence en Europe et, en particulier, d'accéder à la Méditerranée et aux Balkans. La domination ottomane dans les Balkans semblait menacée et la Russie réclamait le contrôle des importants détroits du Bosphore et des Dardanelles. Dans les Balkans, la Russie est entrée en jeu en tant que protectrice des chrétiens orthodoxes. Auparavant, le tsar russe avait tenté en vain de gagner les gouvernements d'Autriche et de Grande-Bretagne pour une division de l'Empire ottoman. La Grande-Bretagne et la France se sont toutefois enfermées dans cette expansion russe. Elles ne voulaient pas que les positions clés tombent entre les mains des russes et soutenaient les ottomans afin de maintenir le statu quo et de garantir ainsi leur propre souveraineté dans l'Europe du Sud-Est sur les frontières ottomanes. <<[356]

2.3.3 La désintégration de l'Empire ottoman en raison des aspirations nationales croissantes de ses différents groupes ethniques

Tant que le nationalisme n'avait pas capturé les peuples de l'Empire ottoman, les différents groupes ethniques et groupes religieux vécurent pacifiquement dans l'Empire ottoman. Les non-sunnites avaient un statut juridiquement inférieur : ils devaient payer une taxe spéciale, mais étaient exemptés du service militaire. Avec l'influence occidentale est venu le nationalisme. >>En interne, l'éveil de la conscience nationale de ces peuples et groupes ethniques a de plus en plus perturbé « l'équilibre délicat entre l'inégalité officielle et la tolérance relative ». [[357]]<<[358]

---

[352] https://de.wikipedia.org/wiki/Osmanisches_Reich.
[353] Esmeray: "*Das Reich der Osmanen*".
[354] https://de.wikipedia.org/wiki/Osmanisches_Reich.
[355] Ibid.
[356] Ibid.
[357] Norman M. Naimark: *Flammender Haß. Ethnische Säuberungen im 20. Jahrhundert*, P. 32.

>> Pour l'Etat multiethnique ottoman, le nationalisme, qui s'est de plus en plus développé dans les groupes indépendants de peuples dans les territoires occupés par eux, devenait donc un problème croissant. >>D'abord, la population serbe a augmenté en 1804 ; en 1830, ils obtinrent une large autonomie. << >>En 1830, la Grèce fut libérée par l'indépendance. <<[359]

>> Le sultan, tout comme les élites conservatrices et libérales de l'empire, voyait avec une suspicion grandissante le fait qu'une petite partie de la classe dirigeante arménienne cherche des réformes et la protection des puissances européennes. ... Les efforts d'indépendance des arméniens se sont intensifiés, ils étaient également soutenus par les partis politiques apparus dans les années 1880. ... En 1890, le parti Dashnak s'est formé, qui a propagé une guerre populaire contre le gouvernement ottoman. [360] Dans la même année les terroristes arméniens ont également commencé les meurtres ciblés contre des fonctionnaires ottomans. [361]

... En retour, le sultan créa à partir de 1891 des unités de cavalerie extraordinaires d'après le modèle des Cosaques dans la tradition d'Akıncı [362] et de Deli [363], qui furent nommées Hamidiye en son honneur. Ils étaient principalement recrutés parmi les tribus kurdes fidèles et étaient récompensés par l'exonération fiscale et le droit de piller. Officiellement, ils étaient censés protéger les frontières avec la Russie, mais dans les faits ils servaient de force de combat nationale contre les arméniens. [364] ....

Le nationalisme croissant a intensifié les tensions déjà existantes entre les arméniens et les kurdes. Celles-ci avaient pour cause le différend sur le soi-disant kischlak (pâturages d'hiver) des nomades bergers kurdes dans les villages arméniens. En outre, les kurdes prélevaient des taxes irrégulières - y compris de force - sous forme d'argent, de ressources naturelles ou de services marginaux auprès des arméniens, qui, comme tous les ressortissants ottomans, subissaient une énorme pression fiscale. Les autorités ottomanes étaient souvent incapables ou peu disposées à protéger les arméniens contre un tel arbitraire. [365] Dans les années 1894-1896, les tensions ont finalement éclaté dans de nombreux pogroms contre les arméniens. <<[366]

En réponse à une rébellion fiscale, des unités militaires extraordinaires turques Ha-midiye ont pris d'assaut les villages indisciplinés en août après plus de deux semaines de combats sanglants. Elles ont tué entre 900 et 4000 arméniens [367] et détruit 32 des 40 villages arméniens de la région. [368]. <<[369] Les aspirations nationalistes des arméniens sont aussi la raison pour laquelle les turcs, après la montée du nationalisme turc, les ont expulsés du territoire qui fait aujourd'hui partie de la Turquie et ont causé leur destruction.

---

[358] https://de.wikipedia.org/wiki/V%C3%B6lkermord_an_den_Armeniern.

[359] https://de.wikipedia.org/wiki/Osmanisches_Reich.

[360] Yves Ternon: *Tabu Armenien. Geschichte eines Völkermordes*, P. 61ff.

[361] Arnold Hottinger: *Sieben Mal Naher Osten. München 1972*, P. 40.

[362] >> un membre des irréguliers - si la plupart non rémunérés et dépendants du vol et de la traite des esclaves - troupes équestres des Ottomans.<< https://de.wikipedia.org/wiki/Ak%C4%B1nc%C4%B1.

[363] >>Brave, héroïque, audacieux, imprudent, fou, fou ... le nom d'un seul cavalier ou d'une association à cheval de troupes provinciales ottomanes qui se battaient avec véhémence contre l'ennemi au combat. Il aurait dû être la charcuterie la plupart du temps intoxiquée par l'opium.<< https://de.wikipedia.org/wiki/Deli_%28Soldat%29.

[364] Tessa Hofmann: *Annäherung an Armenien. Geschichte und Gegenwart*, P. 85f.

[365] Tessa Hofmann: P. 85f.

[366] https://de.wikipedia.org/wiki/V%C3%B6lkermord_an_den_Armeniern.

[367] Stefanos Yerasimos: Azgelişmişlik Sürecinde Türkiye. Istanbul 1977, P. 554f.

[368] Tessa Hofmann: 85f.

[369] https://de.wikipedia.org/wiki/V%C3%B6lkermord_an_den_Armeniern.

Uwe Becker écrit : >>Au cours de ses 600 années d'existence en Europe du Sud-Est et au Moyen-Orient, l'Empire ottoman s'est développé en une communauté multiconfessionnelle. Cela était crucial pour le statut juridique et l'identité politique des sujets appartenant à une communauté religieuse reconnue et autonome (système Millet). <<[370] >>La majorité des non-musulmans travaillait comme paysans. ... Dans les villes, les non-musulmans travaillaient comme artisans, commerçants ou prêteurs d'argent ou dans les disciplines classiques : la médecine, la science, la théologie et la diplomatie. <<[371]

>> La procession triomphale de l'état territorial en Europe occidentale depuis le XVIe siècle et la nouvelle conception de l'état-nation depuis le début du XIXe siècle ont toutefois fondamentalement appelé à la remise en cause de ce système. Dans le domaine du conflit entre intérêts concurrents, sécurité économique, assimilation ethnoculturelle et identification nationale, les fondements de la loyauté politique sont devenus obsolètes et l'empire multinational a perdu sa raison d'être. Dans le contexte de ces développements politiques, économiques et culturels, les conditions de coexistence entre juifs, chrétiens et musulmans dans l'Empire ottoman ont changé ([372]). <<[373]

Les aspirations nationalistes des arabes dans l'Empire ottoman furent alors alimentées par les anglais et les français durant la Première Guerre mondiale et conduisirent l'Empire ottoman à la perte de toutes les régions au Sud et à l'Est de la Turquie actuelle. Jetons un coup d'œil sur le développement des différents pays appartenant à l'ancien Empire ottoman et à la Turquie, qui rêvent d'une renaissance de l'Empire néo-ottoman.

2.4 L'Arabie Saoudite

Les chefs tribaux nomades dans les régions désertiques plus éloignées d'Istanbul jouissaient d'une indépendance relativement importante dans l'Empire ottoman, et cette autodétermination augmentait à mesure que l'Empire ottoman se désintégrait. Les tribus du désert les plus importantes étaient les Hijaz dans la région autour de la Mecque et les Saoudiens qui vivaient dans le Hadj autour de Riyad.

>>La domination des Hashimites sur la Mecque commença au Xe siècle. [[374]]<<[375] >>Hussain I ibn Ali, depuis 1908 le Grand Chérif de la Mecque, commença le soulèvement contre les ottomans pendant la Première Guerre mondiale en 1916. Ce soulèvement était dirigé par Lawrence, soutenu par l'Arabie et le Royaume-Uni. Cependant, les promesses de la Grande-Bretagne d'établir un royaume arabe après la guerre n'ont pas été respectées. <<[376]

Après la victoire des Saoudiens sur les Hachémites en 1926 >>le royaume de Hijaz fut uni au najd et en 1932 en royaume d'Arabie Saoudite<<[377] Les lieux saints islamiques, la Mecque et Médine, entrèrent dans la sphère de pouvoir des Saoudiens.

>>Dès 1500 ... les Saoud gouvernaient l'une des principautés les plus importantes de l'Arabie centrale. ... Muhammad ibn Saoud (règne 1735-1765) a fait une alliance avec Muhammad ibn'Abd al-Wahhab, le fondateur des Wahhabites, en 1744 à Diriyya (maintenant une banlieue de Riyadh). Ibn Saoud a promis que l'interprétation wahhabite du Coran et de la Sunna serait la seule valable dans son futur royaume,

[370] http://www.osmanischesreich.de/kunst-kultur-l/recht-glaube/religi%C3%B6se-koexistens/.

[371] http://www.osmanischesreich.de/geschichte/provinzen/milletsystem/.

[372] Salem Kamel Isam: *Islam und Völkerrecht. Das Völkerrecht der islamischen Weltanschauung*, P.149 ff.

[373] http://www.osmanischesreich.de/kunst-kultur-l/recht-glaube/religi%C3%B6se-koexistens/.

[374] G. Rentz: *Hāshimidp*. In: Encyclopaedia of Islam. 2. Ausgabe, Bd. III, P. 262.

[375] https://de.wikipedia.org/wiki/Hussain_ibn_Ali_(Hedschas).

[376] https://de.wikipedia.org/wiki/Hedschap.

[377] https://de.wikipedia.org/wiki/Saudi-Arabien.

tandis qu'Ibn Abd al-Wahhab, de son côté, a promis de légitimer religieusement la revendication du pouvoir saoudien. << [378]

Daniel Steinvorth écrit : >>Mohammed ibn'Abd al-Wahhāb est né en 1703 à Uyaina comme fils d'un juge. Uyaina était située à Najd, où vivent les nomades et des tribus sédentaires. << >>Deux penseurs devaient inspirer Abd al-Wahhab pendant ses études. L'un d'eux était le fondateur de la plus conserva-trice et la plus petite des quatre écoles de droit sunnites : Ibn Hanbal (780-855). Il a vécu à une époque où certains musulmans essayaient de regarder la religion de façon plus réaliste, par exemple, pour distinguer Dieu et sa Parole. Ibn Hanbal s'est échoué contre cet intellectualisme lointain. Il était con-vaincu du caractère « démodé » du Coran. Il a rigoureusement rejeté une interprétation métaphorique et non littérale de l'Écriture. Parmi les érudits de Najdd, sa faculté de droit a probablement aussi dominé parce qu'elle permettait une vision simple de la religion et répondait ainsi de plus près aux besoins de la population.

Le deuxième penseur dont les écrits inspiraient Abd al-Wahhab était Ibn Taimiya (1268-1328). In-fluencé par les temps chaotiques (l'invasion des mongols, le pillage de Bagdad), ce sombre homme comptait sur toutes les innovations qu'il croyait menacer l'Islam. Toute la philosophie grecque et toutes les formes de soufisme non orthodoxe ne sont que de l'idolâtrie. Même visiter la tombe du Prophète ou célébrer son anniversaire est interdit. Et seul le retour à un islam primitif, tel qu'il avait été vécu par le Prophète et ses compagnons, pouvait « purifier » la religion. Pour atteindre cet objectif, les musul-mans ne devraient pas hésiter à faire la guerre contre leurs ennemis. << [379]

>>Pour le jeune Abd al-Wahhab, il était clair que ses compatriotes avaient aussi trahi l'Islam. Croyant les historiens vraiment critiques, la superstition de son temps était répandue. Les bédouins et les citadins non seulement adoraient les morts, les saints ou les anges, mais aussi les arbres ou les pierres. Dans son Kitab-al-Tauhid (Livre de l'Unité de Dieu), Abd al-Wahhab a condamné ces pratiques comme méritant la mort. Même ceux qui en doutaient méritaient la mort. L'idée de « takfir », c'est-à-dire l'excommunication d'autres croyants, devint l'un des principaux principes du prédicateur. Inévita-blement, cela devait conduire à une confrontation avec tous les non-wahhabites. << [380]

En 1744, le prédicateur a été banni de sa ville natale et s'est réfugié dans une oasis plus au Sud, à Diryya. Là, il a trouvé refuge auprès du chef tribal Mohammed ibn Saud. Ce dirigeant ambitieux et sans scrupule d'un petit émirat jusque-là insignifiant a vite compris qu'il pouvait utiliser l'énorme force explosive de la doctrine Abd al-Wahhab à ses fins militaires. La doctrine Takfir lui a permis de frapper impitoyablement les ennemis, d'embusquer et de voler les villages voisins à volonté, toujours sous la bannière du djihad.

Ibn Saud et Abd al-Wahhab ont conclu un pacte la même année qui était aussi simple qu'ingénieux : Tandis que l'émir déclarait sa volonté d'appliquer la doctrine dans son domaine, le prédicateur lui fournissait une légitimité religieuse. Les conquérants devaient choisir entre la conversion et la mort, et ils devaient aussi jurer obéissance aveugle au nouvel émir. C'est aussi une maxime religieuse d'Abd al-Wahhab, qui est toujours valable aujourd'hui et qui explique pourquoi l'Arabie Saoudite restera une monarchie absolue dans un avenir prévisible.

Dans la première moitié du dix-huitième siècle, son successeur, al-Saoud, réussit à envahir l'en-semble du najd et des parties des régions voisines. Ses successeurs dans la lignée al Saoud sont parvenu durant la seconde moitié du XVIIIe siècle à envahir l'ensemble du najd et des parties des régions voisines. Pour la première fois depuis le 7ème siècle, une grande partie de l'Arabie centrale

---

[378] https://de.wikipedia.org/wiki/Saudi-Arabien.
[379] Daniel Steinvorth: *Quelle des Terrors*, in: Der Tagesspiegel Nr. 23 175/ 16.7.2017,Geschichte S 2-3.
[380] Daniel Steinvorth: S 3.

suivait maintenant une seule autorité et une seule interprétation de l'Islam. Avant sa mort en 1792, Abd al-Wahhab s'est assuré que ses descendants - qui désormais s'appelleraient la famille du cheikh ("Al Ash-Sheikh") - décident également de questions religieuses. <<[381]

>>L'Empire ottoman s'était longtemps limité à observer l'agitation le long de ses frontières, car les steppes et les déserts de l'intérieur de la péninsule arabique n'avaient aucune importance économique ou stratégique pour les ottomans. ... Ce n'est que lorsque les Wahhabites se sont approchés du lieu de naissance du prophète Mahomet que le sultan est devenu nerveux. La nouvelle que "l'Imam" al Saoud avait non seulement étendu son règne en 1803, mais a également fait un travail de destruction là-bas, a finalement alerté l'ensemble du monde islamique ... Sept ans, de 1811-1918, ont été nécessaires pour le Sultan pour que les troupes du vice-roi égyptien Mohammed Ali Pacha et son fils Ibrahim Pacha, convoqués par le sultan, apprivoisent le fantôme du désert<<[382]

La réapparition de l'Arabie saoudite a commencé avec le retour du cheikh Abd al-Aziz de l'exil koweïtien et de la conquête de Riyad en 1902. De plus, ibn Saud allait se révéler être maître de la rivalité entre l'Empire ottoman qui s'affaiblissait et l'Angleterre expansive. Lorsque l'Empire ottoman s'est effondré après la Première Guerre mondiale ... le champ était tout à fait libre pour ibn Saoud. << Il a conquis les lieux saints de la Mecque et de Médine >>le 5 décembre 1925. Depuis lors, et jusqu'à ce jour, les Wahhabites donnent le ton. Un jour plus tard, il se proclama roi, fut immédiatement reconnu par les puissances coloniales européennes, et continua à bâtir son pouvoir sur la péninsule arabique jusqu'à ce qu'en septembre 1932, il établisse le nouveau royaume uni, l'Arabie saoudite.

Le clergé wahhabite, en récompense d'un service fidèle, devait s'assurer que le pays était largement libre de toute influence culturelle étrangère, de la science laïque et de tout ce qui allait à l'encontre du monde archaïque et de l'image de l'homme savant. << [383]

Après beaucoup d'hésitations, Ibn Saud a permis à la California Standard Oil Company de payer 25 000 dollars par an et 1 dollar par tonne de forage dans le golfe persique. C'était le début d'une amitié aussi profitable que problématique.

Pendant la Guerre froide, la maison des Saoud à Washington a été transfigurée en voix pro-américaine la plus importante dans une région par ailleurs hostile. Avec l'augmentation rapide des revenus pétroliers (...), qui fait rapidement de Riyad l'un des clients les plus aisés d'armes américaines, l'alliance s'est solidifiée d'année en année. Les américains considéraient les saoudiens comme un rempart contre le communisme.

Comme le Pakistan, les Saoudiens soutiennent le déploiement des moudjahidine, combattants religieux fanatiques, en Afghanistan, alors occupé par les troupes soviétiques depuis 1980. Leur plan visant à donner aux soviétiques un « Vietnam afghan » a fonctionné. Pour l'ancien conseiller de sécurité américain Zbigniew Brzezinski, il a même initié l'effondrement de l'empire soviétique.

Mais apparemment, personne ne se doutait des conséquences fatales à long terme de cette politique, à savoir l'éducation de milliers d'islamistes radicaux, parmi lesquels le futur leader d'Al-Qaïda, Oussama Ben Laden, un descendant dissident de la classe supérieure saoudienne. En plus de l'argent, l'Arabie Saoudite avait donné aux djihadistes avant tout les fondements idéologiques.

L'idéologie wahhabite a légitimé la lutte contre les communistes « non-croyants » et a également promis le salut aux kamikazes. À travers les mosquées et les prédicateurs, les écoles, les collèges, les hôpitaux et les orphelinats, le pétro-capitalisme saoudien a commencé à exporter un modèle de l'Islam

[381] Daniel Steinvorth: *Quelle des Terrors*, S 3.
[382] Ibid.
[383] Ibid.

à tous les coins du monde depuis les années 1960. Grâce aux antennes paraboliques et à Internet, la mission wahhabite est rendue aujourd'hui plus facile que jamais. <<[384]

La forme wahhabite de l'islam sunnite est la forme la plus archaïque de l'islam sunnite, avec des flagellations, des décapitations publiques, des poignées de main et une oppression extrême des femmes, dans la mesure où les femmes ne sont pas autorisées à l'auto-détermination.

En débloquant les énormes réserves de pétrole, l'Arabie Saoudite est devenue un pays extrêmement riche. Avec seulement une petite population nationale par rapport à ses revenus pétroliers, l'élite sunnite pouvait se permettre de fournir des services de base à chaque saoudien sans avoir à sacrifier leur vie de luxe.

Avec leur compréhension fanatique de la religion, qui a été validée par tout le monde, les Wahhabites se sont sentis appelés à faire du prosélytisme dans le monde entier et à défier d'autres interprétations de l'Islam. Les Wahhabites soutiennent les mouvements sunnites radicaux à travers le monde islamique et financent les mosquées, les madrasas et les guerriers saints. Ben Laden et Al-Qaïda ont également leurs origines en Arabie Saoudite, et les talibans, les EI et les salafistes du monde entier ont été financés par les Saoudiens, quoique moins par la dynastie dirigeante. Avec la richesse en général, l'envie d'aventures politiques et militaires diminue et il s'agit de plus en plus de la propriété et du pouvoir.

Dirigées par de tels intérêts, les puissances au pouvoir travaillent de concert avec les puissances étrangères pour assurer l'intégrité de leur propre état et leur position politique, bien que les alliances soient changeantes. En particulier, l'Arabie Saoudite entretient des liens militaires et politiques étroits avec les États-Unis, même si ces derniers, après la reconnaissance d'Israël, sont devenus le centre du mal pour les musulmans. De plus le fait que les Etats-Unis travaillent aussi avec Israël pour empêcher la prédominance de l'Iran chiite dans la région n'empêche pas cette coopération.

Pour les houtspurs wahhabites, en revanche, il existe un nombre toujours croissant de princes qui perdent leur zèle religieux et qui sont plus enclins à la loterie. Cela et la coopération avec l'occident, et surtout avec les États-Unis ce qui représente une épine dans le pied et, augemente les tensions domestiques.

En outre, parmi les 29 millions de personnes en Arabie Saoudite >>plus de six millions sont des étrangers résidants légalement<<[385], qui travaillent principalement dans les circonstances les plus difficiles et ne bénéficient pas des avantages sociaux des Saoudiens locaux. Environ 10 à 15% sont des chiites. >>Au cours des dernières décennies, et particulièrement depuis 2009, les tensions entre la majorité sunnite et la minorité chiite se sont intensifiées. <<[386] Il y a, bien sûr, des Saoudiens laïcs qui s'opposent à l'oppression religieuse.

Ces différentes factions mettent en danger le pouvoir royal. Donc l'Etat lutte contre les groupes révolutionnaires dans le pays, mais soutient aussi financièrement et / ou militairement des voisins autoritaires révolutionnaires comme Al Sissi en Egypte.

Les Saoudiens ne pouvaient pas se déclarer califes parce qu'ils ne descendaient pas de la famille de Mahomet, mais ils s'appelaient *les gardiens des Lieux Saints*. L'EI est idéologiquement proche du wahhabisme. Mais comme chef de l'IS Abu Bakr al-Baghdadi a déclaré un calife, qui est le chef de tous les Sunnites, il questionne le rôle du roi saoudien en tant que *gardien des lieux saints* et des chefs religieux wahhabites dans leur image de soi en tant qu'interprètes de la vraie foi. Ainsi, l'EI est devenu l'ennemi commun de la famille royale et du wahhabisme. C'est pourquoi les deux régimes sunnite et

---

[384] Daniel Steinvorth: ibid
[385] https://de.wikipedia.org/wiki/Saudi-Arabien.
[386] Ibid.

chiite sont d'accord dans la lutte contre ISIS. Cependant, alors que l'EI perd son statut d'Etat en Irak et en Syrie, seule la Turquie, avec ses ambitions ottomanes, reste une rivale pour mener la suprématie sunnite. Le véritable rival de l'Arabie Saoudite, cependant, est l'Iran, avec lequel elle mène déjà des guerres par procuration au Yémen, mais aussi en Syrie, à propos de la domination religieuse et politique.

L'accord nucléaire et la guerre commune contre l'EI avaient une fois de plus libéré l'Iran de son arrière-goût politique et économique. Alors que le nouveau président américain Donald Trump veut renforcer les sanctions contre l'Iran, l'Arabie saoudite peut se rabattre sur les Etats-Unis, même si les relations saoudiennes ont été mises en cause par les sentiments d'hostilité de Trump à l'égard de l'islam.

2.5 Palestine et Jordanie

La Palestine et la Jordanie actuelle sont devenues un territoire fidèle aux britanniques après l'effondrement de l'Empire ottoman. >>Le gouvernement britannique a pris le contrôle de la Palestine comme territoire sous mandat avec l'intention de créer une zone tampon vers le canal de Suez, [387] bien que de nombreux politiciens et officiers n'étaient pas convaincus de la valeur stratégique de la Palestine. [388]<<[389]

En 1923, en séparant les régions à l'Est du Jourdain, le >> protectorat britannique s'est transformé en émirat de Transjordanie avec Abdallah ibn Husain comme chef de l'Etat. Il était assisté par le général britannique John Bagot Glubb (Glubb Pacha) qui, en 1939, créa la légion arabe comme gardien de la famille royale. ... Le 25 mai 1946 (fête nationale), le mandat britannique a expiré et la Transjordanie a reçu sa pleine indépendance. Abdallah a accepté le titre de roi. <<[390]

Etait associée à ce contrat de fidélité l'obligation de donner aux juifs leur propre état en Palestine.

Les juifs qui ne se sentaient pas reconnus comme des citoyens égaux dans d'autres pays, en particulier en Europe de l'Est, mais plus encore à cause de la persécution des juifs dans l'Allemagne nazie, affluaient en Palestine. La Palestine était pour eux une terre donnée par Dieu. Les immigrants juifs ont suscité la résistance des non-juifs qui y vivent, en particulier des musulmans, non seulement en Palestine, mais aussi dans le reste du monde islamique.

Après la partition de la Palestine en une section juive, qui devint alors Israël, et une partie arabe, des affrontements violents et des guerres se sont immédiatement produits, au cours desquelles Israël a pu s'étendre au-delà de la zone qui lui avait été attribuée aux dépens des palestiniens.

Déjà la première guerre post-partition a pris fin en 1949 par des accords de cessez-le-feu séparés entre Israël et ses voisins arabes sous la supervision des Nations Unies. Ils ont établi des frontières fixes pour Israël, qui comprenait environ 75% du territoire de la Palestine. Une bande sur la côte Sud, s'étendant de Gaza à la frontière égyptienne, est tombée sous l'administration égyptienne, le reste a été incorporé à la Jordanie. Jérusalem était partagée entre Israël et la Jordanie. De nombreux états n'ont pas reconnu la division de Jérusalem. <<[391]

Les palestiniens, qui vivaient auparavant en Israël, ont été en grande partie chassés ou expulsés et se sont retrouvés dans de grands camps de réfugiés subventionnés par l'ONU dans les pays arabes environnants.

---

[387] Benny Morris: *1948 – A History of the First Arab-Israeli War.* New Haven 2008, P. 9-11.

[388] Tom Segev: *Es war einmal ein Palästina – Juden und Araber vor der Staatsgründung Israels,* P. 216 f.

[389] https://de.wikipedia.org/wiki/Pal%C3%A4stinakrieg.

[390] https://de.wikipedia.org/wiki/Jordanien.

[391] https://de.wikipedia.org/wiki/Pal%C3%A4stinakrieg.

>> Dans la guerre de Six Jours entre Israël et les pays arabes en 1967, la Jordanie a perdu tout son territoire à l'Ouest d'Israel. <<[392] En 1988 le roi Hussein a accordé toutes les réclamations sur la Cisjordanie à l'OLP (Organisation de libération de la Palestine), déjà occupée par Israël à ce moment. En fait, en 1980, Israël avait déjà annexé l'Est de Jérusalem comprenant la vieille ville. En outre, Israël a également installé des citoyens juifs dans les territoires palestiniens occupés restants.

En conséquence, l'administration de la bande de Gaza a également déménagé d'Egypte en Israël. >>Le gouvernement israélien a approuvé la construction de colonies juives dans la bande de Gaza. 8 000 colons vivaient sur 40% de la bande de Gaza dans le bloc de colonies de Gush Katif, dans le sud de la bande de Gaza. Ces colonies étaient inaccessibles aux résidents arabes de la bande de Gaza et les coupaient des plages et des champs. A cet effet, un système routier séparé des palestiniens a été construit pour les colons. <<[393]

>> Depuis l'accord de Gaza-Jéricho (également connu sous le nom d'Accord du Caire) en 1994, la bande de Gaza était [principalement] sous l'autorité palestinienne (territoire palestinien) <<[394], mais restait occupée par Israël.

À la suite de ce développement, la haine des palestiniens a augmenté de façon incommensurable et a continué à être alimentée par l'établissement expansif des juifs dans les territoires occupés. En 2005, le Premier ministre israélien Ariel Sharon a imposé le retrait des israéliens de la bande de Gaza, lié au démantèlement de toutes les colonies israéliennes, en raison des troubles incessants et des actes de violence suite à >> de longs conflits intérieurs. Ce retrait est probablement la seule chose que les palestiniens pouvaient accomplir dans leur lutte contre Israël. <<[395].

La résistance palestinienne se composait de :

1. L'organisation laïque de libération de la Palestine (OLP), dirigée par le Fatah, un parti plutôt socialiste. - Elle >>est membre à part entière de l'Internationale Socialiste [[396]] et a un statut d'observateur au sein du Parti Social-Démocrate d'Europe. [397]

2. Les moudjahidin islamiques, d'où le Hamas a émergé.

Après la guerre de Six Jours de 1967, suite à laquelle la bande de Gaza est passée de l'administration égyptienne à l'administration israélienne >>les confréries musulmanes se concentraient dans la bande de Gaza >>sur l'islamisation de leur propre société, comme la construction de nombreuses mosquées et madrassas. A cet effet, elles se différentiaient des influences laïques, gauchistes, comprises comme des idées occidentales, dans la manière dont elles étaient représentées par l'Organisation de libération de la Palestine (OLP) créé en 1964. [[398]] En conséquence Yasin a fondé dans le camp de réfugiés de Shati 1967 l'organisation Al-Mudschama qui réalisait ses revenus et promouvait le sentiment d'appartenance des musulmans grâce à une nouvelle mode islamique : le port du voile, notamment intégral pour les femmes et des costumes pour les hommes. <<[399]

En 1976, la confrérie palestinienne sous Yasin a, dans la ville de Gaza, fondé le Centre islamiste, qui est devenu au cours de la décennie suivante le centre du pouvoir de tous les groupes et institutions

---

[392] https://de.wikipedia.org/wiki/Jordanien.

[393] https://de.wikipedia.org/wiki/Gazastreifen.

[394] Ibid.

[395] Ibid..

[396] Liste des membres de l'Internationale Socialiste, récupérée par Wikipedia am 18. August 2013. http://www.socialistinternational.org/viewArticle.cfm?ArticlePageID=931.

[397] https://de.wikipedia.org/wiki/Fatah.

[398] Beverley Milton-Edwards, Stephen Farrell: *Hamas: The Islamic Resistance Movement*, P. 32.-34.

[399] https://de.wikipedia.org/wiki/Hamap.

islamistes de la bande de Gaza. [400] Les membres de ce centre ont progressivement gagné des postes de direction dans des organisations professionnelles : à l'université de Gaza et dans d'autres institutions auparavant dominées par des nationalistes de gauche. Grâce à l'aide morale et sociale, à la lutte contre la corruption et aux projets communautaires, les confréries musulmanes de la bande de Gaza ont acquis un soutien large et solide dans la population. [401]<<402

Cela montre clairement que, comme dans le cas du développement de l'Iran, les tensions ont non seulement augmenté pour les juifs et le monde occidental, mais aussi pour les forces sécularisées et, en d'autres termes, pour l'OLP et le Fatah. Les tensions entre les islamistes et le Fatah ont conduit à la création du Hamas en décembre 1987. >>Le 18 août 1988, le Hamas a publié sa charte fondatrice. [403] Ce texte comprend leu idéologie et considérations stratégiques. [404][405]<<406

La lecture de la charte permet de voir le peu d'espoir qui existe pour un développement cosmopolite et laïc dans le monde musulman. >>Pour illustrer ce propos il faut considérer les articles suivants de la charte :

- >> Article 7 de la Charte déclare le meurtre des juifs - non seulement des citoyens juifs d'Israël ou sionistes - comme devoir inconditionnel de tous les musulmans en déclarant cela une condition du Jugement dernier : «L'heure du jugement dernier ne viendra pas avant que les musulmans n'aient combattu et tué les juifs, de sorte que même si les juifs se cachent derrière des arbres ou des pierres, chaque arbre et chaque pierre dira: «Oh musulman, ô serviteur d'Allah, un juif se cache derrière moi, viens le tuer! »

- Dans l'article 22 la Charte reprend la théorie antisémite de la conspiration du judaïsme mondial qui est apparue en Europe comme suit : Les Protocoles des Sages de Sion étaient authentiques, les francs-maçons, le Lions Club et le Rotary Club ont travaillé secrètement « dans l'intérêt des sionistes. » Les juifs étaient responsables de la révolution française, du « colonialisme occidental », du communisme et des guerres mondiales : [407] « Il n'y a pas de guerre où ils n'ont pas eu leur main à la pâte ... » [408]

- De là, l'article 32 conclut: « Sortir du cercle du conflit avec le sionisme est une haute trahison. Tous ceux qui le font devraient être maudits. » « Celui qui leur tourne le dos [...] attire la colère d'Allah, et sa demeure sera l'enfer ... (Coran, 08 :16) » <<409

Le Hamas a poussé le Fatah de plus en plus hors de la bande de Gaza. En 2007, >>une division factionnelle des territoires palestiniens a eu lieu, qui se poursuit aujourd'hui. Plusieurs tentatives de résoudre le conflit et de réunir les deux territoires à travers un gouvernement unique (le plus récemment en avril 2014) n'ont jusqu'à présent été couronnées de succès que sur le papier. <<410 Nous avons donc un conflit insoluble en Palestine.

---

[400] Henrik Meyer: *Hamas und Hizbollah. Eine Analyse ihres Politischen Denkenp.* P. 86.-88.

[401] Muriel Asseburg: *Die palästinensische Hamas zwischen Widerstandsbewegung und Reformregierung.* In: Moderate Islamisten als Reformateure. Stiftung Wissenschaft und Politik, Berlin Februar 2007, P. 38 (SWP-Studie [PDF; abgerufen am 25. November 2011].

[402] https://de.wikipedia.org/wiki/Hamap.

[403] Henrik Meyer: *Hamas und Hizbollah,* P. 91.

[404] Englische Übersetzung der Hamas-Gründungscharta, The Middle East Media Research Institute (MEMRI).

[405] Hamas Charter (1988), kommentarlos, dokumentiert von palestinecenter.org.

[406] https://de.wikipedia.org/wiki/Hamap.

[407] David Patterson: Denial, *Evasion, and Antihistorical Antisemitism.* The Continuing Assault on Memory, P. 334.

[408] Auszug der Charta auf Deutsch in einer Rezension zu Jeffrey Herf.

[409] https://de.wikipedia.org/wiki/Hamap.

[410] https://de.wikipedia.org/wiki/Fatah-Hamas-Konflikt.

La Jordanie, en tant que partie originelle du mandat britannique, a été affectée à bien des égards par les conflits en Terre Sainte. Nous avons vu que la Jordanie a reçu le territoire qui est devenu plus tard la zone d'anatomie palestinienne. Elle a accueilli tellement de réfugiés palestiniens au point qu'ils sont même devenus une menace pour la maison royale hachémite et que par conséquent les palestiniens dépendants de l'OLP ont dû être expulsés de Jordanie. Néanmoins, la Jordanie est restée un pays socialement stable et, en tant que tel, a pu vivre en paix avec ses voisins.

>> La politique étrangère de la Jordanie est axée sur l'Occident depuis des décennies. Le royaume est allié avec les États-Unis et appartient à sa catégorie officielle d'allié le plus important en dehors de l'OTAN. La Jordanie a également un accord d'association avec l'UE. <<[411]

On dit que la Jordanie doit sa stabilité intérieure au fait qu'elle a 93% de population sunnite et que l'islam sunnite est une religion d'état. En outre, 79% de la population vit dans les villes[412], suite à quoi les modes de vie traditionnels ont reculé.

En général, on peut affirmer que les États musulmans dans lesquels prédomine une religion et dont les représentants prédominent, ainsi qu'en Arabie Saoudite, au Maroc, en Indonésie et en Iran, ont des ordres internes relativement stables et, s'ils ne menacent pas d'autres états, internationalement ils jouent un rôle d'équilibrage.

2.6 La Syrie, l'Irak et l'État Islamique

La sécularisation de l'image de l'homme et de l'ordre social basé sur le modèle européen a émergé dans tous les pays libérés de la domination européenne ou militaire, soutenue par la jeune intelligentsia formée en Europe.

Comme nous l'avons déjà vu, les militaires, à moins d'être de simple milices tribales, formaient un corps étranger dans toutes les sociétés musulmanes, même au Moyen Age. Ils étaient, comme les Janissaires ou les Mamelouks, souvent recrutés parmi les enfants esclaves enlevés de leurs familles et loyaux seulement au dirigeant.

Les puissances coloniales, elles aussi, ne peuvent contrôler leurs territoires d'outre-mer que si elles créent des unités militaires locales selon le modèle européen, commandé par des généraux européens mais avec une hiérarchie militaire d'indigènes. Les membres des élites traditionnelles n'aimaient pas devenir soldats des puissances coloniales. Cependant pour les Alawites, une secte minoritaire appartenant aux couches inférieures en Syrie, la carrière militaire était même un moyen d'accéder à la classe supérieure.

Les militaires ont également préféré s'inspirer du nationalisme européen déjà décadent qui avait déclenché deux guerres mondiales. L'armée est devenue la cellule germinale des aspirations à l'indépendance. Les intellectuels entraînés en Europe ont donné à l'armée les armements intellectuels de leurs idéaux nationaux, qui ont jeté les bases idéologiques du parti Baas, qui était majoritaire en Syrie et en Irak.

Wikipedia écrit : >>Le parti Baas est formellement basé sur la doctrine d'une seule nation arabe indivisible et d'une patrie entièrement arabe. ... Les principes de base sont l'unité, la liberté et le socialisme. Essentiellement, il est - ... - laïque. <<[413] >>Le parti a été fondé en 1940 par le syrien Michel Aflaq, issu d'une famille chrétienne orthodoxe grecque, et le musulman sunnite Salah al-Din al-Bitar à Damas. La date de l'unification officielle et de la fondation du Parti de la renaissance arabe est le 7 avril 1947

---

[411] https://de.wikipedia.org/wiki/Jordanien.
[412] Voir https://de.wikipedia.org/wiki/Jordanien.
[413] https://de.wikipedia.org/wiki/Baath-Patei_%28Syrien%29.

et, à partir de juillet 1947, le journal al-Ba'th est apparu régulièrement. Les adeptes, à prédominance intellectuelle, ont d'abord uni les idées petites-bourgeoises du socialisme (non marxistes, françaises) et des idées nationalistes (par exemple, par Antun Saada) au lieu d'orientations religieuses. <<[414]

>> Selon leur programme nationaliste-séculier, le parti Baas prêchait l'unité (de la patrie arabe), la liberté (et l'indépendance vis-à-vis des puissances coloniales) et un socialisme (arabe) du « troisième type ». En raison du premier point, le parti Baas a été une force motrice pour l'unification de la Syrie avec l'Egypte en République Arabe Unie (1958-1961) et de sa réédition en 1963, les deux derniers objectifs ayant conduit à l'adoption des idées occidentales de la vie et d'une société socialiste moderne <<[415]

>>Au lieu de l'unité religieuse de tous les musulmans (sunnites) à travers les frontières nationales, le baasisme exige l'unité nationale de tous les arabes à travers les frontières religieuses, y compris les chiites, les arabes chrétiens, etc., sans la participation des turcs et des perses. L'idéologie baasiste est donc essentiellement laïque et implique l'islam comme religion des arabes. Elle les définit dans sa doctrine d'après « Art. 10 : Arabe est celui dont la langue est l'arabe et qui vie ou cherche à vivre sur le sol arabe et croit en ses liens avec la nation arabe. » [[416]]<<[417]

>>Le parti Baas était organisé de manière strictement hiérarchique selon le principe du centralisme démocratique emprunté au bloc de l'est. ... Pour une carrière dans l'armée, la bureaucratie ou les syndicats, l'adhésion à un parti était essentielle. De plus, les membres qui ne sont pas membres d'un parti sont désavantagés dans l'accès à l'enseignement supérieur. [[418]] ... Le parti a tenté de pénétrer la société à travers ses sous-organisations pour le travail, les loisirs, la culture et l'éducation. ... Une attention particulière doit être attirée - selon l'historien américain Ibrahim al-Marashi – sur le concept d'état totalitaire du parti illustré par la pénétration et la soi-disant baasification des forces armées, afin de recevoir le pouvoir politique du parti. D'une part, cela s'est fait par le biais d'une surveillance directe ainsi que par la formation de structures militaires appartenant aux partis, parallèlement aux forces armées régulières. [[419]]<<[420]

Bien sûr, le centralisme pratiqué sur le modèle oriental se rapprochait des principes d'une hiérarchie militaire, mais il devait en même temps promouvoir le développement des dictatures militaires.

2.6.1 La Syrie

En Syrie, le 16 novembre 1970, après des années de luttes de pouvoir au sein du parti Baas a émergé >>finalement Hafiz al-Assad comme le gagnant. Assad, encore ministre de la Défense de Salah Jadid, a fait arrêter l'ancien président et certains de ses partisans dans ce prétendu mouvement correctionnel après avoir passé quelque temps en prison pour des raisons politiques. En 1971, il a été élu, avec 99,2% des voix (sans candidats adverses), président ; la même année, il est devenu secrétaire général du parti Baas. <<[421]

>> De nombreux partis politiques en Syrie existaient depuis la fin du protectorat français. A partir de 1963, cependant, le parti Baas a établi un système de parti unique : l'article 8 de la constitution

---

[414] https://de.wikipedia.org/wiki/Baath-Partei.

[415] https://de.wikipedia.org/wiki/Baath-Partei.

[416] Andreas Meier: *Der politische Auftrag des Islam*, P. 135.

[417] https://de.wikipedia.org/wiki/Baath-Partei.

[418] Efraim Karsh, Inari Rautsi: *Saddam Hussein - A political biography*, P. 175–178.

[419] Ibrahim Al-Marashi, Sammy Salama: *Iraq's Armed Forces: An Analytical History*, P. 8, P. 124.

[420] https://de.wikipedia.org/wiki/Baath-Partei.

[421] https://de.wikipedia.org/wiki/Syrien.

stipule que « le parti Baas arabe-socialiste dirige la société et l'Etat ». Depuis 1972, les partis qui acceptent la direction baasiste et l'orientation arabo-socialiste ainsi que nationaliste ont été autorisés à agir en tant que membres du Front national progressiste (liste unifiée). <<[422]

Lorsque les français ont rassemblé des auxiliaires militaires dans leur territoire de protectorat, principalement les alaouites se sont manifestés. Il faut se rappeler - je cite de Wikipédia sur la Syrie - que les sunnites constituaient 74%, [423] et les alaouites seulement 12% [424][425] de la population syrienne, un peu plus que les chrétiens, qui représentent environ 10% de la population. [426] En 1920, il y en avait encore 30%. [427]

Ulrike Putz écrit à propos des alaouites : > Environ douze pour cent des syriens appartiennent à la secte mystérieuse : D'une part, ils suivent leurs disciples vers le Coran, d'autre part ils ne jeûnent pas pendant le Ramadan, mais célèbrent Noël et croient en la réincarnation. Les alaouites voient leur communauté religieuse comme une sécession de l'islam chiite. ... Pendant des siècles, la communauté cohésive a vécu isolée du monde extérieur dans les montagnes syriennes et le long des rives de la Méditerranée. Là ils ont trouvé l'abri de leurs ennemis.

Mais l'isolement qui faisait partie de la stratégie de survie de la minorité religieuse s'est brusque-ment arrêté en 1970. En hiver de cette année, Hafiz al-Assad se hisse au pouvoir par un putsch à Damas. Dès lors, ils furent considérés comme privilégiés et appartenaient à la minorité autrefois persécutée.

Dans quelle mesure les Assad - après la mort de Hafez, son fils Bashar a pris le pouvoir et la pré-sidence en 2000 - ont hissé leurs compagnons croyants dans les plus hauts rangs de leur régime n'est pas clair. Il est prouvé que dans l'armée et les services secrets, on trouve un nombre supérieur à la moyenne d'alaouites parmi les officiers. En outre, le noyau dur de la force de frappe Shabiha du régime était majoritairement alaouites. Pour beaucoup de syriens, l'appareil répressif du régime a donc un visage alaouite. <<[428]

>> Après qu'Assad senior a pris le pouvoir, il a poursuivi une stratégie à deux volets afin d'obtenir le soutien des sunnites, qui se méfient beaucoup de lui en tant qu'alaouite. D'un côté, il cherchait le soutien des clercs chiites. Avec Musa al-Sadr, l'un des dirigeants des chiites libanais, il a trouvé un imam de haut rang qui a certifié les alaouites comme étant musulmans au moyen d'une fatwa. C'était vital Assad, puisque la constitution syrienne exige que le président soit musulman.

D'autre part, Assad a cherché à pacifier les sunnites en désavantageant plutôt que de promouvoir la religion alaouite. Là où toute autre dénomination de la Syrie pluraliste réglemente ses affaires familiales selon son propre code, les alaouites sont soumis à la loi sunnite. La pratique publique des pratiques alaouites est interdite, il n'y a pas de chef religieux. Beaucoup d'alaouites qui ne sont pas parvenus aux échelons supérieurs du régime vivaient encore dans les zones rurales pauvres le long de la côte méditerranéenne.

[422] https://de.wikipedia.org/wiki/Liste_der_politischen_Parteien_in_Syrien.
[423] CIA World Fact Book. Abgerufen am 18. September 2013.
[424] Eva Berié (Hrsg.): Fischer Weltalmanach 2012. Frankfurt/Main 2011. P. 467.
[425] Time Almanac 2010 – Powered by Encyclopaedia Britannica. Chicago 2009. P. 441.
[426] Datenblatt zu SyrienCIA World Fact Book. Abgerufen am 18. September 2013.
[427] Syria: Religionp. In: LookLex encyclopaedia.
[428] http://www.spiegel.de/politik/ausland/syriens-alawiten-minderheit-in-todesangst-a-816735.html.

Les alaouites critiques se plaignent que, d'une part, ils ont été privés de leurs droits par le régime, et d'autre part, qu'ils sont perçus par les syriens non-alaouites comme les bénéficiaires du système et sont par conséquent détestés. << [429]

Presque simultanément que les précurseurs du parti séculier Baas, les confréries musulmanes sunnites ont été fondés en 1928. En Syrie, les confréries musulmans[430] sont devenus l'adversaire sunnite dominant du gouvernement baasiste, qui était en grande partie alaouite.

Les laïques, et donc les dictatures militaires, sont beaucoup plus susceptibles de perdre leurs idéaux et leur libre-service que les mouvements religieux. Comme nous l'avons vu, le Hamas dans la bande de Gaza a déplacé le Fatah parce que la corruption sévissait au Fatah, pendant que les partisans du Hamas étaient engagés dans la protection sociale. Alors, à quelle vitesse la haine des confréries musulmanes contre le régime d'Assad a-t-elle explosé ? Ce qui était également perçu par les sunnites comme des règles étrangères.

>> Il y a eu, entre autres, des attentats terroristes, qui étaient mis sur le compte des confréries musulmanes. Suite à une autre attaque de l'académie militaire en 1979, lors de laquelle 50 cadets alaouites ont été tués, le gouvernement a pris des mesures plus énergiques contre les confréries musulmanes.

Un autre soulèvement important, à nouveau initié par les confréries musulmanes, est intervenu en février 1982 dans la ville de Hama en Syrie centrale. L'armée est intervenue avec des chars et des forces aériennes et il en est venu à des combats acharnés, au cours desquels de grandes parties de la vieille ville ont été détruites. Environ 1 000 soldats et entre 10 000 et 30 000 civils ont perdu la vie. La répression du soulèvement, connu sous le nom du massacre de Hama, a été suivie d'une vague d'arrestations majeures qui a brisé l'épine dorsale de l'opposition fondamentaliste. En conséquence, la position de pouvoir d'Assad était très forte et à peine menacée. << [431] Mais durant le *printemps arabe* syrien de 2011 des manifestations se sont développées résultants dans un chaos bien connu.

La guerre civile en Syrie est un conflit militaire multilatéral avec des interventions internationales en raison de conflits d'intérêts religieux, ethniques, économiques, politiques et géostratégiques. C'est un exemple impressionnant de ce qu'est le chaos lorsque différents objectifs nationaux et religieux se chevauchent. Le régime relativement séculaire, quoique brutal, d'Assad soutenu par l'Iran, le Hezbollah du Liban et la Russie se bat contre :

- les guerriers archaïques du califat autoproclamé de l'EI,
- l'armée syrienne libre. La FSA est l'insurrection d'origine contre le régime Assad dictatrice et dépend largement de la majorité sunnite de Syrie qui se sentent mis à l'écart par les alaouites, qui déterminent de manière décisive la structure politique et militaire. Ils sont soutenus par les États-Unis et d'autres pays.
- le Fatah al-Sham de Jabbat (Front Al-Nusra). Elle se bat aussi contre le régime d'Assad, mais pour les mêmes raisons religieuses archaïques que l'EI. Il a émergé d'Al-Qaïda tout comme ISIS. Le Jabbah Fatah al-Sham reçoit apparemment un soutien militaire massif de l'Arabie saoudite et d'autres pays du Golfe. Il est donc militairement plus fort que la FSA et n'est donc accepté de force que comme partenaire de coopération de la FSA.
- les kurdes. Ils poursuivent des objectifs nationalistes : la fusion de tous les kurdes dans un état : le Kurdistan. En Irak, ils ont déjà acquis un statut autonome avec leurs propres forces armées.

---

[429] Ibid.
[430] https://de.wikipedia.org/wiki/Muslimbr%C3%BCder.
[431] https://de.wikipedia.org/wiki/Syrien.

- Dans le nord de la Syrie, les kurdes se sont libérés de la domination du régime d'Assad et combattent l'EI. Ils sont soutenus par les États-Unis, la Russie, la France et la République fédérale. Cependant, les kurdes ne forment pas un seul bloc. Il y a des différences politiques entre les kurdes les plus conservateurs en Irak et les kurdes plus socialistes du PKK et du PYD.
- Les turcs, qui veulent empêcher un Kurdistan d'exister et ont donc pendant longtemps vu l'ISIS et même aujourd'hui le Jabbat Fatah al-Sham (Al-Nusra Front) comme un allié secret. La Turquie n'a été impliquée dans la lutte contre l'EI que depuis les attaques de l'EI en Turquie.

Le régime d'Assad est soutenu par le Hezbollah du Liban et de l'Iran, qui veulent maintenir ou développer un rempart chiite entre les pays sunnites en Syrie, même s'ils regardent les alaouites dominants le régime d'Assad comme une secte chiite plutôt problématique, selon des critères religieux, s'ils peuvent être qualifiés de musulmans.

Pour des raisons religieuses, l'Arabie saoudite et les états arabes du Golfe ont de la sympathie pour l'idéologie archaïque musulmane de l'EI et du Jabbat Fatah al-Sham (Front Al-Nusra). Mais ils veulent repousser l'influence chiite de l'Iran. Depuis que l'Arabie saoudite voit dans le Califat de l'EI une menace à sa position de protecteur des lieux saints de l'Islam, les saoudiens soutiennent aussi la lutte contre l'EI, mais plus la lutte du Jabbat Fatah al-Sham (Front al-Nosra) contre le régime Assad. La Russie soutient le régime d'Assad parce qu'elle veut maintenir et étendre ses bases en Syrie et son influence au Moyen-Orient.

L'envoyé spécial des Nations Unies pour la Syrie, Staffan de Mistura, estime en avril 2016 que 400 000 personnes ont été tuées depuis le début de la guerre. [432][433] Environ 11,6 millions de syriens sont en fuite : au moins quatre millions de syriens ont fui leur pays et 7,6 millions ont été déplacés en Syrie [434]. L'ONU a décrit la crise des réfugiés de février 2014 comme la pire depuis le génocide au Rwanda dans les années 1990. [435]<<436

2.6.2 L'Irak

L'Irak est une création de la Grande-Bretagne qui, après la Première Guerre mondiale, a résumé sous ce nom les provinces de la Mésopotamie qui lui ont été attribuées du patrimoine ottoman.

>>Le gouvernement civil de l'Irak d'après-guerre était à l'origine dirigé par le haut-commissaire Sir Percy Cox et son représentant le colonel Arnold Wilson. Après le meurtre d'un officier britannique à Najaf, les britanniques n'ont pas pu rétablir l'ordre malgré des représailles. Des montagnes Hakkari au nord de l'Irak jusqu'aux plaines d'Ourmia en Iran, des milliers d'Assyriens ont commencé à chercher refuge contre la persécution turque en Irak. Le plus gros problème, cependant, était la colère grandissante des nationalistes irakiens qui se sentaient lésés par le statut du mandat de leur pays. Les nationalistes en sont venus tôt à la réalisation que le mandat était seulement une couverture pour le colonialisme des britanniques. <<437

432 https://deutsch.rt.com/der-nahe-osten/38027-un-sondergesandter-opferzahl-in-syrien/.

433 http://orf.at/#/stories/2336759/.

434 Le nombre total de réfugiés syriens dépassent les 4 millions pour la première fois, UNCHR, du 9. juillet 2015, consulté le 17. Juli 2015.

435 Compte rendu de l'ONU : 9 millions de syriens fuient la guerre. Spiegel Online, le 1er février 2014, consulté le 1er février 2014.

436 https://de.wikipedia.org/wiki/B%C3%BCrgerkrieg_in_Syrien#Nordkorea.

437 https://de.wikipedia.org/wiki/Britisches_Mandat_Mesopotamien.

Il y a eu diverses émeutes. Pour la première fois, >>sunnites et chiites, tribus et citadins se sont rassemblés pour une cause commune. << >>Le pays était dans un état d'anarchie pendant trois mois ; Les britanniques ont été incapables de rétablir l'ordre avec l'aide de bombardements de la Royal Air Force. <<[438]

La Grande-Bretagne a reconnu les difficultés de gouverner le mandat et a créé le Royaume d'Irak. >>Lors de la Conférence du Caire en 1921, les britanniques fixèrent les paramètres de la vie politique irakienne qui dura jusqu'à la révolution du 14 juillet 1958. Ils ont choisi le Faysal Hachémite ibn Hussein, fils de l'ancien fusil de la Mecque Hussein ibn Ali, comme premier roi d'Irak [qui a envahi Damas et a été proclamé roi là-bas, mais a ensuite été expulsé par les français et s'est exilé en Angleterre]. Ils ont construit une armée irakienne locale et ils ont négocié un nouveau contrat. <<[439]

>>Les Britanniques voyaient dans Faysal un leader qui avait assez de crédibilité nationaliste et islamique pour être largement reconnu, mais qui était aussi assez fiable pour dépendre de leur soutien. Faysal retrace ses origines à la famille du prophète Mahomet. <<[440]

Le contrat de 20 ans ratifié en Octobre 1922 avec le Royaume-Uni qui a donné à l'Irak son indépendance >>disposait que le roi devrait suivre les conseils britanniques concernant toutes les questions qui touchent les intérêts britanniques, et la politique budgétaire, tant que L'Irak a un déficit de la balance des paiements avec la Grande-Bretagne. De plus, les fonctionnaires britanniques sont nommés à des postes spécifiques dans tous les 18 ministères et ceux-ci agissent en tant que surveillants et inspecteurs. Un accord financier ultérieur, qui a sensiblement accru le fardeau financier de l'Irak, a contraint l'Irak à payer la moitié du coût des fonctionnaires britanniques. Les engagements britanniques comprenaient divers types d'assistance au titre du nouveau traité, notamment une assistance militaire et un soutien à l'adhésion rapide de l'Irak à la Société des Nations. En effet, le traité a rendu l'Irak politiquement et économiquement dépendant de la Grande-Bretagne. Bien qu'incapable d'empêcher le traité, Faysal s'est rendu compte que les britanniques avaient tendance à ne plus tenir leurs promesses.

Le 1er octobre 1922, la Royal Air Force a été réorganisée en Irak sous le commandement de la RAF Iraq, qui contrôlait toutes les forces britanniques dans le royaume. [441]<< [442]

La situation sociale explosive en Irak est largement déterminée par la relation entre les différents groupes religieux et groupes ethniques, qui sont concentrés dans différentes provinces, mais ont été réunis par la Grande-Bretagne pour former un état commun et avoir une capitale commune à Bagdad.

Wikipedia écrit : >>Environ 75-80% de la population vivant en Irak aujourd'hui sont des arabes, 15-20% sont des kurdes et 5% sont des turcomans, des assyriens / araméens ou des membres d'autres groupes ethniques. [443] D'après les sources turkmènes, la proportion de leur propre groupe ethnique est estimée à environ 10%. [444] De plus, entre 20 000 et 50 000 arabes nomades vivaient dans le sud-est. <<[445] >>Les arabes des marais habitent les marais et les marécages du sud de l'Irak, autour de Shat al-Arab, la confluence de l'Euphrate et du Tigre, au sud de la ville d'Amara et à l'est de Nasiriyya.

---

[438] Ibid.

[439] Ibid.

[440] Ibid.

[441] Barker, A. J.: *The First Iraq War, 1914-1918.*

[442] https://de.wikipedia.org/wiki/Britisches_Mandat_Mesopotamien.

[443] CIA World Factbook: *Iraq: People and Society.* 20. 12. 2011, abger. am 6. 1. 2012 (englisch, ISSN 1553-8133).

[444] H. Tarık Oğuzlu: *The Turkomans of Iraq as A Factor in Turkish Foreign Policy: Socio-Political and Demographic Perspectives,* P. 7-12.

[445] https://de.wikipedia.org/wiki/Irak.

La terre (autrefois) fertile est souvent appelée le « jardin d'Eden ». <<[446] Les arabes des marais sont principalement chiites.

>> Environ 97% de la population est musulmane. Plus de 60% sont chiites et entre 32 et 37% sunnites. La grande majorité des kurdes musulmans sont sunnites. Les chrétiens, yézidis et autres religions représentent une minorité d'environ 3% [447][448] contre environ 25% il y a encore 100 ans. Ces dernières années, près de 2 millions de chrétiens ont fui. La plupart des chrétiens appartiennent aux communautés orient-chrétiennes. ...

Jusqu'en 1948, 150 000 juifs vivaient encore en Irak. En raison de la fuite et de l'expulsion dans les années 1940 et de l'établissement ultérieur de l'État d'Israël, le nombre de Juifs vivant en Irak a fortement diminué et est actuellement estimé à moins de 10 personnes. [449] De plus, il y a des Yazidis kurdes, Shabak et plusieurs milliers de Mandéens. Récemment, des communautés zoroastriennes se sont développées dans la partie kurde de l'Irak, en particulier à Sulaymānīyah. [450]<< [451]

De la composition des religions et des groupes ethniques, les tensions sociales potentielles en Mésopotamie sont déjà claires. En outre, les différentes ethnies et religions dans les trois provinces ont des accents différents.

Basra >>est un gouvernorat irakien situé dans le sud du pays. La capitale est Basra, qui est la plus importante ville chiite du sud de l'Irak. Le gouvernement est limitrophe du Koweït au sud et de l'Iran au nord, où Shat al-Arab constitue la frontière. ... Pendant la domination ottomane, le gouvernement a inclus le Koweït. Après la Première Guerre mondiale, le Koweït fut séparé en protectorat britannique indépendant. <<[452]

La population du sud de l'Irak est presque exclusivement chiite et religieusement plus proche des iraniens. Comme l'écrit Wikipedia, Basra veut suivre le modèle de la région autonome du Kurdistan dans le nord de l'Irak >>ensemble avec les autres gouvernements Dhi Qar et Maisan afin de créer ensemble une région autonome. <<[453]

À **Bagdad** vivent environ le même nombre de sunnites et de chiites et un certain nombre de minorités. Mais il existe des tensions religieuses massives entre ces deux groupes. Le Tagesanzeiger écrit : >>Dans le passé, la plupart des chiites et des sunnites vivaient côte à côte dans la plupart des quartiers. Aujourd'hui, les quartiers mixtes sont l'exception. Des murs hauts séparent une partie de la population de l'autre, avec des checkpoints à l'entrée : c'est toujours comme entrer dans un autre pays. <<[454]

>>**Mossoul** était une ville multiethnique et multireligieuse. ... Dans la division de l'Empire ottoman en états successeurs, la Commission turque de Lausanne a présenté une statistique démographique dans laquelle la population était estimée à environ 50% de kurdes et 13% d'arabes. Les 37% restants sont distribués parmi les juifs, les assyriens, les chaldéens et les turkmènes. [455]

---

[446] https://de.wikipedia.org/wiki/Marsch-Araber.
[447] CIA World Fact Book: CIA World Factbook Informationen über den Irak.
[448] Otmar Oehring: *Zur gegenwärtigen Situation der Christen im Nahen Osten.*
[449] jewishvirtuallibrary: The Jews of Iraq.
[450] *Die Anti-IS-Religion.* In: FAZ.
[451] https://de.wikipedia.org/wiki/Irak.
[452] https://de.wikipedia.org/wiki/Basra_(Gouvernement).
[453] Ibid.
[454] http://www.tagesanzeiger.ch/ausland/naher-osten-und-afrika/Bagdad-die-geteilte-Stadt/story/23122080.
[455] Yoanna Petros Mouché: *Verjagt aus Mossul,* http://www.zeit.de/gesellschaft/zeitgeschehen/2014-12/islamischer-staat-christen-vertreibung-irak.

Depuis lors, la démographie a changé en faveur de la population arabe. Les kurdes rendent responsables la politique d'arabisation de Saddam Hussein et les Assyriens chrétiens et Chaldéens de l'invasion de l'Etat Islamique .... Selon l'archevêque Louis Raphaël I. Sako, 25 000 chrétiens vivaient encore à Mossoul lorsque l'EIIL a pris le pouvoir, [456] 35 000 selon la BBC. [457]<<458

>> En Irak, comme dans d'autres pays en voie de développement, l'armée était l'organisation la mieux organisée du système politique par ailleurs faible. Par conséquent, l'armée a gagné plus de pouvoir et d'influence, tandis que le système politique était soumis à de fortes pressions politiques et économiques pendant toute la durée de la monarchie. Parce que les officiers de la nouvelle armée étaient des sunnites, parce qu'ils servaient sous les ottomans, et que les rangs inférieurs étaient largement occupés par les chiites, la suprématie sunnite pouvait être maintenue dans l'armée. <<459

> Sous le général Abdel Karim Qasim, les soi-disant « officiers libres » ont fait équipe pour secouer le contrôle britannique. Le 14 juillet 1958, ils renversèrent la monarchie pro-britannique (Faysal II, 1935-1958) avec l'aide du peuple. ... Les derniers soldats britanniques ont quitté le pays le 24 mars 1959. [460]<<461

Comme en Syrie, le parti Baas en Irak a fourni les bases spirituelles du développement politiquement souhaité. >>Au printemps de 1963, le parti Baas a pris le pouvoir en Irak par un coup d'état sanglant. Le Premier ministre Abd al-Karim Qasim a été abattu et son corps a été exhibé à la télévision nationale. [462] Le coup d'état a eu lieu en coordination avec la CIA. Après la prise de pouvoir réussie, il y eut une vague de répression avec des exécutions massives de communistes avérés et présumés en coopération avec le service de renseignement américain. [463] <<464

Kassem était une épine dans le pied pour les renseignements américains ; il avait abandonné le pacte antisoviétique de Bagdad, légalisé le parti communiste en Irak et commencé à nationaliser l'industrie pétrolière irakienne.

... Même avant la chute de Kassem, des agents de la CIA, dont William McHale, infiltré comme journaliste camouflé à Beyrouth, avaient dressé des listes de noms d'intellectuels de gauche en Irak avec l'aide des militants Baas. Saddam aurait aussi contribué. Des milliers ont été arrêtés et exécutés. Saddam Hussein a été mis dans le service de sécurité du nouveau régime. <<465

>> Lorsque le parti Baas est arrivé au pouvoir en Irak en 1968, Saddam Hussein est devenu secrétaire général adjoint du Conseil du commandement révolutionnaire et chef du ministère de la Sécurité de l'État et du ministère de la propagande dans le nouveau gouvernement. En 1969, il est devenu vice-président.

Le 1er juin 1972, il a initié la nationalisation des compagnies pétrolières occidentales qui avaient un monopole pétrolier en Irak. Avec les revenus pétroliers, il a développé le pays en une superpuissance militaire régionale. Cependant, les recettes tirées des ventes de pétrole assuraient également la

456 http://diepresse.com/home/politik/aussenpolitik/3841455/Nach-ISDrohung_ChristenExodus-aus-Mosul?from=gl.home_politik.

457 http://www.bbc.com/news/world-middle-east-28381455.

458 https://de.wikipedia.org/wiki/Mossul.

459 https://de.wikipedia.org/wiki/Britisches_Mandat_Mesopotamien.

460 Fürtig, Henner: *Kleine Geschichte des Irak: von der Gründung 1921 bis zur Gegenwart*, P. 58 online.

461 https://de.wikipedia.org/wiki/Irak.

462 Phebe Marr: *The Modern History of Iraq*, P. 115 - P. 117.

463 Shiva Balaghi: *Saddam Hussein - A Biography*, P. 33f.

464 https://de.wikipedia.org/wiki/Baath-Partei.

465 http://www.wingover.ch/Bush/Irak%20CIA.htm.

prospérité de larges couches de la population. En 1972, Saddam a signé un traité d'amitié avec l'Union soviétique à Moscou. [466] ...

En 1979, le président Ahmad Hasan a nommé al-Bakr Saddam, à l'âge de 42 ans, comme président du parti et son successeur. Le 11 juillet 1979, il devient secrétaire général du parti Baas et, le 16 juillet 1979, il prend le pouvoir en tant que président et premier ministre. Dans cette position, Saddam a publiquement diffamé les membres du parti Baas, après quoi ils ont été condamnés à mort sans procès et immédiatement liquidés. D'autres membres du parti ont été assermentés par cet exemple sur la ligne Saddam. ...

Il se considérait comme le successeur du roi de Babylone et le fondateur de l'empire néo-babylonien de Nabuchodonosor II. <<467

En tant que « successeur de Nabuchodonosor II », Saddam Hussein voulait la suprématie au Moyen-Orient. Une invasion réussie de l'Iran ferait de l'Irak la puissance dominante dans le Golfe persique et le contrôleur d'un marché pétrolier lucratif. << 468 Il proposait d'arracher l'Iran à la région d'Arabistan en raison de ses importants gisements de pétrole et de gaz. >>Les arabes chiites représentent presque la majorité de la population du sud <<469 >> En 1969, Saddam Hussein, alors vice-président de l'Irak, a déclaré : « Le conflit irakien avec l'Iran fait référence à Arabistan [Chuzestan], qui fait partie du sol irakien et pendant l'occupation étrangère a été annexée par l'Iran. » <<470

Mais pas seulement Saddam Hussein avait des intentions agressives envers l'Iran. L'ayatollah Khomeiny, qui avait pris le pouvoir en Iran, était de toute façon détesté par le régime irakien. En outre, Saddam Hussein était sunnite. Les sunnites n'ont pas reconnu les disciples chiites de Mahomet et ont tué le petit-fils chiite reconnu de Mohammed Imam al-Husain ibn'Alī lors de la bataille de Karbala.

Wikipedia : >>A Kerbala, le 10 octobre 680, a eu lieu la bataille de Karbala, événement central pour les Douzièmes Chiites ou Imamites. Dans un soulèvement contre les Omeyyades [les califes sunnites résidant à Damas], presque tous les dirigeants chiites ont été tués. Le tombeau du troisième imam chiite martyr, Imam al-Hussain ibn'Alī, est situé à Karbala, faisant de la ville l'un des plus importants sites de pèlerinage chiites et alévis. Le sanctuaire Imam Husain est la mosquée la plus importante d'Irak. Le frère Husas, Abbas, est enterré dans la mosquée Al-Abbas, qui est à portée de vue du sanctuaire Imam Husain. Les célébrations de la Passion chiite du dixième mois musulman de Muharram rappellent ces événements avec des funérailles, des récits rituels et des processions. [471]<< 472

En outre, sous le régime baasiste en Irak, les pèlerinages de masse à Kerbela ont été interdits.

Déjà en 1924, la province iranienne de Chusistan s'était levée sans succès contre le gouvernement central iranien à Téhéran. >>En 1979, après la révolution islamique, les arabes du Chousistan se sont rebellés. Ils ont été soutenus par le dictateur irakien Saddam Hussein. <<473 Il en est ainsi de la guerre irako-iranienne. Les États-Unis et d'autres pays occidentaux et sunnites ont non seulement donné le feu vert à Saddam Hussein, mais ils l'ont aussi soutenu avec des armes, et les États-Unis ont informé les troupes irakiennes des mouvements de troupes iraniennes obtenus par reconnaissance aérienne.

466 George Black: *Genocide in Iraq: The Anfal Campaign Against the Kurds*, P. 45.
467 https://de.wikipedia.org/wiki/Saddam_Hussein.
468 https://de.wikipedia.org/wiki/Erster_Golfkrieg.
469 https://de.wikipedia.org/wiki/Chuzestan.
470 https://de.wikipedia.org/wiki/Erster_Golfkrieg.
471 Annemarie Schimmel: *Das islamische Jahr. Zeiten und Feste*, P. 39 ff.
472 https://de.wikipedia.org/wiki/Kerbela.
473 https://de.wikipedia.org/wiki/Chusistan.

La guerre a duré huit ans, exigé des sacrifices sanglants des deux côtés et s'est finalement termi-née par un cessez-le-feu le 18 juillet 1988 sous la pression du Conseil de sécurité de l'ONU. [474]

Cependant, afin d'accéder à la plus importante puissance pétrolière du Moyen-Orient, Saddam Hussein a envahi le Koweït le 2 août 1990, soit deux ans après la guerre d'Iran. Les raisons de guerre revendiquées étaient :

1. Le refus du Koweït de remettre la dette de guerre de 80 milliards dollars à l'Irak. Afin de fi-nancer la guerre contre l'Iran, l'Irak avait emprunté de l'argent au Koweït, entre autres.
2. Le Koweït aurait gagné du pétrole à la frontière irakienne provenant des réserves de pé-trole irakiennes adjacentes.
3. Le Koweït aurait refusé de réduire la production à ce point que le prix mondial du pétrole augmente suffisamment.
4. Le territoire de l'État du Koweït appartient historiquement au territoire irakien. [475]

>>En dépit de sa superficie de plus de 430 000 km², l'Irak ne compte que 58 km de côtes, ce qui signifie qu'elle est clairement défavorisée à la fois stratégiquement et économiquement par rapport aux autres pays du Golfe. La plus petite Koweït par exemple a seulement 17 800 km² de surface mais 499 km de côte. L'annexion finale du Koweït aurait presque décuplé le littoral. En outre, de nouveaux ports auraient été annexés. <<[476]

Ce gain de puissance ne pouvait pas être autorisé par les États-Unis et le reste du monde. >>Les États-Unis dirigés par le secrétaire d'État américain James Baker ont formé une alliance militaire unie contre l'Irak, impliquant 34 pays: Afghanistan, Egypte, Argentine, Australie, Bahreïn, Bangladesh, Dane-mark, France, Grèce, Honduras, Italie, Canada, Qatar, Koweït, Maroc, Pays-Bas, Niger, Norvège, Oman, Pakistan, Pologne, Portugal, Arabie Saoudite, le Sénégal, l'Espagne, la Corée du Sud, la Syrie, la Tchéco-slovaquie, la Turquie, les Emirats arabes Unis, le Royaume-Uni et les États-Unis eux-mêmes. <<

Par conséquent, à partir du 16 janvier 1991, après que la coalition dirigée par les États-Unis a été légitimée par la résolution 678 du Conseil de sécurité de l'ONU, elle a commencé à se battre pour libérer le Koweït. >>La nuit suivante, le président Bush a annoncé un cessez-le-feu le 28 février. << >>Lors de la conférence, l'Irak a négocié l'utilisation d'hélicoptères armés de son côté de la frontière actuelle. Peu de temps après, ces hélicoptères et une grande partie des forces irakiennes étaient en route pour combattre un soulèvement chiite dans le sud.

Dans le nord, les dirigeants kurdes se fiaient à l'assurance américaine qu'ils soutiendraient un soulèvement populaire et ont commencé à se battre dans l'espoir de provoquer une attaque. Cepen-dant, lorsque le soutien américain ne s'est pas matérialisé, les généraux irakiens ont brutalement écrasé les unités kurdes. Des millions de kurdes ont fui des montagnes dans les régions kurdes de Turquie et de l'Iran. << >>>> Le 12 avril 1991, le cessez-le-feu entre l'Irak et les forces de la coalition est entré en vigueur, signifiant la fin officielle de la guerre. <<[477]

>> Les sanctions économiques ont immédiatement suivi la guerre. L'Irak a été autorisé à importer certains produits dans le cadre du programme pétrole contre nourriture. Un rapport de l'UNICEF a établi en 1998 que les sanctions avaient entraîné une augmentation de 90 000 décès par an (IAC), en particulier chez les nourrissons et les bébés. ...

---

[474] https://de.wikipedia.org/wiki/Erster_Golfkrieg.
[475] Siehe: https://de.wikipedia.org/wiki/Zweiter_Golfkrieg.
[476] Siehe: https://de.wikipedia.org/wiki/Zweiter_Golfkrieg.
[477] https://de.wikipedia.org/wiki/Zweiter_Golfkrieg.

Le 15 mai 1991, en vertu du cessez-le-feu, l'Agence internationale de l'énergie atomique (AIEA) a commencé à inspecter les installations du programme nucléaire irakien pour la production éventuelle d'armes nucléaires. << [478]

La guerre en Irak a eu des conséquences sur le Moyen-Orient ainsi que sur la politique mondiale dans son ensemble. Parce que les palestiniens avaient pris parti pour Saddam Hussein pendant la guerre, quelques jours plus tard, ils ont dû laisser environ 450 000 palestiniens au Koweït, augmentant ainsi le nombre de réfugiés palestiniens dans les zones restantes.

Bien que l'Irak ait été sévèrement affaibli par les guerres et soumis à des sanctions économiques, Saddam Hussein était considéré comme un dictateur inhumain et encore imprévisible, cherchant des armes biologiques, chimiques et nucléaires. En outre, la position anti-irakienne des Etats-Unis s'est intensifiée après la destruction par Al-Quaïda du New York World Trade Center et l'attaque du Pentagone par des avions suicidaires.

>>En réaction immédiate aux attentats terroristes du 11 Septembre 2001 le secrétaire américain à la Défense, Donald Rumsfeld a demandé d'attaquer l'Afghanistan et l'Irak en même temps, si nécessaire unilatéralement et sans preuve de leurs intentions agressives pour renverser Saddam Hussein.<< >>Le 5 Février 2003, lors de la réunion cruciale du Conseil de sécurité de l'ONU, le secrétaire d'Etat américain Colin Powell a présenté des prétendues preuves de sécurité des armes biologiques et chimiques, ainsi que des composants pour les armes nucléaires de l'Irak, qui se sont tous avérés faux d'ici la mi-2004.[[479]]<< >>17. En mars 2003, le président américain Bush a imposé un ultimatum à Saddam Hussein pour qu'il quitte l'Irak dans les 48 heures ; sinon l'Irak se ferait attaquer. Suite au refus d'Hussein, la coalition de guerre a ouvert [sans mandat du Conseil de sécurité] dans la nuit du 19 au 20 mars des bombardements ciblés sur Bagdad, connu sous le nom d'opération Iraqi Freedom. << [480] >>En mai 2003, a déclaré le président Bush, les grandes opérations de guerre ont pris fin et l'Irak a été divisé en zones d'occupation. <<[481]

Après la fin déclarée de la guerre, pendant l'occupation de l'Irak entre 2003 et 2011, des conditions de guerre civile, des milliers d'attaques terroristes, des actes de guerre et des crimes violents ont eu lieu. Ils ont causé un nombre de morts et des blessures inconnus parmi les civils irakiens. Même après le retrait des troupes étrangères en 2011, il n'y avait pas de pacification du pays. <<[482]

>>Le représentant spécial algérien de l'ONU, Lakhdar Brahimi, a servi de médiateur entre différents partis pour un gouvernement intérimaire irakien, qui a émergé le 1er juin 2004, pour prendre le pouvoir le 30 juin. Le 30 janvier 2005, après plus de 40 ans, les premières élections libres ont eu lieu en Irak. Le 11 octobre 2006, le Parlement irakien a adopté une nouvelle loi sur le fédéralisme prévoyant la création de « super-provinces », soi-disant largement autonomes. Les critiques de cette loi, notamment la minorité sunnite, y voient une menace pour l'unité irakienne. [[483]]<<[484]

La tragédie du développement de l'Irak, comme de l'Iran, est qu'une société plus laïque s'effondre dans une société où les gens sont de nouveau rendus immatures par la religion traditionnelle et même forcés à adopter des comportements archaïques.

---

[478] Ibid..

[479] Stephan Bierling: *Geschichte des Irakkriegep. Der Sturz Saddams und Amerikas Albtraum im Mittleren Osten*, P. 62 und 96.

[480] https://de.wikipedia.org/wiki/Irakkrieg.

[481] https://de.wikipedia.org/wiki/Irak#Irakkrieg_2003.2C_Absetzung_Husseins_und_Besatzungszeit.

[482] https://de.wikipedia.org/wiki/Irakkrieg.

[483] Die Zeit: Irak: Parlament verabschiedet Förderalismusgesetz, 11. Oktober 2006.

[484] https://de.wikipedia.org/wiki/Geschichte_des_Irak#Politische_Neuordnung_seit_2003.

L'Irak, dirigé par Saddam Hussein, était soumis à une loi laïque, quoiqu'une dictature sanglante et avilissante. Bien que les élites étaient pour la plupart sunnites, leur compréhension de la société était laïque. Il y avait aussi des ministres qui appartenaient à d'autres religions, comme le ministre des affaires étrangères et vice-président de longue date Tariq Aziz ou les chiites Iyad Allawi [485]. La connexion était le parti Baas. Le parti Baas était, comme nous l'avons vu, un parti laïc, même si sous Saddam Hussein, il avait dégénéré en un parti des cadres et en exécuteur de ses ordres. En lui, il y avait aussi des représentants laïques d'autres religions.

Au lieu de s'appuyer sur les représentants libres et laïques du parti Baas après leur victoire sur l'Irak, les américains l'ont brisé. Aliénor Carrière écrit : >>Le parti tombe aussi avec Saddam Hussein. Les autorités américaines interdisent le parti Baas, ce qui conduit initialement à la dissolution de l'appareil public. Ce ne sera pas avant 2008 que la loi irakienne permettra aux anciens membres du parti Baas de pourvoir un poste dans l'administration. <<[486] Wikipedia écrit : >>Iyad Allaoui a qualifié l'Irak d'État failli. Le pays est fortement influencé par l'Iran et a une économie stagnante, un chômage élevé, une inflation élevée, un secteur public qui ne fonctionne pas et une situation de sécurité encore médiocre. [487]<<[488]

La seule région stable et relativement laïque de l'Irak est la région autonome kurde. Alors que les kurdes aspirent à une plus grande indépendance, ils se rapprochent de plus en plus de cet objectif alors que le reste de l'Irak plonge dans le chaos.

2.6.3 L'État islamique de l'EI

À la suite de l'écrasement du parti Baas et de l'élimination du leadership sunnite et de l'émergence de la discrimination religieuse contre les sunnites par la majorité chiite des irakiens précédemment opprimés, les sunnites étaient ouverts à l'idéologie terroriste radicale d'Al-Qaïda. En même temps, ils ont rappelé leur signification religieuse et culturelle du Moyen Age.

Après la mort de Mahomet, la dynastie des Omeyyades du califat fut fondée à Damas. >>Le Omeyyades ... était un clan de la famille de la tribu arabe de Quraysh de La Mecque, la tribu de laquelle est venue le fondateur de la religion : Mahomet. Les membres de la famille ont régné pendant la période 661-750 après J-C comme califes de Damas sur l'empire islamique naissante alors ... et ont ainsi fondé la première succession dynastique des souverains de l'histoire islamique. << [489] Il est donc compréhensible que les combattants d'Al-Qaïda sunnites ne voulaient pas être des combattants contrôlés de façon permanente par un chef d'Al-Qaïda.

En 2004, leur organisation était encore connue >>sous le nom d'al-Qaïda en Irak (AQI), à partir de 2007 sous le nom de l'État islamique en Irak (ISI), de 2011 à juin 2014 sous le nom d'État islamique en Irak et en Syrie (ISIS), ou sous les noms d'État islamique en Irak et au Levant (ISIL) et également sous l'acronyme arabe transcrit Daesch (Dā'isch / داعش). [490][491]

---

[485] Musulman chiite laïque, neurologue, membre du parti Baas sous Saddam Hussein. Lors des élections parlementaires irakiennes de 2010, Allawi est devenu vainqueur, de justesse. L'Union supra-confessionnelle Irakija mené par lui a obtenu 91 sièges https://de.wikipedia.org/wiki/Iyad_Allawi.

[486] Aliénor Carrière: *Aufstieg und Fall der Baath-Partei*, http://irak.arte.tv/de/hintergrunde/aufstieg-und-fall-der-baath-partei/.

[487] *„Der Irak ist auf dem Weg in eine neue Diktatur"*. récupéré sur 5. November 2013.

[488] https://de.wikipedia.org/wiki/Geschichte_des_Irak#Politische_Neuordnung_seit_2003.

[489] https://de.wikipedia.org/wiki/Umayyaden.

[490] Felicia Schwartz: *One More Name for Islamic State: Daesh*, The Wall Street Journal du 23 décembre 2014.

[491] Alice Guthrie: *Decoding Daesh: Why is the new name for ISIS so hard to understand?*, Free Word Centre vom 19. 2. 2015.

Après la conquête militaire d'une zone contiguë dans le nord-ouest de l'Irak et l'est de la Syrie, l'organisation a annoncé le 29 juin 2014 la création d'un califat avec Abou Bakr al-Baghdadi comme « calife Ibrahim - commandeur des croyants » [492] suivant le prophète Mahomet en tant que chef politique et religieux de tous les musulmans. [493][494]<<495 Néanmoins, >>il n'y a aucune preuve de la descente d'Ibrahim Awad Ibrahim al-Badris de la tribu Quraysh du prophète Mahomet.

Un de ses frères est mort en tant que « martyr » pour l'armée de Saddam Hussein. [...] Pour des « raisons médicales », il n'a pas été enrôlé dans le service militaire. [496]... À l'origine, il avait postulé pour un diplôme en droit, mais son diplôme d'études secondaires n'était pas assez bon pour cela. Il a d'abord étudié à « l'Université de Droit Islamique » au département de jurisprudence islamique et plus tard a changé pour la science du Coran. En 1999, il a terminé sa maîtrise, après quoi il a travaillé comme directeur de mosquée. Après l'invasion américaine de l'Irak en 2003, al-Baghdadi a rejoint le groupe de résistance sunnite Ansar as-Sunna. [497] Arrêté en février 2004, il a été interné au Camp Bucca des forces armées américaines en Irak, jusqu'en décembre 2004. [498] ... Dans le centre de détention étaient internés de vieux compagnons de Saddam des généraux et des agents du renseignement avec des islamistes. ... [499] ...

Le 9 avril 2013, al-Baghdadi a proclamé « l'État islamique d'Irak et du Levant » (ISIL) et a déclaré que le Fatah al-Sham (Front Al-Nusra) de Jabbat était une émanation de l'EIIL. Ainsi, l'EI est en concurrence avec Al-Qaïda et son leader Aiman az-Zawahiri. [500]<<501

En raison du chaos politique et économique en Syrie et en Irak, l'IS a pu se développer très rapidement. Cependant, à la suite des attaques de presque toutes les puissances impliquées dans le conflit syrien, l'EI est repoussé de plus en plus loin et a déjà perdu ses forces les plus importantes.

En Syrie, bien sûr, le régime d'Assad et ses alliés veulent que toutes les régions restent alliées à la Syrie. L'Armée syrienne libre de la FSA et d'autres groupes de résistance seraient également d'accord avec cela si la Syrie devenait une démocratie ou, selon les groupes de résistance islamiques en dehors de l'EI, une théocratie. Les kurdes, en revanche, veulent annexer les régions du nord de la Syrie à la région kurde, proche du PKK. La Turquie s'oppose à cela.

En Irak, bien sûr, le gouvernement de Bagdad veut aussi récupérer tous les territoires autrefois irakiens. Cependant, le gouvernement irakien est en conflit avec la région autonome kurde, qui veut annexer les zones autour de Mossoul, d'autant plus que Mossoul était à l'origine habité par des kurdes et que seulement à la suite de la politique d'arabisation Saddam Hussein a perdu la majorité de la population. En outre, les irakiens du nord sont pour la plupart des sunnites qui craignent la répression des chiites, qui gouvernent le gouvernement de Bagdad, et de leur allié : l'Iran. Ainsi, à chaque affaiblissement de l'EI, le potentiel de conflit entre les opposants à l'EI augmente.

---

[492] Wilfried Buchta: *Terror vor Europas Toren*, P. 19.

[493] Stephan Rosiny: „Des Kalifen neue Kleider": Der Islamische Staat in Irak und Syrien (PDF). In: GIGA Focus, Nr. 6/2014, abg.am 2.10. 2014.

[494] Le leader El Baghdadi se voit comme descendant du prophète.. Rheinische Post, 29. juin 2015.

[495] https://de.wikipedia.org/wiki/Islamischer_Staat_(Organisation).

[496] Volkmar Kabisch, Amir Musawy, Georg Mascolo und Christian Baars: Auf der Spur des IS-Anführerp, tagesschau.de, 18 février 2015.

[497] Wilfried Buchta: *Terror vor Europas Toren*, P. 316.

[498] Volkmar Kabisch, Amir Musawy, Georg Mascolo und Christian Baars: *Auf der Spur des IS-Anführerp.* In: tagesschau.de, 18 février 2015.

[499] Martin Chulov: *Isis: the inside story.* In: The Guardian, 11 décembre r 2014 (anglais).

[500] Charles Lister: *Profiling the Islamic State*, P. 13.

[501] https://de.wikipedia.org/wiki/Abu_Bakr_al-Baghdadi.

Mais même si les structures étatiques en Syrie et en Irak sont détruites, l'EI n'est pas encore vaincu. Il a déjà d'autres fidèles dans de nombreux autres pays musulmans, souvent en concurrence avec Al-Qaïda et d'autres groupes islamistes.

Le terreau de ces groupes terroristes islamistes n'est pas seulement le fanatisme islamique mais aussi la détresse sociale et une personnalité perturbée. Pour cette dernière raison, les non-musulmans se convertissent également à l'islam et cherchent une reconnaissance dans la lutte isla-mique pour vivre leurs idées de violence et pour pouvoir accéder au paradis.

2.7 Le « Kurdistan »

>> Les kurdes sont un groupe ethnique avec leur propre langue comprenant plusieurs dialectes et leurs propres coutumes. Ils professent principalement à l'islam sunnite. Cependant, il y a aussi des musulmans chiites, des yézidis des alévis et des chrétiens assyriens.

Il n'y a pas de frontières claires pour les zones de peuplement kurdes, on compte notamment les régions du sud-est de la Turquie, au nord de la Syrie et de l'Irak ainsi que dans l'ouest de l'Iran, où vivent environ 30 millions de kurdes. Il y a encore quelques dizaines de milliers de kurdes en Arménie.

Lorsque les états du Moyen-Orient ont été fondés après la fin de l'Empire ottoman, les kurdes n'ont pas obtenu l'indépendance du Kurdistan après la Première Guerre mondiale. Depuis lors, de nombreux kurdes se battent pour leur propre état ou au moins pour plus d'autonomie dans leurs régions, surtout contre les forces de sécurité respectives des gouvernements, mais aussi souvent les uns contre les autres. <<

>>Jusqu'à la Première Guerre mondiale, la conscience kurde était façonnée d'une part par l'affilia-tion tribale, d'autre part par l'islam sunnite. Sous l'influence des idées européennes, ils ont alors développé leur propre sentiment national. Après la défaite de l'Empire ottoman contre les Alliés, les kurdes se voyaient promis une région autonome dans le Traité de Sèvres. <<[502] Cependant, >>par le traité de Lausanne, le Kurdistan a été divisé par les Alliés et la Turquie lors de la dissolution de l'Empire ottoman entre les quatre états d'Iran, d'Irak, de Turquie et de Syrie <<[503]

>>Les kurdes dans les nouveaux états de Turquie, d'Irak, d'Iran et plus tard en Syrie ont été con-frontés à des représailles plus ou moins sévères. Ils n'ont pas été autorisés à être politiquement actifs, et des tentatives ont été faites pour réprimer leur culture, par exemple, en interdisant leur langue ou des vêtements typiques. A maintes reprises, des actions militaires ont été prises contre eux. Les kurdes militants ont réagi à la répression par des attaques terroristes et des actes de sabotage, de sorte que, surtout en Turquie, certaines conditions de guerre prévalent chez les kurdes. <<

Donc nous traitons quatre régions kurdes distinctes. <<[504]

2.7.1 Les kurdes en Iran

>>Dans l'Iran à dominance chiite, les kurdes ont été persécutés pour leurs croyances sunnites. << [505]

>>Au début du 20ème siècle, il y a eu des soulèvements répétés dirigés par Simko Aga. En 1930, cela s'est tranformé en embuscade. Le 22 janvier 1946, après l'invasion anglo-soviétique de l'Iran sous les auspices de l'Union soviétique à Mahābād, la République de Mahabad fut fondée. Mais cet Etat s'est effondré à nouveau un an plus tard. Jusqu'à la révolution islamique en 1979, le repos de cimetière a prévalu dans les régions kurdes. Cependant, les kurdes étaient mécontents avec le Khomeiny, qui ne

---

[502] https://de.wikipedia.org/wiki/Kurden#Siedlungsgebiet.

[503] Ibid.

[504] http://www.planet-wissen.de/kultur/voelker/kurden_volk_ohne_staat/.

[505] Ibid.

leur a accordé aucune autonomie dans la constitution. Selon le nouveau gouvernement, il n'y avait pas de groupes ethniques, seulement la communauté de foi islamique. En août 1979, l'armée iranienne a bombardé des villes et des villages kurdes, tuant de nombreux civils. En juillet 2005, un soulèvement contre le gouvernement iranien a éclaté après l'assassinat du Kurde Shuaneh Ghaderi dans la ville de Mahabad. Cela s'est étendu à environ dix villes kurdes. Il a tué environ 20 personnes. Le gouvernement iranien a qualifié les insurgés de « hooligans » et transféré 100 000 soldats dans les régions kurdes. <<[506]

2.7.2 Les kurdes en Irak

>>En Irak, les kurdes ont parfois eu plus de liberté, mais lorsque l'appel à l'indépendance est devenu trop fort, l'Etat centralement organisé a riposté pour ne pas perdre son accès aux ressources naturelles. Par exemple, Saddam Hussein [dans la région de Mossoul] a procédé à des déplacements forcés et a même utilisé du gaz toxique contre des civils kurdes. Après la guerre du Golfe en 1991, une zone de sécurité a été construite dans le nord de l'Irak pour les kurdes, qui jouissent depuis d'une grande autonomie. <<[507]

Comme les kurdes de la région de Mossoul étaient majoritaires, ils participaient également aux combats contre l'EI, qui avait conquis Mossoul et devait être à nouveau expulsé. Ils sont en concurrence avec les troupes irakiennes du gouvernement national.

Mais les kurdes proches du PKK ont également combattu l'EI dans le nord de l'Irak. Ils doivent, par exemple, aux Yazidis, une secte spéciale proche de l'Islam, leur libération de l'oppression de l'EI. Dans la lutte contre l'EI, les kurdes de la région autonome d'Irak vivent dans une certaine tension avec les kurdes du PKK.

Selon *Die Zeit*, la relation entre kurdes eux-mêmes est complexe. : >>La Syrie kurdes, frères d'armes du PKK, ont sécurisé sur le champ de bataille de la guerre civile dans le nord une zone quasi-autonome avec le nom « Rojaïa », auquel appartient aussi Ko bane. Cela outrage le gouvernement d'Ankara, qui ne veut pas tolérer un semi-état kurde sous le contrôle du PKK à sa frontière. C'est l'une des raisons pour lesquelles Ankara a repris la guerre contre les guérillas marxistes. Cela dérange l'autre Massoud Barzani, parce que Rojava est en concurrence avec son Kurdistan irakien, que lui et son clan dominent depuis des années. C'est pourquoi le gouvernement autonome d'Erbil ne proteste que timidement lorsque des bombardiers turcs ont attaqué le PKK sur le sol irakien.

Tout cela ne facilite pas la lutte contre « l'État islamique », pas même pour les alliés occidentaux. Le gouvernement allemand aide les peshmergas avec de bonnes raisons, mais il doit en même temps veiller à ce que les armes allemandes ne finissent pas au PKK à un moment donné. Après tout, comme il avait l'habitude de commettre des attentats-suicides contre des cibles turques il est toujours considéré comme une organisation terroriste. Dans le même temps, le PKK en Syrie, où il opère sous le nom de « Parti de l'Union démocratique », fournit une force terrestre efficace contre les milices terroristes de l'EI. Il est soutenu par les Etats-Unis. <<[508]

---

[506] https://de.wikipedia.org/wiki/Kurden.

[507] http://www.planet-wissen.de/kultur/voelker/kurden_volk_ohne_staat/.

[508] http://www.zeit.de/politik/ausland/2015-12/kurden-islamischer-staat-kobane-widerstand-peschmerga-mossul/ seite-2.

2.7.3 Les kurdes en Syrie

>>La minorité kurde en Syrie est victime de discrimination depuis des décennies sous le régime natio-
naliste arabe baasiste. [509][510] Au cours de la guerre civile en Syrie, fin 2013, le gouvernement syrien
a cédé le contrôle des régions frontalières du nord. Les forces kurdes locales ont pris le contrôle dans
de nombreux endroits. Le 12 novembre 2013, le Parti de l'union démocratique (Partiya Yekitîya Demo-
krat, PYD), avec le parti chrétien Suryoye Unity (un parti assyrien / araméen) et d'autres petits partis
dans le nord de la Syrie, ont décidé de mettre en place une administration intérimaire. [511] Le 21 janvier
2014, l'administration a été établie à Cizirê, le 27 janvier à Kobanê et quelques jours plus tard à Efrîn.
<<512

Le *PYD Parti de l'Union Démocratique* >>a été fondé en 2003 par décision du PKK et n'a aucune
structure organisationnelle légale en Syrie. Leur idéologie correspond au confédéralisme démocratique et donc à la ligne du PKK. La principale préoccupation est la solution de la question kurde. Ses
principales revendications, selon le programme du parti, incluent le respect des droits de l'homme, la
libération des prisonniers politiques, la liberté d'expression et l'abolition de la peine de mort. [513]

Après avoir amélioré les relations entre la Turquie et la Syrie, elle a déplacé son objectif de la lutte
contre la Turquie à l'agitation nationaliste parmi les kurdes syriens. En retour, ils ont payé un lourd
tribut : en 2009, les deux tiers de toutes les condamnations pour activités illégales de partis parmi les
kurdes syriens étaient contre des membres du PYD ; et les trois quarts de toutes les victimes de
tortures kurdes étaient envers des sympathisants du PYD. <<514

>>Le 17 mars 2016, un rassemblement de délégués kurdes, assyriens, arabes et turkmènes à Ru-
maylan a fondé une fédération autonome de Syrie du Nord - Rojava. [515][516]<< 517 >> Rojava est subdivi-
sé en 4 cantons. Les cantons sont (d'ouest en est) : Efrîn, Şehba, Kobanê et Cizîrê (la province syrienne d'al-Hasakah avec Qamishli comme capitale). Le canton de Cizîrê est directement adjacent à la
région autonome du Kurdistan en Irak. << 518 >>Ni les Etats-Unis et la Russie, ni le régime d'Assad et
l'opposition syrienne ne soutiennent les aspirations à l'autonomie. [519]

La Fédération de la Syrie du Nord - Rojava a des missions diplomatiques à Moscou, [520] à
Stockholm [521] et à Berlin depuis mai 2016. [522]Le but de la représentation est d'établir des relations
diplomatiques avec l'Etat allemand et d'informer le public sur les développements à Rojava, a déclaré le
représentant de la région autonome, Sipan Ibrahim. « Nous voulons que les kurdes, les arabes et les
autres groupes de la population vivent ensemble comme frères et sœurs en Rojava. » [523] En mai

---

509 Syria: The silenced kurds, Compte rendu du HRW d'octobre 2006.
510 Syria: End persecution of human rights defenders and human rights activists article du 7 décembre 2004 du
site amnestyusa.org.
511 "Kurds declare an interim administration in Syria", déclaration sur www.reuterp.com du 12 novembre 2013.
512 https://de.wikipedia.org/wiki/Rojava.
513 Programme en langue arabe (PDF).
514 https://de.wikipedia.org/wiki/Partiya_Yekit%C3%AEya_Demokrat.
515 "Kurdische Autonomiepläne", Neue Zürcher Zeitung, 17 mars 2016.
516 Rojava: Ausrufung einer kurdisch-syrischen "Demokratischen Föderation", Telepolis, 20 mars 2016.
517 https://de.wikipedia.org/wiki/Rojava.
518 Ibid.
519 "Autonomiepläne isolieren Kurden", tagesschau.de, 17 mars 2016.
520 "Syrian Kurds open diplomatic mission in Moscow", The Telegraph, 10 février 2016.
521 Les kurdes syriens inaugurent une représentation en Suède, , Ara News, 18 avril 2016.
522 "Rojava-Vertretung in Deutschland", Junge Welt, 9 mai 2016.
523 Les kurdes syriens ouvre une représentation inofficielle à Paris . Al Arabiya. 24 mai 2016.

2016, un bureau de représentation a ouvert ses portes à Paris. [524] Il existe également une représentation des Forces d'Autodéfense YPG à Prague. [525]‹‹526

››L'administration est censée refléter la situation multiethnique et religieuse dans le nord de la Syrie et comprend un ministre kurde, un ministre arabe et un ministre chrétien assyrien par département. Dans l'ensemble, le plan est poursuivi pour construire un système démocratique dans le sens d'un confédéralisme démocratique auto-gouvernant selon le travail d'Abdullah Öcalan. Ainsi par exemple, un quota de femmes de 40% est visé dans l'administration. [527] Selon le PYD, le plan à plus long terme est d'unifier les cantons sous une même administration. [528]

Cependant, le PYD souffre de critiques, tant en Syrie qu'internationalement. Un point de critique est que le PYD revendique également des zones peuplées majoritairement non-kurdes pour le tronçon contigu de « Rojava » ciblé dans le nord de la Syrie, ce qui avant tout rencontre une résistance de la majorité arabo-sunnite dans ces zones. [529][530]‹‹ 531

›› Le système économique du Rojava est basé sur les principes du confédéralisme démocratique selon les travaux d'Abdullah Öcalan. La propriété privée et l'esprit d'entreprise sont protégés par le principe de « la propriété par l'usage ». Dara Kurdaxi, économiste du Rojava, a formulé le principe suivant : « La méthode de Rojava est moins dirigée contre la propriété privée, mais a pour but de mettre la propriété privée au service de tous les citoyens du Rojava. » [532] La politique économique est axée sur le développement de la fonction publique et de l'activité économique coopérative ; plusieurs centaines de coopératives comptant pour la plupart entre 20 et 35 membres ont été créées depuis 2012. [533]

Selon les informations du ministère de l'Économie, environ les trois quarts des terres étaient sous administration publique au début de 2015, et un tiers de la production industrielle était assuré par des sociétés gérées par des conseils ouvriers [534]. Aucune taxe n'est prélevée au Rojava ; les recettes de l'administration proviennent des droits de douane ainsi que de la vente de pétrole extrait et d'autres ressources naturelles. [535] Les employés de l'administration publique sont partiellement payés par le gouvernement central de la Syrie. [536][537]

524 Evrensel, 7 mai 2016.

525 Prague Monitor, 3 avril 2016.

526 https://de.wikipedia.org/wiki/Rojava.

527 Onur Burçak Belli: *Traurige Gewinner.* Zeit Online du 22. 3. 2014, consulté le 22. 3 2014.

528 Rojava artık özerk, article du Radikal du 31 janvier 2014 (turc).

529 *The Siege Of Kobani: Obama's Syrian Fiasco In Motion,* Analyse von US-Politologe David Stockman vom 11. 10.2014 (englisch).

530 *Will Syria's Kurds benefit from the crisis?,* BBC-Analyse vom diplomatischen Korrespondenten Jonathan Marcus vom 10. 8.2012 (anglais).

531 https://de.wikipedia.org/wiki/Rojava.

532 Michael Knapp: *'Rojava – the formation of an economic alternative: Private property in the service of all'.*

533 http://sange.fi/kvsolidaarisuustyo/wp-content/uploads/Dr.-Ahmad-Yousef-Social-economy-in-Rojava.pdf.

534 A Small Key Can Open a Large Door: The Rojava Revolution, 1st, Strangers In A Tangled Wilderness, 4 mars 2015: „According to Dr. Ahmad Yousef, an economic co-minister, three-quarters of traditional private property is being used as commons and one quarter is still being owned by use of individualp...According to the Ministry of Economics, worker councils have only been set up for about one third of the enterprises in Rojava so far."

535 Efrîn Economy Minister Yousef: Rojava challenging norms of class, gender and power. Consulté le 18. 2.2015.

536 Flight of Icarus? The PYD's Precarious Rise in Syria (PDF) International Crisis Group.

537 Zamana LWSL.

L'économie du Rojava a connu relativement moins de destructions dans la guerre civile que d'autres parties de la Syrie, et elle a relativement bien maîtrisé les circonstances. En mai 2016, Ahmed Yousef, ministre de l'économie et président de l'Université d'Afrin, a estimé que la production économique du Rojava à l'époque représentait 55% du produit national brut de la Syrie. [[538]]<< [539]

>> Les forces armées du Rojava sont les unités de défense populaire affiliées au PYD (YPG / YPJ). Dans le contrat d'entreprise, ils sont désignés comme l'institution nationale des trois cantons. Leur relation avec l'armée du gouvernement central de la Syrie doit donc être déterminée par les lois du Rojava. Ils sont soutenus par les milices chrétiennes syriennes-araméennes Sutoro et les brigades de la FSA. Cela comprend entre autres : Liwa Thuwwar al-Raqqa au sein de l'Alliance Burkān al-Furāt et à travers le PKK et le MLCP. L'opposant le plus important durant la guerre civile est l'organisation terroriste Etat islamique (IS). Depuis la défense de Kobane en Septembre 2014, GPJ sont prises par les frappes aériennes de la coalition internationale dirigée par les États-Unis et peshmergas de la région autonome du Kurdistan en Irak.

Le 10 Octobre 2015, GPJ a formé avec l'armée arabe sunnite des révolutionnaires (Dschaisch aththuwwar), la milice tribale arabe sunnite Shammar Quwat as-Sanadid et le Conseil militaire araméen assyrien de Syriaques (MFS) une alliance militaire qui opère sous le nom de Democratic Forces of Syria (SDF) avec la coalition internationale dirigée par les Etats-Unis contre l'EI en Syrie. [[540]][[541]]<< [542]

2.7.4 Les kurdes en Turquie

A mesure que l'empire ottoman s'affaiblissait, devait céder des territoires à la Russie, et dépendait de plus en plus de l'influence européenne, et aussi en réaction aux aspirations nationalistes des peuples subjugués, le nationalisme s'est également développé en Turquie. Ceci a augmenté la répression contre d'autres groupes ethniques jusqu'aux pogroms.

>>Sur la base du Traité de Lausanne, la République de Turquie proclamée par Mustafa Kemal Atatürk le 29 octobre 1923, ne reconnaissait pas les kurdes comme une minorité ethnique. Un certain nombre de révoltes, telles que la révolte de Koçgiri de 1920, l'insurrection de Cheikh Saïd menée par Cheikh Saïd en 1925, l'insurrection d'Ararat de 1926-1930 et l'insurrection de Dersim en 1938, furent vaincues par l'armée turque. << [543]

Le plus grand groupe ethnique non-turc au cœur de la Turquie d'aujourd'hui, les kurdes, a été déclaré comme « turques des montagnes ». La Turquie a mené une politique d'assimilation contre eux, niant les différences culturelles et ethniques. Une tentative pour dépeindre les kurdes comme un peuple turc immigrant d'Asie centrale a été faite. En raison des restrictions imposées par l'État, la culture kurde ne pouvait pas être vécue librement. Jusqu'en 1979, le dictionnaire officiel (Türkçe Sözlük), appelé le turc Dil Kurumu, définissait le mot « Kurde » comme : *nom d'une communauté ou d'un membre de cette communauté d'origine turque qui a perdu sa langue, parle une forme dégénérée du persan et vit en Turquie, en Irak et en Iran.* [[544]]<<[545]

---

[538] Will Syria's Kurds succeed at self-sufficiency?. Consulté le 9 mai 2016.

[539] https://de.wikipedia.org/wiki/Rojava.

[540] Declaration of Establishment by Democratic Syria Forcep. 15 octobre 2015, consulté le 4. 11. 2015.

[541] Kampf gegen Terrormiliz: Syrische Kurden und Araber verbünden sich gegen IP. Die Welt. 12. 10. 2015, consulté le 4. 11. 2015.

[542] https://de.wikipedia.org/wiki/Rojava.

[543] https://de.wikipedia.org/wiki/Kurden.

[544] Stephan Conermann, Geoffrey Haig (Hrsg.): *Asien und Afrika,* Bd. 8. P. 135.

[545] https://de.wikipedia.org/wiki/Kurden_in_der_T%C3%BCrkei.

>>En réponse, le parti des travailleurs du Kurdistan (PKK) dirigé par Abdullah Öcalan est arrivé au pouvoir en 1978. <<[546] Le parti des travailleurs du Kurdistan (Partido Karkerên Kurdistanê, Abkhaz PKK) est une organisation clandestine militante et socialiste kurde originaire de zones de peuplement kurdes en Turquie.

Markus C. Schulte de Drach écrit : >>Après le putsch militaire de 1980, le PKK a été expulsé de Turquie, de nombreux membres ont fui vers le Liban. Depuis 1984, le PKK s'est battu grâce à la force armée contre les forces de sécurité turques dans le but d'obtenir une plus grande autonomie, sinon même un état séparé. Des dizaines de milliers de personnes, dont de nombreux civils, sont morts dans des combats avec la police et l'armée ou lors d'attaques. ... En 1999, Abdullah Öcalan a été arrêté et condamné à mort. En 2002 ce verdict a été transformé en réclusion à perpétuité. <<[547]

En 2007, Abdullah Öcalan écrit de sa prison, İmralı, à la conférence internationale « L'UE, la Turquie et les Kurdes » : >>L'esprit de la fondation de la République était une alliance stratégique entre turcs et kurdes. L'incapacité de renouveler cette alliance dans la phase actuelle de construction démocratique sous-tend la question kurde en Turquie. L'histoire est pleine d'exemples d'alliances turco-kurdes. Sultan Alp Arslan n'a pu pénétrer en Anatolie qu'à travers une alliance turco-kurde. Grâce à cette alliance, Sultan Selim I a élevé son empire au rang d'empire mondial. Mustafa Kemal a fondé la république à travers cette alliance. Pourquoi ne devrions-nous pas s'inspirer de l'essence de ces trois alliances aujourd'hui ? Les kurdes et les turcs devraient forger cette alliance millénaire aujourd'hui. Si nous reconnaissons que ni le nationalisme turc chauviniste ni le nationalisme kurde primitif ne peuvent apporter de solution, nous construirons sur la base de la démocratie une base pour le développement démocratique de tout le Moyen-Orient. Cependant, un partenariat stratégique ne peut se réaliser que si la rencontre entre kurdes et turcs se déroule sur un pied d'égalité. Les relations doivent donc être réorganisées de manière démocratique. <<[548]

>>La solution que j'offre à la société turque et à tous ceux qui sont sensibles et responsables est très simple. Nous voulons une nation démocratique. Nous n'avons rien contre l'idée d'état unitaire et de république. Nous acceptons la république, sa structure étatique unitaire et sa laïcité. Mais nous croyons qu'il faut redéfinir l'état démocratique en termes de respect des peuples, des cultures et des droits. Cette définition devrait permettre aux kurdes de s'organiser démocratiquement à travers laquelle ils peuvent se développer, entre autres, dans les domaines de la culture, de la langue, de l'économie et de l'environnement. Les kurdes, les turcs et d'autres cultures forment alors la nation démocratique de la Turquie. Cela n'est possible que grâce à un concept démocratique de nations, à une constitution démocratique et à un système juridique avancé et multiculturel. Les drapeaux et les frontières ne sont pas un problème selon notre compréhension d'une nation démocratique. Notre vision d'une nation démocratique embrasse le modèle d'une nation basée sur la démocratie par opposition à une nation basée sur l'état. La nation turque doit être définie comme englobant tous les groupes ethniques. Ce que l'on entend par là, c'est un modèle de nations qui ne soit pas basé sur les turcs, pas sur la religion ou la race, mais sur les droits de l'homme. Nous commençons avec le concept d'une nation démocratique qui rassemble toutes les ethnies et cultures. <<[549]

Comme solution, Abdullah Öcalan fait les suggestions suivantes : >>

[546] https://de.wikipedia.org/wiki/T%C3%BCrkei.
[547] Markus C. Schulte von Drach: *Volk ohne Staat. Ein Traum von Kurdistan,*
http://www.sueddeutsche.de/politik/volk-ohne-staat-ein-traum-von-kurdistan-1.2585734, 28. 7. 2015,
[548]Abdullah Öcalan: *Lösungsvorschläge für die kurdische Frage in der Türkei,* 2007, http://freedom-for-oc-alan.com/deutsch/download/vorschlaege-fuer-eine-politische-loesung.pdf.
[549] Abdullah Öcalan: ibid

1. La question kurde devrait être traitée comme une question fondamentale de démocratisation, l'identité kurde devrait être garantie par la loi et la constitution. Un simple article de la nouvelle constitution, libellé « La Constitution de la République turque reconnaît l'existence et l'expression de toutes les cultures de manière démocratique », répondrait déjà à cette exigence.

2. Les droits linguistiques et culturels devraient être protégés par la loi. Il ne devrait pas y avoir de restrictions pour la radio, la télévision ou la presse. Les programmes kurdes et autres langues devraient être soumis aux mêmes règles et institutions que les émissions de radio et de télévision turques. Les mêmes lois et procédures devraient s'appliquer aux activités culturelles.

3. Le kurde devrait être utilisé comme langue scolaire dans les écoles primaires. Toute personne qui le souhaite devrait être capable de laisser éduquer son enfant dans de telles écoles. Dans les lycées, des sous-unités sur la culture, la langue et la littérature kurdes devraient être proposées comme matières optionnelles. Dans les universités, cependant, des instituts de langue, de littérature, de culture et d'histoire kurdes devraient être créés.

4. Tous les obstacles à la liberté d'expression et d'association devraient être levés et toutes les conditions d'une activité politique libre devraient être réunis. Même pour les dimensions touchant à la question kurde ces libertés doivent s'appliquer sans restriction.

5. Les partis et les lois électorales doivent être démocratisés et garantis afin que le peuple kurde et toutes les forces démocratiques puissent participer de leur plein gré à la formation de la volonté démocratique.

6. En adoptant une loi de gouvernement local démocratique, la démocratie devrait être approfondie et élargie.

7. Le système de protection du village et des gangs illégitimes qui s'est incrusté dans l'Etat doit être dissous.

8. Le retour des habitants expulsés de leurs villages sous la contrainte pendant la guerre devrait être autorisé. Pour cela, des mesures administratives, juridiques, économiques et sociales nécessaires doivent être prises. En outre, une campagne de développement économique devrait être lancée et le niveau de prospérité des kurdes devrait être élevé par des incitations et d'autres mesures.

9. Une loi sur la paix sociale et la participation démocratique devrait être adoptée. Cela permettrait aux membres de la guérilla, aux détenus et à ceux qui devaient s'exiler de participer à la vie politique et démocratique sans conditions préalables. «[550]

Les propositions d'Öcalan sont restées inédites. En effet, »les batailles entre les forces armées turques et la branche armée du PKK, le HPG, se sont aggravés depuis 2007. Le HPG a mené à plusieurs reprises des attaques directes contre les gardes de la Gendarmerie. Des actions ont été signalées non seulement au « centre du Kurdistan », mais aussi dans la région de la mer Noire (les provinces d'Erzincan et de Giresun). [551]

Le 21 février 2008, l'armée turque a lancé la 25ème offensive dans le nord de l'Irak depuis 1983, impliquant environ 10.000 soldats. «[552] C'est seulement »depuis 2012, que des négociations de paix

---

[550] Öcalan: ibid
[551] Siehe Bericht der Schweiz. Flüchtlingshilfe (SFH) Türkei Update: Aktuelle Entwicklungen vom 8. 10. 2008.
[552] https://de.wikipedia.org/wiki/Konflikt_zwischen_der_Republik_T%C3%BCrkei_und_der_PKK.

ont eu lieu entre le gouvernement turc et le PKK, en 2013 Öcalan a annoncé un cessez-le-feu et le retrait des combattants du PKK de Turquie. <<[553]

De toute évidence, à la suite de ces négociations, le gouvernement Erdogan a répondu aux principales demandes d'Öcalan. >>Le paquet démocratique du gouvernement d'Erdoğan adopté en 2013 a complètement levé l'interdiction des lettres kurdes. [[554]] La langue kurde est également proposée comme matière optionnelle dans les écoles publiques et les universités et bénéficie ainsi, pour la première fois, du soutien de l'Etat. En outre, ce paquet de réformes a également rendu possible la campagne électorale en langue kurde et le changement de noms de lieux auparavant turcs. [] << >> L'obstruction à la pratique de la religion est également punissable. La peine de prison peut être comprise entre un et trois ans. [[555]]<<[556]

Pour la première fois, les crimes haineux et les infractions sont criminalisés. Quiconque discrimine une personne en raison de sa langue maternelle, de sa race, de sa nationalité, de sa couleur de peau, de son sexe, de son handicap, de son appartenance politique, de sa religion ou de sa dénomination peut être condamné à un à trois ans de prison. Cette loi ne se réfère pas seulement à la vie quotidienne, mais aussi au marché du travail et à l'économie.

Dans les campagnes électorales, les langues non turques peuvent également être utilisées. En outre, les villages et autres localités peuvent réutiliser leurs anciens noms à la demande des municipalités. Dans ce contexte, il est désormais possible d'utiliser des lettres non turques. <<[557]

Oliver Ernst écrit : >> L'intégration politique kurde à la suite de la déségrégation de la « question kurde » s'est développé positivement. Cela a permis l'acceptation des kurdes dans le milieu politique. Les élections présidentielles de 2014 en témoignent : le candidat kurde nationaliste Selahattin Demirtas a gagné environ dix pour cent de votes. Ce succès relatif lors des premières élections présidentielles directes a encouragé le parti démocratique des peuples (HDP), fortement kurde, en 2015, de se présenter aux élections législatives du 7 Juin 2015 comme Parti de gauche comprenant diverses forces politiques - y compris les Verts turcs. Deux partis d'Allemagne ont également soutenu officiellement le HDP dans leur campagne électorale : La gauche et Alliance 90 / Les Verts.

Aussi, lors de ces élections, le résultat d'environ 13% pour le HDP a confirmé qu'une force politique forte du mouvement national kurde était en conformité avec le développement démocratique en Turquie. <<[558]

Malheureusement, les négociations de paix entre le gouvernement turc et Abdullah Öcalan n'ont pas abouti. Le président turc Erdogan a cherché à établir une constitution présidentielle qui a donné au président tous les pouvoirs cruciaux. Comme les parlementaires kurdes ne le soutiennent pas, il ne

---

[553] Markus C. Schulte von Drach: *Volk ohne Staat. Ein Traum von Kurdistan*, ibid

[554] Siehe hierzu den Bericht der Zeitung "Radikal" vom September 2013. Am 17. Juli 2015 gefunden unter http://www.radikal.com.tr/.turkiye/q_w_xin _85_yillik_yasagi_bitiyor-1152737.

[555] Voir le rapport des Deutsch Türkischen Nachrichten (DTN) Mars 2014 avec le titre *„Minderheiten freuen sich: Türkei verabschiedet Demokratie-Paket"*. Am 17. 7. 2015 gefunden unter http://www.deutsch-tuerki-
sche-nachrichten.de/2014/03/499187/minderheit%E2%80%8Ben-freuen-sich-tuerkei-verab-
schie%E2%80%8Bdet-demokratie%E2%80%8B-pakt/.

[556] https://de.wikipedia.org/wiki/Kurden_in_der_T%C3%BCrkei#Legale_kurdische_Parteien.

[557]http://www.deutsch-tuerkische-nachrichten.de/2014/03/499187/minderheit%E2%80%8Ben-freuen-sich-tu-
erkei-verabschie%E2%_80%8B det-demokratie%E2%80%8B-paket/.

[558] Oliver Ernst: *Die Kurdenfrage in der Türkei und der Krieg in Syrien*, P. 2, http://www.bpb.de/apuz/221174/die-
kurdenfrage-in-der-tuerkei- und- der-krieg-in-syrien?p=all.

peut atteindre la majorité nécessaire des deux tiers pour un amendement constitutionnel. C'est pourquoi il considérait à nouveau les kurdes comme des opposants.

A cela s'ajoute le danger perçu par Erdogan que la partie de la Syrie appelée *Rojava*, de l'autre côté de la frontière turque, ne forme un Etat kurde, ce qui renforcera à son tour les kurdes turcs. Afin d'empêcher cette formation d'Etat, la Turquie a secrètement soutenu l'Etat islamique en tant qu'opposant des kurdes.

Les tensions croissantes avec les kurdes ont été exacerbées par l'accusation des kurdes à Ankara après l'attaque terroriste contre la ville Suruç majoritairement kurde le 20 juillet 2015, >>que les milices terroristes de l'EI sont accordées ou même soutenues secrètement par les autorités turques. Le PKK a tué deux policiers turcs qui travaillaient avec l'Etat islamique. En Turquie, plusieurs kurdes ont ensuite été arrêtés en tant que sympathisants du PKK. Les bases des combattants kurdes dans le nord de l'Irak ont été bombardées par l'armée de l'air turque. Le PKK a levé le cessez-le-feu avec la Turquie. ....

Même le président Recep Tayyip Erdoğan a officiellement rompu la paix avec les kurdes par son annonce que des politiciens liés à des groupes terroristes devraient être poursuivis, <<[559] « Ainsi le parlement turc, comme Hasnain Kazim écrit à la demande d'Erdogan >>a abrogé l'immunité d'un total de 138 politiciens, contre lesquels le procureur a commencé des enquêtes. Surtout, les membres du HDP pro-kurde de gauche sont concernés, soit 50 sur 59. Presque tout le groupe politique ne pourrait plus remplir son mandat en cas de condamnation. <<[560]

Au lieu de troubler la paix, non seulement en Turquie mais aussi dans d'autres régions, avec son nationalisme turc insulaire, sa colère et sa soif de pouvoir absolu, le président turc Recep Tayyip Erdogan devrait suivre les suggestions néo-ottomane d'Öcalan cités plutôt et l'objectif d'une confédération qui comprend également les kurdes syriens et irakiens. Après tout, Oliver Ernst écrit à juste titre: >>Depuis les limites territoriales qui avaient empêché après la Première Guerre mondiale au Moyen-Orient, l'émergence d'un Etat kurde, [561] le conflit kurde est «une des sources les plus durables d'instabilité et de conflits transfrontaliers dans la région.» [562] Bien qu'il soit donc parfois appelé « le conflit israélo-palestinien du 21 e siècle ». [563] Ainsi des acteurs kurdes, tel que l'ancien ministre de l'éducation irako-kurde Dlawer A-la'Aldeen, sont en train de tirer un bilan étonnamment positif - au moins pour les aspirations kurdes en Irak : « pour la première fois, nos voisins peuvent imaginer un Kurdistan indépendant sans avoir à drainer le sang. (...). (...) Oui, tout l'ordre au Moyen-Orient est en train de changer. Jamais auparavant dans l'histoire la constellation pour les kurdes était si bonne. » [564]<<[565]

[559] Markus C. Schulte von Drach: *Volk ohne Staat*, Ibid

[560] Hasnain Kazim: *Türkisches Parlament: Kniefall vor Erdogan*, http://www.spiegel.de/politik/ausland/tuerkei-parlament-hebt-immunitae auf-kniefall-vor-recep-tayyip-erdogan-a-1093325.html.

[561] Voir Oliver Ernst: *Menschenrechte und Demokratie in den deutsch-türkischen Beziehungen. Die Menschenrechtspolitikder Bundesrepublik Deutschland im Spannungsfeld der inneren und äußeren Sicherheit*, Münster 2002.

[562] Awat Asadi: *Der Kurdistan-Irak-Konflikt. Der Weg zur Autonomie seit dem Ersten Weltkrieg*, P. 14.

[563] Oliver Ernst: *Erdogan kämpft gegen die PKK. Ein neuer Kurdenkrieg in der Türkei würde auch Deutschland erfassen*, 28.7.2015 »http://www.focup.de/politik/experten/ernst/tuerkei-kaempft-gegen-pkk-ein-neuer-kurdenkrieg-in-der-tuerkei-wuerde-auch- deutschland-erfassen_id_4842580.html« (16.1.2016).

[564] Cité aprèsHans-Joachim Löwer: *Die Stunde der Kurden. Wie sie den Nahen Osten verändern*, P. 173f.

[565] Oliver Ernst: *Die Kurdenfrage in der Türkei und der Krieg in Syrien*, P. 2, http://www.bpb.de/apuz/221174/die-kurdenfrage-in-der-tuerkei-und-der-krieg-in-syrien?p=all.

2.8 L'Egypte

Klaus Kreiser écrit : Napoléon Bonaparte, >>en 1798, le jeune général révolutionnaire français avait essayé avec une armée expéditionnaire d'arracher les ottomans du pays des pyramides et de chasser les anglais de la région. <<[566]

>>Après la capitulation française, Istanbul utilise Hüsrev Pacha comme nouveau gouverneur au Caire. Mais malgré des mesures brutales, il n'arrive pas à maîtriser la province. <<[567] Son successeur, Mehmed Ali, a réussi. Mehmed Ali est né en 1770 ou 1771 >>dans les Balkans, dans le Kavala macédonien, dans des circonstances modestes, et a grandi sans éducation formelle. << [568] Il a grimper les rangs dans l'armée ottomane et a finalement été nommé Pacha et vice-roi d'Egypte. >>Brutal, il éteint l'élite mamelouk, qui jusque-là dominait l'Egypte. ....

Afin de maintenir l'armée, de moderniser la bureaucratie et d'élargir le nombre croissant de conseillers étrangers, les ressources ont dû être augmentées. Mehmed Ali remplace le système de leasing fiscal traditionnel par une politique fiscale centralisée. Il monopolise rapidement l'achat et la vente de blé, de riz et de canne à sucre. ... En 1837, 95% du commerce intérieur est contrôlé par l'État. ... En 1820, le canal entre le Nil et Alexandrie est achevé. Cependant, les premières tentatives d'industrialisation n'ont pas produit de succès retentissants. <<[569] Il a essayé >>de créer sa propre industrie dans la province d'Égypte à travers des tarifs protecteurs et des investissements publics. Le revenu gouvernemental de son pouvoir a plus que quintuplé entre le début de son règne jusqu'en 1821. [570]

Bien que la tentative d'industrialisation du pays et de mise en œuvre de la réforme agraire n'ait pas eu le succès escompté, une nouvelle classe moyenne est apparue dans les secteurs du coton et du commerce du coton. Le manque de succès est dû notamment aux interventions des puissances européennes. [571]<< [572]

Sous le khédive (vice-roi) Ismail, un petit-fils Mehmed Ali, >> surgit le canal de Suez, ouvert en 1869. <<[573] Cependant, la construction du canal de Suez (1859-1869) >>rendit le pays si dépendant des emprunts extérieurs que l'administration de la dette publique établie par la Grande-Bretagne et la France devint le véritable gouvernement du pays. Pour sécuriser la route vers l'Inde, la Grande-Bretagne acquit les parts du canal égyptien, occupa le pays en 1882 et le transforma formellement en protectorat en 1914. <<[574] Le dernier souverain de la maison Muhammad Ali est renversé par coup d'état seulement en >> 1952 par les Officiers libres à Naguib et Nasser. <<[575]

Après la Seconde Guerre mondiale, l'histoire de la jeune république d'Egypte fut d'abord déterminée par le général Muhammad Nagib, puis par le chef de la révolution, le colonel Gamal Abdel Nasser (1954-1970). Le régime socialiste de Nasser entretenait des liens étroits avec l'Union soviétique. La nationalisation de la Société du Canal de Suez en 1956 a conduit à l'intervention militaire d'Israël, de la Grande-Bretagne et de la France. La crise de Suez a été résolue par l'intervention de l'ONU. <<[576]

---

[566]Klaus Kreiser: *Das neue Ägypten*, P.2, http://www.zeit.de/2011/09/Osman-Mehmed-Ali-Pasch.

[567] Kreiser: Ibid.

[568] Kreiser: ibid, P.1.

[569] Kreiser: P.2.

[570] Khaled Fahmy: *All The Pasha's Men – Mehmed Ali, his army and the making of modern Egypt*, P. 9–11 , P. 72.

[571] Immanuel Wallerstein: *Unthinking Social Science*, London, 1991, P. 14 und Ismail Küpeli: *Was ging schief beim 'Untergang des Morgenlandes'?*, München, 2006, P. 9.

[572] https://de.wikipedia.org/wiki/Muhammad_Ali_Pascha.

[573] Klaus Kreiser: *Das neue Ägypten*, P.2, http://www.zeit.de/2011/09/Osman-Mehmed-Ali-Pasch

[574] Kreiser: P.3.

[575] Kreiser: P.3.

[576] https://de.wikipedia.org/wiki/%C3%84gypten#.C3.84gypten_als_Republik.

Gamal Abdel Nasser se considérait comme un nationaliste arabe et poursuivait une politique d'unification de tous les pays arabes (panarabisme). L'objectif de cette politique était de repousser l'influence américaine, britannique et française du Moyen-Orient et d'Afrique du Nord. Cela a été contré par les monarchies conservatrices de l'Arabie saoudite, de l'Irak et de la Jordanie. << [577]

>>En 1958, l'Egypte a fusionné avec la Syrie et le nord du Yémen dans la République Arabe Unie (VAR), qui n'existait en réalité que jusqu'en 1961. <<[578] >>Dans l'Union, il y eut bientôt un certain nombre de différences. Les égyptiens ont nationalisé toutes les entreprises et banques opérantes en Syrie et désigné le Caire comme leur capitale. Presque tout le gouvernement était égyptien. En Syrie, les gens se sont sentis trompés et trahis. Le 27 septembre 1961, l'armée opérait un coup d'état en Syrie et a déclaré l'union dissoute le jour suivant. <<[579]

Comme dans d'autres états musulmans, la laïcisation en Égypte était ainsi poursuivie par l'armée, soutenue par des intellectuels et des chefs d'entreprise formés en Europe. Une règle militaire qui perd son élan national, mais il ne s'agit généralement que de leurs privilèges et de leur pouvoir et ils sont sujet à la corruption.

Afin de garantir leur sécurité économique, l'armée a également fondé des entreprises commerciales. Cependant, dans leur structure militaire hiérarchique, ils étaient plus en phase avec une économie planifiée centralisée avec des monopoles qui ne peuvent rivaliser avec les entreprises privées. Le manque de rentabilité a été compensé si nécessaire par les garanties de sécurité de l'Etat, en particulier contre la concurrence étrangère. Donc, le développement économique de tout le pays est resté en retard.

Contre les dictatures militaires s'est formé une opposition d'inspiration d'une part démocratique libérale et d'autre part islamique. Les deux ont exigé une codétermination du peuple à travers des élections et des partis démocratiques. Mais pour le clergé islamique et les masses qu'ils ont choisies, les élections démocratiques ne sont qu'un passage vers un état de Dieu islamique plus ou moins réactionnaire. Ils ont poussé tous les maux sociaux sur la constitution sociale laïque et ont promis le salut à tous par la réintroduction de la charia. En conséquence, émergèrent des groupes islamiques qui opéraient également d'une manière socio-éthique et s'offraient comme une alternative salvifique à la dictature militaire. La résistance des fondamentalistes religieux a également déterminé le développement futur de l'Égypte.

En 1977 Sadate, qui a succédé à Nasser >>par une initiative surprenante de la paix a initié le dialogue avec Israël ce qui a conduit en 1979 à l'accord de paix et le retrait des troupes israéliennes de la péninsule du Sinaï, mais d'autre part isolait le pays dans le monde arabe au vu de la résistance des fondamentalistes islamiques. En 1981 Sadate, qui a reçu en 1978, ainsi que le Premier ministre israélien Menahem Begin, le Prix Nobel de la paix, fut la victime d'une tentative d'assassinat.

Son successeur, alors vice-président, Hosni Moubarak, a été en mesure de revenir en Egypte à nouveau en tant que membre à part entière respecté dans la Ligue arabe. ... Cependant, les critiques notent qu'il régnait autoritairement depuis la promulgation de la loi d'urgence en 1982 jusqu'à la révolution de 2011. Il a donc ordonné un système pseudo-démocratique. On dit que les élections ont été partiellement falsifiées ou reportées, et une certaine opposition a été emprisonnée suite à des accusations fictives. En Egypte, il n'existait qu'autant d'opposition du public que Moubarak autorisait. <<[580]

[577] https://de.wikipedia.org/wiki/Vereinigte_Arabische_Republik.
[578] https://de.wikipedia.org/wiki/%C3%84gypten#.C3.84gypten_als_Republik.
[579] https://de.wikipedia.org/wiki/Vereinigte_Arabische_Republik.
[580] https://de.wikipedia.org/wiki/%C3%84gypten#.C3.84gypten_als_Republik.

>>Dans le contexte de la révolution tunisienne du jasmin, le Printemps arabe en Égypte a débuté le 25 janvier 2011, en se concentrant avant tout sur la revendication de la primauté du droit, de la liberté et des démocraties. Dans la foulée de la révolution, qui a tué environ 850 manifestants en Egypte, Moubarak a démissionné. [581] Du 28 novembre 2011 au 10 janvier 2012, l'Alliance démocratique, présidée par le Parti de la liberté et de la justice (confrérie musulmane), était la force la plus forte de l'Egypte, avec environ 45% des 498 sièges. Le parti salafiste de la lumière était la deuxième plus grande fraction avec environ 25% des sièges. Les partis successeurs du Parti national démocrate (NPD), au pouvoir, ont beaucoup perdu et n'ont remporté que 18 sièges (2010 : 420). Cela a été suivi par le parti libéral New Wafd avec 39 (6) sièges et le bloc égyptien de gauche avec 35 sièges. 40 sièges (70) ont été pris par des indépendants et des membres de petits partis.

Lors des sous-élections au Conseil de la Shura, la Chambre des lords égyptienne, en janvier / février 2012, les confréries musulmanes sont également apparues comme la force la plus forte, suivis des salafistes du Parti de la Lumière et des forces libérales. Puis pour la première fois ont eu lieux des élections présidentielles libres. Le premier tour de scrutin a eu lieu les 23 et 24 mai 2012 ; le deuxième scrutin a eu lieu les 16 et 17 juin 2012. Le 24 juin 2012, le résultat a été annoncé : Mohammed Morsi a donc été élu président avec 51,7% des suffrages valables [582]et avec sa prestation de serment le 30 juin 2012 il est devenu chef de l'Etat en exercice. [583]

Mais le 15 juin 2012, le Parlement a officiellement été dissous par le Conseil militaire suprême. Par la suite la reformation du Parlement n'a pas été possible, après que la Cour suprême ait déclaré la formation du parlement comme inconstitutionnelle puisque le tiers des sièges étaient occupés par des soi-disant "Indépendants". [584]

En juin 2012, l'Assemblée constituante, dans laquelle les confréries musulmanes et les salafistes avaient une majorité de 100 sièges, a rédigé une nouvelle constitution. Plus de 60% ont voté lors du référendum pour la nouvelle constitution. En novembre 2012, le président nouvellement élu, Mohammed Morsi, a retiré ses décisions et décrets du pouvoir judiciaire et les a déclarés inviolables. Il a effectivement annulé la séparation des pouvoirs. [585]

Le 3 juillet 2013, vers 21h00, le colonel général Abd al-Fattah as-Sisi a annoncé que Morsi avait été renversé par l'armée à la suite de manifestations publiques massives. Le juge constitutionnel Adli Mansur a été investi le 4 juillet 2013 après ce coup d'état militaire en tant que président par intérim du pays. [586][587]<< 588 Le 8 juin 2014, la militaire non-partisane as-Sisi est devenue la nouvelle présidente. Ainsi, l'Egypte avait encore une dictature militaire comme au temps de Moubarak. Mais sans cette dictature, l'Egypte aurait très probablement été transformée en une société musulmane de la charia, contre laquelle les chrétiens laïques et coptes auraient résisté, de sorte que le chaos social n'aurait pas pu être exclu.

581 Neue ägyptische Regierung im März 2011. Abgerufen am 23. März 2011.

582 voir Homepage des U.P. Committee of the Blue Shield, abg. am 26. 10. 2016; Isabelle-Constance v. Opalinski: *Schüsse auf die Zivilisation*, FAZ vom 20. 8. 2014; Hans Haider: *Missbrauch von Kulturgütern ist strafbar*, Wiener Zeitung vom 29. 6. 2012.

583 *Morsi wins Egypt's presidential election*, Bericht bei al-Dschasira vom 24. 6. 2012, abg. am 24. 6. 2012.

584 *Mohamed Morsi sworn in as Egypt's president*, Bericht bei al-Dschasira vom 30. 6.2012, abg. am 30. 6.2012.

585 *SCAF formally disbands Egypt parliament*, Bericht bei al Jazeera vom 15. 6. 2012.

586 *Mursi macht sich zu Ägyptens „neuem Pharao"*. In: welt.de. 22. 11. 2012, abg. am 2. 2. 2015.

587 *Ägypten: Militär verhaftet Präsident Mursi, Jubelfeiern auf dem Tahrir-Platz*. Abg. am 3. Juli 2013.

588 https://de.wikipedia.org/wiki/%C3%84gypten#.C3.84gypten_als_Republik.

2.9. La Libye

L'Italie avait annexé la Libye après la guerre italo-turque (1911-1912). Mais en 1932, sous le fasciste Benito Mussolini la Lybie est devenue une colonie suite à une guerre coloniale de près de dix ans - de bombardements de surface, d'utilisation de gaz toxiques [589] et de camps de concentration - >>causant la mort d'environ 100 000 libyens, ce qui correspond à environ 15% de la population totale<<[590].

Après la capitulation des unités italiennes et allemandes à Tunis en mai 1943, la Libye fut occupée par la Grande-Bretagne et la France jusqu'en 1949. Par résolution des Nations Unies, [591] en 1951 >> la Libye a été libéré par l'indépendance. Le chef des Senoussis devint le roi de la monarchie constitutionnelle, Idris Ier. La découverte de riches gisements de pétrole depuis 1959 fit de la Libye l'un des plus importants pays exportateurs de pétrole au monde.

D'autre part, les tensions sociales internes se sont intensifiées, ce qui, ajouté au sentiment nationaliste grandissant, a finalement conduit au renversement de la monarchie par l'armée et à la proclamation de la République arabe libyenne le Ier septembre 1969 (...). Le roi Idris et la reine Fatima sont allés s'exiler au Caire. << [592]

La Libye a été dictatorialement dirigée par le colonel Mouammar Kadhafi, d'abord en tant que « président du Conseil de commandement révolutionnaire », puis, après la proclamation de la Libye en 1977, comme « commandant suprême des forces armées » et en 1979 comme « chef révolutionnaire ».

Kadhafi a opéré une politique relativement laïque. Le libre exercice de la religion >>était garanti, dans la mesure où il n'était pas contraire aux traditions. L'État et la religion étaient séparés, le clergé confiné à la religion. <<[593]

La Libye avait l'un des revenus par habitant les plus élevés du continent africain. L'assurance sociale des résidents comprenait des soins médicaux gratuits ainsi que des pensions des veuves, des orphelins et des pensions de retraite. La scolarité obligatoire avec des leçons gratuites était prévue pour les six à quinze ans. [594] Pourtant, le taux d'analphabétisme des femmes était toujours de 29% et celui des hommes de 8% ; mais ce taux était très bas d'un total de 17% en comparaison avec le reste du continent africaine. [595] >>Il y a des universités à Tripoli, Bonghazi et d'autres villes plus grandes.

Bien que Kadhafi, en contraste frappant avec les autres socialistes arabes, ait des vues conservatrices islamiques sur le rôle des femmes [596], les femmes sous son règne en Libye avaient un niveau d'éducation élevé par rapport aux autres pays arabes. En cas de divorce, elles étaient autorisées à garder la maison ou l'appartement commun. Il y avait des garderies d'enfants pour les femmes qui travaillaient ainsi que des femmes dans les « professions masculines » classiques telles que les policiers ou les femmes pilotes [597]. En 1979, Kadhafi a mis en place une académie militaire pour les femmes. Cependant, la plupart des femmes éduquées travaillaient dans les soins de santé et enseignaient, et le taux d'emploi des femmes était inférieur à 10% au milieu des années 1990. La polygamie était permise en Libye, contrairement à la Tunisie voisine, l'homme pouvait obtenir le mariage d'une

---

[589] Fritz Edlinger (Hg.): *Libyen. Hintergründe, Analysen, Berichte*, P. 14.

[590] https://de.wikipedia.org/wiki/Libyen.

[591] UN Resolution 289 IV: „*Question of the Disposal of the former Italian Colonies*", 21. 11. 1949

[592] https://de.wikipedia.org/wiki/Libyen.

[593] https://de.wikipedia.org/wiki/Libyen.

[594] Literacy Rates of the World. Consulté le 9. 8. 2011.

[595] Literacy Rates of the World. Consulté le 9. 8. 2011.

[596] Gerrit Hoekmann: *Zwischen Ölzweig und Kalaschnikow, Geschichte und Politik der palästinensischen Linken*, P. 39.

[597] Karin El Minawi, *Emanzipation über den Wolken*, Süddeutsche Zeitung, 28 octobre 2010.

deuxième épouse uniquement avec l'approbation de l'autre épouse. De plus, le conjoint était dans la plupart des cas sélectionné par la famille. [[598]]« [599]

>> Après des manifestations publiques en février 2011, que les forces de sécurité ont tenté d'étouffer, les dirigeants politiques du pays se sont scindés. À Benghazi, l'opposition armée a pris le contrôle. Suite à une intervention militaire coordonnée de l'OTAN et d'un certain nombre d'états arabes pour faire respecter la zone d'exclusion aérienne instaurée par la résolution de 1973, les milices rassemblées au sein de l'Armée libyenne de libération nationale ont réussi à vaincre les forces régulières libyennes. Le nombre de morts de guerre est estimé entre 10 000 et 50 000[[600]]. « [601]

>> Après la guerre et l'intervention militaire internationale, le pays a été secoué par la lutte entre les milices rivales. Au début, le processus démocratique en Libye semblait progresser, car en 2012 les premières élections libres et équitables dans l'histoire de la Libye ont eu lieu. Lors de cette élection au Congrès national libyen de 2012, l'Alliance laïque des forces nationales (ANK) était de loin le parti le plus fort. Cependant, le parti islamiste de la justice et de la construction, un rival, a réussi à former une majorité parlementaire contre l'ANK. Dans la foulée, les gouvernements islamistes n'ont ni réussi ni semblé être disposés à dissoudre les milices indépendantes en Libye ou à les intégrer dans l'État. Des groupes terroristes et des milices [...] ont pu circuler librement dans la nouvelle Libye. Sous la présidence de Nuri Bushmen, la situation a finalement dégénéré lorsque le nouveau chef de l'État libyen n'a pas soutenu le gouvernement dans la lutte contre les milices indépendantes, mais a fondé et promu sa propre armée privée islamiste avec la « Salle d'opération des révolutionnaires libyens ». «[602].

>>Le général Chalifa Haftar a formé une alliance laïque "dignité" qui en mai 2014 a tenté de prendre le pouvoir dans un coup d'état militaire. Contrairement au coup d'état militaire en Égypte en 2013, cela a échoué parce que les confréries musulmanes s'attendaient à une telle action et fondaient à leur tour leurs propres milices. ... Après que les forces autour de Haftar aient remporté l'élection avec une participation de 18%, le camp islamiste de Tripoli, appelé "Dawn", est revenu au pouvoir et a conduit le nouveau gouvernement officiel à l'est du pays.

Dans cette guerre civile les deux alliances luttant contre la « dignité » (ce qui est le gouvernement officiel) pour le pouvoir dans le pays sont « Dawn » et l'organisation terroriste «IS ». Cela va de pair avec une augmentation spectaculaire du nombre de réfugiés et de graves violations des droits de l'homme. «[603]

>>Le 17 décembre 2015, un traité de paix a été convenu entre les camps rivaux de Tobrouk et de Tripoli, qui jusqu'en 2018 prévoit la reconstruction de l'État et ses institutions, et un gouvernement d'unité Fayez al-Sarraj. Le 30 mars 2016, le gouvernement d'union à Tripoli a commencé son travail. Cependant, la Libye est restée, même après le traité de paix, divisée entre une partie qui continue à soutenir un western al-Sarraj et une partie orientale du pays où Khalifa Haftar a l'impact majeur [[604]] [[605]]. Le 16 février 2017, les deux blocs de pouvoir ont accepté d'organiser des élections parlementaires générales libyennes en 2018, organisées conjointement par le Conseil des députés de l'Est et le

---

[598] Andreas Vrabl: „*Libyen: Eine Dritte Welt - Revolution in der Transition*", P. 68-71.

[599] https://de.wikipedia.org/wiki/Libyen.

[600] Seumas Milne: *If the Libyan war was about saving lives, it was a catastrophic failure*, The Guardian, 26.10.2011.

[601] https://de.wikipedia.org/wiki/Libyen.

[602] Ibid..

[603] Ibid.

[604] *Welche Rolle spielt Russland im libyschen Chaos?* FAZ 4.2.2017.

[605] *Wettlauf ohne Ziel*, Süddeutsche 15.2.2017.

Haut Conseil d'Etat de l'Ouest. [606] Les milices du 3ème gouvernement autoproclamé sous Chalifa al-Ghweil [607] et les organisations terroristes Etat islamique [608]et Al-Qaida [609] opèrent entre les luttes de pouvoir des deux moitiés de l'Etat. <<[610]

Les problèmes politiques et sociaux de la Libye ne sont pas seulement le fait que la sécularisation relativement avancée de la Libye par l'ancienne administration coloniale mais aussi sous Kadhafi est détruite par les réactionnaires islamiques, mais aussi le fait que la société vit encore dans des tribus, voire dans des tribus très traditionnelles. A cause des structures étatiques brisées de nombreuses milices se sont formées, qui pourraient même prendre possession des armes du pays. En outre, l'économie et le niveau de vie avaient été largement soutenus par les revenus pétroliers et l'économie s'est largement effondrée à la suite de la tourmente.

2.10 La Somalie

Soixante pour cent de tous les somaliens vivent en partie ou en totalité en tant que nomades. Vingt-cinq pour cent de la population vit en paysans installés dans la région la plus fertile du pays, entre les rivières Shabeelle et Jubba. Le reste de la population (15 à 20%) vit dans les zones urbaines. <<[611]

La Somalie est un exemple extrême de la survie d'un système de clan archaïque qui, comme l'écrit Wikipedia, a probablement été influencé par la société tribale des arabes. Chaque somalien appartient à une tribu ou un clan à travers sa lignée paternelle. …

Les peuples nomades traditionnels Dir, Darod, Isaaq et Hawiye sont considérés comme de « vrais somaliens » ou Samaal, tandis que les paysans sédentaires Rahanweyn sont appelés « faux Somali » ou Sab. Comme certaines minorités ethniques, ils ne sont pas considérés comme égaux du point de vue d'une partie de Samaal et sont traditionnellement soumis au désavantage social.

Chacune de ces familles de clans est divisée en un grand nombre de sous-clans et de « genres » (Somali : reer, qui signifie « peuple de », « descendants de »). Ceux-ci comprennent chacun quelques centaines à mille hommes qui paient ou reçoivent l'argent du crime organisé (diya, mag). Ce système fournit traditionnellement une protection individuelle somalienne pour la vie et la propriété, mais il conduit également à des vendettas qui ne sont pas seulement liées à des crimes individuels, mais aussi à des différends sur l'eau et les droits de pâturage et le pouvoir politique. << [612]

Après le prosélytisme des somaliens à l'Islam, des sultanats musulmans et des cités-États ont vu le jour. Au 16ème siècle, les villes sur la côte nord sous la domination turque ou égyptienne, ceux sur la côte du sud de Benadir sont venus au 17ème siècle sous la souveraineté d'Oman ou au 19ème siècle sous celle de Zanzibar <<

Bien que la pratique traditionnelle de l'Islam en Somalie soit plutôt tempérée >>dans les villages et parmi les nomades et mélangée avec le droit coutumier des clans, << l'ancienne culture tribale comprend aussi des coutumes archaïques comme la mutilation génitale.

La Somalie aurait probablement continué à vivre dans ces structures archaïques si elle n'avait pas été capturée par la colonisation européenne. Bien qu' >>à la fin du 19ème siècle, la région habitée par le Somali était toujours indépendant, le nord de l'actuelle Somalie a été colonisé par la Grande-

---

[606] *Deal ohne Handschlag*, Sürddeutsche Zeitung 16.2.2017.

[607] *Putschversuch in Libyen*, NZZ 16.10.2016.

[608] *Was nach dem IS kommt*, Spiegel.online 14.9.2016.

[609] *Tagebuch aus dem Fegefeuer*, Spiegel.online 20.8.2015.

[610] https://de.wikipedia.org/wiki/Libyen.

[611] https://de.wikipedia.org/wiki/Somalia#Geschichte.

[612] Ibid.

Bretagne sous le nom de Somaliland britannique, le sud et l'est sous le nom de Somaliland italien par l'Italie. Le 1er juillet 1960, les deux colonies deviennent indépendantes sous le nom de Somalie. <<[613]

Cependant, le potentiel archaïque de conflit a été étendu d'une dimension, puisque les colonisateurs ont naturellement influencé le système économique et social, et que des luttes de libération nationalistes ont émergé contre les occupants. Même après l'indépendance, ce nationalisme a conduit à des luttes de pouvoir et à des conflits avec les pays voisins. En outre, ces conflits ont de nouveau été éclipsés par le conflit Est-Ouest.

>> Les relations avec les états voisins ont été tendues en raison des revendications territoriales (...) faites par la Somalie, en particulier sur la région éthiopienne de l'Ogaden actuelle. Les tensions internes entre le nord et le sud et l'est, entre les clans et les partis ont persisté. En 1969, le président Sherkard a été tué par un garde du corps, après quoi les forces prosoviétiques de Siad Barre ont pris le pouvoir.

Barre s'est d'abord appuyé sur l'Union soviétique, en essayant d'introduire un « socialisme scientifique » et de limiter l'influence traditionnelle des clans. En 1977/78 il a mené la guerre de l'Ogaden contre l'Ethiopie, que la Somalie a perdu. Parce que l'Union Soviétique a soutenu le régime communiste ennemi Derg de l'Ethiopie dans cette guerre, Siad Barre s'est économiquement et politiquement détourné de l'Union Soviétique et s'est tourné vers les Etats-Unis. À l'intérieur, il gouvernait de plus en plus dictatorialement, divers clans étaient exposés à la répression. Plusieurs groupes rebelles ont commencé une lutte armée contre le gouvernement Barre, ce qui a conduit à son renversement en 1991 ....

Cependant, les groupes rebelles victorieux ne pouvaient pas s'entendre sur un gouvernement successeur <<[614], de sorte que la Somalie a fini dans un désordre et est devenue un état soi-disant raté. Dans ce chaos, les soi-disant al-Shabaab et d'autres milices islamiques ont pu se répandre dans tout le pays à l'exception du nord du Somaliland (ancienne colonie britannique). En outre, des groupes de pirates ont émergé qui mettent en danger le trafic maritime international sur la côte. Le fait que le gouvernement somalien reconnu internationalement puisse reprendre le contrôle de la majeure partie du pays est notamment dû au soutien militaire de l'Union africaine AMISOM, soit les soldats du Kenya, mais aussi, dans une moindre mesure, de l'Ethiopie, de l'Ouganda et du Burundi[615] et le soutien matériel du reste du monde. La piraterie au large de la Somalie est combattue par les missions navales internationales.

2.11 L'Érythrée

Un autre pays qui a appartenu à l'Empire Ottoman pendant plus de 300 ans et est devenu une colonie italienne en 1890 est l'Erythrée. Les italiens avaient envahi l'Ethiopie en 1935 et créé une colonie commune depuis l'Ethiopie, la Somalie et l'Erythrée. [616] Lorsque l'Éthiopie est redevenue indépendante par les forces alliées en 1941, l'adhésion de l'Érythrée à l'Italie a également pris fin. >>La région a été placée sous administration militaire britannique et 1947 - après la tâche formelle de l'Erythrée en Italie - mandat britannique. Après la Seconde Guerre mondiale, l'Organisation des Nations Unies a décidé d'une fédération de l'Erythrée de la province avec le royaume d'Abyssinie. <<[617]

[613] Ibid.
[614] https://de.wikipedia.org/wiki/Somalia#Geschichte.
[615] Siehe: https://de.wikipedia.org/wiki/Mission_der_Afrikanischen_Union_in_Somalia.
[616] Siehe: https://de.wikipedia.org/wiki/%C3%84thiopien.
[617] https://de.wikipedia.org/wiki/Eritrea.

>>Après que l'empereur éthiopien Hailé Sélassié ait systématiquement érodé les droits politiques de la population érythréenne de 1952 à 1961 et annexé l'Érythrée par la (auto-) dissolution du parlement érythréen en 1961, les séparatistes érythréens ont pris les armes. .... La guerre d'indépendance a pris fin après trente ans en 1991 avec la victoire du Front populaire de libération de l'Erythrée (EPLF) et de divers autres groupes rebelles éthiopiens. <<[618]. Suite à un plébiscite supervisé par l'ONU, l'Erythrée est devenue indépendante le 24 mai 1993.

>> La population de l'Érythrée est divisée à peu près également [[619]] entre musulmans (sunnites) et chrétiens (Église orthodoxe érythréenne de Tewahedo, protestants, catholiques, orthodoxes). << [620] les groupes religieux non reconnus, en particulier les chrétiens, y sont persécutés. >>L'Érythrée est classée troisième en 2016 dans le World Persecution Index (WVI) publié chaque année par Open Doors, qui identifie et analyse les pays où la persécution des chrétiens est la plus forte. ...[[621]]<< [622]

>> Au classement annuel de la liberté de la presse, publié par l'organisation Reporters sans frontières, en 2015, le pays prend la 180ème et dernière place [[623]], comme cela a déjà plusieurs fois été le cas. ... Selon Amnesty International, les critiques du gouvernement, les déserteurs et les erythréens qui ont demandé l'asile à l'étranger sont détenus. [[624]] Dans l'ensemble, de nombreux observateurs internationaux considèrent le système politique en Érythrée comme répressif ou même dictatorial. [[625]][[626]] Le gouvernement rétorque que l'Érythrée est encore en transition vers la démocratie, harcelée par l'Éthiopie, et qu'elle conserve donc la pratique antérieure jusqu'à aujourd'hui. Cela empêcherait une chute du jeune gouvernement. [[627]]<< [628]

2.12 La République turque

Wikipedia écrit : >>Après la défaite des puissances centrales, l'Empire ottoman a perdu ses territoires restants en dehors de l'Anatolie et Thrace à la suite du traité de paix de Sèvres. En outre, le territoire de la Turquie actuelle devrait être largement démembré. La Grèce a reçu la ville de Smyrne (Izmir Turquie) et certaines parties de l'Anatolie occidentale, la région autour d'Antalya devait aller aux italiens et la possession française devait en outre inclure la Syrie Cilicie. Dans les parties orientales de la Turquie actuelle avec les villes de Kars, Ardahan et Erzurum, un état arménien devait émerger. Au sud et à l'est de l'Euphrate, les kurdes ont reçu une région autonome. Ces plans n'ont pas été mis en œuvre. <<[629]

[618] Ibid.

[619] En 1936, le petit atlas du monde de l'union littéraire allemande mentionnait encore 57% de musulmans et 39 % de chrétiens dans la colonie italienne (...). Le mouvement d'indépendance des années 1970 était également porté par des musulman. (Meyers Enzyklopädisches Lexikon, Band 8, P. 119. Mannheim 1973/79).

[620] https://de.wikipedia.org/wiki/Eritrea.

[621] Weltverfolgungsindex 2016. Open Doorp.

[622] https://de.wikipedia.org/wiki/Eritrea.

[623] Rangliste der Pressefreiheit Reporter ohne Grenzen 2015.

[624] Amnesty International Report 2008: Eritrea.

[625] Bettina Rühl: *Vom Freiheitskampf in die Diktatur. Eritreas Abstieg.* Deutschlandfunk, 24. 5. 2011, consulté le 14.2.2015.

[626] Länderinformationen: *Eritrea – Innenpolitik.* Auswärtiges Amt, Oktober 2013, consulté le 14. 2. 2015.

[627] *Eritrea: Gute Nachrichten sind keine Nachrichten – Eritreas Entwicklung in der Diskussion,* Afrika-Bulletin 114: avril/mai 2004.

[628] https://de.wikipedia.org/wiki/Eritrea.

[629] https://de.wikipedia.org/wiki/T%C3%BCrkei#Atat.C3.BCrk_.E2.80.93_Republik_und_Reformen.

>> Mustafa Kemal Pacha organisa la résistance politique et militaire selon ces plans à partir du 19 mai 1919. Les combats avec la Grèce furent particulièrement intenses à partir de 1920. La guerre s'est terminée le 9 septembre 1922 avec la reprise d'Izmir. Après la cessation des hostilités, un nettoyage ethnique a eu lieu en Grèce et en Turquie, expulsant les « turcs » du territoire grec et les « grecs » du territoire turc, à l'exclusion des grecs d'Istanbul et des musulmans de Thrace occidentale. Après la victoire de la Turquie le 24 juillet 1923, le traité de Lausanne a révisé les dispositions du traité de Sèvres. Le traité a reconnu les limites du nouvel État qui sont toujours valables aujourd'hui en vertu du droit international. Dans le même temps, l'expulsion mutuelle des minorités a été légalisée. <<[630]

L'idéal laïque, mais aussi nationaliste, de la société a également vu le jour en Turquie avec des intellectuels et des militaires cultivés ou d'inspiration européenne, les *Jeunes-Ottomans* et les *Jeunes Turcs*.

Wikipedia écrit : >>Les Ottomans Jeunes ou Neufs ... ont été fondés en 1865 en tant qu'organisation secrète dans l'Empire ottoman. <<[631] >>Une génération plus tard, les Jeunes Turcs rejoignirent le front, parce qu'ils voulaient sauver l'Empire ottoman de la ruine. Les deux mouvements ont vu la solution en introduisant le constitutionnalisme et en assimilant toutes les minorités à la loi. [[632]]<<[633]

>>Les transporteurs du mouvement jeune-turc étaient des sections modernistes de l'élite éduquée. Le mouvement a été fondé en 1889 avec la création de l'organisation secrète İttihad -ı Osmani Cemiyeti (« Association pour l'unité des Ottomans ») à l'École de médecine militaire d'Istanbul. [[634]]
...

Une direction modérée des Jeunes Turcs avait des liens avec la cour et était dirigée par le prince Sa-Bahaddin, un parent de la maison impériale ottomane. Plus importants, cependant, étaient les « petites gens » qui avaient été promus aux élites fonctionnelles de l'État (fonctionnaires, enseignants, officiers) par l'éducation moderne, qui devaient donner le ton très tôt après la Révolution jeune de 1908. Il s'est développé - en particulier après la deuxième prise de pouvoir des Jeunes Turcs en 1913 - une alliance entre intellectuels radicaux (Ziya Gökalp, Nâzım) et bureaucrates civils (Talât Pacha) et officiers décisifs (Enver Pacha, Cemal Pacha). <<[635]

Kemal Atatürk, issu des Jeunes Turcs mais remontant dans la hiérarchie militaire, a pu empêcher la désintégration politique et militaire de la Turquie dans la lutte contre les puissances étrangères et devenir ainsi la personnalité politique et militaire la plus importante de la Turquie. >>Le 29 octobre 1923, la République de Turquie a été fondée par un amendement constitutionnel majeur : la mise en place de la direction de l'exécutif par un président à la tête du gouvernement. Une place adaptée à la revendication et à la position de Mustafa Kemal. <<[636]

Les principes du kémalisme comprenaient : >>le républicanisme au sens de la souveraineté populaire, le nationalisme contre l'état multiethnique de l'austérité ottomane, le populisme comme expression d'une politique orientée vers les intérêts du peuple, non une classe, l'évolutionnisme dans le sens d'une continuation des réformes, la laïcité, à savoir, séparation de l'état et de la religion, et l'étatisme avec contrôle économique partiel de l'Etat.

---

[630] Ibid.

[631] https://de.wikipedia.org/wiki/Jungosmanen.

[632] Feroz Ahmad: *İttihat ve Terakki 1908–1914*, P. 42.

[633] https://de.wikipedia.org/wiki/Jungosmanen.

[634] Klaus Kreiser, Christoph K. Neumann: *Kleine Geschichte der Türkei*, P. 351.

[635] https://de.wikipedia.org/wiki/Jungt%C3%BCrken.

[636] https://de.wikipedia.org/wiki/Mustafa_Kemal_Atat%C3%BCrk.

Cependant, pour assurer le nouvel ordre de l'état et pour imposer le modèle d'une république laïque non seulement le sultanat ottoman a dû être aboli, mais également le califat. En tant que califes, les dirigeants ottomans se considéraient comme des « représentants du prophète de Dieu » et comme les chefs religieux de tous les musulmans. [[637]]<<[638]

Déjà dans un journal du 6 juin 1918, Kemal Atatürk >>avait formulé le motif fondamental de toutes les étapes ultérieures à la réforme :

« Si un jour on a une grande influence ou un grand pouvoir, je pense qu'il vaudrait mieux changer brusquement notre société - immédiatement et dans les plus brefs délais. Car, contrairement aux autres, je ne crois pas que ce changement puisse être atteint en conduisant seulement graduellement les non-instruits à un niveau supérieur. Mon cœur rechigne à une telle vision. Pourquoi devrais-je retourner aux niveaux inférieurs de la population générale après avoir été formé pendant de nombreuses années, étudier la civilisation et l'histoire sociale, et éprouver la gratification par la liberté à toutes les étapes de ma vie ? Je vais m'assurer qu'ils arrivent là aussi. Ce n'est pas à moi de m'approcher d'eux mais à eux de s'approcher de moi. » [[639]]

Il a réalisé ce programme étape par étape, après avoir gagné et obtenu dans la fonction du président la position clé souhaitée. C'était une multitude de changements profonds dans la tradition et les coutumes qu'il prétendait appliquer à ses compatriotes dans l'espace de quelques années. <<[640]

>>Dans les années qui ont suivi, des systèmes juridiques entiers de pays européens ont été adoptés et adaptés aux conditions turques. En 1926, le droit civil suisse - et donc la monogamie incluant l'égalité entre les hommes et les femmes - a été adopté (l'égalité des sexes n'a que partiellement fonctionnait dans la vie quotidienne). Cela a été suivi par l'adoption du droit commercial allemand et du droit pénal italien. En 1928, la sécularisation fut proclamée et la même année, l'écriture arabe fut remplacée par l'écriture latine (...). À la suite d'autres réformes, le suffrage des femmes a été introduit en Turquie en 1930 et, depuis 1934, les femmes ont été autorisées à se présenter elles-mêmes aux élections (suffrage passif des femmes). <<[641]

La laïcité signifie dans une large mesure l'élimination de toute influence religieuse our la vie publique et l'autodétermination de l'individu. Dans sa forme la plus cohérente, la sécularisation devait faire de l'homme un citoyen du monde. Cependant, la laïcisation et la libéralisation imparfaites lient la compréhension de soi à la nation et exigent la confession inconditionnelle à sa propre nation. Cela permet de combattre tout ce qui interfère avec l'unité de la nation. La laïcisation en Turquie est également liée à un fort nationalisme morbide.

>>Des manifestations extrêmes du nationalisme turc ont été exprimées dans la thèse historique turque (Türk Tarih Tezi) et dans la théorie dite de la Langue Sun. Ils ont examiné les premières civilisations de l'Anatolie à la suite de l'immigration turque au début, en essayant d'apporter la preuve que le turc était la langue d'origine à partir de laquelle toutes les autres langues sont issues.

Cette politique a également influencé la géographie de la Turquie. Les noms de lieux et les noms de lieudits qui n'étaient pas turcs, non-musulmans, dénigrants ou incompréhensibles ont été changés, d'abord sporadiquement. Mais en 1956, une commission distincte a été créée au ministère de l'Intérieur. Harun Tunçel déclare dans une étude qu'en 1968, 12 000 des 40 000 villages ont été renommés.

---

[637] Bernard Lewis: The Political Language of Islam. Chicago 1988, P. 44-50.
[638] https://de.wikipedia.org/wiki/Mustafa_Kemal_Atat%C3%BCrk.
[639] Dietrich Gronau: Mustafa Kemal Atatürk oder die Geburt der Republik. Fischer, Frankfurt am Main 1994, P. 125 f.
[640] https://de.wikipedia.org/wiki/Mustafa_Kemal_Atat%C3%BCrk.
[641] https://de.wikipedia.org/wiki/T%C3%BCrkei.

De plus, une liste de 2000 noms de lieudits modifiés a été publiée en 1977. [642] L'objectif principal était d'éradiquer le caractère non-turc ou non-musulman des lieux en supprimant des suffixes tels que le nom de l'église ou les ethnonymes. .<<643

La mise en œuvre d'un nationalisme strict convient le mieux à un gouvernement à parti unique. En 20019, Şahin Alpay écrit : >>>> Fondé en 1923, le Parti Républicain du Peuple (CHP) du Kemalists a proclamé le système de parti unique et a imposé des réformes en 1925 pour construire un État-nation moderne et laïc au lieu de l'Empire ottoman vaincu. La politique officielle du régime autoritaire visait à forger une nation homogène avec une population multiethnique et multireligieuse qui parle le turc, adhère à la culture turque, et pratique la forme sanctionnée par l'État de l'Islam sunnite, comme représentées (à ce jour) par le Bureau des questions religieuses. Les déclarations religieuses ont été interdites dans la vie publique. On a refusé la reconnaissance officielle à la plus grande minorité religieuse, les Alevites, et, finalement, la foi sunnite a été imposée. Tous les groupes ethniques musulmans, y compris la plus grande minorité ethnique des kurdes, ont été forcés de s'assimiler et de se soumettre à la « turquisation ». Toute expression de l'identité kurde a été interdite. Ce n'est qu'en 1991 que l'usage public de la langue kurde a été autorisé. [644] Les forces armées turques ont non seulement garanti la sécurité de l'État et son idéologie kémaliste, mais ont également assumé le rôle de médiateur principal dans l'établissement d'une identité turque laïque et homogène parmi les citoyens.

À la fin de la Seconde Guerre mondiale, la modernisation a été complétée par la démocratisation d'en haut. La transition vers un système multipartite a été initiée et contrôlée par les dirigeants autoritaires, dont la plupart appartenaient au CHP. Il était interdit de remettre en question l'idéologie de l'État kémaliste ; Le communisme, les religions fondamentalistes (l'islamisme), le nationalisme ethnique (le nationalisme kurde) et le libéralisme en politique ont été interdits. [645] Dès le début, la démocratie turque s'est vue conférer un caractère patronné ou même contrôlé, dans lequel les militaires ont joué un rôle de premier plan. <<646

Le rôle central de l'armée dans l'État turc a d'abord été garantie par la constitution (de forme très particulière) et a conduit l'armée, après l'introduction du multipartisme, à une prise du pouvoir répétée pendant un certain temps. Elle mettait en scène des coups d'état lorsqu'ils craignaient le chaos politique, surtout au vu des revendications kurdes pour la reconnaissance de leur propre identité et d'un degré d'autonomie mettent en danger la stricte unité nationale de la Turquie.

La sécularisation imposée par les kémalistes était imparfaite parce qu'elle n'a amenée qu'à une dictature militaire et n'a pas atteint la masse des fidèles dans les campagnes. Nous pouvons observer le même phénomène que dans les dictatures militaires du Shah d'Iran, Saddam Hussein en Irak, le colonel Kadhafi en Libye, Assad en Syrie et en Egypte Al Sissi. Quand les européens poussent à la démocratisation des pays, les islamistes les utilisent cette structure régulièrement pour voter aux élections pour un état islamique dans lequel les prêtres islamiques ont le dernier mot et sont liés par une loi de la charia (interprétée de manière plus ou moins stricte).

Si l'islam reste la norme la plus élevée, alors selon que la croyance chiite ou sunnite, il établira soit un califat englobant tous les pays, comme l'EI, soit une règle des mollahs comme l'entend l'Iran. Si, d'un autre côté, le pays est devenu si laïque que le nationalisme est devenu le motif dominant de l'ac-

642 AZINLIK OKULLARINA. In: http://www.cnnturk.com/. CNN Türk, 19 juin 2009, consulté le 19 juin 2009 (turc).
643 https://de.wikipedia.org/wiki/Volksgruppen_in_der_T%C3%BCrkei.
644 Voir Hugh Poulton, The Top Hat, the Grey Wolf, and the Crescent, Londres 1997.
645 Voir Ilkay Sunar: *State, Society and Democracy in Turkey*, Istanbul 2004.
646 Şahin Alpay: *Die politische Rolle des Militärs in der Türkei*, http://www.bpb.de/apuz/31728/die-politische-rolle-des-militaers-in-der-tu erkei?p=all.

tion politique et que la foi islamique n'est qu'une composante du nationalisme, alors cet état recherchera, comme Erdogan le fait en Turquie, ce qui pourrait être décrit comme le « Saint Empire ottoman de la nation turque ».

Soutenu par les demandes de l'UE pour l'élimination de l'influence de l'armée dans la vie politique, comme condition préalable à l'adhésion à l'UE, le Premier ministre de l'époque et actuel président de la Turquie Recep Tayyip Erdoğan a été capable de briser la position spéciale de l'armée. Puisque les turcs ont toujours désiré un ordre central fort, Recep Tayyip Erdoğan a pu utiliser les principes kémalistes et, comme Kemal Atatürk, a su concentrer tout le pouvoir en sa personne. En même temps, il pratique une chasse aux sorcières contre quiconque s'opposant à ses objectifs ou poursuivant les machinations corrompues de sa famille.

Il rêve d'une sorte de renaissance de l'Empire ottoman. Comme l'ont rapporté Luise Sammann et Fatih Kanalici le 9.7.2016 sur Deutschlandfunk : >> « Nous sommes émus par l'esprit qui a fondé l'Empire ottoman », a annoncé Recep Tayyip Recep Tayyip Erdoğan - alors premier ministre - à ses compatriotes en novembre 2012. <<[647]

>>Un autre exemple de la tendance historique a été la demande récente du président Recep Tayyip Erdoğan de rendre obligatoires les leçons ottomanes dans les lycées turcs. Selon les politiciens conservateurs, les étudiants turcs devraient être capables de déchiffrer les pierres tombales de leurs grands-parents dans le futur. << [648]

Il n'est donc pas surprenant que des films de propagande sur l'Empire ottoman ont un succès public. Prenons, par exemple, le film sur la conquête de Constantinople en armure vieille de 500 ans avec d'interminables batailles à cheval, « Fetih 1453 ». Il >>a été publié peu après sa sortie en salles en février 2012, qu'il s'agit du film le plus réussi qui ait jamais existé en Turquie. En un rien de temps, les coûts de production de 17 millions de dollars ont été restaurés. Sur le Bosphore il y a la fièvre ottomane ! << [649]

>> La politique de l'AKP est appelée « néo-ottoman » exactement à cause de tels discours. Un terme qui n'est qu'à moitié vrai, cependant, dit l'historien d'Istanbul Aydin. Car l'image ottomane absolument positive, à laquelle les politiciens conservateurs d'Ankara se réfèrent, a peu à voir avec la véritable histoire. « L'Empire ottoman est montré aux gens comme un état constitutionnel parfait, mais nous, les historiens, savons que la réalité est différente, et si nous regardons l'histoire, nous y voyons un gouvernement despotique. »

Mais l'image des ottomans, qui est déjà enseignée aux élèves des écoles primaires turques, passe sous silence les vérités impopulaires. Souvent, il n'est pas moins romantique que la vie entre le Palais du Sultan et Harem, qui a été montré aux téléspectateurs à la télévision pendant des années. Rien d'étonnant à ce que Recep Tayyip Erdoğan - à l'époque Premier ministre - se soit engagé publiquement contre la série « Merveilleux siècle » quand elle ne répondait plus à ses attentes.

« Nous n'avons pas d'ancêtres comme ceux montrés dans cette série ! Le Sultan Süleyman, que nous connaissons, a passé 30 ans sur le dos d'un cheval et non au harem. Je condamne les réalisateurs de cette série et les propriétaires de cette chaîne devant l'ensemble de la nation !« <<[650]

---

[647] Luise Sammann und Fatih Kanalici: *Träume von der osmanischen Vergangenheit,* http://www.deutschlandfunk.de/tuerkei-traeume-von-der-osmanischen-vergangenheit.724.de.html?dram:article_id=312910.
[648] Ibid.
[649] Ibid.
[650] Ibid.

>> « Il s'oppose à tout ce qui dans cette série pourrait nuire à l'image du sultan, par exemple, il ne pouvait pas accepter de montrer que le sultan avait tué son fils et opprimé ceux qui revendiquaient leurs droits Un rêve doit être créé sur le modèle des ottomans, et les gens doivent penser que si nous obéissons inconditionnellement à notre souverain, la Turquie deviendra aussi puissante que les ottomans. » << [651]

Quand on considère le dégoût que l'Islam a à l'encontre de l'européisme, on comprend pourquoi, encore et encore, et jusqu'à nos jours, il y a des efforts en Turquie pour repousser la laïcisation en faveur des standards islamiques. Ces efforts sont naturellement soutenus par le clergé islamique, cependant, qui, comme nous l'avons déjà vu en Iran, peut s'appuyer sur les masses, en particulier sur la population rurale, comme l'influence occidentale n'existe principalement que dans les grandes villes.

Le clergé islamique a également réalisé qu'après l'introduction du multipartisme, des partis islamistes ont été fondés, tout comme l'AKP. En conséquence, de plus en plus de lois religieuses ont été abolies avec le temps. Le chef du parlement turc, Ismail Karaman, a même appelé à l'introduction de la charia en Turquie en avril 2016. Il a retiré cet appel à cause des manifestations. Mais, comme il est dit dans les *Deutschen Wirtschafts-Nachrichten*. >>Il est peu probable que le Chef du Parlement Karaman ait agi sans la connaissance et la volonté de Erdoğan. Karaman appartient au cercle le plus proche du chef de l'Etat turc. <<[652]

De toute évidence, Recep Tayyip Erdoğan se considère comme le sultan renaissant d'un « Empire ottoman » qui, dans le sens du calife ottoman, se considère lui aussi comme le centre de l'islam sunnite. Cela se reflète également dans sa mégalomanie. Luise Sammann et Fatih Kanalici, à leur tour ont dit : >>Un exemple parmi d'autres est le palais, qui compte plus de 1000 chambres, et Recep Tayyip Erdoğan l'a inauguré à Ankara le 28 août 2014, peu après l'élection présidentielle. Juste l'un des innombrables toilettes du magnifique bâtiment aurait coûté plusieurs milliers de dollars, ont crié des journalistes critiques. Ses disciples, cependant, remplissent fièrement de telles figures. Après tout, comme beaucoup le prétendent, les sultans ottomans vivaient aussi dans des palais à couper le souffle ! ...

Mais la société turque est divisée comme aucune autre. Ce qui fait la fierté des électeurs de l'AKP, met souvent leurs adversaires en colère. Pendant des semaines, ils ont manifesté contre le palais, qui a été construit au milieu d'une forêt protégée. Des centaines d'arbres ont dû céder la place au magnifique bâtiment. Des arbres que le fondateur de la Turquie moderne, Mustafa Kemal Atatürk, avait personnellement mis sous protection il y a plus de 80 ans. Le fait que Recep Tayyip Erdoğan les ait fait abattre était aussi une manifestation de pouvoir contre les partisans d'Atatürk, les kémalistes. Longtemps, l'héritage du fondateur de la République fut considéré comme inviolable sur le Bosphore. Recep Tayyip Erdoğan a mis fin à cette ère. Et il ne manque jamais une occasion pour le souligner. Par exemple, c'est le cas lorsqu'il veut construire une mosquée sur l'emblématique place Taksim d'Istanbul, si emblématique de la république. Ou en remplaçant le plus grand aéroport de Turquie, l'aéroport Atatürk, par un aéroport encore plus grand - selon les rumeurs véhiculées par les médias, l'aéroport *Recep Tayyip Erdoğan*.

La ruée vers la suprématie entre l'élite kémaliste laïque, autrefois riche, et les masses anatoliennes qu'ils ont négligées en tant que peuple mineur, est une vieille lutte qui sous-tend de nombreux

[651] Ibid.

[652]http://deutsche-wirtschafts-nachrichten.de/2016/04/27/nach-scharia-forderung-tuerkische-regierung-macht-rueckzieher/.

conflits dans ce qui est aujourd'hui la Turquie. Il a également sa place dans l'enthousiasme du gouvernement turc pour son passé ottoman.

« Les réformes laïques qu'Atatürk a appliquées dans les premières années après la fondation de la République ont attiré beaucoup de gens étrangers dans leur propre pays », explique Ismail Caglar, du groupe de réflexion affilié aux ACP SETA. Dès ces premiers jours de la Turquie moderne, la nostalgie de nombreux turcs conservateurs pour l'Empire ottoman, qui venait de périr, a commencé. <<[653]

Ses visions ottomanes déterminent également la politique étrangère de Recep Tayyip Erdoğan. En soi, une communauté étatique laïque des anciens pays ottomans est une idée fascinante et pourrait être une contribution importante à la pacification du monde musulman et à la paix mondiale dans son ensemble.

Une nouvelle communauté d'états laïques ottomane devrait, si possible, inclure également les pays nord-africains de l'Égypte au Maroc. Une telle communauté d'états unirait, dans la majorité des cas, des musulmans sunnites. Mais c'était déjà le cas dans l'Empire ottoman. Cependant, il devrait également montrer la même tolérance envers les autres communautés religieuses que dans l'Empire ottoman. Bien sûr, les non-sunnites devraient être des citoyens à part entière, comme il sied à un État laïc où la religion et l'état sont séparés.

Pour les musulmans, en particulier les palestiniens, cela signifierait que leur sentiment d'infériorité envers Israël serait perdu. Ils pourraient affronter les israéliens au moins aussi bien que les membres d'une grande puissance, tout en repoussant l'influence des israéliens dans les territoires palestiniens et sur les hauteurs du Golan.

Si les turcs sont vraiment concernés par une nouvelle communauté ottomane, alors ils devraient :

1. Renforcer leur société laïque et ne pas l'affaiblir en retombant dans l'immaturité religieusement déterminée du peuple. En particulier, ils devraient éviter toute forme de discrimination religieuse. Ce n'est qu'ainsi qu'ils peuvent éliminer les craintes et les réserves de personnes autres que la population sunnite.

2. Pour la politique de la Turquie en Syrie, cela signifierait qu'ils auraient peur que les alaouites, les chrétiens et les autres communautés religieuses s'accrochant à Assad soient persécutés par les sunnites à la chute du régime d'Assad. La Turquie ne devrait plus soutenir militairement l'EI et la branche d'Al-Qaïda, le Front Al Nusra, mais seulement des groupes de résistance laïques ;

3. Les turcs doivent faire la paix avec les kurdes et leur assurer la plus grande autonomie en Turquie possible, et en particulier ne pas essayer d'affaiblir ou de détruire complètement le parti des kurdes. La Turquie devrait offrir aux kurdes en Syrie et en Irak une association avec la Turquie et les soutenir de tout cœur dans la lutte contre le soi-disant État islamique.

Les turcs devraient réaliser que l'autonomie des territoires kurdes jusqu'aux États souverains ne peut plus être évitée. A cet effet, la position de la zone autonome kurde en Irak, mais aussi des zones dominées par les kurdes en Syrie est déjà trop forte. En ce sens, Oliver Ernst dit aussi que si la Turquie soutenait le processus d'intégration politique des kurdes syriens, opprimés et privés de leurs droits pendant des décennies par le régime baasiste, dans une Syrie d'après-guerre, cela pourrait promouvoir le processus de réconciliation avec les kurdes turcs, qui se considèrent encore aujourd'hui comme un » mouvement de libération » et s'opposent en partie à l'État turc par la violence terroriste. Le dicton d'Atatürk, le fondateur de la République turque - »la paix dans la terre - la paix dans le monde

---

[653] Luise Sammann und Fatih Kanalici: *Träume von der osmanischen Vergangenheit.*

» - recevrait ainsi un nouveau rayonnement et renforcerait le rôle de la Turquie en tant que pays d'ancrage dans une région de crise instable. <<[654]

Au lieu de cela, les turcs ont fait tout leur possible pour faire des kurdes un ennemi. Outre la lutte contre les kurdes dans leur propre pays et contre le PKK, ils combattent également les zones kurdes limitrophes de la Turquie et soutiennent donc l'EI. Pour l'EI, la Turquie était une retraite, un bureau de recrutement pour les partisans de l'EI du monde entier, qui se rendaient en Syrie via la Turquie, vendant du pétrole et d'autres devises et transportant des armes.

Mis à part le fait que les turcs, avec le soutien de l'EI, ont mis en danger leurs relations avec l'Europe, les Etats-Unis, les autres pays islamiques et finalement la Russie, leur soutien à l'EI ne pouvait être que mollement exécute, et la terreur de l'EI ne s'est pas arrêtée devant la Turquie. En fin de compte, la Turquie a dû entrer dans le camp des opposants à l'EI.

Les turcs ne résisteront pas non plus à leur rejet du régime d'Assad. Il est clair que le clan Assad dans la Syrie d'après-guerre pourrait ne plus jouer de rôle. Mais le lancement syrien relativement séculaire doit se poursuivre, avec éventuellement une séparation des zones habitées par les kurdes. Une pacification de la Syrie ne sera possible - et donc les russes ont raison - que si la Syrie continue d'exister et est réformée de telle sorte que la majorité sunnite et aussi les autres groupes puissent se vouer à l'Etat.

3. L'échec de l'américanisation de la Russie, l'eurasisme et la renaissance de l'opposition Est-Ouest

Après l'effondrement de l'Union soviétique, le monde occidental, sous la direction des États-Unis, a cherché à étendre son influence aux anciens pays du bloc de l'Est et à la Russie. Les russes étaient également ouverts à l'économie et à la démocratie occidentales parce qu'ils reconnaissaient leur supériorité. Der Spiegel écrit : >>En décembre 1991, l'Union soviétique s'est effondrée, et Boris Eltsine, le premier président démocratiquement élu de la Russie, a condamné le communisme comme une doctrine misanthropique. Le pays avait maintenant un vide idéologique, et le chaos a éclaté avec l'introduction de l'économie de marché. Pour l'équipe Eltsine, il n'y avait qu'une seule possibilité : les Etats-Unis. ...

Le Kremlin et la Maison Blanche travaillent presque main dans la main. L'économiste Jeffrey Sachs a prescrit une thérapie de choc pour l'économie russe. Il a forcé les russes à privatiser soudainement l'économie sans pomper suffisamment d'argent occidental en Russie. Le résultat : beaucoup de chocs, mais pas de thérapie. Selon Joseph E. Stiglitz, ancien économiste, chef à la Banque mondiale, le cours radical néo-libéral a contribué à l'effondrement économique. Des millions de russes étaient appauvris. Du point de vue russe, ce sont les années d'humiliation par l'Occident. <<[655]

Bien sûr, le fait que cette thérapie de choc n'ait pas eu le succès escompté est, bien sûr, également attribuable au fait que le comportement capitaliste répugne les russes. Ainsi, après l'effondrement de l'Union soviétique, un auditeur de mon discours sur la nature de l'économie de marché à Vladimir en a résumé le contenu : « Alors les spéculateurs - dans l'Union soviétique appelés les ravageurs du

---

[654] Oliver Ernst: *Die Kurdenfrage in der Türkei und der Krieg in Syrien*, P.3; http://www.bpb.de/apuz/221174/die-kurdenfrage-in-der-tuerkei-und-der-krieg-in-syrien?p=2.

[655] Sven Becker und andere: *Die russische Frage*, in Der Spiegel Nr. 10/4.3.2017 P. 14.

peuple - sont des hommes d'affaires dans l'économie de marché !» Les *entrepreneurs dynamiques* - peu *scrupuleux* du point de vue de la Russie - ont enlevé les coupons émis dans le cadre de la privatisation des entreprises d'état et sont devenus, souvent avec une certaine énergie criminelle, les oligarques de Russie et le reste des pays de l'ex-Union soviétique.

En même temps, les russes ont dû apprendre douloureusement qu'ils s'étaient aliénés, leurs pays associés et qu'ils devaient souffrir d'une dissolution.

Avec la Serbie, comme avec tous les peuples slaves, surtout dans la mesure où ils appartiennent à l'église orthodoxe, les russes se sont toujours sentis connectés. L'alliance russe avec la Serbie fut aussi l'occasion de l'éclatement de la Première Guerre mondiale. Le Kosovo, perçu comme faisant partie intégrante de la Serbie, a été séparé de la Serbie avec l'aide de l'Occident, et les États-Unis ont annoncé le bombardement de la Serbie pour mettre fin au conflit du Kosovo sans consulter le Kremlin.

Dans la guerre en Irak, les américains ont forgé leur « coalition des volontaires » et ont fait progresser leurs plans de défense antimissile en Europe. <<[656] Bien que les Etats-Unis aient déclaré que cette défense antimissile n'était pas dirigée contre les russes. Mais ils ne voulaient pas non plus impliquer les russes dans la construction de cette défense antimissile, par exemple en Russie. Sven Becker et d'autres écrivent >>Cela a considérablement aggravé les relations, mais le Kremlin espère toujours devenir membre de l'OTAN. <<[657]

>>Cet espoir s'est dissipé. Lors du sommet 2008 de l'OTAN l'Occident a promis à la Géorgie et à l'Ukraine une adhésion à l'OTAN, suivie peu après par la guerre du Caucase entre la Russie et la Géorgie. Sous Barack Obama, la relation était encore pire. L'intervention de l'Occident dans la guerre civile libyenne a été perçue par Poutine comme une trahison. Il était convaincu que seules les concessions initiales de Kadhafi avaient conduit à sa chute. <<[658]

Le Kremlin avait espéré que l'Occident ne s'étendrait plus à l'Est après la réunification de l'Allemagne. Mais tant que la Russie espérait devenir un partenaire à part entière de l'Union européenne et de l'OTAN, le Kremlin tolérait de plus en plus de pays devenant membres de l'Union européenne et de l'OTAN. Cependant, lorsque le Kremlin s'est rendu compte que la Russie avait été exclue de ces organisations et que l'élargissement de l'Union européenne et de l'OTAN avait eu pour effet de contenir l'influence de la Russie, la Russie s'est de nouveau tournée vers elle-même et sa propre mission, qui devenait de plus en plus le soi-disant *Eurasisme*.

En plus de l'européisme soviétique, les idées les plus motivées par la religion de la mission russe dans l'*Eurasisme* sont également vivantes. L'Eurasisme a beaucoup de représentants. Le prince Nikolaï Sergueïevitch Trubetskoy (né en 1890 à Moscou et mort en 1938 à Vienne) peut être considéré comme le premier. Il >>était un linguiste russe et ethnologue ainsi que le fondateur de la phonologie. <<[659]

---

[656] Sven Becker und andere: Die russische Frage, Ibid P. 14.

[657] Becker P. 14 f.

[658] Becker: P. 15.

[659] https://de.wikipedia.org/wiki/Nikolai_Sergejewitsch_Trubetzkoy.

Wikipédia écrit : La vision du monde eurasienne est basée sur l'affirmation qu'il existe un troisième continent entre l'Europe et l'Asie, l'Eurasie (qui coïncide largement avec l'ancien territoire de l'Empire russe) et un antagonisme insurmontable entre la culture eurasienne de l'Empire russe d'une part, et la civilisation « romano-germanique » de l'Europe occidentale, d'autre part. [660][661]<<[662]

Déjà en Union soviétique, Lew Gumilev[663] était le champion de l'*Eurasisme*. Il en a appelé aux impulsions inconscientes spirituelles, culturelles et civilisatrices vivant dans les peuples : « Passionarnost ». Passionarnost contient de la passion dans le double sens du mot, c'est-à-dire comme une impulsion passionnée, aussi bien que dans l'accomplissement de cette passion, comme dans la Passion du Christ. En Russie, le « Passionarnost » se présente comme un humanisme eurasien. De toute évidence, le but de cette passion a également mené Lew Gumilyov à son arrestation, mais il est toujours resté fidèle à sa passion. Il a été arrêté à plusieurs reprises et a dû passer de nombreuses années dans les camps, 1930-1934, 1938-1943. >>À l'automne 1944, Gumilev s'est porté volontaire pour l'Armée rouge et a combattu dans le 1er Front biélorusse, qui était impliqué dans la conquête de Berlin. En 1949, il a de nouveau été condamné à dix ans dans un camp. >>Ce n'est qu'en 1956, trois ans après la mort de Staline, qu'il fut réhabilité à cause de l'amorce manquante et a été libéré de sa maison <<[664]

Charles Clover écrit : >> En 2012, Vladimir Poutine s'est voué publiquement à la théorie de Gumiljow de Passionarnost. <<[665]

Selon Otto Böss, l'objectif d'Eurasie est >>l'unification des principales églises chrétiennes sous la direction de l'église orthodoxe russe ; Le catholicisme avait falsifié les idées originales du christianisme. Les juifs devraient également être inclus, mais « l'église juive orthodoxe » resterait indépendante dans son culte.

---

[660] Andreas Umland: Der „Neoeurasismus" im außenpolitischen Denken Russlands In: e-politik.de, 10. 3. 2009.

[661] Stefan Wiederkehr: »Kontinent Evrasija« – Klassischer Eurasismus und Geopolitik in der Lesart Alexander Dugins, P. 127.

[662] https://de.wikipedia.org/wiki/Eurasismup.

[663] >> Lev Nikolayevich Gumiljow (russe Лев Николаевич Гумилёв; ... ... 1912 à Tsarskoïe Selo, Empire russe, † ... 1992 à Saint-Pétersbourg) était un historien et ethnologue russe, auteur de nouvelles théories controversées sur l'ethnogénèse et les poètes et traducteurs de la Perse langue. Il était le fils du couple de poètes Anna Akhmatova et Nikolai Gumilev. << >> A l'âge de neuf ans en 1921, son père Nikolai Gumilev a été abattu pour avoir été impliqué dans une conspiration contre-révolutionnaire..<<
https://de.wikipedia.org/wiki/Lew_Nikolajewitsch_Gumiljow.

[664] https://de.wikipedia.org/wiki/Lew_Nikolajewitsch_Gumiljow.

[665] Charles Clover: Putin, power and „passionarnost", in: Financial Times, 12. März 2016, P. 1, P. 20: >>La definition de Putin de "passionarnost" (du mot latin "passio") était plutôt purifiée. « avancer et accepter le changement », était une manière d'interpréter les propose de Gumilev, alors qu'il serait plus juste de dire : « la capacité de souffrir ». C'était un message avec une allusion au nouveau testament dont rêvait Gumilev pendant ses 14 ans de séjour dans les camps de prisonniers. En 1939, c'est pendant qu'il creusait le canal de la mer blanche et qu'il voyait mourir ses codétenus d'épuisement et hypothermie qu'il a inventé la notion de passionarast. L'idée fondatirce, qui sera consacré dans son ouvrage "Ethnogénèse et biosphere", est le sacrifice. (écrit en 1979 et en circulation à partir de 1989).<<

Un tsar devrait « dans l'amour chrétien » gouverner cet « état de sagesse » à créer, dans lequel toutes les nationalités sont égales. L'Ukraine a aussi sa place dans cet empire eurasien ; l'affirmation des nationalistes ukrainiens d'appartenir à l'Europe est historiquement infondée. Le voisin le plus important de l'Eurasie est la Chine. La forme économique appropriée est une économie planifiée avancée. [666]<<[667]

A l'occasion du 112ème anniversaire de Lew Gumiljow, Natalia Pavlova écrit : >> « Les Eurasiens du 20ème siècle, tels que Nikolai Trubetskoi, Lew Gumilev, ont toujours soutenu que notre idée principale est d'être une alternative à l'Occident et d'avoir un ordre plus juste. Développer une idée plus noble qui pourrait être offerte à d'autres peuples. Les idées de justice et de vérité sont centrales dans l'espace eurasien. Et tandis que l'Occident construisait toujours sur l'agression, la conquête et la colonisation de nouveaux territoires, la Russie a introduit une autre idée.

Les russes ont toujours traité les autres nations à la hauteur des yeux, comme leurs pairs. C'est aussi la raison pour laquelle la petite principauté de la Moskova a accueilli un grand nombre de peuples, de l'Alaska aux Balkans, de l'Afghanistan aux États baltes. Tous ces peuples ont réussi à maintenir une coexistence pacifique, se complétant les uns les autres et construisant une civilisation inimitable basée sur des civilisations anciennes telles que la Horde d'Or, le Khanat turc et la Grande Scythie. Cela a été prouvé par Lew Gumilev, qui a décrit dans ses œuvres l'histoire de ce grand espace. » <<[668]

Andreas Umland écrit : Depuis le début des années 1990, le philosophe et journaliste politique russe Alexander Dugin >>représente un néo-eurasisme. Cependant, l'eurasisme classique n'est qu'une des sources de l'idéologie éclectique de Dugin, il associe le concept plus culturaliste de Trubetskoï et de Sawizki (qu'il mentionne et contredit même dans ses œuvres) à des éléments de géopolitique plus récents et occidentaux. Il évoque par exemple les représentants de la Nouvelle Droite d'Europe de l'Ouest, comme Jean-François Thiriart et Alain de Benoist, [669] les traditionalistes René Guénon et Julius Evola, les représentants de la révolution conservatrice comme Carl Schmitt et des géopolitiques comme Karl Haushofer. [670][671]

Contrairement à la thèse centrale de l'eurasisme classique selon laquelle il existe un troisième continent « Eurasie » entre l'Europe et l'Asie, Dugin voit « l'Eurasie » comme l'Europe et l'Asie. Après l'idée de Thiriarts d'une Pax Eurasiatica, Dugin plaide pour un empire eurasien de Dublin à Vladivostok sous la direction de la Russie, car, selon Dugin, « les véritables frontières géopolitique-

[666] Otto Böss: *Die Lehre der Eurasier. Ein Beitrag zur russischen Ideengeschichte des 20. Jahrhunderts*, P. 72, 85-87, 98-104.

[667] https://de.wikipedia.org/wiki/Eurasismup.

[668] Natalia Pavlova: *Eurasischer Humanismus als Alternative zum Westen*, https://de.sputniknewp.com/german.ruvr.ru/2014_10_03/Eurasischer-Humanismus-als-Alternative-zu-dem-Westen-4959/.

[669] Stefan Wiederkehr: »*Kontinent Evrasija*« ibid, P. 127.

[670] Andreas Umland: Alexander Dugin, ibid, P. 2–5.

[671] Mark J. Sedgwick: *Neo-Eurasianism in Russia*, P. 221–240.

ment justifiées de la Russie se trouvent à Cadix et Dublin et l'Europe est destinée (...) à rejoindre l'Union Soviétique ». [672]

Les eurasiens classiques et les néo-eurasiens comme Dugin ont en commun la vision du monde bipolaire selon laquelle « l'Eurasie » fait face à un ennemi majeur. La différence est que les eurasiens classiques considéraient l'Europe romano-germanique comme un adversaire, tandis que les néo-eurasiens envisageaient une lutte entre les forces terrestres « eurasiennes » organisées hiérarchiquement et dirigées par la Russie et les puissances maritimes libérales « atlantiques » sous la direction des États-Unis. [673][674] L'Europe est occupée par les américains, selon Dugin, et la Russie doit assumer le rôle de libérateur. Le succès de « l'Eurasie » dépend de la renaissance du peuple russe impérial. [675] Dans la vision du monde apocalyptique de Dugin, cet antagonisme séculaire entre les forces terrestres et navales se dirige vers une « bataille finale ». [676]<<677

Avec cela, l'*eurasisme* se rapproche de l'extrême droite aux États-Unis. Par exemple, Heinrich Vogel (Stiftung Wissenschaft und Politik Deutsches Institut für Internationale Politik und Sicherheit) soutient >>la thèse selon laquelle les néo-conservateurs des Etats-Unis et de la Russie ont besoin l'un de l'autre comme amplificateurs réciproques d'une vision du monde impériale. La candidate démocrate à la présidentielle, Hillary Clinton, est convaincue : « Les Etats-Unis peuvent, doivent et mèneront dans ce nouveau siècle ». Les conservateurs russes sont enthousiastes. <<678

Les néo-conservateurs et les eurasiens supportent finalement un monde bipolaire où les deux côtés sont antagonistes. Vladimir Poutine ne poursuit certainement pas une politique aussi extrême au-delà des frontières russes. L'Union économique eurasienne initiée par lui, cependant, est soutenue par des idées eurasiennes. Les membres de l'Union économique eurasienne sont la Russie, la Biélorussie, le Kazakhstan, l'Arménie et le Kirghizistan. >>Sur la base des différents partenariats des pays de la CEI et des déclarations politiques, un certain nombre d'Etats sont considérés comme des candidats potentiels à l'adhésion. Ceux-ci comprennent le Tadjikistan, la Mongolie et l'Ouzbékistan. [679]<<680

L'Eurasie reçoit également une impulsion supplémentaire de la relance chinoise de la route de la soie traditionnelle. Le changement climatique attendu, qui est dangereux pour de nombreux pays, est susceptible de favoriser la Russie et éventuellement de faire de la Sibérie un jardin prospère. La décadence des États-Unis en tant que puissance mondiale progresse, et que les États-Unis se retirent de plus en plus du reste du monde, notamment de l'Asie et du Moyen-Orient, ou ils brisent tellement leurs politiques qu'ils ne sont plus reconnus comme un pouvoir

---

[672] Zitiert in: Stefan Wiederkehr, *»Kontinent Evrasija«*, P. 128 f

[673] Andreas Umland: *Alexander Dugin, the Issue of Post-Soviet Fascism,* , P. 2–5.

[674] Stefan Wiederkehr ibid, P. 125–138.

[675] Ibid.

[676] Andreas Umland: ibid, P. 2–5.

[677] https://de.wikipedia.org/wiki/Eurasismus#Neo-Eurasismup.

[678] Heinrich Vogel*: Putin, der Putinismus und Europa*, Vortrag beim Int.ernationalen Club La Redoute, Bonn e.V., Bonn, 16. 9. 2014, P.15.

[679] Astana gears up for Eurasian Economic Union 23 mai 2014.

[680] https://de.wikipedia.org/wiki/Eurasische_Wirtschaftsunion.

régulateur. « Le géant endormi » s'éveille en Russie, puis l'Eurasie en tant que nouveau centre du monde peut prendre forme de plus en plus. En Extrême-Orient, la Chine prend de plus en plus la place des Etats-Unis et le Moyen-Orient est de plus en plus dirigé par la Russie.

Compte tenu des objectifs russes, l'Occident aurait dû être averti. Néanmoins, l'Occident s'est opposé aux aspirations des ukrainiens occidentaux à rejoindre l'Union européenne et l'OTAN, car le premier empire russe a été fondé à Kiev. L'Ukraine était donc toujours partie intégrante du monde panslave pour les russes. Par conséquent, quand toutes les offres économiques de Poutine à l'Ukraine ne pouvaient pas empêcher la menace de l'intégration de l'Ukraine à l'Ouest, et que les aspirations antirusses en Ukraine voulaient même interdire la langue russe, il était compréhensible que - sans doute avec le soutien de la Russie - il y ait un soulèvement des régions à prédominance russophone de l'Ukraine, et que la Russie ait annexée par référendum la Crimée, qui avait appartenu à la Russie et n'est devenue ukrainienne que par un acte administratif de Nikita Khrushchev. Il joue certainement aussi un rôle que la Russie a dû craindre de perdre sa base navale sur la mer Noire, Sébastopol.

L'Ukraine, bien que différente dans sa fondation, a à peu près la même signification pour la Russie que Cuba pour les États-Unis. Robin Brunold écrit : >>La relation spéciale des États-Unis avec Cuba remonte au 19ème siècle. En 1889, dans la guerre hispano-américaine - la « petite guerre splendide » - les américains avaient finalement brisé l'influence de la couronne espagnole sur Cuba et mis Cuba à l'écart de l'empire colonial central d'Amérique du Sud. Après cela, l'île est devenue progressivement dépendante de l'économie américaine, principalement en raison de la proximité géographique avec les États-Unis et de la taille et des relations de pouvoir différentes. Au plus fort du pouvoir américain, des rumeurs circulaient même parmi les élites cubaines selon lesquelles ce n'était pas le président cubain qui était l'homme le plus puissant de Cuba, mais l'ambassadeur américain. Même l'annexion de Cuba avait été considéré à plusieurs reprises par les États-Unis. Ce qui est certain, c'est qu'avec le temps, Cuba est devenu presque totalement dépendant de son grand voisin, les Etats-Unis. Les américains considéraient dorénavant Cuba comme leur unique et inconditionnelle sphère d'influence. <<[681]

Non seulement les intérêts capitaux américains ont été lésés par les expropriations de Fidel Castro, mais aussi la fierté nationale américaine. C'est pourquoi l'Amérique a fait tout ce qui était en son pouvoir pour regagner son influence. Après l'échec de l'invasion de la Baie des Cochons, Kennedy était plus que jamais prêt >>à éliminer le régime de Castro. Kennedy a approuvé une autre opération de la CIA. Elle portait le nom de code « Mongoose » et avait un budget annuel de 50 millions de dollars. Elle impliquait plus de 400 agents de la CIA. Depuis janvier, Miami a été affecté à la base de la CIA. 3000 exilés cubains et leur propre flotte étaient subordonnés à la CIA. En même temps, des « plans

---

[681] Robin Brunold: *Geschichte der Kuba-Krise – Als die Welt am atomaren Abgrund stand*, http://www.geschichte-lernen.net/kuba-krise/.

d'urgence » étaient en préparation au Pentagone, car Cuba pourrait, si nécessaire, être pris militairement. <<[682]

Dans sa détresse, Fidel Castro s'est tourné vers Nikita Khrushchev. >>Le secrétaire général du PCUS n'a pas manqué l'occasion de se venger du déploiement américain des armes nucléaires à moyenne portée en Italie et en Turquie à partir de 1959. << [683] Que J.F Kennedy ne cède pas immédiatement aux partisans d'une frappe aérienne et d'une invasion de Cuba comme une réponse directe au déploiement de roquettes russes, est évidemment aussi dû à sa crainte que l'Union soviétique envahisse Berlin-Ouest en réponse. Il est bien connu que la crise de Cuba a pris fin lorsque l'Union soviétique a retiré les missiles nucléaires et que les États-Unis ont renoncé à une invasion de Cuba et ont retiré leurs missiles Jupiter de la Turquie. Néanmoins, les États-Unis ont créé un blocus à destination de Cuba en place encore aujourd'hui. En conséquence, la Russie va défendre son influence sur l'Ukraine.

4. L'échec de l'européisme occidental et oriental à la suite de la transition de la politique bipolaire à la politique mondiale multipolaire

Alors que l'européisme oriental et occidental s'effondre, les économies émergentes acquièrent une importance économique et politique, et la Russie et les États-Unis cherchent à se retirer à cause des problèmes internationaux qu'ils ont eux-mêmes causés, l'opposition Est-Ouest perd en importance et les structures de pouvoir multipolaires se développent dans le monde.

Ce développement a déjà commencé avec la fusion des pays en développement non alignés.

Au cours de la mondialisation, les états en particulier ont acquis une plus grande signification économique et politique, qui s'est ouverte à l'européanisme. Le Japon a rattrapé les pays industrialisés européens et les États-Unis et peut donc être considéré comme faisant partie du monde occidental.

La Chine est la puissance la plus importante entre la Russie et les Etats-Unis, devançant la Russie en termes d'importance économique, et combine la forme d'état communiste du bloc de l'Est avec un système économique capitaliste occidental. La Chine en particulier a alors rompu les relations de pouvoir bipolaires Est-Ouest dans le monde.

La Chine et les autres économies émergentes, en tant qu'acheteurs de biens d'équipement et de fournisseurs de masse, ont rendu les pays industrialisés traditionnels dépendants d'eux-mêmes comme ils dépendent des pays industrialisés. Avec les pays producteurs de pétrole et les élites corrompues des pays en développement moins dynamiques, ils stimulent les jeux du marché des capitaux, financent les dépenses publiques payées par l'Etat et acquissent des parts de l'industrie des pays développés.

Alors que les économies émergentes doivent leur dynamisme économique à l'adaptation de l'européisme, les pays musulmans rétrogrades s'y opposent, avec pour résultat la prédominance de la terreur et la destruction dans ces pays. Mais

---

[682] Robin Brunold: ibid
[683] ibid

comme ces conflits sont de plus en plus alimentés par l'opposition religieuse entre chiites et sunnites, le conflit Est-Ouest ne joue également qu'un rôle mineur dans ces pays musulmans. En ce qui concerne l'Est et l'Ouest dans les affaires de ces états, comme les exemples de l'Iran, de l'Irak, de l'Afghanistan, de la Syrie et de la Libye le montrent, les conflits ne sont pas seulement alimentés par mais aussi portés aux pays industrialisés.

La composante missionnaire, qui a également motivé l'européanisation de l'Est et de l'Ouest, a dû se dérouler comme ça. En Russie et aux États-Unis, par conséquent, il s'est développé une tendance à se replier sur eux-mêmes et à ne s'engager que dans la mesure où ils sont menacés par les nouveaux développements. Le Trumpisme qui se développe aux Etats-Unis et dans les pays européens a aussi ses racines dans ces bouleversements politiques mondiaux.

IV. Bénédictions et malédictions de la mondialisation

La mondialisation de l'européisme a considérablement stimulé le développement dans les pays non européens. Cette poussée de développement est d'autant plus forte que la culture des pays était développée et dans la mesure où ils étaient prêts à s'ouvrir à l'européisme.

L'intervention européenne dans les systèmes sociétaux et économiques traditionnels, y compris la colonisation, a causé beaucoup de souffrances durables dans les pays hors d'Europe.

Le développement a été le plus difficile pour les pays qui n'avaient pas de culture très développée et qui vivaient encore dans des structures tribales archaïques et / ou dans lesquels la proportion d'européens sédentaires est faible, comme dans de nombreux pays d'Afrique noire. Mais même ces pays ont acquis leur indépendance à cause de l'affaiblissement des pays industrialisés d'Europe pendant les deux guerres mondiales et de l'exploitation du conflit Est-Ouest durant la guerre froide.

Alors que la Chine, l'Inde, le Brésil et l'Afrique du Sud étaient capables d'adapter l'européisme pour devenir émergent et, dans le cas de la Chine, même une puissance industrielle de premier plan, beaucoup de pays africains étaient à peine capables de construire des structures étatiques fonctionnelles. S'ils ont de précieuses réserves de matières premières, ils sont souvent incapables de les développer ou encore de les traiter dans le pays. Dans la mesure où ces ressources sont exploitées, les profits qui en découlent vont aux sociétés étrangères et aux élites tribales. Les élites tribales n'investissent même pas leurs profits dans le pays, mais les ramènent à l'étranger.

Bien sûr, il n'est pas facile de développer sa propre capacité industrielle contre les entreprises établies des pays industrialisés. Mais si les pays avaient des entrepreneurs dynamiques, des capitalistes désireux d'investir et des politiciens soucieux du développement, ils pourraient obtenir des entreprises étrangères la fabrication de leurs produits dans le pays et même éventuellement la participation de la main d'œuvre locale, afin qu'ils puissent acquérir une expertise industrielle moderne.

Au lieu de cela, comme les politiciens se suffisent à eux-mêmes, ils permettent aux commerçants étrangers d'exploiter les ressources naturelles, de défricher les forêts et de quitter les zones rurales où la population locale est souvent déplacée pour augmenter l'exploitation des ressources naturelles des pays étrangers. Les entreprises agrochimiques étrangères ont rendu les agriculteurs domestiques dépendants d'eux par le biais de licences pour la vente de semences, la protection des cultures et les engrais.

Dans la mesure où les universitaires et les spécialistes qualifiés sont effectivement formés dans le pays, ils sont contraints de partir à l'étranger en raison du manque d'opportunités professionnelles sur le territoire national. En raison de l'infrastructure non développée et de l'administration bureaucratique dans de nombreux pays, même la fabrication sous contrat ne peut être assurée.

Si les chefs tribaux n'incitent pas eux-mêmes les conflits les uns contre les autres, alors souvent ces chômeurs et leur insatisfaction servent des milices émergentes, qui attaquent la population, pillent et détruisent leurs moyens de subsistance. Les enfants capturés sont transformés en enfants soldats. Les milices grandissent et vivent du vol et de la destruction.

Le chaos s'intensifie encore si les islamistes des populations musulmanes sont également capables de fonder des mouvements terroristes dont la terreur est alors également prise en charge par les chrétiens et d'autres groupes religieux.

Contrairement aux pays d'Afrique et aux autres pays des sociétés archaïques, les pays du Proche et du Moyen-Orient sont basés sur les mêmes cultures et civilisations que l'Europe. Une partie essentielle du patrimoine hellénistique commun, qui d'abord n'était pas cultivé en Europe, a été retransmise par les Arabes à travers l'Espagne en Europe.

En outre, les musulmans partageaient avec les chrétiens et les juifs la croyance en un dieu unique. Mais tandis que les chrétiens, pour ainsi dire, se sont créer de nouveaux dieux et sont allés sur de nouvelles rivages dans l'histoire spirituelle, les musulmans se soumettent fatalement à leur Allah et vivent encore largement dans des sociétés tribales archaïques. Une telle attitude, qui ne reconnaît que le Coran comme source de toute connaissance, n'a donné lieu à aucun dynamisme scientifique, économique ou social équivalent à celui en Europe.

Mais parce que les musulmans considèrent leur religion comme supérieure au judaïsme et au christianisme, ils ne peuvent supporter d'être gouvernés par les chrétiens et rappelons-le l'européisme est né du christianisme.

Cependant, du patrimoine culturel et civilisateur partagé, les musulmans éclairés sont ouverts à l'européisme. Il a été démontré qu'il a capturé des intellectuels, des commerçants et des militaires, au moins en les rendant nationalistes. Cependant, ils ne pouvaient pas vivre leur nationalisme si, comme les kurdes, ils étaient répartis dans de nombreux pays, ou s'ils devaient représenter des états qui, comme l'Irak, étaient unis par des démarcations arbitraires de diverses ethnies et groupes religieux.

Comme nous l'avons vu, un nationaliste s'est émancipé des familles naturelles et des relations tribales, et a le sien dans la nation. En même temps, il se distingue des autres nationalités et s'efforce d'établir des empires appropriés, selon la façon dont il définit sa nationalité, ce qui crée aussi des conflits. Le nationalisme naissant en Turquie a conduit à des affrontements entre kurdes, arméniens et turcs, qui ont ensuite conduit au génocide des arméniens et à l'oppression culturelle des kurdes. Le nationalisme juif et arabe a éclaté dans plusieurs guerres, apportant une fusion temporaire de la Syrie, l'Egypte et le nord du Yémen à la République arabe unie VAR. Saddam Hussein voulait conquérir les zones pétrolières d'Iran et du Koweït pour des raisons nationalistes.

Cependant, la population du vaste pays restait conservatrice islamique. Ils ont également vu des corps étrangers importés de sociétés occidentales laïques, bien que les musulmans utilisent les réalisations techniques de l'Occident. Cependant, la pensée qui sous-tend ces accomplissements doit être une affaire du diable pour un musulman croyant, pour qui toute la sagesse est seulement dans le Coran. Par conséquent, a émergé un groupe terroriste islamique nigérian appelé *Boko Haram*, ce qui signifie : *l'éducation occidentale est un péché.*

Pour aggraver les choses, l'Islam n'est pas une foi homogène. Entre les deux plus grandes directions les sunnites, environ 80%, et les chiites, environ 15% des musulmans, il y a une hostilité presque mortelle, qui éclipse tous les autres.

Il y a toujours eu des guerres entre pays islamiques, les empires ont été vaincus et sont de nouveau tombés. Au sein de l'Empire ottoman, cependant, les peuples étaient en grande partie pacifiés et, bien sûr, sous la suprématie des turcs, tous les groupes ethniques et toutes les confessions vivaient ensemble relativement pacifiquement.

Cependant, l'Empire ottoman a souffert de l'émaciation interne accélérée par l'européisme occidental et oriental. Quelque chose de semblable peut être dit de la Perse. Toujours en réponse à l'européanisme, le Shah fut renversé en Iran et l'ayatollah Khomeini fonda un régime mollah chiite.

Au Proche et au Moyen-Orient, des potentiels de conflit qui se chevauchent ont émergé, ils sont le plus flagrants en Syrie. Dans certains pays, bien sûr, différents conflits dominent. Mais finalement, ils s'influencent tous les uns les autres. Les conflits sont brutalement réprimés, comme en Egypte, ou sont libérés dans les querelles tribales et les conflits sanglants et la destruction, comme en Syrie et en Irak.

L'industrialisation croissante et l'augmentation de la consommation, notamment en raison de l'augmentation extrême de la population mondiale, mettent en danger l'environnement. En raison de la forte consommation d'énergie fossile, le réchauffement climatique devrait entraîner une sécheresse et d'autres inondations dans de vastes régions d'Afrique et d'autres pays. En raison de la fonte de la glace aux pôles nord et sud, le niveau de la mer augmente, ce qui entraîne la chute de zones qui ne sont pas protégées par de fortes digues.

Je résume :

La mondialisation de l'européisme a amené le monde à un niveau de développement plus élevé. Pour la plupart des gens, le niveau de vie a augmenté. Dans le même temps, la population de la Terre pourrait atteindre une ampleur inimaginable.

D'autre part on peut noter des tendances relatives à :

- L'appauvrissement relatif des pays en développement, exacerbé par les querelles tribales,

- L'oppression religieuse, en particulier musulmane, par l'instauration de dictatures religieuses archaïques ou la terreur contre les dissidents et la lutte contre celle-ci dominent,
- Les conflits nationaux entre pays en développement
- Et les problèmes environnementaux croissants.

Ils menacent de plonger le monde dans le chaos.

À la suite de cette évolution, de très nombreux réfugiés émergent. Ulrike Scheffer et Christian Böhme écrivent : >>La guerre, la terreur, la persécution et la pauvreté forcent de plus en plus de gens à quitter leur pays : 65,6 millions de personnes ont fui en fin 2016 - presque autant de personne que d'habitants en France. Il y a vingt ans, le chiffre n'était qu'inférieure de moitié, selon le rapport de l'ONU sur la Journée mondiale du réfugié. 40,3 millions se sont déplacés dans leur propre pays, 25,3 millions cherchent une protection ailleurs. L'Europe reste inaccessible pour la plupart en raison de la distance et des coûts de déplacement élevés. La traversée de la Méditerranée est le plus dangereux - avec plus de 5000 morts en 2016. <<[684]

---

[684] Ulrike Scheffer und Christian Böhme: Alles auf eine Karte, en: Der Tagesspiegel Nr. 2349/20.6.2017, S 2.

C. La crise et le développement de l'européisme dans le monde mondialisé

Les problèmes économiques, politiques, sociaux et environnementaux présentés sont, à coup sûr, une conséquence de la mondialisation de l'européisme. Mais sans la science, la technologie, l'économie et le développement social européens et l'image de l'homme sur laquelle ils sont basés, ces problèmes ne peuvent pas être résolus. En effet, des civilisations anciennes et des cultures peuvent encore recevoir des suggestions spirituelles et artistiques. Cependant, pour le progrès technique et les structures économiques et sociales associées, ces traditions ne peuvent pas être utilisées. Même les fanatiques musulmans doivent le reconnaître. Car en recourant à la charia, seule l'oppression individuelle et le chaos peuvent surgir, ou au mieux, comme en Iran, une paralysie du développement spirituel, économique et social. Mais vers quel européisme les pays devraient-ils s'orienter ?

L'européisme oriental sous la forme du communisme soviétique s'est effondré. Jusqu'à présent, Vladimir Poutine n'a réussi qu'à empêcher l'effondrement de l'Empire russe et, tant que les revenus des puits de pétrole et de gaz ont jailli, à développer davantage l'infrastructure et à stabiliser les structures administratives. Sur le plan économique, cependant, la Russie reste sous-développée et oligarchiquement dominée avec une corruption florissante.

Pavel Lokshin écrit : >>L'indice de perception de la corruption de Transparency International place la Russie à la 136ème place, alors qu'en Europe l'Ukraine n'est que la 142ème. Certains économistes, comme Andrei Movchan, vont même jusqu'à déclarer que la corruption est le pilier du système russe actuel. Dans la « féodalité du marché » russe dominée par l'État, on ne pouvait pas faire autrement. S'il n'y a pas de système juridique fonctionnel, la corruption est le dernier standard restant sur le marché libre. <<[685]

En termes de politique mondiale, la Russie est à nouveau présente en raison de sa force et de sa taille militaire. Dans l'ensemble, cependant, la Russie est comme un colosse sonore, qui ne peut donner aucune impulsion aux autres pays pour leur développement.

L'européisme occidental est économiquement perverti dans un *casino capitalisme*, qui n'est finalement maintenu à flot que par les inondations de capital, et où la demande économique réelle doit être stabilisée par les dépenses publiques pour éviter une crise mondiale. Les pays occidentaux souffrent également d'un chômage élevé et / ou d'un travail de plus en plus précaire et d'une pauvreté relative, en particulier de la main-d'œuvre la moins qualifiée.

Sur le plan politique, les États-Unis sont frustrés de n'avoir pas réussi à propager leur ordre économique et social et leurs idées économiques et politiques, et ont seulement déclenché le chaos, le terrorisme et les flux de réfugiés dans les pays musulmans du Moyen-Orient.

---

[685]Pavel Lokshin: *Ohne Schmiergeld geht gar nichts*, in: ZeitOnline,
http://www.zeit.de/politik/ausland/2016-01/russland-korruption-alexej-nawalny-kreml-wladimir-putin.

L'Europe originelle était divisée en Europe de l'Ouest et de l'Est et, après l'effondrement du bloc de l'Est, uniquement l'européisme occidental a survécu et donc elle a joué qu'un rôle mineur au niveau international. Mais l'Europe a elle aussi subi des conséquences de la perversion du capitalisme, des répercussions du chaos dans le monde en développement et dans le monde musulman, notamment à travers les actes terroristes et les flux de réfugiés.

La descendance sociale favorise le radicalisme de gauche. Si le déclin social réel ou redouté s'accompagne de terreur et de la peur d'être aliéné par les réfugiés, alors le salut est recherché dans la démarcation nationale. Les gens demandent alors : les *USA*, la *Grande-Bretagne* ou même la *Pologne* ou la *Hongrie en premier*.

Comme ils subordonnent également leur propre attitude égoïste à d'autres pays, les communautés d'états de niveau supérieur, telles que l'Union européenne, sont également considérées comme complices des griefs. Oui, même le propre système politique avec son établissement est remis en question - malheureusement pas de manière complètement injustifiée, parce qu'il a causé ces problèmes avec ou les n'a pas empêchés. - Si vous demandez un leader fort, le *Trumpisme* est né.

I. Le Trumpisme comme crise de l'européisme

Dans un sens plus large, j'appelle le Trumpisme une société entrée en crise, au sens étroit de la crise de l'européisme et, au sens le plus étroit, de l'échec de l'européisme occidental anglo-saxon. Les caractéristiques du Trumpisme sont le manque de sécurité, les problèmes économiques et sociaux, les inégalités entre les pays et les frustrations et les peurs qui en résultent, et la perte de confiance dans les idéaux et les principes d'organisation qui supportent la société.

De ces frustrations et de ces peurs, la confiance dans la classe dirigeante disparaît. Il y a une division perçue entre les gens et les institutions. L'établissement continue à vivre dans de bonnes conditions, profitant même de l'appauvrissement relatif des classes inférieures, car il abaisse le niveau des salaires. Pour cette raison et, bien sûr, parce qu'il craint les inconvénients résultant de changements, l'établissement détient et propage l'ordre existant *en l'absence d'alternative*.

Les déclarations de l'établissement ne correspondant pas à la réalité ressentie par la classe inférieure exclue, ceux qui vivent dans des conditions précaires les perçoivent comme des mensonges et selon eux les médias propageant les thèses de l'établissement comme une « presse mensongère ».

Si la rationalisation augmente l'écart de revenu entre les quelques riches et la masse des travailleurs ou même les chômeurs, le développement économique est néanmoins interprété comme positif sur la base de prix des actions toujours plus élevés. La masse des travailleurs doit trouver cette interprétation mensongère.

Cela signifie-t-il nécessairement la hausse constante des prix des actions ? Ils sont le résultat de :

1. La spéculation et la pression de l'investissement malsain en raison du manque de possibilités d'investissement alternatifs ou
2. La conséquence de la rationalisation et par conséquent de la conversion du revenu du travail en revenu du capital et

3.   Seulement en partie dû à des innovations de produits.

Ce n'est que dans ce dernier cas qu'ils ont une valeur économique. Dans les deux autres cas, ils ne montrent pas nécessairement un développement économique sain.

Le sentiment d'être trompé se manifeste également lorsque des secteurs entiers de l'industrie sont délocalisés vers des économies émergentes, que des friches industrielles apparaissent dans les pays développés et que des travailleurs industriels se retrouvent sans emploi où se contentent d'emplois précaires.

En ce qui concerne l'Allemagne, les défenseurs du libre-échange, suite au succès de l'Agenda 2010, célèbrent le quasi-plein emploi en Allemagne. Cependant, ils ne tiennent pas compte du fait que cet emploi quasi total est également financé en réduisant les barrières tarifaires dans la mesure où les travailleurs ordinaires doivent concurrencer les travailleurs salariés dans les pays en développement. Pour cette raison, l'économie lutte également contre les salaires minimums, arguant que plus d'emplois seront transférés à l'étranger.

En Allemagne, la pauvreté économique est atténuée par les subventions Hartz. Mais ils ne tiennent pas compte de la façon dont un travailleur, qui travaille dans des emplois à temps partiel indéfinis et souvent multiples, se sent et a en conséquence besoin d'une aide sociale supplémentaire.

Marie Rövekamp rapporte : Le nombre de mini-jobs en Allemagne est passé de 5 600 000 à 7 800 000 mini-jobs entre 2003 et l'été dernier. >>Le modèle est généralement critiqué : Selon les études, les mini-jobs conduisent rarement à un emploi à temps plein solide. On leur reproche également de pouvoir remplacer les emplois réguliers à plein temps, en particulier dans le commerce particulier et la restauration. <<[686]

Les apologistes de la baisse aléatoire des salaires n'ont même pas mauvaise conscience, mais pensent même argumenter dans l'intérêt des personnes dans des relations de travail précaires. Ainsi, la tête de l'Institut Ifo à Munich, Clemens Fuest, a préconisé des lois Hartz parce qu'ils obligent les travailleurs à accepter un travail moins qualifié le plus tôt possible, en dépit de la stagnation des salaires pour les emplois peu qualifiés. Mais pour lui, il est crucial >>que le chômage dans son ensemble a chuté. <<[687] En ce sens, le secrétaire général du CDU Peter Tauber a twitté en réponse à la campagne électorale du SPD pour alourdir le fardeau des riches : >> « Le plein emploi est meilleur que la justice ». Sur la demande d'un utilisateur si le plein emploi était désormais synonyme de trois petits boulots, Tauber a répondu : « Si vous avez appris quelque chose de décent, vous n'avez pas besoin d'un mini-job »<<[688] Cependant, selon les derniers chiffres de l'Agence fédérale pour l'emploi (BA), les mini-jobs ne sont pas un phénomène limité aux personnes sans éducation : 19,2% des personnes margina-

[686] Marie Rövekamp: *Nichts gelernt*, in: Der Tagesspiegel Nr. 23 164/3.7.2017, P. 14.
[687] Spiegel- Débat avec les économistes Peter Bofinger et Clemens Fuest dans: Der Spiegel 13/2017 P. 72.
[688] Marie Rövekamp: ibid

lisées n'ont pas de qualification professionnelle, mais ont complété un peu plus de la moitié d'un diplôme universitaire <<[689].

On fait valoir à maintes reprises que l'employabilité des chômeurs diminue avec chaque mois de chômage, et il est donc bon que les chômeurs soient *obligés* d'accepter le plus tôt possible, si nécessaire, un emploi précaire.

Moralement, ces arguments sont au même niveau que l'argument précité que les noirs devraient être obligés de travailler, si nécessaire, sous la contrainte du fouet. Il est vrai que les autres peuples ont un comportement différent de celui des allemands. Mais malgré cette approche différente au travail, ceux qui sont touchés par la précarité ressentent une telle affirmation « scientifique » comme *fausse*.

Les défenseurs de la politique économique axée sur l'offre ne se rendent pas compte non plus que la hausse des dépenses publiques est nécessaire pour compenser la demande économique. Afin de réduire la dette nationale élevée, ils insistent sur la limitation des dépenses gouvernementales plutôt que de financer les dépenses gouvernementales nécessaires en augmentant les taxes sur les riches. Ces mesures sont également propagées comme raisonnables et tout simplement contraires à ce que les masses de la population perçoivent comme justes.

La frustration des chômeurs et de ceux qui vivent dans des conditions de travail précaires s'intensifie lorsque les réfugiés arrivent en grand nombre et sont pris en charge, de manière égale voir supérieure à celle des travailleurs précaires. Si on déclare en premier lieu qu'il n'y a pas assez d'argent pour améliorer les soins de santé, l'éducation et l'assurance vieillesse, et que des milliards sont mis à la disposition des réfugiés, de la forclusion contre eux et de leur aide au développement, toutes ces premières déclarations apparaissent aussi comme des mensonges. Si en plus la population se sent menacée par des crimes, la terreur ou même d'autres comportements habituels des réfugiés, des protestations et des émeutes émergent.

D'ailleurs, dans les déclarations économiques, combien de temps on a prévu que l'inflation sera générée par une augmentation de la masse de monnaie et combien la Banque centrale européenne tente désespérément d'arriver à une augmentation de 2% du niveau des prix en inondant le marché avec 80 milliards ou 60 milliards euros aujourd'hui, par mois. Dans la stagnation séculaire d'aujourd'hui les enseignements faisant autorité ne correspondent plus à la réalité. Bien sûr, puisque ces enseignements sont également représentés et imprimés par la presse, cela contribue également à les dénigrer en tant que « presse mensongère ».

Comme le décrit le personnel de longue date de la NDR, Uli Gellermann, Friedhelm Klinkhammer et Volker Bräutigam dans leur livre *Die Macht um acht. Der Faktor Tagesschau Die Macht um acht*, documenté au moyen de notes de protestation, l'ARD prend en charge les cotes gouvernementales dans ses Tagesschau et ses émissions politiques. Ainsi, entre autres, lorsque les rebelles se prononcent contre le régime Assad en Syrie, il est presque toujours caché que la plupart d'entre eux sont des radicaux islamistes semblables à l'EIIL. En Ukraine, les informations sont rapportées plutôt unilatéralement dans le sens du gouver-

---

[689] Marie Rövekamp: ibid

nement Porochenko. Dans la présentation des problèmes de retraite, les modèles communs que le niveau de retraite doit tomber parce que de moins en moins de travailleurs doivent financer plus de retraités est présenté comme allant de soi sans que d'autres alternatives soient envisagées.

Bien entendu, les résultats électoraux nécessaires au changement sont également très difficiles car les couches les moins qualifiées de la population se sentent dépassées par l'opinion publique dominante et les partis établis ne diffèrent guère à cause de ces convictions générales. Par conséquent, ces couches de la population qui en tout cas ne sont pas parmi les plus dynamiques de la société, mais attendent tout salut plutôt de l'état, ne croient pas être en mesure de changer quoi que ce soit par leur participation. Mais quand quelqu'un arrive qui, comme Donald Trump, articule ce qu'ils perçoivent comme vrai, et ce qui correspond aussi à la réalité nue, à savoir, que

1. Ils ont perdu leur emploi industriel parce que les usines de production ont été délocalisées à l'étranger,
2. Avec les réductions tarifaires générales et les accords de libre-échange, leurs salaires stagnent ou même diminuent,
3. Wall Street est pervertie dans un marais du marché des capitaux,
4. Les musulmans mettent en danger leur vie et leur sécurité,

naturellement, ils suivent ce démagogue politique.

Pour ceux qui pensent « raisonnablement » et factuellement il est incompréhensible comment les américains socialement défavorisés espèrent qu'un milliardaire puisse résoudre leurs problèmes économiques. Mais en ce qui concerne la diffamation et les mensonges, les adeptes acclamés de Donald Trump peuvent s'identifier à lui parce qu'ils ne peuvent tirer leur position de considérations théoriques, mais la dégage uniquement d'accusations aléatoire qui réprimandent toute exactitude théorique.

Les américains considèrent également leur misère sociale comme une trahison du rêve américain, qui leur promet l'opportunité de réussir et de devenir riche. Ils attendent donc du milliardaire Donald Trump qu'il rende le rêve américain possible grâce à son expérience.

Plutôt que de réaliser qu'une société dégénérescente elle-même est sujette à mentir, il est intéressant de constater que l'historien américain Timothy Snyder considère les mensonges comme une importation de Russie. Dans une interview avec Claudia von Salzen, il exprime sa déception que l'Occident n'ait pas réussi à occidentaliser la Russie. Il a déclaré : >>La guerre de la Russie contre l'Ukraine a toujours porté sur l'Occident. La question clé était de savoir si l'UE pouvait tenir ensemble et accueillir de nouveaux membres et si les états qui se développpaient en états constitutionnels pouvaient s'y joindre. Le président russe sait que, sous son règne, la Russie ne deviendra pas un état constitutionnel. Par conséquent, l'établissement de l'état de droit en Ukraine devrait être évitée. <<[690]

Au lieu de permettre à l'Occident de transférer sa forme d'entreprise à l'Est, l'Est a réussi à infecter et à déstabiliser l'Occident par la désinformation et les mensonges. Timothy Snyder écrit : >>Les américains et les européens croient

---

[690] Timothy Snyder: *Russland hat einen Cyberkrieg gewonnen*, Interview mit Claudia Salzmann, en. Der Tagesspiegel Nr. 21 157, du 28.6.2017.

encore que l'histoire est faite en Occident et se déplace de là vers l'Est. Mais c'est l'inverse depuis une dizaine d'années. La kleptocratie, la manipulation médiatique et la cyber-guerre sont venues de l'Est vers l'Ouest. Nous étions trop vaniteux et complaisants pour comprendre cela. ... Les russes avaient un candidat préféré et l'ont soutenu avec des informations et des attaques de hackers. ... La Russie a remporté une cyberguerre aux Etats-Unis. ... L'arme était Donald Trump. <<[691]

Pour contrer ce point de vue, la désinformation et les mensonges ont été utilisés dans toutes les guerres, y compris aux États-Unis. Notez seulement les rapports de Wikileads ou la déclaration de Colin Powell, alors secrétaire d'état américain, selon laquelle l'Irak construit une bombe nucléaire, ce qui a justifié alors l'attaque contre l'Irak.

Seules les méthodes des services de renseignement respectifs sont utilisées comme moyen de défense ou d'attaque dans l'intérêt de leurs populations respectives. Mais aux États-Unis, glisser dans les mensonges et la désinformation a déjà affecté des parties de la société civile, selon le rapport de Philipp Oehmke sur *Alt Right*.

>>Alt Right a tout ce dont un mouvement a besoin : son propre monde de référence, qui est principalement mis en scène sur Internet, ses propres symboles, mythes, martyrs, histoires et même son propre vocabulaire. C'est le premier mouvement de protestation qui exploite pleinement les possibilités du numérique et serait inconcevable sans Internet. « Internet trolling » est l'une de ses techniques préférées. Cela signifie insulter et vaincre l'opposant politique sur les sites Web jusqu'à ce qu'il perde son sang-froid. <<[692] >> « Le troll idéal », écrit Yiannopoulos dans son livre « Dangerous », « attire sa victime dans un piège, duquel il est impossible de sortir sans exposition publique. C'est un art au-delà de la capacité des mortels ordinaires. C'est en partie une supercherie, en partie de la méchanceté. » <<[693]

Mikle Cernovich en est un exemple. Ses >>tweets sont lus plus de trois millions de fois par mois. Pendant la campagne électorale, il a pratiquement répandu les rumeurs au sujet de la maladie nerveuse prétendument cachée de Hillary Clinton. <<[694]

>>Jusqu'ici, Yiannopoulos avait tiré ses opinions politiques d'un argument quasi-populiste : si l'establishment de gauche donnait le ton dans le monde occidental, il était soudain progressif et donc cool d'être de droite, comme c'était dans les années 1970 d'être de gauche. <<[695]

Les gens dynamiques sont impatients de réussir et de s'élever dans la sphère d'influence. Les masses des gens, cependant, tendent plutôt à être conduites. En règle générale, ces couches de la population ne pensent même pas aux problèmes sociaux et politiques et, pour cette raison, sont moins susceptibles de voter. Par

---

[691] Timothy Snyder: *Russland hat einen Cyberkrieg gewonnen*, ibid
[692] Philipp Oehmke: *Im Geiste des Gorillas*, dans: Der Spiegel Nr. 26/ 22.6.2017, P. 68.
[693] Oehmke: P. 69.
[694] Oehmke: P. 68.
[695] Oehmke: P. 71.

conséquent, même les partis qui se lèveraient pour eux, ne peuvent pas devenir forts.

D'un certain sentiment d'impuissance et de manque de prise de risque, mais aussi parce que les personnes moins qualifiées doivent se battre pour gagner leur vie, les classes inférieures endurent généralement une adversité économique et sociale considérable. Ce n'est que lorsque les conditions deviennent insupportables et qu'un démagogue intelligent déclare ses fausses vérités sur la solution des problèmes dans son programme politique que cela peut mener à des protestations majeures, à des troubles sociaux et à de nouvelles fondations de partis. Cela nous amène aux vrais Trumpistes, mais ceux-là - et cela doit être considéré - ne peuvent réussir que si les conditions sociales sont telles que décrites.

Certes, le président américain actuel a donné son nom au Trumpisme. Mais les Trumpistes existaient déjà avant lui, comme Vladimir Poutine en Russie, Victor Orbán en Hongrie, Jarosław Kaczyński en Pologne, Geert Wilders aux Pays-Bas, Marine le Pen en France, Beppe Grillo en Italie, Necip Erdogan en Turquie et les dirigeants de l'AfD, en Allemagne. Ils essaient tous de saisir ou d'abuser des piliers de la gouvernance démocratique, tels que la justice, la liberté de la presse et les médias. Tous sont plus ou moins mégalomanes et souvent corrompus ou mêlent la politique et leurs propres intérêts commerciaux. Ils mentent et diffament afin d'inciter les masses et d'affaiblir leurs adversaires.

Déviant de Donald Trump, cependant, les autres Trumpistes sont politiquement expérimentés et agissent tactiquement et délibérément dans l'application de leurs objectifs politiques. Leurs actes sont donc prévisibles pour d'autres politiciens. Donald Trump, quant à lui, est politiquement inexpérimenté et se laisse guider par des idées spontanées dans ses actions politiques, qu'il diffuse ensuite via Twitter mais peut aussi changer à court terme. Pour le monde, cela signifie que les États-Unis, qui pour beaucoup étaient le protecteur et le gardien des valeurs européennes, deviennent imprévisibles.

Puisque Donald Trump n'est influencé que par ses idées, il ne tient aucun compte de ce que les autres membres du gouvernement pensent ou ont déjà déclaré au nom du gouvernement. Ce faisant, il détruit non seulement la crédibilité de ses employés, mais aussi l'appareil gouvernemental lui-même, car les employés ne toléreront pas ce comportement à long terme ou s'y opposeront.

Tous les Trumpistes sont plus ou moins narcissiques. Avec Donald Trump, cependant, son narcissisme semble avoir des caractéristiques pathologiques, de sorte que même dans les décisions politiques, il peut essentiellement être déterminé par la mesure dans laquelle les autres le courtisent et le reconnaissent comme un grand homme d'état.

D'autres Trumpistes utilisent les mensonges et la diffamation sur une base calculée et font en sorte que, si possible, ceux-là ne sont pas être reconnus comme mensonges ou de la diffamation. Pour Donald Trump, le mensonge et la diffamation sont des moyens de communication courants, pour exprimer que d'autres lui ont *joué du mal* et ne reconnaissent pas son importance. Par conséquent, la diffamation et les mensonges peuvent être reconnus comme tels et n'ont pas besoin d'être corrigés. Si la relation avec les personnes touchées change, elles ne sont plus diffamées, mais qualifiées comme amis et sont louées.

Le fait que le Trumpisme chez Donald Trump se reflète dans ses traits de caractère, son narcissisme et ses actions politiques et qu'en conséquence il constitue aussi la chute de l'européisme occidental résulte dans le reste de l'analyse de ses actions politiques et leurs conséquences.

Que les Trumpistes arrivent au pouvoir est le résultat de :

1. La perversion de l'économie capitaliste dans un capitalisme de casino,
2. La stagnation séculaire causée par la distribution de plus en plus inégale de la richesse et du revenu, ainsi que,
3. Les problèmes qui ont surgi de la mondialisation de l'européisme, y compris l'afflux de réfugiés et la peur.

La société établie appelle le comportement de Donald Trump et des autres Trumpiste tels que Victor Orbán, Jarosław Kaczynski, Geert Wilders, Marine le Pen, Beppe Grillo et les dirigeants de l'AfD *de facto* car non factuels. En conséquence, les thèses de Trump remettent en question les convictions économiques dominantes et suscitent contre lui la protestation mondiale des instituts économiques établis, des gouvernements, des partis et de la presse bien établie et il y a même une résistance intra-parti du parti républicain des États-Unis. On suppose bien entendu que dans une société rationnelle, les faits doivent être tels qu'ils sont. Cependant, le raisonnement *post-faction* veut rendre tangible l'aspect défectueux des conditions économiques et sociales. Il évalue les arguments de l'établissement en tant que représentation liée à l'intérêt et donc falsifiant la réalité sociale

Pour l'établissement au sens le plus large, les objectifs politiques proclamés des Trumpistes sont le *populisme*. Le populisme consiste à défendre ce que les moins qualifiés perçoivent généralement comme *mensonges*. Selon l'opinion dominante, les revendications des populistes sont irréalistes à cause des revendications quant :

1. Aux impôts plus élevés mettant en péril l'investissement et l'activité des entreprises,
2. Aux tarifs protecteurs entravant le développement économique,
3. Au salaire minimum réduisant les possibilités d'emploi pour les moins qualifiés,
4. Aux réfugiés bénéficiant d'une protection conforme aux normes internationales et toutes les personnes bénéficiant de droits égaux, etc.

Mais en ce qui concerne les théories économiques actuelles, nous avons déjà expliqué pourquoi elles ne s'appliquent pas en période de stagnation séculaire. En outre, il doit être clair à partir des déclarations précédentes que :

1. Les petits pays doivent se regrouper pour former un marché plus important afin d'être intéressants en tant que lieu de production,
2. Des unions économiques pour certains produits doivent avoir des obstacles à l'importation élevé en Europe et aux États-Unis, afin que les moins qualifiés et les résidents des régions moins industrialisés peuvent aussi gagner un revenu suffisant pour mener une vie décente en Europe et être protégés contre la maladie et la pauvreté des personnes âgées. En conséquence, les pays moins développés doivent bénéficier de tarifs protecteurs, pour que l'industrie manufacturière intensive en savoir-faire

soit capable de se développer dans le pays, et pour que les ingénieurs et les professionnels trouvent un emploi.

3. Dans tous les pays, les dépenses publiques, plutôt que la dette publique, doivent être financées par des impôts plus élevés pour les personnes aisées. En Allemagne, une dette publique supplémentaire pour compenser l'absence de demande n'est pas nécessaire car la demande est faite par des excédents d'exportation à l'étranger. Mais cela crée des inégalités internationales. Pour cette raison, les dépenses publiques et la demande privée doivent également être augmentées en Allemagne par des impôts plus élevés pour les riches, ce qui permet de satisfaire la demande intérieure supplémentaire à l'étranger, compensant ainsi la balance commerciale extérieure.

Une politique de la *voie à suivre* ! qui ne concerne finalement que la création d'argent, la spéculation et, si nécessaire, le sauvetage des banques publiques, la suppression des primes de restrictions pour les industries de base et la compensation salariale pour les restrictions de production, augmente les tensions dans le monde et l'économie mondiale et conduit tôt ou tard à des crises financières et économiques globales. Dans cette mesure les réclamations de Trump sont malheureusement légitimes.

D'autre part, Donald Trump a acquis son succès économique en tant que spéculateur immobilier. Alors, bien sûr, il semble naturel qu'il voie la reprise économique du pays en termes de politique économique axée sur l'offre dans la déréglementation du marché des capitaux et donc dans l'abrogation de la réglementation bancaire et dans les réductions d'impôts. En conséquence, il nomme de nombreux milliardaires et acteurs du marché des capitaux dans les bureaux gouvernementaux.

Bien sûr, les grands gagnants qui gagnent beaucoup d'argent réalisent que Donald Trump doit d'abord rompre sa promesse de vider la bourse de Wall Street. En fait, il accroît la fragilité de l'économie et le risque de crises financières et économiques et, pour éviter ces dangers, il est contraint d'augmenter les dépenses publiques et de les financer avec des dettes encore plus élevées. Donald Trump veut réaménager l'infrastructure désolée de l'Amérique et construire un mur au Mexique. Pour financer ces dépenses supplémentaires, il pense à alourdir les importations, qui sont censées être levées de toute façon, pour forcer les entreprises à produire de nouveau aux États-Unis.

Donc, se ferme pour Donald Trump le cercle des mesures de soutien mutuel. Cependant, ces mesures ne sont pas calculées et contiennent une foule de mauvaises décisions. En particulier, de nombreuses difficultés de mise en œuvre sont à prévoir car elles affecteront l'ensemble des relations économiques internationales et les autres pays affectés prendront également des contre-mesures, qui à leur tour nuiront à l'économie américaine.

Entre autres, on ne sait toujours pas comment Donald Trump veut réaliser la restructuration et la stabilisation des relations commerciales internationales sans contrôle des marchés financiers. Car malgré les énormes excédents d'importation, le taux de change du dollar américain reste relativement élevé. Sinon, les produits étrangers pour les américains ne seraient pas bon marché et couperaient la concurrence aux États-Unis. Si les excédents d'importations étaient réduits, les capitaux errants du monde entier continueraient à affluer vers les États-Unis et à faire grimper le taux de change du dollar encore plus haut. Ainsi, les importations redeviendraient moins chères ou le droit d'importation serait compensé dans une certaine mesure.

L'un des dogmes de la politique économique néolibérale est que les réductions d'impôts stimuleront l'économie. En conséquence, Donald Trump célèbre le fait qu'il a initié la « plus grande réduction d'impôts aux États-Unis ». La réduction de l'impôt sur les sociétés de 35% à 20% offrira aux États-Unis un retour de l'évasion fiscale vers les paradis fiscaux, et les États-Unis deviendront plus attrayants en tant qu'endroit pour les acteurs du marché financier et les activités de cession. Selon ce scénario, les capitaux devraient affluer vers les États-Unis à grande échelle, et les impôts qui en résulteront réduiront les pertes fiscales dues aux réductions d'impôt.

En raison de ces flux de capitaux, la valeur du dollar devrait augmenter et en même temps réduire les attentes que plus sera produit aux Etats-Unis même. Car dans l'économie mondiale, la demande de l'économie n'augmentera que dans la mesure où les réductions d'impôts accroissent le pouvoir d'achat des couches inférieures et cette demande ne conduira guère à de véritables investissements économiques aux Etats-Unis.

Ainsi, seuls les riches tireront profit et presque exclusivement en raison des jeux du marché des capitaux, dans la mesure où ils augmentent les prix des actions et d'autres investissements. Comme les dépenses du gouvernement ont tendance à continuer à augmenter en raison de la construction prévue du mur à la frontière mexicaine et des mesures d'infrastructure et des armements, la dette publique devrait croître à un rythme très élevé. Le risque de crise est ainsi encore accru, de même que le risque d'effondrement des prix des actions et des prix d'investissement, qui ne cessent d'augmenter.

Dans l'économie mondiale, on ne peut qu'espérer que les réductions d'impôts ne conduiront pas à une nouvelle course à la réduction des impôts et que pas trop de capitaux seront retirés des pays en développement.

Grâce à sa politique économique et sa politique de "l'Amérique d'abord"
1. Donald Trump augmente le risque de crise mondiale,
2. Les États-Unis ne sont plus une ancre de sécurité et un défenseur social de l'Europe et des pays amis des États-Unis en Asie, en Afrique et au Moyen-Orient et
3. Il entrave les efforts mondiaux pour éviter une catastrophe climatique.

Mais la pensée factuelle a tendance à voir tout le salut dans une position de "On continue comme ça !" et ne reconnait pas les changements nécessaires. Comme sans le roi Henri VIII, l'Angleterre ne serait pas devenue protestante et une puissance mondiale, sans Hitler il n'y aurait pas d'ONU, pas d'Union Européenne, pas de Cour Internationale des Droits de l'Homme, il faudrait peut-être aussi un Donald Trump pour sauver le monde des aberrations dangereuses. Je sais que cette déclaration est cynique.

En réponse à sa politique on pourrait
1. Renforcer l'intégration européenne et la responsabilité de l'Europe dans le monde,

2. Laisser la Chine en Asie de l'Est et la Russie au Moyen-Orient se développer en pouvoirs d'ordre,
3. Réduire la confrontation entre sunnites et chiites, entre autres, en tant
   que réaction aux États-Unis reconnaissant Jérusalem comme la capitale
   juive et y déplaçant l'ambassade américaine, et ainsi promouvoir donc la
   tolérance entre les religions au Moyen-Orient et la paix, parce que les
   sunnites et les chiites voient leur ennemi commun principal aux États-
   Unis,
4. Accélérer les efforts mondiaux pour prévenir la catastrophe climatique
   et cela même par des initiatives des états américains.

II. L'unification de l'Europe comme condition pour surmonter la crise de l'européisme

À la suite de la guerre mondiale dévastatrice, la prise de conscience avait prévalu
que le nationalisme en Europe devait être surmonté et les pays de l'Europe réunis. Les puissances victorieuses occidentales étaient d'abord désireuses de maintenir l'Allemagne faible, et il y avait même des tendances à désindustrialiser
l'Allemagne. Cependant, la détérioration de l'opposition Est-Ouest a incité les
puissances occidentales à reconstituer l'Allemagne en tant que République fédérale d'Allemagne et à l'inclure dans la Communauté de défense occidentale. Ainsi, l'idée d'un dépassement nécessaire du nationalisme se combinait avec le besoin de défense contre l'idéologie et la politique orientale.

1. La division de l'Allemagne et de l'Europe et la dégradation de l'Europe en éléments de l'Europe de l'Ouest dirigée par les États-Unis et de l'Est dirigée par l'Union soviétique

En réaction à la fondation de la *République Fédérale d'Allemagne*, la *République
Démocratique Allemande RDA* a vu le jour en Allemagne de l'Est. La République fédérale d'Allemagne est devenue membre de la Communauté économique européenne après la signature des *traités de Rome*, avec la France, l'Italie
et les pays du Benelux, qui ont ensuite évolué vers l*'Union européenne*. Militairement la République fédérale est devenue membre de l'*OTAN*. En réponse, le
Pacte de Varsovie et le *Conseil d'assistance économique mutuelle* ont été établis
à l'Est.

C'est ainsi que deux unifications européennes ont émergé. L'Allemagne en
tant que nation, sa capitale Berlin et toute l'Europe étaient divisées. Le potentiel
de conflit a été poussé à l'extrême parce que l'Est et l'Ouest avaient des armes
nucléaires.

Cependant, les deux moitiés de l'Europe dépendaient idéologiquement et militairement des centres mêmes de l'européisme occidental et oriental, c'est-à-dire
des États-Unis et de l'Union soviétique, et une politique européenne indépen-

dante n'était que partiellement possible. Oui, les gouvernements européens ont même craint qu'ils ne soient sacrifiés comme monnaie d'échange dans le poker politique entre les Etats-Unis et l'Union soviétique.

>>Le président américain Ronald Reagan, élu en novembre 1980, a énormément augmenté les dépenses d'armement américaines et rejeté le traité SALT II non ratifié. [696] Il a triplé la production de missiles et a parlé de « l'armement jusqu'à la mort » de l'Est. [697] En août 1981, il a fait construire l'arme à neutrons allant ainsi à l'encontre du refus de Carter. En mars 1983, il a appelé l'Union Soviétique un royaume du mal, a appelé à une croisade mondiale contre le communisme et a annoncé l'Initiative de Défense Stratégique (IDS) environ deux semaines plus tard. Il signalait une dérogation au Traité ABM de 1972. [698] Le but de cette politique était de garantir la supériorité technologique et l'invulnérabilité inattaquables des États-Unis [699] et de rendre inefficace la capacité de seconde frappe soviétique sur laquelle reposait l'équilibre stratégique. [700]<< 701

Cette politique était très dangereuse, surtout pour l'Europe à l'interface entre les blocs. 702 Parce que généralement un adversaire acculé, qui a toujours un tel pouvoir qu'il puisse totalement détruire l'adversaire, répond avec une frappe préventive, mais ne peut pas être privé de son pouvoir.

Bien que le bloc de l'Est fût à la traîne de l'Occident dans son développement économique et at montré des signes de désintégration en Europe de l'Est, l'Union soviétique avait toujours réagi violemment aux menaces de sa sphère d'influence et vaincue des révoltes, comme le 17 juin 1951 en RDA, en 1965 en Hongrie ou en 1968 à Prague. La construction du mur en 1961 à la frontière ouest de la RDA était également une mesure défensive. L'évasion de travailleurs qualifiés vers l'Allemagne de l'Ouest devrait être évitée afin que l'économie ne s'effondre pas.

Le fait que l'Est a cède était aussi dû à la politique de détente initiée par Willy Brandt et Dietrich Genscher, qui fut ensuite poursuivie par Helmut Kohl.

2. Le développement de l'Union Européenne

A l'Est, les pays d'Europe de l'Est étaient si étroitement liés à l'Union soviétique qu'ils ne pouvaient parler d'une Union de l'Europe de l'Est indépendante. Les pays d'Europe occidentale, en revanche, se sont unis de plus en plus et ont fondé l'Union européenne avec le traité de Rome. L'Union européenne était alors aussi la base, dans laquelle les pays d'Europe de l'Est ont été intégrés après la fin de la guerre froide.

---

696 Josef Holik: *Die Rüstungskontrolle: Rückblick auf eine kurze Ära*, P. 20 und 104.

697 Ulrike Poppe, Rainer Eckert, Ilko-Sascha Kowalczuk: *Zwischen Selbstbehauptung und Anpassung: Formen des Widerstandes und der Opposition in der DDR*, P. 275.

698 Michael Ploetz, Hans-Peter Müller: *Ferngelenkte Friedensbewegung?*, P. 125.

699 Philipp Gassert und andere (Hrsg.): *Zweiter Kalter Krieg und Friedensbewegung*, P. 58.

700 Franz Josef Meiers: *Von der Entspannung zur Konfrontation: die amerikanische Sowjetpolitik im Widerstreit von Innen- und Außenpolitik 1969–1980*. P. 313.

701 https://de.wikipedia.org/wiki/NATO-Doppelbeschlusp.

702 Ibid.

Néanmoins, l'Europe est restée un concept intellectuel à ce jour. L'unification européenne a été portée par la génération de guerre et la jeunesse croissante. Les allemands étaient plus disposés à abandonner leurs droits souverains en faveur de l'Europe. Cependant, il y avait aussi un certain degré d'ouverture à l'intégration européenne dans les autres pays. La masse de la population de ces pays est restée relativement nationaliste. Lorsque à la suite du *miracle économique allemand* l'importance internationale de la République fédérale a encore augmenté, aussi de nouveau en Allemagne des sentiments nationaux se sont développés.

Le Royaume-Uni et les pays d'Europe du Nord sont restés initialement en dehors de l'Union européenne pour des raisons nationales et n'ont uniquement formé qu'une zone de libre-échange, l'AELE. Ce n'est que lorsque les avantages économiques du marché commun sont apparus qu'ils ont, à l'exception de la Norvège, rejoint l'Union européenne. Cependant, la Grande-Bretagne, en tant que leader de l'européisme occidental, maintenait toujours des liens plus étroits avec les États-Unis qu'avec les pays d'Europe centrale. Le Royaume-Uni a donc toujours freiné l'intensification de l'intégration des pays européens et a voté en 2016 pour une sortie de l'Union européenne.

Les pays d'Espagne, du Portugal et de la Grèce ne pouvaient devenir membres de l'Union européenne qu'après avoir surmonté leurs régimes autoritaires. Après la fin de la guerre froide, les pays d'Europe de l'Est ont rejoint l'Union européenne et, dans une certaine mesure, la zone euro. Cependant, plus il y a de pays appartenant à l'Union européenne, plus le processus de vote et d'accord sur d'autres étapes d'intégration nécessaires sont difficiles. En raison des réserves nationales, l'accord européen n'a été fait que par petites étapes, créant en même temps des contraintes pratiques qui favoriseraient l'unification.

La Russie et les États-Unis d'Amérique sont également responsables des moitiés respectives du bloc. Les pays de l'Europe de l'Est ont introduit des économies d'administration centrale, qui étaient liées au sein du *COMECON Conseil d'assistance économique mutuelle*, à des spécialisations de production dans les différents pays.

En Occident et en raison de l'importance économique des États-Unis pour le monde entier, le dollar américain est devenu la monnaie mondiale. Dans le même temps, les pays d'Europe de l'Ouest ont adopté l'économie de marché libérale et, à mesure qu'ils se sont rétablis économiquement après la Seconde Guerre mondiale, ils ont ouvert leurs frontières douanières et converti leurs monnaies.

Dans les années suivantes l'effondrement économique et politique du bloc de l'Est, les faiblesses d'un développement de marché incontrôlé sont devenues évidentes et l'économie occidentale s'est perverti en capitalisme de casino.

Économiquement, cependant, l'Europe a essayé de contrer le capitalisme pur. En République fédérale d'Allemagne, par exemple, l'idéal de « l'économie de marché sociale » état ancré dans l'article 14, paragraphe 2, de la Loi fondamentale avec le principe de la « propriété obligatoire ». « Son utilisation est également destinée à servir le bien commun. »

Les entreprises avec un certain nombre d'employés peuvent mettre en place un comité d'entreprise, particulièrement impliqué dans les décisions de personnel, et dans les entreprises de plus de 2 000 salariés, les salariés sont également représentés au conseil de surveillance. Il existe également des parts sociales dans les entreprises des autres pays européens.

Les notions de participation des travailleurs aux décisions de l'entreprise et le vaste amorti social des travailleurs et des personnes socialement défavorisées sont étrangers aux américains. En conséquence, la résistance à la réforme des soins de santé introduite par Barack Obama est également élevée.

Malgré l'économie de marché européenne à orientation sociale, les principes économiques américains gagnent de plus en plus de terrain en Europe. La politique économique orientée sur les offres, introduite par le président américain Ronald Reagan et la première ministre britannique Margret Thatcher dans les pays anglo-saxons, est également devenue la principale maxime de politique économique des pays européens. Il en va de même pour ce que l'on appelle le principe de la valeur actionnariale *(Shareholder Value)*, qui permet d'exclusivement orienter la réussite de l'entreprise vers les intérêts du capital et la croissance effrénée des salaires des dirigeants.

Les problèmes du capitalisme perverti sont devenus si insupportables aux États-Unis que Donald Trump a pu gagner l'élection avec des thèses contraires aux principes économiques classiques des États-Unis. Donald Trump, bien sûr, en tant qu'entrepreneur et magnat de l'immobilier capitaliste invétéré, tente maintenant de résoudre les problèmes économiques à travers un mélange de poursuite de la libéralisation des *marchés* et des mesures protectionnistes.

2.1 Erreurs dans la fondation de l'Union Européenne et ses conséquences

Il va sans dire que le commerce international est également avantageux pour tous les partenaires. En effet, il s'agit d'une division internationale du travail dans laquelle chaque partenaire se spécialise dans les services dans lesquels il ou elle excelle. On ne tient jamais compte qu'imparfaitement du fait que ce même avantage ne se présente que si les partenaires ont les mêmes points de départ, si le même niveau de développement économique existe. Par exemple, les bananes tropicales sont échangées contre de l'ambre des pays baltes. D'un autre côté, si nous traitons des différences dans les méthodes de fabrication, dans les organisations commerciales, dans les systèmes bancaires et dans les actifs disponibles, alors toutes les relations commerciales internationales tendent à avoir un avantage de plus en plus inégal pour les partenaires commerciaux.

De même qu'une distribution inégale des richesses devient de plus en plus inégale, les grandes entreprises ayant plus de possibilités de rationalisation que les petites ou les grandes chaînes de distribution ayant des prix d'achat plus bas et des coûts de production plus bas par unité vendue que les plus petites. Dans le commerce international, les avantages des pays plus développés sont plus grands que ceux des pays moins développés. De même, les pays en développement seront relativement appauvris par les pays développés si cet appauvrissement n'est pas compensé ou en surplus par d'autres facteurs, tels que des ressources spécifiques ou des conditions d'importation difficiles pour les produits industrialisés. Jetons un coup d'œil sur les meilleures opportunités pour le monde industrialisé de commercer avec les pays en développement :

1. Dans l'économie, le fabricant n'a pas le bénéfice le plus élevé, mais le concessionnaire. Comme les sociétés de commerce industriel résident dans les

pays industrialisés, leurs profits se dirigent vers les pays industrialisés. Il en va de même pour les entreprises de transport, les compagnies d'assurance et les banques, qui ne gagnent pas seulement à l'importation dans les pays en développement, mais aussi à l'exportation.

2. Des conditions de production avancées peuvent même être utilisées par les pays développés pour exporter des produits vers les pays en développement, qui pourraient également les produire eux-mêmes. Exemple : céréales et viande d'Amérique, volaille et produits laitiers d'Europe. Cela peut détruire les opérations de fabrication locales.

3. Investir dans les pays en développement augmente le produit social dans ces pays. Les propriétaires étrangers et / ou les donateurs de capital et de savoir-faire y gagnent également.

4. Les pays en développement peuvent devenir riches grâce aux dépôts de matières premières, comme le montrent notamment les pays exportateurs de pétrole. D'abord, cependant, les sources de matières premières sont généralement développées et exploitées par les entreprises des pays industrialisés, et la richesse elle-même n'atteint que le niveau des redevances versées aux pays producteurs de matières premières.

L'expérience a montré que l'appauvrissement relatif des pays sous-développés ne peut être évité que si les tarifs protecteurs tiennent compte des différents stades de développement des partenaires et si le pays en retard encourage la recherche et le développement et la formation de travailleurs qualifiés.

En Europe, la Grande-Bretagne était connue pour être le pays industriel le plus développé. L'Allemagne n'a pu rattraper l'Angleterre qu'au moyen de tarifs protecteurs pour ses industries et la recherche et le développement soutenus par l'état et l'a finalement dépassée en tant que puissance industrielle.

Dans l'Empire allemand, la Société Kaiser Willem (1911), établie aujourd'hui comme société Max Planck, a créé 30 instituts de recherche et de développement en 1943 : pour la chimie, physico-chimie et électrochimie, la biologie, la recherche de charbon, psychologie industrielle, physique, recherche sur le fer, la chimie des fibres. [703] De même, le Japon a également gagné en importance industrielle et c'est la voie que prennent les économies émergentes comme la Chine.

Ce qui s'applique en tant que tendance générale de développement entre des économies de différents degrés de développement s'applique également aux relations entre les pays européens. La suppression des frontières douanières au sein de l'Union européenne a bénéficié principalement aux pays industrialisés, en particulier l'Allemagne. Graduellement en fonction du niveau de développement industriel, les entreprises des pays industrialisés dominent également les entreprises des pays les moins industrialisés, à condition que celle-ci abrite en réalité une industrie.

Lorsque les pays en développement comptaient moins de travailleurs qualifiés et que les économies émergentes étaient moins développées, il valait la peine

---

[703] Ausführlicher dazu: Uwe Petersen: *Wirtschaftsethik und Wirtschaftspolitik*, S. 165ff. und:https://de.wikipedia.org/wiki/Kaiser-Wilhelm-Gesellschaft_zur_F%C3%B6rderung der_Wissenschaften.

de mettre en place des opérations de fabrication dans les pays du sud de l'Europe pour réduire les coûts de main-d'œuvre. Plus les entreprises des pays développés étaient forcées par les économies émergentes à s'implanter dans les marchés émergents parce qu'elles ne voulaient pas perdre l'accès aux immenses marchés émergents. De plus à la suite des réductions tarifaires globales dans le cadre du GATT et de l'OMC le marché européen pourrait être fourni de l'extérieur de l'UE sans barrières tarifaires majeures. Cependant, cela a rendu les pays d'Europe du Sud moins attractifs en tant que lieu d'investissement.

Néanmoins, les pays les moins industrialisés de l'Union européenne ont également connu un développement économique accéléré. Ils ont pu livrer leurs marchandises de préférence aux autres pays de l'Union européenne et ont reçu les subventions les plus diverses pour les infrastructures et le développement économique, la recherche, etc., sans devoir effectuer de paiements correspondants à la Commission européenne en raison de leur faible pouvoir économique.

Comme dans tous les pays, la demande économique dans les pays de l'Union européenne a été stimulée par les dépenses publiques financées par la dette, ce qui a conduit à une augmentation constante du fardeau de la dette des pays.

En raison de la pression d'investissement croissante de l'épargne, qui ne pouvait pas être investie de manière lucrative dans l'économie réelle, la spéculation dans l'immobilier est revenue encore et encore, même dans les pays du sud de l'Europe, et alimentait l'économie. Avec l'éclatement des bulles immobilières en 2008, l'économie mondiale est tombée dans une profonde crise financière et économique. Le chômage ou le sous-emploi qui en a résulté a nécessité d'autres dépenses publiques pour amortir les conséquences de cette crise. En outre, les fonds publics ont été utilisés pour sauver des banques, stimuler la demande d'industries sensibles (prime à la casse) et pour mettre en place des programmes de relance économique.

La dette publique a donc augmenté de manière spectaculaire dans tous les pays, ce qui a conduit à ce que des pays plus petits comme la Grèce, le Portugal et d'autres ne pouvaient plus refinancer les remboursements de dettes et ont été menacés de faillite nationale. Comme les créanciers de ces pays étaient des banques européennes, qui auraient été mises en péril par la faillite de l'État, ces pays ont reçu une aide financière des pays industrialisés, du *FMI*, de la *Banque centrale européenne* et d'autres banques centrales, mais assortis de conditions que l'activité économique de ces pays a continué d'étouffer, conduisant au chômage et aux difficultés sociales.

En raison de l'excès de dette publique mondiale et du risque de défaut souverain qui en résulte dans les pays européens, les pays de l'Union européenne ont imposé un frein à l'endettement. En conséquence, les lacunes de la demande causées par la stagnation séculaire ne peuvent plus être compensées de dépenses gouvernementales supplémentaires financées par la dette. Le chômage et les difficultés ont augmenté dans les pays européens, à l'exception de l'Allemagne, qui a pu compenser son déficit de demande par des excédents d'exportation.

2.2 La zone euro et les conséquences des erreurs dans sa création

Les avantages d'une union monétaire sont :

1. Les relations à prix fixe au sein de l'union monétaire. Il n'y a pas de fluctuations du taux de change entre les pays de l'union monétaire, car chaque citoyen calcule dans la même monnaie. Dans le cas de devises différentes, des transactions de couverture supplémentaires devraient être conclues dans des accords commerciaux entre différents pays afin d'éviter les risques des fluctuations de prix.

2. Par rapport aux transactions avec des partenaires commerciaux extérieurs à l'union monétaire, les vendeurs et les acheteurs de l'union monétaire peuvent plus facilement faire valoir que les transactions sont conclues dans leur monnaie. Comme les monnaies d'une union monétaire forte fluctuent moins et que leurs banques centrales sont suffisamment fortes pour absorber même les fluctuations de prix en achetant et en vendant leur propre monnaie, également pour le vendeur étrangère le risque de fluctuation est plus faible.

3. Les partenaires économiques d'une union monétaire peuvent également emprunter plus facilement et avec moins de risques sur le plan international. Les partenaires commerciaux des petits pays se voient généralement refuser le crédit dans leur propre monnaie ou à un taux d'intérêt plus élevé. Pour l'emprunteur d'un pays plus petit, il existe un risque important que s'il dévalorise sa propre monnaie, il devra rembourser plus qu'il n'a reçu. Par exemple, avant la crise financière de 2008, comme l'écrit *Die Presse*, >>environ un million de ménages hongrois ont emprunté en devises étrangères, dont environ 90% en francs suisses. ... beaucoup se sont surestimés. Non seulement ils ont construit des maisons et des appartements avec ces prêts, mais ils ont aussi acheté des voitures, des réfrigérateurs et financé des voyages. Mais par le déclin massif de la monnaie nationale, le forint, les taux de crédit ont explosé. En 2012, les propriétaires de plus de 100 000 propriétés ont été si en retard avec des acomptes provisionnels que les banques ont exigé l'expulsion. <<[704]

4. Le risque d'incertitude entourant la performance d'une monnaie ou d'une crise économique qui effondre l'économie d'un pays est également plus faible pour les pays ayant une union monétaire forte. Les mots mêmes du président de la Banque centrale européenne, Mario Draghi, selon lesquels en cas de doute, la BCE achèterait toutes les obligations d'État en difficultés de la zone euro, étaient suffisants pour mettre fin à la spéculation contre l'euro.

Ces avantages sont cependant contrebalancés par des inconvénients considérables si, comme dans la zone euro, des pays de différents niveaux de développement sont liés dans une union monétaire.

Malgré le retard relatif des pays les moins industrialisés, ils peuvent mieux maintenir la compétitivité de leurs produits sans union monétaire, car ils peuvent

---

[704]   http://diepresse.com/home/wirtschaft/international/5061215/Frankenkredite-als-soziale-Zeitbombe-in-Ungarn.

dévaluer leur monnaie pour maintenir la balance commerciale extérieure. Cela rendrait leurs produits moins chers sur le marché international, mais leurs importations seraient plus chères. Dans une union monétaire, ils sont incapables de le faire, de sorte que s'ils ne peuvent pas augmenter leur rentabilité, ils perdent leur compétitivité par rapport aux pays extérieurs à l'union monétaire. Comme la dévaluation de leur monnaie nationale rend les importations plus chères, elles n'ont pas tendance, comme dans une union monétaire, à importer plus que ce qu'elles peuvent en fonction de leurs exportations, voire à importer des produits qu'elles ont eux-mêmes produits jusqu'à présent.

Le prix d'une monnaie est déterminé par rapport aux partenaires économiques les plus forts. Si les partenaires économiques les plus puissants, en particulier l'Allemagne dans la zone euro, ont des excédents d'exportation chroniques, alors le prix de l'euro sera stimulé. Cela signifie que les pays en retard doivent vendre leurs produits plus chers que s'ils étaient en dehors de l'union monétaire. Si les pays les moins industrialisés perdent leur compétitivité ou importent plus qu'ils ne le devraient, compte tenu de leurs performances économiques et de la dette correspondante, le taux de change n'augmentera pas aussi vite qu'il le ferait sans les pays les plus faibles. L'Allemagne et les autres pays industrialisés peuvent donc offrir des prix plus faibles et augmenter encore leurs excédents d'exportation. En d'autres termes, dans la zone euro, l'Allemagne profite alors que les autres pays européens sont à la traîne.

En conséquence de ces inconvénients on aurait dû :

- Ne pas fonder la zone euro, ou les pays du sud de l'Europe n'auraient pas dû être admis dans cette zone. - La Grèce n'a de toute façon obtenue son entrée grâce à des chiffres falsifiés. Cependant, les autres membres, et en particulier le chancelier allemand d'alors, Helmut Kohl, ne voulaient pas non plus le savoir si exactement. - Les critiques de la zone euro ont raison à cet égard.

- Une communauté solidaire aurait dû être créée immédiatement, de sorte que les états (fédéraux) les plus faibles, comme en l'Allemagne, le Schleswig-Holstein, le Sauerland, Brême et les états de l'Est, auraient dû être soutenus par les pays les plus forts. Bien sûr, tous les pays devraient se soumettre à une discipline exécutoire et procéder à des réformes. Mais pour maintenir un niveau de vie minimum commun dans l'Union européenne, les pays les plus faibles devraient bénéficier d'une péréquation financière, au-delà de l'infrastructure et du soutien économique de la Commission européenne.

Comme les pays les plus industrialisés tirent le meilleur parti des unions douanières et monétaires, leur contribution à la compensation des déficits économiques dans les pays les moins industrialisés serait justifiée et dans leur propre intérêt. Car que serait l'Allemagne sans la zone euro et l'Union européenne ? Le prix du DM devrait encore augmenter et les exportations diminuées. En outre, comme l'a enseigné le plan Marshall, toute économie prospère que grâce à ses partenariats.

Il est également dans l'intérêt des plus forts d'appartenir à un marché plus vaste et à une zone euro forte. Surtout en raison du risque croissant de crise économique mondiale, une Europe forte doit être dans intérêt des tous.

2.3 La mise en danger par l'Allemagne de l'Union européenne et en particulier de la zone euro à travers l'Agenda 2010

Jusqu'à l'introduction de l'Agenda 2010 dans les années 2003-2005, l'Allemagne était considérée depuis de nombreuses années comme l'homme malade de l'Europe. Cependant, R. von Heusinger et W. Uchatius dans leur article *Le mythe de la descendance : l'Allemagne - « l'homme malade de l'Europe » ?* dans : DIE ZEIT[705] du15.04.2004 ont souligné le caractère discutable de cette déclaration.

Ils écrivent : >>Le fait est que : L'économie allemande s'est affaiblie au cours des dix dernières années plus que toute autre dans l'Union européenne. Entretemps, la production économique par habitant en Allemagne est inférieure à la moyenne de l'UE. Jusqu'à présent, l'histoire est vraie. La seule question est, quelles sont les vraies raisons de la faiblesse de la croissance.

« La compétitivité de l'Allemagne diminue. » (d'après une étude de l'Institut für Managemententwicklung Lausanne)

« En termes de coûts unitaires de main-d'œuvre, nous ne paraissons pas bien dans une comparaison internationale. » (Le patron de BDI Michael Grotowski dans le « Berliner Zeitung »)

Le décors. Grundig, Voigtländer, Seidensticker. Télévision de Nuremberg, caméras de Brunswick, chemises de Bielefeld. Les années cinquante étaient encore des temps. A cette époque, un ouvrier coûtait seulement quelques marks par heure. A cette époque, les entreprises allemandes fournissaient la moitié du monde.

Puis vint le japonais. Les coréens. Plus tard, les chinois. Et bien sûr les polonais et les tchèques. Aujourd'hui, les coûts de la main-d'œuvre par heure dans l'industrie ouest-allemande sont d'environ 26 euros, en Europe de l'Est de 5 euros et même plus bas en Asie de l'Est. Il n'est donc pas surprenant que les entreprises locales soient perdantes sur les marchés mondiaux.

Mais peut-être que c'est tout de même une surprise. Parce que l'apparence est différente. Au contraire. « L'Allemagne domine tous les autres », explique Andreas Cors de l'Institut allemand de recherche économique (DIW). En fait, dans aucun grand pays industrialisé, les exportations n'ont autant augmenté au cours des dernières années (...).

En regardant de plus près, les coûts de main-d'œuvre allemands sont parmi les plus élevés au monde, mais depuis 1995, selon l'OCDE, les salaires n'ont guère augmenté, contrairement à d'autres pays industrialisés. Ce qui a augmenté était la productivité des entreprises allemandes. L'offensive de l'innovation annoncée par le chancelier est depuis longtemps une réalité dans de nombreuses entreprises. « Nous sommes le leader technologique dans le monde », déclare Olaf Wortmann de l'association d'ingénierie VDMA. En conséquence, les coûts unitaires de main-d'œuvre se sont développés beaucoup plus favorablement que dans presque tous les pays concurrents. « La compétitivité n'est plus un problème en Allemagne », déclare Harald Joerg, économiste chez Dresdner Bank.

---

[705] W. Uchatius und R. von Heusinger: *Der Mythos vom Abstieg: Deutschland - der "kranke*

Mann Europas"? dans: DIE ZEIT 15.04.2004.

La qualité surprenante de l'Allemagne en tant que lieu se reflète également dans un deuxième facteur : l'investissement direct étranger. Les politiciens et les responsables locaux ont peut-être perdu confiance dans l'économie allemande, mais les PDG américains et asiatiques pensent autrement. Depuis 1998, les statisticiens ont enregistré un afflux important de capitaux étrangers en Allemagne. Enfin, aucun pays industrialisé à l'exception de la France ne pourrait attirer autant d'investissements du reste du monde. << [706]

Un autre argument en faveur de la mauvaise position de l'Allemagne est : >> «*Dieser Staat hängt uns wie eine Bleikugel am Bein.* » *[Cet état pèse telle un poids en plomb]* (Ludwig Georg Braun, Patron du DIHK dans le «Welt am Sonntag»)

« *L'augmentation du ratio gouvernemental doit être progressivement réduite.* » (Vice faction CDU Friedrich Merz devant les entrepreneurs)

L'état. Pendant six mois, ils vont travailler et ne reçoivent pas d'argent pour cela. Ils sont assis au bureau, ils travaillent à l'usine, mais le salaire est perçu par le trésor public. C'est ce qui arrive aux citoyens allemands année après année, au moins à ceux qui ont un emploi. La fédération des contribuables a calculé que les allemands travaillent pour la première moitié de l'année seulement pour l'état. Pour les impôts et les cotisations de sécurité sociale, l'assurance chômage, les pensions et l'assurance maladie. Peut-être que la performance économique en Allemagne est plus faible qu'ailleurs, parce que la performance n'en vaut pas la peine.

Un coup d'œil sur les faits montre : Cela rapporte plus que dans la plupart des pays européens. La République fédérale d'Allemagne se situe au milieu des taux d'imposition (le ratio des impôts et des cotisations sociales à la production économique). Cependant, dans les pays à croissance rapide tels que la Finlande, la Suède ou la France, l'état se met ses citoyens encore plus dans ses poches (...). Cela rappelle le passé. « Même dans les années soixante, le taux du service social allemand, puis aussi le taux d'imposition et de service, figurait parmi les leaders en Europe », explique Stephan Leibfried, directeur du Centre de politique sociale de l'Université de Brême. A cette époque, l'Allemagne était le leader de la croissance.

Depuis lors, l'état social et fiscal s'est développé beaucoup plus rapidement dans la plupart des pays européens qu'en Allemagne.

En Allemagne, en revanche, la part du secteur public dans la production économique n'est pas plus élevée qu'en 1975. Dans l'ouest, elle a même légèrement diminué. Cependant, pas au niveau du Japon, avec son secteur d'Etat internationalement petit. « Néanmoins, les japonais n'ont pas émergé de la crise pendant dix ans », a déclaré Peter Bofinger, membre du Conseil des experts économiques. Et ajoute : « Une relation entre le ratio gouvernemental et les taux de croissance est extrêmement douteuse. » <<[707]

À l'époque, on considérait beaucoup moins que les dépenses publiques devaient compenser la demande privée, de peur que l'économie ne sombre dans la dépression.

---

[706] W. Uchatius und R. von Heusinger: ibid P.1f.
[707] W. Uchatius et R. von Heusinger, P.3f.

Comment l'Agenda 2010 a-t-il permis de réduire le chômage en Allemagne ? En Allemagne, les prestations versées aux chômeurs ont été réduites, ce qui a incité les chômeurs à retourner au travail le plus rapidement possible, réduisant ainsi tellement considérablement les coûts de main-d'œuvre pour les employeurs, que les employés doivent de plus en plus accepter des contrats de travail précaires et des contrats à durée déterminée. Les salaires sont tombés en dessous du niveau de subsistance, puis les revenus des travailleurs précaires ont été complétés par des subventions dites Hartz IV. Les entreprises étaient indirectement subventionnées pour leurs coûts de main-d'œuvre.

Pourquoi le niveau de salaire des moins qualifiés devrait-il être abaissé ? Les niveaux de salaire devraient donc être abaissés afin que les entreprises du monde globalisé puissent rivaliser avec les entreprises des pays en développement.

Si les droits de douane et les barrières à l'importation sont élevés, les personnes moins qualifiées peuvent être employées pour payer les salaires les plus appropriés dans les pays plus développés. Il est vrai que les prix dans les pays industrialisés seraient plus élevés en raison des coûts de main-d'œuvre plus élevés. Mais le pouvoir d'achat des masses serait également plus élevé, et le pouvoir d'achat économique devrait augmenter plus fortement que ce qui est économisé par les prix moins chers de l'étranger. Parce que, comme il a déjà été dit, à travers la mondialisation, les bénéfices des entreprises augmentent principalement, comme en témoigne la performance boursière des sociétés opérant à l'échelle mondiale, à moins que cette évolution des prix ne soit ralentie par la pression des investissements et la spéculation. Le revenu de masse, d'un autre côté, pourrait difficilement croître.

À mesure que les cycles de réduction tarifaire progressaient, l'Agenda 2010 a rapproché l'Allemagne des pays en développement en termes de coûts de la main-d'œuvre. Mais l'Allemagne est en décalage avec les autres pays européens et est devenue plus compétitive par rapport à ses pays partenaires.

Harald Schumann écrit : >>L'instabilité de l'Eurosystème provient du développement inégal des salaires et de l'inflation. Ceci est confirmé par une nouvelle étude du think tank de l'UE. Dans ce document, les auteurs montrent que ce sont les allemands qui enfreignent constamment la règle centrale d'une union monétaire, adhérant à l'objectif commun d'inflation. Afin de maintenir cela, les salaires devraient augmenter à mesure que la productivité augmente, c'est-à-dire la production par heure travaillée, plus un peu moins de 2% de dépréciation de la BCE.

C'est ce que les français ont fait. En revanche, en Allemagne, les salaires et traitements ont régulièrement augmenté plus lentement que la productivité depuis la création de l'euro. L'escalade tarifaire des entreprises et les réformes Hartz ont énormément influencé la composition des salaires. <<[708]

En conséquence, les excédents d'exportation ont encore augmenté. Qu'est-ce qui a été obtenu grâce à cela ? Une Europe malade !

Il est vrai que l'Agenda 2010 a également amélioré l'administration bureaucratique des chômeurs, des nécessiteux et de la nécessité de se recycler et de réduire les abus sociaux. Mais en tant que modèle pour le reste de l'Europe, il ne

---

[708] Harald Schumann: *Emanuel Macron und die deutsche Krankheit*, en: Der Tagesspiegel Nr. 23 124, v. 24.5.2017, P. 8.

peut être recommandé que dans une mesure limitée. Il ne s'agit pas de réduire le revenu de masse et d'augmenter de façon disproportionnée les profits et les salaires des forces spéciales, mais d'une structure de revenus bien équilibrée dans laquelle non seulement les personnes hautement qualifiées, mais aussi les moins qualifiées ont un revenu décent. Il n'y a pas de pays où seuls des travailleurs de haut niveau vivent ou d'autres où seuls les salariés non qualifiés vivent. Tout comme il faut reconnaître que les pays en développement font tout ce qui est en leur pouvoir pour apporter du savoir-faire et des capitaux, y compris des barrières à l'importation, les pays industrialisés doivent aussi se protéger contre les importations bon marché de produits peu qualifiés, qui pourraient également être produits par des personnes peu qualifiées dans leur propre pays et pour lesquelles un emploi devrait être créé. À cet égard, la politique du nouveau président américain Donald Trump est compréhensible s'il veut inverser la désindustrialisation des États-Unis par des barrières à l'importation.

Il convient de garder à l'esprit que le développement économique de l'année dernière était largement dû à la hausse des dépenses de consommation en Allemagne. Et une consommation plus élevée a également entraîné une augmentation des importations bénéficiant aux autres pays européens. Ces importations augmenteraient beaucoup plus si le secteur public en Allemagne ne réinvestissait plus les recettes fiscales, mais les dépensait, ainsi que les dépenses gouvernementales en infrastructures, éducation, recherche et développement, développement de la défense. Ce seraient réalisées par des augmentations d'impôts au détriment des riches.

Que gagnerait-on si le niveau de salaire des moins qualifiés était abaissé dans toute l'Europe ? Dans la mesure où tous les travailleurs pourraient être employés, le niveau des salaires ne peut en aucun cas baisser par rapport aux pays en développement. Imaginez que tous les pays européens aient des excédents d'exportation comme l'Allemagne, qui devrait alors avoir les excédents d'importation ?

3. La mise en péril de la paix sociale et de l'unité européenne à travers les flux de réfugiés

Le résultat de la détresse et de la tourmente de la guerre sont les flux de réfugiés vers des pays économiquement prospères ou même politiquement et militairement sécurisés. Les pays économiquement arriérés, qui veulent se développer, ou, où il y a un manque de travailleurs qualifiés, représentent une terre d'espoir pour les réfugiés. Ainsi, le principe électeur recruta des réfugiés français et hollandais, car la population de Brandebourg fut largement décimée par la peste, et les huguenots français et flamands apportèrent des compétences particulières.

Lorsque les travailleurs en Allemagne sont devenus rares après la reconstruction, l'Allemagne a également invité des travailleurs du sud de l'Europe et de Turquie.

Les réfugiés apportent avec eux leurs propres traditions, leurs relations sociales habituelles et leurs croyances et attitudes. Plus ils diffèrent de ceux du pays d'accueil, plus difficilement ils s'intègrent. Ils se réunissent donc avec leurs compatriotes, ce qui crée des ghettos dans le pays d'accueil.

Les réfugiés, à moins qu'ils ne soient des personnalités spéciales qui, en tant que telles, dépassent leur ascendance particulière, sont souvent perçus comme étrangers ou rejetés par la population hôte, et par conséquent, ils se rattachent plus à leur nation antérieure. C'est pourquoi les allemands au Chili, en Russie et dans d'autres pays sont souvent plus nationalistes que les allemands eux-mêmes, et cela s'applique, par exemple aussi à de nombreux turcs en Allemagne.

Si des réfugiés en grand nombre entrent dans le pays, ils peuvent être perçus par la population du pays d'accueil comme un danger pour leur propre culture et leur mode de vie et sont donc combattus.

Depuis que les problèmes économiques et les conflits dans le monde augmentent, de plus en plus de réfugiés se déplacent vers les pays industrialisés. Naturellement, la résistance monte contre eux. Les flux de réfugiés favorisent donc les partis de droite et les populistes.

Les États-Unis ont toujours été un pays d'immigration. L'individualisme y est réalisé sous une forme si extrême qu'il peut aussi intégrer des immigrants d'autres cultures. Le libre développement de l'individu en tant qu'idéal social fait que les liens sociaux traditionnels avec la vie publique et économique passent au second plan, de sorte que la vie sociale et la vie privée peuvent coexister.

Le facteur de rattachement est le *rêve américain*, qui offre à chacun la possibilité du libre développement individuel. D'une part, les américains sont certainement le pays le plus laïcisé, qui peut abriter toutes les races et religions et qui est donc considéré comme un refuge dans lequel toutes les différences humaines sont confondues. Cela ne signifie pas que les religions ont disparu aux États-Unis, au contraire : la religiosité est généralement cultivée beaucoup plus intensément dans les groupes religieux respectifs que dans de nombreux pays européens. Mais la religion est une affaire privée.

Néanmoins, en tant que centre de l'européisme occidental, les États-Unis sont, bien sûr, profondément influencés par le christianisme, l'antiquité et les colons européens. Et puisque l'européisme lui-même est une forme laïcisée de l'héritage antique et chrétien, les américains d'autres religions et civilisations sont en train d'être européanisés dans cette mesure.

Bien sûr, il y a des américains blancs, en particulier ceux qui sont socialement et économiquement à la traîne - en particulier aujourd'hui les électeurs de Donald Trump - qui rejettent les non-blancs. Il y a toujours eu des préjugés raciaux dans les couches inférieures des États-Unis. Les musulmans sont aussi de plus en plus marginalisés, puisque les États-Unis ont des tensions avec le monde islamique, qui a déjà commencé avec la chute du régime du Shah en Iran et que les États-Unis doivent aussi craindre les attentats terroristes.

La stagnation séculaire et l'appauvrissement relatif des travailleurs de masse, qui souffrent également de l'immigration de travailleurs moins qualifiés d'Amérique latine et de la délocalisation des usines à l'étranger, ont créé un potentiel de conflit qui a permis à Donald Trump de devenir président des États-Unis.

4. Les manifestants de gauche comme de sérieux détracteurs des aberrations sociales et comme émeutiers

Il y a toujours eu une opposition à l'unification de l'européisme occidental et oriental. Dès les années 1950, les mouvements pour la paix commencèrent à protester contre le réarmement et la division de l'Allemagne et de l'Europe. Dans les années soixante, il y a eu des révoltes d'étudiants :

- En Occident, contre l'inégalité capitaliste, les structures sociales en couches et les guerres impérialistes, pour les efforts d'indépendance au Vietnam et en Algérie et contre la destruction de l'environnement,
- A l'Est contre la dictature du parti et pour un socialisme à visage humain.

Ces révoltes ont donné naissance aux partis verts et aux initiatives vertes, qui sont plus ou moins intégrées dans les programmes des partis établis aujourd'hui.

Depuis les années quatre-vingt et quatre-vingt-dix, la résistance au néolibéralisme et le déclin de l'économie en capitalisme de casino ont augmenté, de même que le déclin de la classe ouvrière vers le chômage et l'emploi précaire.

Certes aussi pour empêcher des développements négatifs de la mondialisation par la coopération internationale et prévenir les problèmes mondiaux tels que ceux d'une catastrophe climatique, les états économiques les plus forts se réunissent lors des conférences dites G7 ou G20, où rencontrent des chefs d'entreprise pour des entretiens à Davos.

Puisque les participants aux conférences sont des représentants de la classe dirigeante établie, qui bénéficient des structures sociales et économiques données, les soutiennent aussi idéologiquement en tout état d'âme et ne voient donc pas les critères de la politique économique dominante *orientée vers l'offre*, il n'est bien sûr pas exclu que les vrais problèmes ne sont pas correctement vu ou traité à tort.

Le problème à résoudre par les états du G-20, desquels ils sont souvent eux-mêmes à l'origine, parce qu'ils >>représentent 2/3 de la population mondiale, un bon ¾ de la production économique mondiale, 4/5 des émissions de gaz <<, résume Alexander Jung comme suit : >>Toutes les dix secondes, un enfant meurt de faim sur Terre - bien qu'il y ait de la nourriture pour 10-12 milliards de personnes et que 7,5 milliards vivent sur Terre. Près de 800 millions sont considérés comme extrêmement pauvres - alors qu'il y a autant d'argent dans le monde comme jamais auparavant. 81% de l'énergie est produite en brûlant du charbon, du gaz et du pétrole - bien que cette pratique réchauffe la terre et qu'il y a des alternatives réelle grâce à l'énergie solaire et éolienne.

Quand les puissants des pays du G20 se rencontrent ... ils ont le pouvoir de résoudre certaines des contradictions, ou du moins à les désamorcer. Comme ils ont causé l'inverse pour la plupart, << Il est compréhensible que les Etats du G 20 soient l'ennemi des critiques de la mondialisation, >> « Le G 20 fait partie du problème et non de la solution », explique Werner Reitz, cofondateur d'Attac en Allemagne, le réseau critique de la mondialisation. <<[709]

---

[709] Alexander Jung: *Selbstbetrug mit System*, dans : Der Spiegel, Nr. 27/1.7.2017, P. 14.

Ces protestations et révoltes sont gauchistes parce qu'elles s'opposent aux structures de pouvoir établies. Ils prônent la tolérance envers les autres ethnies et cultures et s'opposent à l'isolement national. De cette manière, les gauchistes s'opposent notamment à tous les mouvements nationalistes de droite, aux réactionnaires omniprésents, mais aussi à ceux qui ont peur d'être aliénés par les réfugiés.

Les porteurs de ces mouvements de gauche, à la différence des droitistes, sont éclairés et intellectuels, prônant une participation démocratique active dans la prise de décision sociale, tandis que les droitistes sont plus enclins à chercher un leader pour leur dire quoi faire.

Dans les états démocratiques, les élites établies défendent leur position contre la gauche, bien qu'elles mettent aussi l'extrême droite à leur place. Ils peuvent indiquer un ordre social, même s'il n'est pas nécessairement idéal, qui fonctionne bien, dans lequel toutes les institutions et tous les processus sont liés les uns aux autres et sont menacés par les changements. Par conséquent, les personnes établis se tournent généralement contre tout changement et préconisent plus d'intervention militaire. Dans des circonstances normales, ils peuvent compter sur la masse de la population qui, en cas de doute, veut préserver les conditions données et se détourner du risque de changement.

Pour ceux qui sont établis, seules de telles mesures ont du sens en termes de politique réaliste, qui renforcent les pouvoirs établis parce que la prospérité économique dépend d'elles. La politique économique orientée vers l'offre est typique de cette approche, qui ne voit la clé du progrès économique que dans la promotion des entreprises. En revanche, les gauchistes sont plus enclins à promouvoir les faibles, à augmenter les dépenses publiques d'investissement dans les infrastructures, à accroître l'aide au développement, à protéger la nature et à adopter une politique de paix.

Quant à la "realpolitik" de l'établi, elle a apporté une destruction militairement infinie et la mort, comme on peut le voir au Vietnam, en Irak et dans d'autres pays. Et les problèmes d'application du pouvoir économique dans les pays en développement ont déjà été expliqués.

En tant qu'essence de l'européisme par rapport aux cultures traditionnelles, le développement individuel et social a été élaboré. Parce que les gauchistes luttent contre les incrustations sociales et les développements indésirables et recherchent un développement complet de l'homme, de la société, de la culture et de la nature, ils sont par nature plus européens que le droit établi et, néanmoins bien sûr aussi rétrograde.

Néanmoins, on ne peut pas supposer que tous les problèmes sociaux puissent être résolus par des idéaux irréfléchis et, en particulier, par les méthodes de la gauche. Les thèses de gauche sont pour la plupart des idéaux abstraits qui ne peuvent pas être mis en œuvre tel quel. En outre, les gauchistes sont pour la plupart des individualistes intellectuels, qui se limitent généralement dans des discussions interminables sur la réalisation de leurs objectifs jusqu'à ce que quelqu'un étouffe les discussions, se transforme en porte-parole ou même devienne un dictateur et diffame les autres en tant que dissidents. Alors une règle de gauche peut très rapidement se transformer en un régime de terreur dans lequel les idéaux abstraits doivent être appliqués par la force. Des exemples typiques sont la domination jacobine après la Révolution française, la révolution socialiste en Russie et la Fraction armée rouge de la RAF, qui terrorisait particulièrement l'Allemagne.

En termes de flux de réfugiés, les gauchistes ont tendance à tomber de leur cosmopolitisme dans le multiculturalisme et à dépasser les sociétés établies. Bien sûr, une coexistence tolérante de différents groupes ethniques et religions devrait être recherchée. Mais pour cela, les pays d'accueil ainsi que les réfugiés doivent être prêts.

Mais les arguments tout à fait légitimes des manifestants sont heureusement étouffés ou rejetés comme irréalistes. Cela crée des frustrations pour ceux qui se soucient des intérêts non seulement de leur personne et de leur famille, mais de l'humanité dans son ensemble, dont alors des radicaux profitent pour commettre des actes de violence. Tragiquement, ils croient que cela soutient l'idée de leurs arguments, mais est perçue par la population uniquement comme un émeutier.

Il serait juste de faire entendre la voix des manifestants eux-mêmes lors des conférences internationales et de les inclure dans les négociations internationales. Cela pourrait également réduire la frustration des personnes impliquées dans la société et éventuellement réduire les coûts élevés de la sécurité lors de conférences.

III. Les tâches pour le développement futur de l'Europe et la responsabilité de l'Europe pour l'harmonisation du conflit Est-Ouest et le développement futur du monde globalisé

L'européisme est basé sur l'héritage commun antique et chrétien des pays européens. Néanmoins, cet héritage se manifeste sous de nombreuses formes différentes, selon les traditions les plus prédominants et les groupes ethniques qui ont toujours leur mot à dire dans la culture populaire respective.

La diversité expérimentée a rendu difficile la formation de l'Union européenne et peut continuer à la rendre difficile. Le transfert de compétences nationales à la Commission européenne a même déclenché des sentiments et des actions anti-européens et, si et dans la mesure où cela affecte les conditions de vie ou même les normes environnementales, et que les entreprises peuvent échapper à la juridiction des Länder dans le cadre d'accords commerciaux, cela déclenche des actions de protestation.

En outre, la rage de normalisation des autorités suprarégionales, telles que les normes SUR la courbure de concombre et les bananes, peut nuire aux sentiments des citoyens.

Les questions politiques mondiales appellent souvent l'Europe à parler d'une seule voix. Si cette demande devait se concrétiser, tous les États européens devraient être privés de leur politique étrangère et de leur compétence militaire en la transférant à la Commission européenne. L'Europe deviendrait une puissance mondiale comme les USA ou la Russie. Mais, serait-ce souhaitable ?

Comme nous avons essayé de le démontrer, les États-Unis et la Russie ont chacun leur propre européisme, grâce auquel ils veulent satisfaire le monde entier. L'idéal socialiste collectiviste marxiste de l'Est a échoué. Le président russe

Vladimir Poutine a pour mission de stabiliser et de développer économiquement son immense empire, alimentant le nationalisme russe et les idéaux eurasiennes.

Aux États-Unis, l'idéal individualiste libéral de l'homme est de plus en plus réduit au mode de vie darwiniste-capitaliste de *gagner* de l'argent, d'*avoir* de l'argent et de *dépenser* de l'argent. L'économie s'est pervertie en un *capitalisme de casino*, l'ordre d'état est devenu une *ploutocratie*, et la politique s'est dégénérée en *Trumpisme*.

L'image darwiniste-capitaliste de l'homme et de son ordre social est considérée par les américains comme achevée et comme le dernier état de développement social possible. Par conséquent, ils voient leur image de l'humanité et de leur ordre social comme un idéal évident pour tous les autres peuples. Un développement supplémentaire n'est vu que dans le progrès technique et la croissance économique constante.

Le rêve américain selon lequel tout le monde peut être le forgeron de sa propre richesse est profondément enraciné dans la société américaine, si profondément que les personnes économiquement dépendantes ont voté pour un millionnaire comme président des États-Unis parce qu'ils attendent de lui la renaissance pour tous de ce rêve.

D'autre part, en Europe, les conditions sociales et les effets de la croissance et du progrès sur la société et l'environnement ont été discutés à plusieurs reprises et font l'objet de programmes politiques. Le paysage des partis européens est en conséquence diversifié. Le sens de la responsabilité qui sous-tend ces motifs détermine également la relation européenne avec le monde et les autres peuples. Une « Europe d'abord » selon le slogan « l'Amérique d'abord ! » ou même « la Grande-Bretagne d'abord ! », ne peut pas et ne doit pas exister en Europe, car cela va à l'encontre de la mentalité européenne.

Il est vrai que depuis la perte du statut de première puissance mondiale de la Grande-Bretagne après la Seconde Guerre mondiale, les États-Unis ont toujours massivement interféré dans les affaires d'autres états quand cela leur semblait opportun. Cependant, ils ne s'occupaient généralement que de l'application des intérêts américains et, au mieux, du prosélytisme au « *American way of life* ». L'échec des Etats-Unis à propager sa forme corporative en Iran, au Vietnam, en Irak et en Afghanistan et a contribué à la position « l'Amérique d'abord ! ». En termes de politique de puissance, cependant, les États-Unis continueront à poursuivre leurs objectifs dans la politique mondiale, et la Russie essaiera de poursuivre les mêmes objectifs que les États-Unis.

La vitalité spirituelle de l'Europe est favorisée par sa diversité. En outre, les pays individuels ont des relations différentes avec les pays du tiers monde dû à leur passé colonial et, en conséquence, ils ont une compréhension et un sens des responsabilités particuliers par rapport à ces pays. Nous avons traité la relation profondément égocentrique de la France avec ses anciennes colonies africaines. Mais ces relations spéciales font que la France intervient encore et encore dans ces régions pour stabiliser les conditions politiques de ces pays.

En ce qui concerne la solution aux problèmes sociaux et économiques, l'Allemagne, la France, les Pays-Bas, la Pologne et les pays scandinaves empruntent parfois des chemins différents. Leurs succès respectifs, cependant, stimulent également les autres pays. Donc, lorsqu'il s'agit de conflits internationaux, il n'est pas toujours utile que l'Europe, comme on le préconise, parle d'une seule voix. Selon les différentes expériences et liens entre les pays, il peut être préférable que les différents pays européens s'engagent dans des conflits individuellement, tandis que d'autres parmi eux préfèreront intervenir dans d'autres conflits.

Prenons le conflit en Ukraine. À quelle vitesse pourrait-il dégénérer en guerre « chaude » s'il n'y avait pas d'européens qui

- Comprennent que la Russie se sent menacée par l'expansion constante de l'OTAN le long de ses frontières,
- Sont réticents face au nationalisme occidental ukrainien, et
- N'insinue pas des intentions russes d'agression contre les états baltes ou la Pologne et, par conséquent, voient un danger dans une tentative d'intimidation potentielle de la part de l'OTAN.

Ce n'est qu'avec la logique du pouvoir anglo-saxon, comme le montrent les expériences au Proche et Moyen-Orient, que les relations pacifiques entre les peuples ne peuvent être réalisées. C'est pourquoi une Europe qui parle toujours d'une seule voix et agit sur la scène mondiale, comme les Etats-Unis ou la Russie, favorisera probablement moins la paix.

Cela ne veut pas dire que les pays européens ne devraient pas coopérer plus étroitement en matière de défense et de politique étrangère. Compte tenu notamment de l'attitude confuse de Donald Trump vis-à-vis de l'OTAN, les armées nationales européennes devraient être étroitement liées, de sorte que des actions militaires européennes communes soient possibles. Cependant, une action conjointe ne devrait pas être obligatoire. En d'autres termes, en plus d'un ministre européen des affaires étrangères qui tente de coordonner la politique étrangère européenne, chaque pays devrait également conserver ses propres ministres des affaires étrangères et de la défense.

Cependant, tout en conservant autant d'autonomie que possible, tous les pays européens doivent être tenus de respecter les droits fondamentaux démocratiques. Par conséquent, l'érosion de ces droits en Hongrie et en Pologne ne peut être tolérée. Cependant, les craintes et les préoccupations sociales des européens de l'Est doivent également être abordées. Leur attitude entêtée, comme en témoigne l'endiguement des réfugiés sur la route des Balkans, peut aussi avoir un sens.

Ce qui est important pour la position internationale de l'Europe, cependant, est le marché commun, l'euro en tant que monnaie commune et une politique économique solidaire.

En tant qu'origine et unité de l'européisme, l'Europe a pour tâche d'équilibrer l'unilatéralisme de l'américanisme et de l'eurasisme, et de promouvoir des idées individualisantes à l'Est et de la solidarité à l'Ouest.

Puisque l'économie doit sécuriser les conditions de vie de la population mondiale tout en protégeant la nature de la destruction, parce que le turbo-capitalisme américain détruira tôt ou tard l'économie et l'environnement, il faut d'abord reconsidérer l'ordre économique et ses principes. Chaque règlement ne sera respecté que dans la mesure où les parties concernées se sentent attachées à certains principes éthiques. Par conséquent, le résultat doit résulter de l'élaboration de principes éthiques nécessaires du comportement économique et suite à la sensibilisation de la population.

L'Europe doit également être un point d'ancrage pour les pays du tiers monde s'ils ne veulent pas devenir dépendants des Etats-Unis, de la Russie ou d'autres constellations de pouvoir ou devenir des victimes de conflits militaires et / ou religieux.

On a expliqué en détail la signification de l'européanisation pour le développement du Tiers-Monde, mais aussi la responsabilité de l'Europe pour leurs problèmes économiques et sociaux. C'est pourquoi, outre le fait que l'européisme comprend aussi une mission de développement du monde entier, l'Europe est également obligée de s'engager dans le reste du monde pour éviter que les conflits dans d'autres pays ne se propagent au niveau mondial et afin de contrer un flot de réfugiés en Europe.

Dans leur propre intérêt, mais aussi au vu des tâches politiques mondiales, l'intégration européenne doit être intensifiée. Le besoin d'une communauté économique européenne est évident face aux problèmes prévisibles de la Grande-Bretagne après le BREXIT.

L'investissement n'est possible que sur un marché suffisamment important. Aucune entreprise étrangère n'investirait davantage dans un pays européen en dehors de l'Union européenne. Un tel pays serait donc limité dans ses importations aux produits nécessaires qu'il ne produit pas lui-même. Oui, les entreprises opérant dans le monde entier déplaceront probablement leur propre production leurs productions d'un tel pays vers un marché émergent avec un plus grand potentiel de marché ou vers l'Union européenne ou les États-Unis. Ils approvisionneront leur propre pays ainsi de l'étranger.

Dans la mesure où les grands marchés s'isolent davantage pour protéger les jeunes industries contre la concurrence des pays développés ou, comme les États-Unis et / ou l'Union européenne, pour préserver ou récupérer les bénéfices de certaines industries qui seraient autrement délocalisées vers des pays à salaires plus bas, se sont principalement les petits pays qui n'appartiennent à aucune communauté qui sont touchés. En effet, dans les grands marchés il y a un potentiel de vente suffisant pour retenir les grandes entreprises. Par conséquent, si Donald Trump peut réaliser sa forclusion du marché américain, malgré d'importantes difficultés de conversion, les États Uni pourront néanmoins survivre sans le commerce international.

1. Principes d'une nouvelle éthique des affaires

La vie sociale nécessite un comportement éthique. L'éthique n'a pas besoin d'être codifiée sous la forme de règles ou de comportements définis. Il peut contrôler instinctivement le comportement des gens. Vu de cette manière, un comportement éthique qui non seulement détermine leur coexistence, mais la rend possible, peut être supposé chez les animaux.

Cependant, un tel comportement quasi-naturel ne permet pas de développer davantage les conditions sociales. Au cours de l'histoire, les conquérants, les prophètes ou d'autres personnalités créatives qui émergeaient du chemin des comportements normalisés pour les surmonter et initier de nouveautés étaient requis à maintes reprises pour l'évolutions. Grâce à eux, les conditions de vie précédentes ont été plus ou moins révolutionnées jusqu'à ce que les gens aient assimilés les nouvelles dimensions et les aient intégrés dansa leur tradition. Chaque nouvelle société reformait ses propres règles et comportements, qui étaient ensuite transmis par les parents aux enfants.

Jusqu'à la révolution industrielle, le *revenu convenable* était considéré comme une norme de l'activité artisanale et la rationalisation de la production pour l'accumulation de profits était déshonorée et a même été persécuté. Peter Borscheid écrit : « Aucun artisan ne devrait innover ou inventer quelque chose de nouveau, mais chacun devrait suivre son prochain par amour civique et fraternel et son métier sans faire du mal à son voisin », selon l'ordre de la guilde Thorner de 1523. [710] À la fin du XVIIe siècle, le Kaiser et le Reichstag ont tenté d'empêcher l'utilisation de moulins à eau pour accélérer la production de cordes, car l'innovation par l'utilisation de l'hydroélectricité amènerait des milliers de personnes et de familles à mendier. [711] Cette pensée survit malgré, ou même à cause des revendications économiques libérales, même au 18ème siècle. À Amiens, en France, deux fabricants sont poursuivis en 1742 parce qu'ils veulent innover et mieux surveiller et accélérer leur travail en créant une usine comprenant 200 métiers. [712]<<713

Ce n'est que dans le capitalisme que la recherche indéfinie du profit des individus a gagné en valeur intrinsèque. Néanmoins, initialement cela n'était pas fait pour mener une vie de luxe. Au contraire, les bénéfices devaient être réinvestis pour augmenter la production globale, et donc restait axés sur les produits.

Les fondateurs de l'entreprise s'identifient généralement à leurs entreprises, c'est-à-dire aux employés et aux produits manufacturés. Les entrepreneurs, les employés et les travailleurs ont acquis leur confiance en eux grâce à cette activité et à leur contribution à la production économique. Mais dans le système d'entreprises familiales, les héritiers ne se prêtent souvent pas à la gestion de l'entreprise, de sorte que des étrangers ont dû être nommés comme administrateurs. En conséquence, les liens affectifs entre les entrepreneurs et leurs entreprises ont naturellement diminué.

Dans les pays anglo-saxons et en particulier aux Etats-Unis, l'intérêt de l'entrepreneur s'est très tôt détaché des produits concrets. Ils se comprenaient de plus en plus comme des capitalistes qui ne se préoccupaient que du résultat financier de leur activité. Bien sûr, cette attitude a été favorisée aux États-Unis par la taille importante du marché, qui pouvait rapidement rendre un entrepreneur riche en ressources. Plus l'argent s'accumulait, plus les entrepreneurs pouvaient se consacrer au réinvestissement rentable des fonds disponibles.

En raison de leurs besoins élevés en capitaux, les entreprises qui voulaient grandir ont également dû chercher des capitaux externes. Des actions et des obligations d'entreprises ont été créées, dans lesquelles un propriétaire de capital

---

710 Karlheinz A. Geißler: *Die Zeiten ändern sich. Vom Umgang mit der Zeit in unterschiedlichen Epochen, in: Aus Politik und Zeitgeschichte*, P. 5.

711 Rudolf Wendorff (1980): *Zeit und Kultur. Geschichte des Zeitbewusstseins in Europa*,
       P. 130.

712 Bernard Lepetit: *Frankreich 1750-1850*, P. 503.

713 Peter Borscheid: *Das Tempo-Virup. Eine Kulturgeschichte der Beschleunigung*, P. 22.

pouvait investir ses fonds disponibles. L'argent n'a pas seulement été gagné par l'achat et la vente habiles d'actions et de sociétés entières, mais aussi par la spéculation sur les matières premières, les devises et les produits financiers dérivés.

Au cours de la mondialisation, non seulement les opportunités d'investissement ont dépassé les frontières nationales. Le concept économique américain axé sur l'argent est également devenu la philosophie économique majoritaire dans le reste du monde.

Le principe directeur pour les sociétés était le principe dit *Shareholder Value Principe*, qui, en tant qu'activité économique, prescrit l'optimisation du profit à court terme des actionnaires.

Dans le passé, les dirigeants d'entreprises gagnaient leur reconnaissance sociale grâce à leur statut à la tête d'une entreprise qui fournissait des produits de valeur, par contre, aujourd'hui seuls les gains monétaires réalisés par rapport aux concurrents comptent. Les employés sont censés garder un œil sur le bénéfice maximum de l'entreprise. L'identification avec l'entreprise, les collègues de travail et les produits manufacturés s'est perdue. Le travail réel est dévalué et doit également être abandonné si la direction de l'entreprise ferme des branches de production ou les délocalise vers des pays à bas salaires.

Même les capitalistes, au moins en Europe, se sentaient liés aux débuts du capitalisme aux entreprises qu'ils possédaient. Cela constituait une pensée à long terme. Les fluctuations de prix à court terme n'étaient pas prises en compte. *Un entrepreneur ne spéculait pas.* Bien sûr, les stocks étaient respectivement vendus ou acquis lorsque la confiance dans une entreprise diminuait ou augmentait.

Par le passé, les entreprises étaient plutôt évaluées par leur valeur intrinsèque, c'est-à-dire leur propriété de biens immobiliers et d'autres actifs corporels, alors qu'aujourd'hui il s'agit de céder tous les actifs non essentiels et de valoriser les entreprises uniquement quant à leur valeur comptable. La valeur du revenu dépend du bénéfice préconisé. Ainsi, les actions des entreprises augmentent et diminuent en fonction du bénéfice attendu par rapport aux autres options d'investissement.

En extrayant les valeurs d'inventaire, la solvabilité des entreprises diminue naturellement en termes d'emprunts et ils peuvent plus rapidement faire faillite. Leur savoir-faire est ensuite racheté à bon marché par d'autres entreprises et les employés sont mis à pied. La désindustrialisation peut ainsi détruire des régions entières.

Pour être impliqué dans le *principe de la Shareholder-Value* les conseils d'administration participent aux bénéfices par le biais de primes. Les salaires des membres du conseil d'administration et d'autres cadres supérieurs ont explosé dans le monde entier. Le PDG de Daimler-Benz aurait gagné 15 millions d'euros en 2015. [714]

Pourquoi une personne a-t-elle besoin d'autant d'argent en une année ? En fin de compte, ce sont juste des symboles de statut qui comparent un membre du conseil à un autre et lui permettent d'établir sa confiance en soi. Et comme il s'agit de symboles de statut, bien sûr, tout le monde tend à vouloir gagner plus,

---

[714] http://www.faz.net/aktuell/finanzen/aktien/daimler-chef-dieter-zetsche-verdiente-2015-am-meisten-14151530.html.

nous devons donc traiter les salaires des conseils d'administration en se servant de l'*échelle ouverte de Richter.*

Ces hauts salaires corrompent la morale des affaires. Tout sens de décence et de valeur ne sera donc pas pris en compte. Ainsi, les différences extrêmes de revenu et de richesse sont éthiquement injustifiables et tout sens de valeur d'un emploi sera perdu.

Au cours de la mondialisation, les sociétés d'exploitation et les capitalistes du monde entier sont de moins en moins limités par les lois nationales, car ils peuvent jouer avec les différences entre états et aller là où ils sont le moins taxés. Leur pouvoir financier devient le pouvoir médian et politique qui peut conduire les états à façonner les lois d'une manière qui favorise les entreprises mondiales.

Nous avons également vu que la répartition de plus en plus inégale de la richesse et des revenus génère un déficit croissant de la demande privée, conduisant à la stagnation séculaire et à l'autodestruction de l'économie.

La seule justification pour accumuler de la richesse qui n'est plus nécessaire à sa propre subsistance, y compris les besoins de luxe, est la croyance quelque peu légitime que le marché contrôle la créativité des entreprises et que la production réponde à la demande d'argent et que l'économie de marché cohérente provoque nécessairement d'importantes différences de revenus. Mais au moins, il convient de noter que l'égalité économique des personnes sur le marché n'est donnée que lorsque toutes les personnes ont les mêmes chances de départ. Pour les approximer, les individus ne devraient être autorisés à accumuler des richesses que jusqu'à leur mort. Après cela, les actifs devraient revenir à l'entreprise. En effet, l'héritage n'est pas un principe de l'économie de marché avec essentiellement les mêmes partenaires économiques, mais une relique de la féodalité.

Néanmoins, les formes de liens biologiques et traditionnelles ont survécu jusqu'à nos jours, et il est donc légitime d'hériter des biens personnels. Cependant, il devrait s'agir seulement d'articles avec une importance personnelle, incluant à la limite l'appartement personnel ou encore un château.

Dans la mesure où une famille s'identifie à son entreprise, comme par exemple dans des entreprises artisanales ou des entreprises de taille moyenne, et que les enfants veulent reprendre le travail de leurs parents, un héritage peut également être justifié d'un point de vue socio-éthique. En outre, les parents seront autorisés à donner à leurs enfants de bonnes conditions de départ et des réserves pour des situations de crise. Mais tout ce qui va au-delà devrait revenir à la société, qui serait alors en mesure de soutenir les préoccupations du public, l'éducation générale, la culture et la création d'entreprises. Si ces principes étaient suivis, des excès de la répartition actuelle des richesses et des revenus pourraient être tolérés

Ce qui corrompt également en réduisant la motivation économique à *faire de l'argent* est la position actuelle envers le travail lui-même.

Tandis que l'homme se comprenait plutôt comme un utilisateur des fruits de la terre et le travail comme un mal nécessaire, qui était autant que possible imposé aux esclaves, le travail dans le christianisme est devenu l'objectif même de la vie, justifiant ainsi l'existence.

L'attitude de voir le travail comme une activité humaine essentielle, dans laquelle l'homme trouve son accomplissement, se perd dans le capitalisme, qui ne s'intéresse qu'à l'augmentation du capital, plus il se distance de l'économie réelle. Puisque l'homme travaille la plus grande partie de sa vie, le travail dans l'économie capitaliste est réduit à des difficultés pour lui, et il ne trouve de satisfaction que dans la consommation résultant de son travail.

Pour les capitalistes eux-mêmes, en revanche, le travail devient un jeu qui, en tant que tel, accorde au joueur indépendant la satisfaction du profit, en plus de la possibilité de vivre une vie luxueuse.

Une conception économique capitaliste incite à l'égoïsme. Tant que l'égoïsme est toujours lié par une véritable motivation économique naturelle, c'est-à-dire que le travail des gens en tant que tel, la coopération avec les collègues et la satisfaction du client sont importants, ils peuvent servir le bien-être de tous. En conséquence, les progrès et la croissance économique peuvent bénéficier à tous ceux qui participent au processus de travail. Cependant, plus la rationalisation avance et plus les salaires stagnent, plus le taux de croissance baisse, avec un risque économique de dépression, et seuls les profits des entrepreneurs et des capitalistes augmentent.

Dans la mesure où les êtres humains sont perçus comme un outil de gain personnel, la tendance à la fraude et à la tricherie augmente également. La publicité agressive est utilisée pour promouvoir des avantages douteux, les normes de produit et d'environnement sont violées, les banques convainquent les investisseurs sans méfiance d'acheter des papiers sans valeur, ou même feignent le Libor (>> taux d'intérêt que les banques exigent sur le marché monétaire de l'euro à Londres <<[715]) et essaient de plus en plus d'éviter les taxes sans se rendre compte qu'elles sont nécessaires pour financer les préoccupations macroéconomiques.

Puisque le comportement économique est influencé de manière significative par les théories de l'économie, il devient particulièrement difficile de changer les comportements qui étaient perçus comme vertueux. Auparavant, économiser était considéré comme une vertu. La théorie économique dominante a pris pour acquis le fait que le capital est limité, en conséquence en économisant l'offre de capital et donc les possibilités d'investissement augmentent. Mais si, comme à l'heure actuelle, tant de capitaux ne trouvent pas de réelles opportunités d'investissement économique, alors il vaut mieux ne pas épargner. En effet, tout capital économisé et non investi est un poison pour l'économie. La norme qui en découle : vouloir seulement gagner autant que nécessaire pour les dépenses de consommation (y compris la consommation de luxe), l'investissement économique réel, les dépenses de bienfaisance et l'épargne-retraite.

Ceux qui participent à la vie des affaires doivent savoir et prêter attention à ce qui est économiquement significatif, et donc permis, et ce qui ne l'est pas. La plupart des règles concernant les clients et les fournisseurs sont de base respectées par intérêt personnel. Sinon, les fournisseurs ne sont plus disposés à vendre à ceux qui ne respecte pas les normes, et les clients à acheter chez eux. Néanmoins, cette vision peut être favorisée par des obligations de déclaration strictes, des labels de qualité et bien sûr par un travail de publicité croissant des associations de consommateurs et des médias.

---

[715]https://www.google.de/search?q=Libor&ie=utf-8&oe=utf-8&client=firefox-b-ab&gfe_rd=cr&ei=XG8ZWfG 4DKXi8AfmmprIBg

Il devient plus difficile d'appliquer des normes, comme par exemple l'interdiction de l'élevage de masse, si les marchandises peuvent aussi provenir de l'étranger, là où ces normes ne s'appliquent pas. Il est donc important de veiller à ce que des normes communes s'appliquent dans une communauté économique ou une union douanière. En conséquence, on devrait favoriser des entreprises qui répondent à des normes plus élevées par des avantages de la TVA ou d'autres mesures. Les importations non conformes doivent être bloquées ou grevées de taxes de vente à l'importation plus élevées.

Mais les règles ne servent à rien si elles ne sont pas comprises ou acceptées par les gens. Par exemple, comment voulez-vous combattre la corruption dans les agences gouvernementales et les entreprises quand tous les employés sont corrompus ?

Par conséquent, il est nécessaire de refléter davantage sur les racines spirituelles de notre société et de développer et formuler des principes éthiques pour tous les domaines de la vie, et en particulier pour le monde des affaires. Tous les diplômés universitaires devraient également être audités en matière d'éthique ; tout comme le *serment d'Hippocrate* pour les médecins ils devraient être guidés par l'éthique dans leur travail.

Il serait souhaitable que des entreprises, telles qu'Amazon, Facebook, Windows, mais aussi les autres entreprises mondiales, adoptent une fonction de modèle dans le comportement éthique. En général, ils gagnent très bien et, bien sûr, ils suscitent des mécontentements particulièrement lorsqu'ils essaient d'éviter les impôts, font preuve de négligence dans le respect des normes environnementales et / ou du dumping salarial. Le niveau de vie de ses actionnaires ne serait pas affecté. Cependant, la fonction de modèle pourrait être un signal par lequel d'autres opérateurs économiques pourraient être guidés, en plus du fait que d'éventuelles réserves d'acheteurs pourraient disparaitre.

Les représentants multiculturels sont encore souvent réticents à l'européanisme. Mais ils oublient que l'européisme a rendu possible le développement économique et social et sa mise en réseau globale et donc aussi le multiculturalisme lui-même. Aussi, le développement de la société et du monde ne doit pas être attendu de l'Islam, pas de l'hindouisme ou encore du taoïsme. De ces religions, des impulsions morales, du bouddhisme et du taoïsme peuvent aussi venir des suggestions pour un développement spirituel plus profond, mais toutes sur la base de la tolérance européenne.

La science moderne, la recherche et le développement ultérieur de la société ne peuvent être attendus que d'un européisme plus fort. Puisque l'Europe est elle-même le véritable porteur de l'européisme, la poursuite de l'unification de l'Europe doit être considérée comme nécessaire au développement harmonieux non seulement de l'Europe mais aussi du monde entier.

2. Stabilisation et développement de l'Union Européenne

2.1 La stabilisation économique et le développement de l'Union Européenne

Les missions à résoudre pour la stabilisation et le développement de l'Union européenne sont les suivantes :

1. Surmonter la stagnation séculaire,
2. L'élimination des déséquilibres économiques entre pays et régions européens,
3. La protection du marché européen contre l'émigration des entreprises et des sites de production,
4. La coordination de la politique fiscale et la lutte contre la fraude fiscale, l'évasion fiscale et l'évasion fiscale dans les paradis fiscaux,
5. L'élimination des entreprises de boîtes aux lettres,
6. Taxes de transfert de capital et
7. Le renforcement de la zone euro.

2.1.1 Surmonter la stagnation séculaire

La stagnation séculaire a été reconnue comme le problème économique le plus important, largement causée par la répartition inégale des revenus.

Les revenus sont composés d'une part des revenus du travail, dont lequel je compte également les bénéfices entrepreneuriaux, et d'autre part du revenu du capital, y compris toutes les formes de revenu de loyers et de la retraite.

D'un point de vue éthique, la croissance très rapide des rémunérations des dirigeants perçue comme extrêmement alarmante a été critiquée, surtout qu'elle n'est pas corrélée aux performances du travail. La discussion sur la façon de traiter ce développement a déjà été ouverte et les premières règles de limitation ont été introduites. Ainsi, les conseils de surveillance des grandes entreprises ne sont plus censés fixer les salaires des dirigeants, mais cela revient aux actionnaires eux-mêmes. Des entreprises individuelles se sont déjà fixé des limites à l'allocation salariale maximale.

Sur le plan fiscal, la restriction de la déductibilité fiscale des salaires des dirigeants a été mise en œuvre. Les salaires supérieurs à une certaine limite ne devraient pas pouvoir être réclamés par les entreprises en tant que coûts. Une telle restriction donnerait à l'état un revenu un peu plus élevé. Cependant, les entreprises ne seraient guère touchées par une telle limite de déduction fiscale. Les taxes additionnelles à payer ne seraient, comme on dit, que des *noix de cajou*.

Par ailleurs, il ne faut pas oublier dans cette discussion que les hauts salaires des dirigeants ne signifient que des profits plus faibles pour les actionnaires, même s'ils ne sont pas susceptibles d'avoir un impact important sur l'action individuelle des grandes entreprises. Les salaires élevés de gestion ne sont donc essentiellement qu'une redistribution au sein du super-bénéficiaire lui-même, ce qui ne devrait pas conférer à cette question un trop grand rôle de politique économique. La mesure recommandée contre les super salaires serait donc une augmentation brutale de l'impôt sur la fortune pour tous les salaires supérieurs à une certaine limite.

La deuxième source majeure de distribution inégale des revenus résulte des revenus du capital. Afin de réduire la distribution extrêmement inégale des richesses, il est recommandé de percevoir des impôts progressifs sur les droits de succession. Cependant, des allocations généreuses et des avantages devraient être accordés aux entreprises artisanales et aux petites et moyennes entreprises qui continuent d'être des entreprises familiales.

Mais l'injustice sociale n'est pas le principal problème dans le fonctionnement de l'économie. Ce qui est encore plus important en période de stagnation séculaire, c'est que tout euro non dépensé est un poison pour l'économie, parce qu'il fait rétrécir l'économie, comme l'état ne perçoit pas cet euro par le biais de la dette publique et en conséquence ne l'incorpore pas aux dépenses publiques. Il a également été souligné que l'augmentation des titres publics (sans valeur réelle) et les épargnes qui ne sont pas utilisées pour l'économie réelle favorisent les jeux et la spéculation sur les marchés financiers, fragilisent l'économie mondiale et provoquent des crises économiques.

Les droits successoraux progressifs, bien sûr, font fondre les superpuissances seulement lentement, dans la mesure où la perte de la richesse par impôts sur les successions n'est pas récupérée à nouveau bientôt. Si cette inégalité doit être corrigée plus rapidement, compte tenu du fait que les obligations d'état peuvent être remboursées et que le marché des capitaux est ainsi libéré, une taxe sur le capital serait imposée aux riches qui n'étaient pas touchés par la dernière guerre mondiale comme en Allemagne.

Tenant compte du fait que les remboursements de la dette publique doivent de toute façon être faits des dons des riches, car les classes inférieures ne peuvent pas être accablées - cela augmenterait encore plus l'écart de demande économique - alors ce serait un jeu à somme nulle. En effet, ceux qui seraient affectés recevront également essentiellement les remboursements. Bien sûr, ce n'est qu'un calcul approximatif. Ceux qui ont investi leur argent dans les entreprises sont facturés autant que ceux qui détiennent des actions, des obligations et des obligations d'état. Pour ces derniers, seule la valeur de leurs titres sont réduits. Les premiers, s'ils n'ont pas de titres, peuvent devoir vendre des actions, contracter des emprunts ou ne pas pouvoir investir comme auparavant.

L'impôt foncier devrait être conçu de telle sorte que l'opération commerciale ne soit pas affectée. Par conséquent, la charge en capital devrait être remboursée sur une plus longue période de temps ou en émettant des actions supplémentaires et la dette responsable envers les sociétés, qui pourraient être rachetées plus tard.

Bien qu'une récupération de l'impôt sur la fortune serait la meilleure solution, elle est la plus difficile à réaliser car elle affecte les plus puissants de la société, qui vont lutter contre cette redistribution.

Contre un impôt foncier ainsi qu'un impôt sur la fortune ou des droits de succession plus élevés, il a à plusieurs reprises été réclamé que cela porte préjudice aux entreprises artisanales et aux petites entreprises dépendantes de la succession familiale. Contre cet argument il doit être objecté :

1. Cet impôt toucherait seulement les grandes fortunes. Cela signifie que les entreprises artisanales et les petites entreprises ne sont pas couvertes par la taxe.
2. Si les propriétaires de l'entreprise ont aussi des titres financiers et des biens immobiliers, ils peuvent les céder ou les grever de taxes.

Aussi, de nos jours, il ne faut pas surestimer les conceptions romantiques d'une reprise d'entreprise par la génération suivante. Quels enfants de propriétaires d'entreprise veulent encore continuer l'héritage paternel et quels héritiers sont disposés à renoncer à leur héritage en faveur du repreneur. Si le repreneur hérite davantage pour être assujetti à l'impôt sur la fortune, alors la continuation pourrait être favorisée par une participation de l'état appropriée au prélèvement ou à l'impôt sur les successions qui peut être remboursé. Mais s'il n'existe pas d'héritier approprié, l'opération avec l'aide de l'état peut être confiée à un autre artisan ou à un successeur compétent.

2.1.2 Mesures de développement économique pour surmonter les déséquilibres du développement économique des pays et régions

Pour surmonter les déséquilibres du développement économique des différents pays européens, il faut renforcer la solidarité des états les plus riches en faveur des moins industrialisés. L'Allemagne en tant que plus grande puissance industrielle en Europe joue un rôle particulier.

Nous avons montré comment l'Allemagne elle-même a contribué aux problèmes de l'Europe par ses importants excédents d'exportation et ses politiques d'austérité rigoureuses, qui sont également nécessaires dans les pays européens les plus faibles et qui conditionnent l'aide financière. Les excédents d'exportation allemandes sont constamment critiqués par les États-Unis, les pays européens et le Fonds monétaire international (FMI).

Afin de réduire les excédents d'exportation, la marge de manœuvre financière publique disponible >> « devrait être utilisée pour des initiatives visant à améliorer le potentiel de croissance ainsi que des investissements dans les infrastructures et la numérisation, la garde des enfants, l'intégration des réfugiés et la réduction de la charge fiscale sur le travail ». Des recommandations [Fonds monétaire international] soumises à Berlin [15. 05. 2017] disent :<<[716] Ces recommandations, qui font depuis longtemps partie du programme du parti du SPD, des Verts et encore plus de la gauche, sont manifestement prises plus au sérieux par la CDU récemment. Selon le programme électoral de 2017, la CDU ne veut pas imposer des impôts plus importants sur les très riches. La CDU et le FDP semblent avoir échoué à répondre aux exigences de la stagnation séculaire.

La demande, en particulier de l'Allemagne, de réformes économiques dans les pays européens déficitaires est largement justifiée et nécessaire. Cependant, les dépenses publiques pour se conformer au « frein à l'endettement » ne devraient pas être limitées, mais devraient seulement être détournées vers des projets de développement social et économique. Si l'Union européenne ne fournit pas d'assistance par le biais de subventions, le financement ne devrait être réalisé que par des taxes et devoirs plus élevés des très riches. Car la répartition inégale de la richesse et des revenus dans les pays économiquement défavorisés ayant un taux de chômage élevé tend à être plus élevée qu'en Allemagne.

Cependant, l'Allemagne devrait donner le bon exemple en récoltant les profits élevés et la richesse, au plus tard grâce aux impôts sur les successions, afin

---

[716] Der Tagesspiegel: *IWF liest Deutschland die Leviten*, Nr. 23 116, v. 16.5.3017, P. 8.

de ne pas avoir des impôts si bas par rapport aux autres pays européens qu'il y aurait encore un afflux plus important d'entreprises et d'investisseurs de ces pays.

L'augmentation des dépenses publiques et l'aide aux personnes à faible revenu en Allemagne devraient aller au-delà des recettes fiscales supplémentaires et être financées par un fardeau imposé plus lourd pour les riches et les personnes à hauts revenus.

2.1.3 Protection des industries sensibles du marché européen et prévention de leur émigration

2.1.3.1 Barrières à l'importation pour protéger les industries sensibles

Les économies ont leur propre niveau de développement. Cela se reflète à nouveau dans le niveau général des coûts et le montant des loyers. En conséquence, le revenu des travailleurs doit être si élevé qu'ils peuvent couvrir les besoins de la vie. Mais s'ils sont contraints de concurrencer les travailleurs des pays à bas salaires parce que les obstacles tarifaires sont trop bas, alors les salaires baissent et ils ne peuvent que gagner un minimum dans des emplois précaires. Mais ils ne peuvent pas subvenir à leurs propres besoins. Les salaires dans les pays à bas salaires sont plus en adéquation avec leur niveau de vie que dans les pays industrialisés développés.

Dans les pays développés, les emplois sont transférés vers les pays à bas salaires, à moins que les salariés n'acceptent des baisses de salaires. Alors que les travailleurs hautement qualifiés des pays en développement n'y trouvent pas d'emploi parce que les lieux de travail nécessitant un know-how de haut niveau sont situés dans les pays développés.

En conséquence, les salaires des travailleurs les moins qualifiés des pays industrialisés stagnent. En Allemagne, ce développement a été accéléré par les lois *Hartz*. Harald Schumann écrit : >> Le plus durement touché était le dernier 40% des salariés. Leur salaire horaire réel en 2015 était inférieur à celui 20 ans plus tôt. Une partie importante de la population ne prend aucunement part dans le progrès économique. <<[717]

Les conditions d'une économie ne peuvent satisfaire tout le monde que si toutes les personnes, c'est-à-dire les personnes les plus diverses, se voient offrir des possibilités d'emploi et que les moins qualifiés ne travaillent pas dans des conditions précaires et ne dépendent continuellement de l'aide sociale. Cependant, une telle situation ne peut être réalisée que si le marché intérieur est suffisamment protégé des pays à bas salaires et suffisamment important pour permettre un degré élevé d'autosuffisance et que des entreprises investissent déjà dans la zone économique en raison de la taille du marché.

Avec la baisse des tarifs, les pays industrialisés doivent également craindre que même les entreprises de production et de services de haute qualité ne soient délocalisées vers d'autres pays. C'est pourquoi des obstacles tarifaires adéquats sont importants pour les économies nationales, de sorte qu'ils ne perdent pas les industries sensibles qui sont nécessaires à la structure économique.

---

[717] Harald Schumann: *Emanuel Macron und die deutsche Krankheit*, in: Der Tagesspiegel Nr. 23 124, du 24.5.2017, P. 8.

Par exemple, selon dpa les iPhones d'Apple et d'autres appareils >> comme de loin le plus d'électronique « sont produits principalement en Chine », car en Asie il existe de grandes parties de la chaîne d'approvisionnement et aussi de grandes réserves de main-d'œuvre bon marché. << >> Le groupe laisse produire les smartphones uniquement dans les pays où, autrement, il y aurait des restrictions de vente. Par exemple, la production au Brésil a été mise en place avec le partenaire de production asiatique Foxconn afin d'éviter un droit d'importation de 30%. Et en Inde, cela aurait dû être une exigence pour l'ouverture des magasins Apple. <<[718]

Les économistes néolibéraux prétendent que la lutte contre les barrières douanières supprime les options de rationalisation. Compte tenu de la possibilité de rationnement à travers la numérisation et la robotisation et de là l'adaptation possible à différentes normes, le désavantage, s'il existe en premier lieu, devrait rester gérable. Cela permet également de *produire au besoin*, par exemple, de *print on demand*, ce qui signifie des tailles de lots plus petites et une conversion rapide de la production. Seulement l'utilisation non perturbée des bas salaires et l'optimisation fiscale internationale et la conversion ultérieure des salaires en revenus du capital sont ainsi restreints.

Suite à la mondialisation et en particulier à la numérisation et à la robotisation, la puissance des entreprises opérant à l'échelle mondiale continue d'augmenter. Ils sont de moins en moins dépendants de la main-d'œuvre et peuvent optimiser leurs choix de localisation pour des raisons financières et d'évasion fiscale.

Bien sûr, le protectionnisme en général ne devrait pas être discuté ici, mais seulement une politique économique différenciée devrait être réclamée. Incidemment, des tarifs plus élevés ne signifieraient pas la fin de l'activité économique mondiale. Après tout, si toutes les entreprises de tous les marchés doivent être représentes pour desservir ces marchés, la mise en réseau internationale est garantie.

Dans la mesure où il ne s'agit pas seulement de maintenir ou de développer une structure économique saine, mais aussi d'assurer un emploi décent à la main-d'œuvre, une alternative aux tarifs plus élevés pourrait être la création d'un revenu minimum de base généralisé. En conséquence, les gens ne seraient plus dépendants de vivre principalement d'emplois précaires, mais ils gagneraient leur revenu, même dans des conditions de travail précaires, ajouté au revenu de base.

En tant que solution aux problèmes économiques dans d'autres pays, l'Allemagne a recommandé que les *lois Hartz* soient adoptées dans les pays respectifs. Harald Schumann écrit à juste titre : >> Tout le monde devrait le faire comme les allemands, afin qu'ils puissent devenir « compétitifs ». Mais c'est économiquement absurde. Les entreprises devraient être en concurrence, pas les états, et certainement pas dans une union monétaire.

... Macron a raison : l'union monétaire ne peut pas exister si elle oblige tout le monde à faire la course vers le bas. Cela aggrave l'inégalité et renforce les nationalistes. D'un autre côté, un budget commun pour la zone euro serait tout au plus une consolation. Beaucoup plus important serait de lutter contre la maladie alle-

---

[718] dpa: *Traumfabriken*, dans: Der Tagesspiegel, Nr. 23 186/27.7.2017.

mande dans la zone euro elle-même. La clé de tout cela est l'investissement public allemand. Depuis 2003, il n'a même pas suffi à compenser le déclin des infrastructures existantes. Depuis lors, le stock de capital appartenant à l'État diminue. Les routes, les ponts, les rails, les écoles et les universités pourrissent dans tout le pays. Si les gouvernements fédéraux et étatiques profitaient de l'occasion pour arrêter le déclin avec des prêts à coût zéro, ce serait une bénédiction pour toute la zone euro. Avec une telle campagne d'investissement, proposé récemment par l'Institut de macroéconomie (IMK) syndicat affilié, le revenu et donc la demande de biens et services étrangers pourraient augmenter suffisamment pour équilibrer le compte courant.

Si, au contraire le cours reste inchangé, cela obligerait aussi la France de Macron dans la spirale descendante de la baisse des salaires et la baisse des dépenses publiques. La victoire du Front National aux prochaines élections serait alors garantie. <<[719] Au lieu de s'endetter davantage, et même si les taux d'intérêt sont extrêmement bas, il serait préférable d'augmenter l'impôt sur le revenu des riches et très riches, puisque la dette nationale n'augmentera plus.

2.1.3.2 Participation des employés ou de l'état à des entreprises importantes pour l'économie

Chaque état a la responsabilité de veiller à ce que l'économie nationale fonctionne et soit si diversifiée qu'elle crée des emplois pour tous les segments de la population et permette également des synergies entre les différents secteurs de l'économie.

Les entreprises opérant à l'échelle mondiale n'ont aucune réticence à changer de propriétaire, à déplacer les locaux ou même à déménager leur siège. D'un autre côté, les états et les salariés concernés doivent pouvoir se défendre. C'est pourquoi au sein des entreprises sensibles à l'économie on devrait

1. Renforcer les lois sur la codétermination,
2. Partager les bénéfices avec les employés,
3. Accorder une minorité de véto dans les entreprises importantes, comme le Land Niedersachsen pour l'usine Volkswagen.

Toutes ces propositions sont déjà illustrées par des exemples concrets dans différents états. Cependant, il ne suffit pas que les entreprises définissent le niveau de partage des bénéfices aux employés. Il est préférable de légiférer pour réglementer le ratio des primes pour les membres du conseil, les dirigeants et les travailleurs ordinaires.

Cela rendrait alors superflue la discussion socialement vénéneuse sur la participation excessive des cadres. Après tout, si les accords de participation aux bénéfices des membres de la direction sont trop opulents, les primes des autres employés augmenteraient en conséquence, ce qui se traduirait bientôt par une taille qui ne serait plus acceptable pour les propriétaires du capital. En effet, un partage des bénéfices élevés seulement entre cadres supérieurs n'influence que peu la balance. Il lie aussi trop les cadres aux intérêts des propriétaires de capitaux.

---

[719] Harald Schumann: ibid, P. 8.

Une minorité de véto qualifiée du secteur public peut empêcher les entre-prises de devenir le jouet de « cigales » qui utilisent l'argent prêté pour acheter des entreprises et, si nécessaire, les briser. Par exemple, l'État de Basse-Saxe a empêché la reprise de l'usine Volkswagen par d'autres entreprises et banques. La petite Porsche AG vis-à-vis de Volkswagen AG a emprunté de l'argent pour acheter l'usine Volkswagen et rembourser le prêt auprès des réserves de trésorerie de l'usine Volkswagen.

Par exemple, si l'État allemand détenait une minorité de blocage qualifiée au-près de la Deutsche Bank, le PDG Josef Ackermann n'aurait pas été contraint de demander un rendement du capital de 25%, sans quoi l'action de la Deutsche Bank aurait chuté si loin que Deutsche Bank aurait été pris en charge par des étrangers. Ensuite, l'équité aurait pu être plus élevée et n'aurait pas pesé avec une telle pression sur le personnel, ce qui a conduit à toutes les escroqueries dont Deutsche Bank souffre encore aujourd'hui.

Il serait également judicieux que la loi dispose dans le cas d'une délocalisa-tion de la production, que les sites de production, y compris les installations, reviennent à l'état, ce qui faciliterait la relocalisation d'autres entreprises sur le site de production et des employés.

Bien sûr, un état ne peut légiférer que s'il dispose d'une zone économique suf-fisamment étendue et, si nécessaire, peut établir des barrières à l'importation suffisamment élevées pour que les entreprises acceptent ces réglementations si elles veulent être compétitives dans le pays.

2.1.4 Taxes sur les transferts de capitaux, coordination des politiques fiscales et lutte contre la fraude fiscale, l'évasion fiscale notamment dans les paradis fiscaux

La politique fiscale est l'instrument le plus crucial pour réduire les excès de la répartition extrêmement inégale des richesses et des revenus, ainsi que pour l'épargne directement excédentaire incapable de trouver un investissement réel et donc de réduire la demande de l'économie. Les différents gouvernements attirent les investisseurs avec un faible taux d'imposition, ce qui entrave la perception de taxes plus élevées pour tous. La coordination des politiques fiscales des diffé-rents pays est une priorité. De manière significative, Donald Trump viole à nou-veau ce principe avec sa dernière réforme fiscale.

Les principes fiscaux internationaux à développer devraient :
1. Garantir que les taxes s'accumulent en fonction de la valeur ajoutée dans chaque pays. En outre, il serait approprié de percevoir des impôts sur les sociétés conformément aux principes de la taxe professionnelle alle-mande. D'après cela, les intérêts à long terme et les droits de licence ne seraient plus déductibles en tant que coûts, ce qui augmenterait le béné-fice de l'entreprise.

    Avec une configuration appropriée, il apparaitrait alors plus avantageux de retirer des bénéfices d'octroi de crédit ou de licences dans des paradis fiscaux avec des sociétés fictives et de les laisser être imposés. Les bénéfices des sociétés de négoce indépendantes, où le capital des sociétés de production sont impliqués dans plus de 40%, et qui sont do-miciliés à l'étranger et vendent des marchandises, également ne peuvent au prorata être exclus de la fiscalité intérieure que par des coûts salariaux proportionnels.

2. Des taux d'imposition minimums devraient être fixés sur le revenu, la richesse et les droits de succession, l'héritage et les donations. Comme des impôts peu élevés favorisent l'implantation des entrepreneurs, alors les pays moins industrialisés pourraient être autorisés à réduire des taxes des sociétés, mais seulement sur la base que les gains soient perçus sur la valeur ajoutée et non sur le transit du capital et des redevances.

Bien sûr, en particulier les paradis fiscaux résistent à de telles mesures. Par conséquent, les efforts pour le faire seront fragmentés, voire inexistants. C'est pourquoi il deviendra probablement nécessaire que les états dans lesquels la valeur ajoutée réelle est amiable et, le cas échéant, que l'Allemagne modifie à elle seule la législation fiscale, et exerce ainsi une pression sur les autres.

2.1.5 Stabilisation de la zone euro et nouveaux principes de politique monétaire

Le fait que le PDG de la *Banque centrale européenne*, Mario Draghi, ait été capable de calmer les marchés en déclarant qu'il rachète toutes les dettes souveraines de la zone euro si nécessaire, montre notamment la financiarisation de l'économie. L'épée traditionnelle de la politique monétaire est devenue terne, mais de nouvelles opportunités de contrôle économique se sont ouvertes.

L'économie traditionnelle suppose que l'argent est automatiquement utilisé pour consommer ou investir. John Maynard Keynes et d'autres ont mis en lumière la possibilité d'une préférence de liquidité supplémentaire. Mais soit ils n'étaient pas crus, soit ces préférences étaient seulement considérés comme temporaires pour attendre de meilleures opportunités d'investissement.

En période de stagnation séculaire, nous avons des conditions complètement différentes. L'épargne ne trouve pas de réelles opportunités d'investissement lucratives et la consommation stagne en raison de la saturation ou parce que l'état ou de grandes parties de la population ne peuvent pas dépenser assez en raison de faibles revenus. Auparavant, lorsque les banques centrales injectaient de l'argent dans l'économie, cela stimulait l'investissement. Par un emploi supplémentaire, les salaires et donc aussi la consommation augmentait.

En période de stagnation séculaire, cependant, l'augmentation de la masse monétaire ne fonctionne plus. Désespérément, la Banque centrale européenne tente de stimuler l'investissement en inondant l'économie avec 60 voire 80 milliards d'euros par mois pour réaliser une inflation de 2%, car elle estime qu'une telle inflation est nécessaire pour un développement économique positif. En fait, elle n'a presque pas eu d'influence dans cette mesure. L'argent bon marché a essentiellement stimulé la spéculation, même dans l'immobilier, et autrement a coulé dans le marché des capitaux et a augmenté les prix, qui produit des profits économiques ridicule.

D'autre part, comme illustré, la BCE a été capable de calmer la spéculation en achetant des obligations d'états en difficulté, et n'avait pas besoin de craindre que cela déclenche une inflation galopante.

Cependant, ce flot d'argent n'est pas sans danger. Cela contribue à ce que la masse des petits épargnants et des entreprises de taille moyenne ne participent plus aux bénéfices économiques des entreprises. Ces profits ne sont ensuite versés qu'aux personnes déjà riches, qui peuvent utiliser l'épargne des petites personnes avec presque 0% d'intérêt sur leurs investissements et spéculations. En outre, le taux de change est également affecté et aliène les relations commerciales internationales. Si les taux d'intérêt sont à nouveau relevés, cela peut conduire à des contre-mesures nuisibles pour les relations économiques internationales, et en particulier pour les pays en développement.

Puisque l'équivalent de l'argent injecté dans le marché est le papier gouvernemental, déjà mentionné ci-dessus, qui n'a pas de valeur réelle et est donc classés comme du « papier brouillon », les états supportent pour leurs banques centrales le risque de perte de valeur des états en faillite. En d'autres termes, en rachetant des obligations d'état en difficulté auprès de la Banque centrale européenne, le risque de perte des titres d'états en question est transféré des particuliers et des banques aux contribuables. Vu sous cet angle, cette politique monétaire peut être considérée comme une promotion de ceux qui sont déjà riches, et elle favorise aussi la répartition injuste des richesses et des revenus, et donc la stagnation séculaire.

Selon la théorie économique classique, il était évident que l'augmentation de la masse monétaire signifiait l'inflation. Il a été supposé que chaque nouvel *Mark* pompée sur le marché se transformerait automatiquement en demande. Cependant, selon l'expérience de ces dernières années, ce point de vue est faux. L'argent supplémentaire ne fera qu'augmenter la demande si celui qui reçoit l'argent le donne à son tour.

Par exemple, si la banque centrale donne l'argent à l'état et augmente ainsi les dépenses, alors bien sûr la demande pour l'économie augmente. Mais si la masse monétaire ne fait qu'augmenter les besoins de liquidité de l'économie ou est nécessaire pour les transactions sur les marchés de capitaux et que ceux qui la reçoivent ne la dépensent pas en investissements réels, la BCE ne peut s'attendre à une inflation de 2%. Même une baisse du taux d'intérêt à près de 0% n'a pas suffisamment stimulé l'activité d'investissement. L'épargne économique excédentaire a été investie presque exclusivement en argent.

L'expérience de l'inondation de l'économie avec des liquidités pour combattre la stagnation séculaire devrait être une raison pour repenser la signification et la valeur de l'argent pour l'économie.

Qu'est-ce que l'argent et quel serait le dépassement de l'idée illusoire de l'argent comme un billet dépendant de la banque centrale en faveur de la reconnaissance de l'argent comme un produit de l'état ?

L'argent est un produit utilisé comme moyen de paiement. Dans les temps anciens on payait également avec des bovins et des moutons, plus tard de plus en plus avec des métaux précieux, qui ont ensuite était battue la monnaie d'état.

Jusqu'à présent, l'argent de la banque centrale était considéré comme l'équivalent de tout bien réel, à l'origine de l'or et de l'argent. Certains théoriciens de l'argent rêvent encore de revenir à l'étalon-or aujourd'hui. Ils ne réalisent pas que la valeur de l'argent dépendra de la quantité d'or disponible et que la valeur de l'argent augmentera automatiquement à mesure que l'économie croît ou que les transactions en capital augmentent, à moins que la récupération de l'or augmente au même pourcentage, Sinon, le manque de liquidités étoufferait l'économie, puisque l'accumulation d'or priverait l'économie de liquidités et paralyserait l'économie. Compte tenu de la demande d'argent d'aujourd'hui, la baisse de l'étalon-or deviendrait rapidement impossible.

Même si l'équivalent d'un certain montant d'argent n'est plus couvert par l'or, les banques centrales devraient accepter pour l'émission de billets de banque l'équivalent sous forme de titres, ce qui inclut notamment les obligations d'état. Comme nous l'avons déjà vu, les dettes publiques ne sont pas fondées sur la valeur réelle et ne peuvent généralement qu'être prolongées.

Quelle valeur à hauteur de 100% et plus du produit intérieur brut devrait aussi avoir des obligations d'état? En outre, personne ne demande quelle est la valeur réelle d'un billet de banque. Il est apprécié uniquement pour l'autorité de l'état qui le délivre et parce qu'il a une certaine valeur par rapport à la demande d'argent.

Déjà avec la monnaie, l'autorité de l'état était associée à la valeur du métal précieux, c'est-à-dire que dans une monnaie, non seulement la valeur du métal, mais aussi l'autorité de l'état était pris en compte. Avec l'émission de papier-monnaie, la valeur du métal représentée par lui est passé de plus en plus à l'arrière-plan et ne joue presque plus aucun rôle dans la valorisation des devises aujourd'hui. Un billet en papier-monnaie est tout autant un produit qu'une police d'assurance, un permis de construction ou un certificat d'immatriculation d'un véhicule.

L'argent de la banque centrale doit donc être considéré comme un produit ou une licence de paiement, c'est-à-dire comme un produit d'une filiale de l'état. L'état donne à l'économie un moyen d'échanger des biens plus facilement. Tout comme un produit ou une licence doit être acheté, l'argent doit également être acheté. L'impression d'argent serait alors un processus de production comme toute autre activité économique, et le montant supplémentaire donné dans le cycle économique ferait partie du produit national.

La valeur de l'argent dépend, d'une part, de l'importance et du pouvoir de l'état qui met l'argent à disposition, et d'autre part, comme de toutes les marchandises, de sa rareté relative. Ce dernier constat était vrai même pour les monnaies en métal pur. Ainsi, surtout à l'époque des importations espagnoles de métaux précieux en provenance d'Amérique du Sud, il y avait déjà des inflations dues à la circulation importante de l'or.

Dans la théorie monétaire et économique, cependant, la fiction d'une valeur nette de l'argent, c'est-à-dire la couverture de l'argent par une valeur matérielle, détenue et le caractère de produit de l'argent n'est pas reconnu. L'argent est traité comme un billet commandité. La conséquence en est que les états qui mettent de l'argent à disposition par l'intermédiaire de leurs banques centrales doivent le prêter eux-mêmes et ne doivent même pas le prêter directement à la banque centrale, mais doivent passer par le marché des capitaux avec la conséquence abstruse que les banques centrales doivent acheter la dette publique pour augmenter la masse monétaire. En conséquence, les états se sont donc indirectement endettés envers eux-mêmes. Les intérêts dus sur la dette publique leur reviennent ensuite par le biais des distributions des banques centrales. Il serait plus logique que, dans le contexte d'exigences croissantes en matière d'argent de base, cet argent soit mis directement à la disposition des états.

La vision précédente de l'argent était également soutenue par le fait que la création de monnaie était presque assimilée à une demande économique supplémentaire. Le résultat est donc la théorie selon laquelle la création de monnaie, si elle va au-delà des besoins réels de paiement économique, est automatiquement une demande supplémentaire et donc un moyen de l'inflation.

Il reste sous-estimé :

1. Dans quelle mesure l'argent supplémentaire sera utilisé par les couches à faible revenu, qui préfèrent dépenser dans les dépenses de consommation, et dans quelle mesure cela revient aux gens fortunés qui l'épargnent en grande partie ?
2. L'exigence de liquidité pour les jeux du marché des capitaux, qui est un multiple de l'exigence de liquidité économique réelle,
3. La préférence de liquidité, en particulier des acteurs du marché des capitaux et
4. Le fait que la monnaie est aussi investie dans la monnaie, plus la monnaie est reconnue, plus elle le sera.

L'argent en tant que produit de l'état était déjà reconnu par l'*Initiative monnaie pleine* et devait être réalisé par référendum en Suisse. Je me réfère à la discussion détaillée des avantages et des inconvénients mentionnés ici : http://www.initiative-monnaie-pleine.ch/

Si l'argent est un produit de l'état, alors le processus normal de la façon dont l'argent entre dans l'économie est que l'état peut utiliser son argent pour financer les dépenses du gouvernement.

C'est inoffensif tant que l'état ne pompe pas plus d'argent dans l'économie qu'il n'a besoin d'argent. Mais c'est vrai pour tous les produits. Par conséquent, bien sûr, il faut toujours une banque centrale indépendante, qui ne fournit à l'état que de l'argent supplémentaire dont le cycle économique a besoin.

La Banque centrale européenne s'efforce à stimuler l'économie à investir et à dépenser en augmentant la quantité d'argent en grandes quantités sans grand succès. L'effet économique réel demeure cependant sans succès, car aucune demande supplémentaire n'est générée par cette allocation monétaire. Si l'argent était compris comme un produit de l'état et utilisé par ce dernier pour des dépenses gouvernementales supplémentaires, alors l'augmentation de l'argent stimulerait directement le cycle économique. Ensuite, la BCE devrait injecter moins d'argent dans le marché qu'un montant mensuel de 60 à 80 milliards d'euros.

Bien entendu, les banques centrales continueront d'être en mesure d'acheter et de vendre des actions et d'autres titres, essentiel pour pouvoir contrôler la masse monétaire circulante.

Dans le bilan de la banque centrale, l'argent ne figurerait pas en tant que passif, mais l'argent émis serait comptabilisé en tant que chiffre d'affaire. La contrebalance serait l'argent comptant. Dans la mesure où l'argent est fourni à l'état, il y aura une redistribution des bénéfices contre l'argent comptant.

Dans la pratique, de cette façon, l'économie a déjà été relancée, dans les années trente par l'augmentation des dépenses gouvernementales dans l'Allemagne nazie et dans le New Deal aux États-Unis. Cette reprise de la demande publique est encore pratiquée aux États-Unis aujourd'hui, à mesure que l'offre de monnaie augmente et prête à l'État. Mais parce que la fiction est maintenue que l'argent doit être couvert par des titres, la dette publique augmente et, dans la mesure où la banque centrale détient la dette souveraine, les paiements d'intérêts à la banque centrale, retourne ensuite leurs bénéfices à l'état.

Il repose également sur l'illusion que la dette publique peut éventuellement être remboursée. Que le remboursement de la dette publique est une impossibilité et plongerait l'économie dans une dépression, parce que les créanciers ne savent pas quoi faire avec l'argent remboursé, a déjà été expliquée. Le remboursement des dettes à la banque centrale priverait également l'économie de liquidités. Il est donc plus simple de mettre directement à la disposition de l'état le produit net de l'argent supplémentaire et, dans cette mesure, d'éviter l'augmentation de la dette publique.

En raison de la dette nationale élevée des pays européens et de leur risque de faillite, ils achètent en grande quantité d'obligations nationales auprès de la Banque centrale européenne. La crainte se pose alors que si ces titres perdent de la valeur, tous les pays européens, et surtout l'Allemagne, en tant que principal actionnaire de la Banque centrale européenne, devront payer pour ces pertes. Fondé sur ces craintes sont également les campagnes électorales.

D'un point de vue pratique, cependant, une telle réclamation ne se produira jamais. Cela n'aurait de sens que si ses dépôts réduisaient la masse monétaire circulante. Mais la banque centrale pourrait également vendre des billets à ordre détenus sur le marché des capitaux, car elle achète maintenant des milliards d'euros de dette chaque mois pour augmenter la masse monétaire.

Si la BCE devait éteindre sa dette envers les pays européens en achetant des titres d'état, des obligations d'état sans valeur, qui ne peuvent être remboursées de toute façon, ils disparaîtraient du marché des capitaux et réduiraient ainsi le risque de défaut souverain.

Mais une meilleure compréhension de l'importance de l'argent et de son rôle dans l'économie éliminerait les problèmes de restructuration de la dette absurde. Une telle décomptabilisation de la dette souveraine ou sa dépréciation pourrait réduire la dette publique. À cet égard, il ne serait pas nécessaire de fournir à la Grèce et d'autres pays une assistance pour le paiement de leurs dettes à leur échéance. Toutes les mesures qui entravent l'économie grecque pourraient être éliminées.

Bien sûr, on continuerait d'insister sur les réformes et d'empêcher les pays de s'endetter à nouveau. La dette souveraine ne peut pas être annulée indéterminément, mais uniquement dans le montant de la circulation de l'argent car ils sont nécessaires pour la liquidité comme, par exemple, un véhicule, lorsqu'il est fourni par un constructeur public, n'est pas pris en compte dans la balance comme obligation et son prix reste déterminé par le nombre existant de véhicules.

La dette publique grecque d'environ 315 milliards d'euros correspondrait à la création monétaire de 6 mois de la Banque centrale européenne. Cela signifie que dans six mois, la Banque centrale européenne pourrait acheter toutes les obligations grecques et libérer le pays de sa dette.

Bien sûr, la Banque centrale européenne ne peut pas régler la dette grecque de cette manière. Elle a également besoin d'atouts pour pouvoir à nouveau limiter la masse monétaire. Néanmoins, si la BCE ne détruit que partiellement les billets à ordre en fonction de l'importance des économies individuelles, cela serait d'une grande aide, sans perturber les véritables relations économiques.

Cependant, elle rendrait un mauvais service aux pays si, sur la base de ces allégements de dette, elle absorbait à son tour de nouvelles dettes et finançait les dépenses publiques non par des revenus supplémentaires provenant des super riches, mais par la dette. Il est également important d'encourager les pays à réduire la bureaucratie et d'effectuer des réformes économiques. Cependant, je n'entends pas par là l'abaissement du niveau des salaires de l'emploi précaire. D'un autre côté, les différents niveaux de développement industriel de chaque pays exigent une péréquation fiscale en Europe.

Comprendre l'argent comme un produit dans le cas d'une communauté d'états, et le dépenser proportionnellement aux états, le Fonds monétaire international pratique également dans l'augmentation des droits de tirage spéciaux de DTS.

La soi-disant « monnaie scripturale » des banques commerciales, qui est également utilisé pour les paiements, en revanche, n'est que de l'argent dérivé, car il ne peut être mis à disposition que par rapport à un montant donné de monnaie de banque centrale. La monnaie scripturale n'est qu'une utilisation multiple de l'argent de la banque centrale. Plus les paiements par virement bancaire sont sans espèces, plus de monnaie scripturale peut être créé par rapport aux réserves de trésorerie. Cependant, des réserves de trésorerie suffisantes doivent être fournies par les banques commerciales.

En résumé, on peut affirmer que la *Monnaie pleine* surmonte la péréquation illusoire de l'argent avec les obligations d'état et permet :

1. Un énorme allègement de la dette des états, en vertu duquel seules les obligations d'état rachetées par les banques centrales devraient être annulées
2. La possibilité de vendre autant que possible l'or qui repose dans les caves de la banque centrale et de mettre l'équivalent à la disposition des états. - C'est en fait un scandale que l'or ne soit pas utilisé pour les bijoux et les biens de consommation, mais enfoncé dans des bars et enfermé dans des sous-sols ! – et
3. Une meilleure politique pour piloter la conjoncture.

3. Principes d'une politique européenne en matière de réfugiés et d'immigration

Comment les pays industrialisés devraient-ils réagir aux flux réels et potentiels de réfugiés ?

Les européens ne peuvent rien faire d'autre que de tolérer et d'accueillir ouvertement les peuples de tous les groupes ethniques et de toutes les cultures et de les reconnaître comme des personnes égales.

En particulier, les allemands se sentent responsables des réfugiés. Ils ont eux-mêmes acquis une expérience de réfugiés en fuyant l'Allemagne nazie et les anciens territoires de l'Est à la fin de la Seconde Guerre mondiale à partir.

Cependant, l'attitude positive de la chancelière allemande Angela Merkel envers les réfugiés a été comprise de la part des autres pays européens comme une invitation et une présomption politique de parler pour l'ensemble de l'Europe et de nuire à l'unification européenne.

Un tel sens de responsabilité pour les problèmes du monde ne doit pas obscurcir l'esprit émotionnellement. Aussi compréhensible que soit l'ouverture aux cultures étrangères et l'accueil chaleureux des réfugiés, elle peut être préjudiciable et dangereuse pour l'Europe et empêcher l'Europe de remplir son rôle dans et pour le monde.

Souvent, les fidèles multiculturels ne se rendent pas compte que la majorité des réfugiés sont si profondément enracinés dans leur culture et leur religion natales que ces réfugiés ne sont pas du tout ouverts à la mentalité et à la structure sociale européennes et souffrent au moins partiellement d'être inférieur à l'européisme, pouvant ainsi provoquer des actes terroristes. Ainsi, les idéalistes multiculturels, qui veulent accueillir tous les réfugiés dans le pays et s'en occuper, peuvent par la même promouvoir le terrorisme et lui ouvrir la porte.

De telles craintes sont relatés par des écrivains dans des livres sur l'islam, tels que « Subjugation » de Michel Houellebecq ou « Iran » de Hans-Peter Raddatz et d'autres qui ont prophétisé la chute de l'Occident en raison de cette attitude multiculturelle

Heureusement, ou malheureusement, la réalité sociale a tellement ébranlé la population européenne qu'aujourd'hui les musulmans radicaux sont largement marginalisés et que le terrorisme a émergé de la droite, ce qui met également en danger la paix sociale. Les flux de réfugiés et les problèmes qui en résultent ont trop sollicités l'attitude libérale cosmopolite, en particulier ceux des groupes de population les moins individualisés. Il est également évident en Angleterre, en Hollande, au Danemark et en Suède qu'aujourd'hui, comme on l'appelle habituellement, « le bateau est plein ». L'Europe menace de s'effondrer sous ce grand nombre de réfugiés. En effet, comme je l'ai expliqué précédemment, l'européen en tant qu'individu est également lié à sa communauté nationale respective. C'est pourquoi l'unification européenne est un processus aussi long.

Si les européens doivent également défendre leur identité nationale contre la particularité des réfugiés qui ne veulent pas devenir allemands, autrichiens ou même hongrois, sauf en cas de double nationalité, pour bénéficier des avantages sociaux, alors il y a moins de solidarité européenne et l'unification européenne elle-même est menacée.

C'est pourquoi l'Europe ne peut accepter qu'un nombre limité de réfugiés. Les problèmes dans les pays d'origine des mouvements de réfugiés ne peuvent être résolus. L'Europe ne peut intégrer que des personnes qualifiées car, en raison de leurs qualifications, elles ont tellement absorbé l'européisme qu'elles se rendent compte que l'intégration les rend aussi spirituellement plus riches et qu'elles acquièrent également une meilleure compréhension de leurs pays d'origine.

En ce qui concerne les problèmes du pays d'origine, ils ne peuvent finalement être résolus qu'avec la population des pays. C'est-à-dire que quiconque s'enfuit pour se sauver laisse ses semblables à leur destin au lieu de contribuer à la solution. Il doit mûrir dans la connaissance qu'en dehors des catastrophes naturelles, les problèmes d'un pays et d'un peuple ne tombent pas du ciel, mais sont fondés dans les gens eux-mêmes et que tout le monde est non seulement autorisé à apprécier les traditions et les forces d'un peuple, mais est également responsable de leurs péchés - une vérité difficile à comprendre pour les individualistes -.

Bien que les européens soient obligés de faire tout ce qui est en leur pouvoir pour résoudre les conditions économiques et politiques et les difficultés sociales dans les pays d'origine des réfugiés, en même temps, la paix sociale en Europe doit être protégée et développée. Les flux de réfugiés doivent donc être limités dans la mesure où leur propre pays peut y faire face sans mettre en danger la paix sociale. Les réfugiés ne doivent pas bénéficier d'avantages plus élevés que les plus pauvres de leur propre pays. C'est pourquoi les conditions de vie et de travail de la population locale doivent être améliorées.

Cela signifie, surtout en période de stagnation séculaire, que les riches sont plus lourdement chargés de la réhabilitation et du développement des infrastructures, des questions sociales, de l'éducation et de la recherche et de l'aide aux pays défavorisés, même pour éviter l'envie sociale.

Les réfugiés ne sont considérés comme dignes de protection que s'ils sont victimes de persécutions politiques, religieuses ou ethniques ou s'ils doivent craindre pour leur vie dans les zones de guerre ou en raison de catastrophes naturelles. Pour ces raisons, cependant, les gens ne fuient généralement pas loin, parce que quand le danger est terminé, ils ne veulent pas perdre leur maison et leur terre. En outre, s'ils fuient loin, ils veulent généralement revenir le plus tôt possible.

Une autre situation est celle des réfugiés économiques, car ils vont d'Afrique en Europe en grand nombre aujourd'hui. Plus la population africaine augmente rapidement et plus le développement économique et social est lent, plus les gens se lancent dans la marche vers l'Europe malgré de grands dangers. D'autre part, le seul moyen sûr à long terme est la stabilisation et le développement des pays en développement eux-mêmes.

La condition préalable au développement économique est cependant que le pays ne soit pas devenu incapable de gouverner par le biais de querelles tribales et / ou de milices, comme c'est manifestement le cas au Soudan du Sud à l'heure actuelle. Ensuite, le pays devrait être placé sous une administration de l'ONU jusqu'à ce que les structures administratives nationales soient à nouveau rétablit.

Par conséquent, afin de retenir les réfugiés économiques, l'Europe devrait acquérir auprès des pays africains des zones extraterritoriales dans lesquelles les demandes d'asile peuvent être examinées et auxquelles tous les réfugiés arrivant en Europe sont rapatriés, en attendant le traitement de leur demande. Il faut éviter que les réfugiés économiques arrivent en Europe ou doivent même être secourus en Méditerranée.

La solidarité européenne exige également que les fardeaux excessifs pesant sur les réfugiés, comme en Italie et en Grèce, soient résolus ensemble.

4. La nécessité d'une politique de développement renforcée

Nous avons vu que les économies émergentes doivent leur développement économique parfois rapide à l'adaptation de l'éducation européenne, de la technologie et de l'entreprenariat occidental. Ils étaient capables de le faire soit parce qu'ils vivaient déjà dans une haute culture et / ou parce qu'il y avait assez d'européens dans leur pays pour promouvoir ce développement. En revanche, dans les pays économiquement arriérés d'Afrique, nous traitons en grande partie des cultures tribales et des attitudes archaïques de l'Europe vis-à-vis de la vie. En outre, ils sont trop petits pour que ces marchés émergents soient intéressants en tant que site industriel pour les investisseurs étrangers.

Ces pays sont surtout vulnérables aux acteurs mondiaux des pays industrialisés. Comme mentionné précédemment, les cycles douaniers du GATT les obligent à abaisser leurs taux de droits de douanes. En raison de ces réductions tarifaires, mais aussi de l'économie agricole davantage développée dans les pays industrialisés, qui est également subventionnée, ils sont alors inondés de produits alimentaires et d'autres produits moins chers qu'ils peuvent produire eux-mêmes.

Ici, il est nécessaire d'autoriser des barrières suffisamment élevées aux importations pour que l'économie nationale puisse se stabiliser. Les agriculteurs doivent être formés sur la façon d'augmenter leurs rendements, pas nécessairement à travers les pesticides, les engrais et les semences, qu'ils doivent acheter auprès des entreprises agroalimentaires internationales et des entreprises chimiques, mais également aussi écologiquement que possible. Malheureusement, les politiques environnementales des pays industrialisés favorisent encore les dommages environnementaux et la dépendance vis-à-vis des entreprises agricoles et pharmaceutiques opérant à l'échelle mondiale, comme le montre l'exemple suivant :

Concernant le Mozambique, Veronika Frenzel écrit : >> Les politiciens mozambicains ... ont mis en œuvre plus rapidement que tout autre les conditions attachées au financement de la politique internationale de développement, comme les investissements du programme G7, la Nouvelle Alliance pour la sécurité alimentaire. Les mozambicains ont immédiatement transposé les directives des sociétés de protection des semences en lois. Seuls les commerçants certifiés sont autorisés à vendre les semences certifiées depuis lors, le commerce traditionnel est interdit. Le fait que les agriculteurs soient criminalisés par cela ne dérange personne.

Le secteur privé international obtient beaucoup de pouvoir dans les programmes actuels de politique de développement, qui est aussi le plan Marshall du ministre allemand du Développement, Gerd Müller. L'accord : Les politiciens internationaux gagnent des sociétés mondiales pour l'investissement, les « politiciens africains orientés vers la réforme » font tout leur possible pour faciliter l'investissement dans leurs pays ....

Alberto, agronome mozambicain de 21 ans ..., est l'un des lauréats de la politique de développement. Il a un emploi bien rémunéré dans une grande entreprise semencière internationale. Maintenant, il conduit chaque jour les paysans dans les champs et leur dit que les semences améliorées doublent les récoltes, que les paysans y gagnent beaucoup d'argent et qu'ils peuvent envoyer leurs enfants à l'école. Il ne dit pas que la graine les rend dépendants. Parce que c'est cher, parce qu'ils doivent l'acheter chaque année, parce qu'ils ne peuvent pas l'échanger. Parce que les semis de la nouvelle graine ne poussent qu'avec beaucoup d'engrais et de pesticides, et parce que, eux aussi, ne dégagent rien s'il y a trop de pluie ou trop de sécheresse. Alberto est convaincu qu'il fait tout correctement. Il dit qu'il fait des affaires, et que son but est d'obtenir autant de profit que possible. Le bien commun est secondaire ...

Que les agriculteurs gagnent vraiment plus d'argent grâce à la nouvelle graine et les autres investissements ni Alberto ni les politiciens, ni les entreprises le vérifient. Les mozambicains qui participent déjà aux programmes assurent qu'ils ont moins de revenus depuis que les compagnies internationales se trouvent dans le pays. <<[720]

Dans les pays en développement, comme dans le cas du *Raiffeisenverband*, la coopération pour l'achat en commun, la vente et l'utilisation de machines agricoles devrait être encouragée. Les informations sur les conditions du marché, les conditions météorologiques et les plantes à cultiver sont déjà accessibles via smartphone. Il existe également des organisations proposant des petits prêts et des services de paiement électronique et de courtage de crédit.

Avec l'aide des médias modernes, les connaissances doivent être communiquées aux larges masses, et ainsi une attitude de travail et d'économie de marché peut être formée sur la base de laquelle le développement industriel peut se construire. Ce n'est que par le transfert de connaissances qu'une volonté peut se développer pour cocréer la vie sociale.

Cependant, cela exige que les pays industrialisés transforment leur politique de développement et leur politique agricole de la promotion du commerce extérieur en une véritable politique de développement. En effet, et je cite Horand Knaup et al., >> « Notre politique agricole et alimentaire ou même notre politique commerciale ont un impact négatif direct et indirect sur de nombreux pays en développement et surtout sur la population pauvre », critique Klaus Töpfer, qui a dirigé le programme environnemental des Nations Unies à Nairobi pendant de nombreuses années. « Voulons-nous promouvoir l'économie africaine ou la nôtre ? », s'interroge l'expert vert Uwe Kekeritz. ... « Tant que l'Europe et les Etats-Unis subventionneront si fortement leur agriculture, les agriculteurs africains n'auront aucune chance sur les marchés européens », explique l'expert d'Afrique Kappel, « en dehors des produits qui ne sont pas produits ici ».

Pour le scientifique africain Helmut Asche, professeur à l'Université de Mainz, la clé d'un développement solide du continent réside dans une réforme globale de la politique européenne du commerce, de l'agriculture et de la pêche. Bruxelles protège et subventionne les agriculteurs et les pêcheurs européens dans

---

[720] Veronika Frenzel: *Afrika kann die Welt retten*, in: Der Tagesspiegel, Nr. 23 161/ 2.7.2017, P. 7.

une dimension unique au monde. « Combattre une fuite qui devait être sérieuse mettrait fin à cette aide unilatérale », dit Asche. <<[721]

5. La responsabilité de l'Allemagne pour l'Europe et le monde

Si l'on retrace l'histoire de l'européisme, alors l'Allemagne a joué un rôle important au vu de sa position géographique. De Charlemagne, 800 après J-C, jusqu'à l'abdication de l'empereur François II de Habsbourg le 6 août 1806, soit environ 1000 ans, l'Allemagne se comprenait comme le *Saint Empire romain germanique* et donc en même temps comme le gardien de l'héritage antique et du christianisme.

Certes, l'importance de l'Empereur a régulièrement diminué au cours des siècles. Les souverains, qui à l'origine ne gouvernaient que comme suzerains, s'émancipèrent en rois, ducs et comtes souverains. L'empire a connu un affaiblissement supplémentaire à travers la Réforme, lors de laquelle les princes protestants ont privé le pape de ses fidèles et se sont rendus maîtres de leur église régionale.

Au XVe siècle, avec l'essor de l'Espagne et du Portugal et plus tard de la Hollande, suite à l'émergence des premières puissances navales hollandaises et leur expansion dans les territoires d'outre-mer, l'européisme occidental s'est développé, tirant sa force de l'aventure individuelle, du commerce et de la domination des mers.

Dans la foulée de la laïcisation et de l'émergence de l'absolutisme politique, la France est alors devenue la première puissance européenne, même si elle est en concurrence avec la Grande-Bretagne, qui a été de plus en plus fort. Avec la Révolution française et l'expansion de ses idéaux sur l'Europe continentale par Napoléon, le règne impérial européen est également passé des Habsbourg à Napoléon.

Après la chute de Napoléon, l'Angleterre est devenue le porte-drapeau de l'européisme occidental et a conservé ce poste jusqu'à la fin de la Première Guerre mondiale. Dès lors, la direction du monde occidental est passée aux États-Unis.

Cependant, l'origine de l'antagonisme Est-Ouest commença déjà avec la division de l'Empire romain et du christianisme en une église catholique et une église orthodoxe.

Les états d'Europe occidentale et la Russie ont acquis une puissance politique et militaire mondiale. Dans les pays d'Europe occidentale, cette dynamique était déterminée par le développement intellectuel individualiste : étatiste, militaire et intellectuel en France et darwinien, pragmatique, technique et économique en Angleterre. En Russie, en revanche, la motivation pour l'action politique était la césarienne et la motivation personnelle était un effort de salut collectif, mystique et chrétien, représenté par des poètes, des penseurs et des compositeurs russes.

Dans la pensée, le sentiment et la volonté allemande, l'héritage antique et chrétien et donc l'européisme véritable ont été mieux conservés dans sa polyva-

---

[721] Horand Knaup, Peter Müller, Jonas Weyrosta: *Das große Missverständnis*, dans : Der Spiegel, Nr.28/8.7.2017,   P.59.

lence, approfondis et développés. C'est ce que représentent les compositeurs, les poètes et les penseurs allemands. Goethe, Schiller et la philosophie idéaliste de Kant à Hegel sont particulièrement représentatifs de la motivation de la spiritualité allemande. À cet égard, les allemands étaient des citoyens du monde et comme on pensait « *le monde devrait se rétablir sur l'essence allemande* ».

Après la fondation de l'Empire à la fin de la guerre franco-prussienne de 1870/71 et l'abdication de l'empereur français Napoléon III, l'Allemagne voulait également devenir une puissance mondiale, économiquement, militairement et politiquement, et comme les autres états avoir « une place au soleil ». Après l'accession au trône de l'empereur Willem II, l'Allemagne a également bougé sur la scène politique d'une manière arrogante et maladroite et a provoqué les états de l'Ouest et de l'Est.

Tout comme la France a accompli la Révolution française non seulement pour la France mais pour le monde entier, de sorte qu'*être français* était synonyme d'*être citoyen du monde*, mais que les français retombaient dans un nationalisme étroit, l'Allemagne poursuivait des buts nationalistes après la fondation du Reich en 1871.

Toutefois, la confession de la nation est un progrès en ce sens que l'individu s'émancipe de ses relations tribales et familiales ainsi que de la domination étrangère. En outre, la sensibilisation à la culture nationale et son identification avec son patrimoine culturel enrichissent les gens. Mais, tout comme la richesse matérielle nous oblige à agir selon notre condition pour nos semblables et le monde, et que l'économie et la société sont détruites quand sa richesse devient une fin en soi, le citoyen devrait également utiliser leur patrimoine culturel national pour la bénédiction de l'humanité. Sinon, une tentative de contrôler et d'opprimer les autres peuples et de faire des guerres serait provoquée.

Historiquement, dans les circonstances politiques du dix-neuvième siècle, il n'était probablement possible que de réunir politiquement l'Allemagne, comme Bismarck l'a fait, cette union était le seul moyen pour exposer les pouvoirs économiques et scientifiques de l'Allemagne. Le nationalisme associé était, cependant, une plus grande trahison des idéaux allemands, précisément parce que l'Allemagne avait sa valeur en tant que nation culturelle.

Si l'histoire avait un sens, il serait logique que, comme dans les deux guerres mondiales le nationalisme était systématiquement devenu une fatalité pour les allemands, et c'est pourquoi l'Allemagne devrait aujourd'hui être la moins guidée parmi tous les pays européens par des intérêts purement nationaux.

Les allemands risquaient toujours de sacrifier leur propre identité à l'américanisme capitaliste occidental, égocentrique ou, comme avant le chute de la RDA, au soviétisme.

Le soviétisme s'est effondré économiquement, politiquement et socialement. L'américanisme s'est perverti en capitalisme de casino et en Trumpisme. L'Europe doit être la force motrice d'un développement économique et social harmonieux du monde et l'Allemagne, en tant que centre de l'Europe et puissance économique européenne, doit assumer une responsabilité particulière à cet égard. Le guide économique devrait être les principes de *l'économie sociale de marché* et le principe constitutionnel de la *propriété obligatoire*.

Ce qui est nécessaire pour le redressement de l'économie a déjà été présenté et fait l'objet de discussions publiques sur de nombreux aspects. Il a également été souligné comment les excédents d'exportations et les politiques d'austérité restrictives de l'Allemagne aggravaient les problèmes économiques en Europe et ailleurs.

Comme je l'ai déjà dit, la réduction des excédents budgétaires et, en outre, de la répartition inégale des revenus et des richesses en faveur de dépenses publiques plus élevées pourrait contribuer à accroître les importations et, partant, à réduire les excédents d'exportation.

En ce qui concerne la distribution des revenus et des richesses, il a été souligné que le revenu et la richesse ne sont le mérite de la génération actuelle que dans la mesure où les inventeurs et les entrepreneurs qui y vivent ont acquis des revenus et de la richesse. Tout ce qui a été hérité est le travail des générations précédentes devrait appartenir à nouveau à la communauté au plus tard au moment de la mort.

En outre, en ce qui concerne la culture héritée et le développement économique, ils sont le mérite des générations précédentes. Si les habitants des pays industrialisés en tiennent compte, ils devraient en être conscients et ressentir d'autant plus l'obligation de partager les héritages même avec ceux qui n'en bénéficient pas.

Le principe fondamental de l'économie n'est pas, comme le suggère le darwinisme capitaliste, seulement la lutte et la concurrence, mais la division du travail et la dépendance mutuelle. Même les entrepreneurs ne réussissent que dans la mesure où d'autres leur fournissent les précurseurs nécessaires et sont prêts à acheter leurs produits.

La concurrence continuera à développer l'économie, mais seulement tant que la réciprocité des relations économiques n'en souffrira pas. Si les relations économiques se tarissent, parce que toutes les ressources et tous les biens sont maintenant laissés aux mains de quelques-uns et que les autres sont exclus du processus économique, la demande économique est réduite. Touchés sont tous les gens, y compris les riches. C'est pourquoi chaque opérateur économique doit être intéressé par le fait que tout le monde puisse vivre et travailler et se développer de manière optimale. Un exemple frappant en est le plan Marshall de l'après-Seconde Guerre mondiale, qui a revitalisé l'économie européenne et qui a par la même créé un puissant partenaire économique pour les États-Unis.

Ce principe devrait guider la politique étrangère allemande et la politique du commerce extérieur. Tout d'abord, il s'agira de développer l'Europe dans son ensemble afin qu'elle ne soit pas écrasée par les États-Unis et la Russie et, en même temps, pour qu'elle puisse aider les pays en développement.

L'Allemagne, en tant que pays européen le plus fort économiquement, devrait montrer l'exemple dans la mise en œuvre des tâches de politique économique décrites. Alors seulement en donnant un exemple l'Allemagne peut insister pour que les autres pays s'attaquent à leurs déficits économiques, d'autant plus que les réformes signifient toujours des interventions douloureuses pour les anciens bénéficiaires.

La politique économique orientée vers l'offre doit être surmontée. L'objectif économique ne devrait pas viser principalement à accroître les profits des entrepreneurs, mais plutôt à répondre aux besoins de l'économie nationale et mondiale et à orienter le pouvoir d'achat dans ces pays. De plus, ce n'est qu'en stimulant la demande que des investissements suffisants peuvent être stimulés et qu'en cas de doute, les bénéfices des entreprises augmentent plus que dans une économie ralentie par une stagnation séculaire.

L'Allemagne peut apprendre de la politique économique et sociale des pays scandinaves. Les partenaires intra-européens les plus importants devraient être la France et la Pologne. Tout doit être fait pour que le nouveau président français, Emmanuel Macron, réussisse à revitaliser l'économie française et à donner ainsi l'exemple aux pays du sud de l'Europe.

Afin de calmer les relations politiques tendues avec la Russie, les craintes des pays d'Europe de l'Est vis-à-vis de la Russie devraient être surmontées et elles devraient jouer un rôle de passerelle sur l'énorme marché russe et les biens russes. La Pologne, en tant que plus grand pays d'Europe de l'Est, joue ici un rôle exemplaire. Pour cela, cependant, les tendances fascistes en Pologne doivent être surmontées.

D. Résumé

Sans le développement intellectuel, économique et social particulier de l'héritage antique et chrétien et de sa mondialisation, l'humanité n'aurait pas évolué comme auparavant. L'européisme a causé :

- L'émancipation de l'individu libre, confiant et autosuffisant des sociétés tribales et des hiérarchies familiales, et donc de la création de la science et de la technologie, d'une économie libérale et d'une forme d'état démocratique.
- Le retour de l'individu à la société et donc une relation sociale avec ses semblables et la responsabilité pour la terre.

Ce qui en Europe est juste plus ou moins deux composantes de l'européisme, diverge davantage à l'Ouest et à l'Est. Il devient à l'Ouest l'européisme extrêmement individualiste et capitaliste et à l'Est une attitude socialiste plus collective.

L'européisme occidental et oriental se développent de manière antagoniste. La mondialisation de l'Europe de l'Ouest prend ainsi la forme de la colonisation des territoires d'outre-mer et enfin d'un monde capitaliste dominé par les États-Unis et l'européisme oriental l'expansion de la Russie orientale à Vladivostok et à la mer Noire et finalement du bloc de l'Est dominé par les Soviétiques.

L'individualisation et la laïcisation de la société, qui se sont développées en Europe pendant mille ans, ont arraché aux non-européens leurs références traditionnelles dans un temps relativement court par la mondialisation de l'européisme et créé dans ces pays les grandes crises sociales, de plus les structures sociales étaient archaïques auparavant.

Les cultures avancées asiatiques ont pu s'adapter plus facilement à l'européisme, et le Japon, la Corée du Sud et, plus récemment, la Chine se sont ainsi alignés économiquement sur les pays industrialisés. Les pays africains, surtout s'il y a peu de d'européens établis ou que ceux-ci ont été exclus, sont encore relativement sous-développés. Ces pays souffrent en partie de conflits internes et d'élites corrompues. Néanmoins, le niveau de développement est, bien sûr, beaucoup plus élevé qu'avant la colonisation. Mais avec le progrès, de nouveaux problèmes sociaux sont apparus.

Dans les états musulmans, la résistance religieuse s'est également développée au cours de la mondialisation de l'européisme. L'Islam, comme le christianisme, contrairement aux religions à base ethnique, est une foi qui s'applique en principe à tous les peuples. Par conséquent, le christianisme et l'Islam se tenaient en concurrence l'un avec l'autres, « pour les âmes des hommes ».

Puisque l'Islam se considère comme la dernière révélation divine, il y a des réserves dans l'Islam contre les formes chrétiennes ou même laïques de la loi, parce que la laïcité est considérée à juste titre comme la sortie de l'européisme. Ajoutez à cela l'opposition fondamentale entre sunnites et chiites.

La propension à la violence accumulée au début de l'Islam s'était en grande partie endormie au fil des siècles, mais elle avait de nouveau rompu avec la mondialisation de l'européisme, l'effondrement de l'Empire ottoman et la fondation d'Israël.

De plus, l'européisme s'est mondialisé dans la partialité capitaliste occidentale et socialiste orientale et les européens n'apparaissent pas comme des citoyens du monde mais comme des nationalistes. Par conséquent, la mondialisation a été vécue comme une colonisation, une oppression et une exploitation.

En outre, les pays ont été divisés par des pays européens, tirant arbitrairement des frontières par groupes ethniques ou reliant différents groupes ethniques dans un même état. Par conséquence, l'émancipation des gens de leur tribu n'a pas fait d'eux des citoyens du monde, mais des nationalistes.

Pour le développement de l'économie, et donc aussi de la prospérité et de la société, la créativité de l'individu suscitée par l'européisme occidental s'est avérée être la force motrice. Au cours des décennies, l'entrepreneuriat s'est de plus en plus perverti dans l'idée de faire de l'argent capitaliste et transformer l'économie en capitalisme de casino.

En outre, les biens acquis ont été hérités - une relique de la société féodale et donc effectivement absurde dans une société liée à l'individu -. Ainsi, à chaque génération, la répartition des richesses et des revenus a changé en faveur de moins en moins et a fait que les conditions de départ à l'entrée dans la vie professionnelle des plus pauvres soient devenues plus difficiles.

Tant que l'économie réelle a été réinvestie en fonction de l'augmentation du volume de l'épargne, l'économie a pu se développer d'autant plus dynamiquement. Mais lorsque, à partir des années soixante, les opportunités d'investissement rentables sont restées en deçà du volume d'épargne croissant, l'économie est tombée dans une stagnation séculaire. L'émergence de crises dues à une demande insuffisante ne peut être évitée qu'en augmentant les dépenses publiques. Comme ceux-ci étaient financés non pas par des taxes et des impôts plus élevés, mais par des emprunts, la dette nationale augmentait et inonde de plus en plus de titres gouvernementaux sans valeur sur le marché des capitaux.

La masse de la population s'est émancipée des hiérarchies tribales et familiales, mais trouve sa propre confiance en soi dans la nation, les scientifiques et les entrepreneurs vont au-delà de l'enchaînement national et se sentent plutôt comme un citoyen du monde. En tant que capitalistes, et encore plus en tant qu'acteurs du marché des capitaux qui se livrent à des profits égoïstes, ils s'étendent aussi au-delà des frontières nationales avec de plus en plus de sociétés mondiales et deviennent des puissances qui défient l'ordre étatique. Comme les économies des états dépendent d'eux, les états rivalisent pour eux, offrant des impôts bas et d'autres avantages pour les attirer dans leur pays. Ce faisant, les états eux-mêmes contribuent à l'intensification de la stagnation séculaire et à la destruction de l'économie mondiale.

Afin de réduire les coûts de main-d'œuvre, les industries manufacturières des pays industrialisés sont délocalisées dans des pays à bas salaires, laissant le chômage ou des conditions d'emploi précaires pour les moins qualifiés des pays industrialisés. D'un autre côté, les grandes entreprises des pays industrialisés inondent les pays en voie de développement de leurs produits agricoles en détruisant les opérations domestiques. Les terres libres et de plus en plus de forêts vierges sont achetées et utilisées pour la production de masse de matières premières pour les pays industrialisés. De cela, à son tour, profiteront principalement les pays industrialisés et les élites corrompues dans les pays en développement.

La numérisation et la robotisation signifient que de plus en plus d'emplois seront perdus dans le monde entier. La rationalisation signifie également que le revenu du travail diminuera en faveur de bénéfices plus élevés et de rendements du marché des capitaux, c'est-à-dire une augmentation de la répartition inégale des richesses et des revenus et donc une augmentation de la stagnation séculaire et du capitalisme casino.

En raison de l'interdépendance internationale déjà atteinte et toujours croissante, de plus en plus tous les états sont touchés par des abus dans d'autres pays. Les problèmes multiples de l'économie pervertie, les besoins sociaux dans les pays en développement, les réfugiés et les conflits motivés par des raisons nationales et religieuses créent un chaos international.

Ce chaos pousse de plus en plus de personnes à douter de la signification de la mondialisation et de ses responsabilités, et à exiger un recul aux préoccupations nationales. Pour ces motifs, la Grande-Bretagne a quitté l'Union européenne et le nouveau président américain Donald Trump avec la devise « L'Amérique d'abord » poursuit une politique purement nationaliste de commerce extérieur. Le Trumpisme menace également de diviser et d'affaiblir l'Europe.

Les États-Unis sont assez grands en tant que zone économique et puissance industrielle et peuvent se permettre une politique d'isolement, même s'ils se font du mal eux-mêmes, au moins durant la phase de transition. Les petits pays, cependant, deviennent le jouet des sociétés internationales si elles ne peuvent pas se joindre à d'autres pays pour former un espace économique plus vaste et exercer une influence sur le comportement entrepreneurial uniquement à travers la taille de leur marché.

Avec le développement des économies émergentes, et en particulier de la Chine, les superpuissances du monde, les Etats-Unis et la Russie, et donc l'européisme occidental et oriental, perdent de leur importance. Mais cela ne signifie pas que l'européisme deviendrait obsolète comme moteur d'un développement économique et social plus poussé. Au contraire, il est important de se souvenir des véritables idéaux de l'européisme. Cela ne peut venir que du centre européen - au double sens du terme. C'est pourquoi l'Europe a besoin de se consolider et de se renforcer, mais doit rester aussi cosmopolite que possible.

Les idéaux de la Révolution française « Liberté, égalité, fraternité » doivent avoir le même poids, et ce qui doit être fait et quelle responsabilité particulière incombe à l'Allemagne a été démontré. Mais peut-être il fallait un président américain aussi erratique, Donald Trump, pour se remémorer et surmonter une *politique du 'on continu comme ça'.*

Bibliographie

Abrahamian, Ervand: *A History of Modern Iran*. Cambridge Univ. Press, 2008, ISBN 978-0-521-52891-7.

Al-Marashi, Ibrahim, Sammy Salama: *Iraq's Armed Forces: An Analytical History*, New York, 2008.

Al-Massad Joseph: *Colonial Effects. The Making of National Jordan*. New York City 2001.

Ansprenger, Franz: *Auflösung der Kolonialreiche* München, 4. Aufl. 1981.

Asadi, Awat: *Der Kurdistan-Irak-Konflikt. Der Weg zur Autonomie seit dem Ersten Weltkrieg*, Berlin 2007.

Axworthy, Michael: *Revolutionary Iran: A History of the Islamic Republic*. 1. Aufl. Penguin Books, London 2013, ISBN 978-1-84614-291-8, S. 28.

Baba, Masao/Tatemoto, Masahiro: *Foreign Trade and Economic Growth in Japan: 1858-1937*. in: Klein, Lawrence/ Ohkawa, Kazushi: *Economic Growth. The Japanese Experience since the Meiji Era*. Richard D. Irwin Inc. Illinois, 1968.

Balaghi, Shiva: *Saddam Hussein* - A Biography, Westport, 2006.

Barker, A. J.: *The First Iraq War, 1914-1918: Britain's Mesopotamian Campaign* (New York: Enigma Books, 2009). ISBN 978-1-929631-86-5

Barth, Boris: *Die Zäsur des Ersten Weltkriegs. Hochzeit und Dekolonisation der Kolonialreiche*. In: Ders. et al.: *Das Zeitalter des Kolonialismus*. Stuttgart 2007.

Benz, Ernst: *Die russische Kirche und das abendländische Christentum*, München 1966.

Bierling, Stephan: *Geschichte des Irakkrieges. Der Sturz Saddams und Amerikas Albtraum im Mittleren Osten*. Beck, München 2010.

Black, George: *Genocide in Iraq: The Anfal Campaign Against the Kurds*. Human Rights Watch, 1993, ISBN 978-1-56432-108-4.

Borscheid, Peter: *Das Tempo-Virus. Eine Kulturgeschichte der Beschleunigung*, Campus Verlag Frankfurt/New York 2004.

Böss Otto: *Die Lehre der Eurasier. Ein Beitrag zur russischen Ideengeschichte des 20. Jahrhunderts*. Harrassowitz, Wiesbaden 1961.

Brechna, Habibo: *Die Geschichte Afghanistans*. 2. Auflage. vdf Hochschulverlag AG, Zürich 2012, ISBN 3-7281-3391-4.

Bringen, Dieter, Krzysztof Ruchniewicz (Hrsg.): *Länderbericht Polen*. Bundeszentrale für politische Bildung, Bonn 2009, ISBN 978-3-593-38991-2, S. 373.

Buchta, Wilfried: *Terror vor Europas Toren. Der Islamische Staat, Iraks Zerfall und Amerikas Ohnmacht*. Campus Verlag, Frankfurt am Main, 2015, ISBN 978-3-593-50290-8.

Clausen, Markus: *Am Ursprung des Arbeitsethos*, Schweizer Monatshefte : Zeitschrift für Politik, Wirtschaft, Kultur, Band (Jahr): 75 (1995), Heft 3, S.23, PDF erstellt am: 30.05.2016. Persistenter Link: http://dx.doi.org/10.5169/seals-165423 .

Clements, Frank: *Conflict in Afghanistan: A Hist. Encyclopedia*. ABC-CLIO, 2003, ISBN 1-85109-402-4.

Collins, Joseph J.: *Understanding War in Afghanistan.* National Defense University Press, Washington, D.C. 2011. ISBN 978-1-78039-924-9.

Conermann, Stephan und Geoffrey Haig (Hrsg.): Asien und Afrika: Beiträge des Zentrums für Asiat. und Afrik. Studien (ZAAS) der Christian-Albrechts-Universität zu Kiel. Bd. 8. Die Kurden. Schenefeld 2004.

Cooper, J. P.: *The New Cambridge Modern History*, Volume IV: The Decline of Spain and the Thirty Years War, 1609–48/59. CUP Archive, 1979, ISBN 0521297134.

Drews, Peter: Herder und die Slawen. Mat. zur Wirkungsgeschichte bis zur Mitte des 19. Jahrhunderts. München 1990. Und auch das Kapitel 1.3.2 Die Spezifika der poln. Geschichte und ihre Mythologisierung.

Eckelt, Markus: *Syrien im internationalen System. Die Politische Ökonomie des Ba'th-Regimes vor und nach der doppellten Zäsur 1990, Demokratie und Entwicklung* Bd.64, LIT Verlag.

Edlinger, Fritz (Hg.): *Libyen. Hintergründe, Analysen, Berichte*, Wien 2011.

Esmeray: *"Das Reich der Osmanen"*, Diplomarbeit, http://meissoun.ch/i-harem.html.

Fahmy, Khaled: *All The Pasha's Men – Mehmed Ali, his army and the making of modern Egypt*, Kairo, New York, 1997.

Finkel, Caroline: *Osman's Dream: The Story of the Ottoman Empire 1300–1923.* John Murray, London 2006, ISBN 978-0-7195-6112-2.

Gassert, Philipp und andere (Hrsg.): *Zweiter Kalter Krieg und Friedensbewegung.* München 2011.

Geißler, Karlheinz A.: *Die Zeiten ändern sich. Vom Umgang mit der Zeit in unterschiedlichen Epochen*, in: Aus Politik und Zeitgeschichte. Beilage zu Wochenzeitung Das Parlament vom 30.07.1999.

Gellermann, Uli/Friedhelm Klinkhammer /Volker Bräutigam: *Die Macht um acht. Der Faktor Tagesschau* , Papa Rossa Verlag Köln 2017.

Ghani, Cyrus: *Iran and the Rise of Reza Shah. From Qajar Collapse to Pahlavi Rule.* I. B. Tauris, London u. a. 2000, ISBN 1-86064-629-8.

Ghirshman, R.: *Afghanistan*, (ii) ethnography, in The Encyclopaedia of Islam. New Edition, CD-ROM Edition v. 1.0 ed., Leiden, Niederlande

Glatzer, Bernt: *Afghanistan: Ethnic and tribal disintegration?* In: William Maley (Hrsg.): Fundamentalism Reborn?: Afghanistan And The Taliban. New York Univ. Press, New York 1998, ISBN 0-8147-5585-2.

Goerdt, Wilhelm: *Russische Philosophie*, Verlag Karl Alber Freiburg/München 1984.

Gronau, Dietrich: *Mustafa Kemal Atatürk oder die Geburt der Republik.* Fischer, Frankfurt am Main 1994.

Gronke, Monika: *Geschichte Irans, Von der Islamisierung bis zur Gegenwart.* 3. Aufl. C.H. Beck Verlag, 2009, ISBN 978-3-406-48021-8.

Gründer, Horst: *Geschichte der deutschen Kolonien*, Schöningh UTB.

Guthrie, Alice: *Decoding Daesh: Why is the new name for ISIS so hard to understand?*, Free Word Centre vom 19. Februar 2015.

Hoekmann, Gerrit: *Zwischen Ölzweig und Kalaschnikow, Geschichte und Politik der palästinensischen Linken*, Münster 1999, ISBN 3-928300-88-1.

Hofmann, Tessa: *Annäherung an Armenien. Geschichte und Gegenwart*. München: Beck, 1997.

Holik, Josef: *Die Rüstungskontrolle: Rückblick auf eine kurze Ära*. Duncker & Humblot, 2008, ISBN 978-3-428-12928-7.

Hottinger, Arnold: *7mal Naher Osten*. München 1972.

İnalçık, Halil und Donald Quataert (Hrsg.): *An economic and social history of the Ottoman Empire*. 1. Auflage. Cambridge University Press, Cambridge, New York 1997, ©1994, ISBN 0-521-34315-1.

Isam, Salem Kamel: *Islam und Völkerrecht. Das Völkerrecht der islamischen Weltanschauung*. Berlin 1984.

Karsh, Efraim, Inari Rautsi: *Saddam Hussein - A political biography*, New York, 1991.

Kazimierzewicz, Kasimierz: *Europa wird es kosakisch oder republikanisch? Eine auf die Memoiren Napoleons, das Testament Peter des Großen und viele andere gewichtsvolle Dokumente gestützte Abhandlung über die unserem Welttheil drohenden Gefahren und die Mittel zu deren Abwendung als Vorlage für einen europäi-schen Kongress*. 2. Aufl. Leipzig 1866

Küpeli, Ismail: *Was ging schief beim 'Untergang des Morgenlandes'?*, München, 2006.

Kreiser, Klaus, Christoph K. Neumann: *Kleine Geschichte der Türkei*, Stuttgart 2009.

Kruhöffer, Gerald: *Was heißt christliche Freiheit heute?*, Text erschienen im Loccumer Pelikan 3/2003.

Landgrebe, Alix: „Wenn es Polen nicht gäbe, dann müsste es erfunden werden" Die Entwicklung des polnischen Nationalbewusstseins im europäischen Kontext, Studien der Forschungsstelle Ostmitteleuropa an der Univer-sität Dortmund, Bd. 35, Harrassowitz Verlag 2003.

Leo, M.: *Patriotische Färbung und Wirklichkeit in der russ. Literatur im ersten Drittel des XVIII. Jahrhunderts*. Diss./Münster 1969, ungedr.

Lepetit, Bernard: *Frankreich 1750-1850*, in: Mieck, Ilja (Hg.) (1993): Hdb. der europäischen Wirtschafts- und Sozialgeschichte, Bd. 4, Stuttgart.

Lewis, Bernard: *The Political Language of Islam*. Chicago 1988.

Lister, Charles: *Profiling the Islamic State*, Brookings Doha Center, 2014.

Löwer, Hans-Joachim: *Die Stunde der Kurden. Wie sie den Nahen Osten verändern*, Wien–Graz–Klagenfurt 2015.

Marr, Phebe: *The Modern History of Iraq*, Boulder, 2012.

Mehmet, Özay: *Fundamentalismus und Nationalstaat*. Europ. Verlagsanstalt 2002. ISBN 3-434-46104-3.

Meier, Andreas: *Der politische Auftrag des Islam*, Wuppertal 1994.

Meiers, Franz Josef: *Von der Entspannung zur Konfrontation: die amerikanische Sowjetpolitik im Widerstreit von Innen- und Außenpolitik 1969–1980*. Brockmeyer, 1987, ISBN 3-88339-630-3.

Meyer, Henrik: *Hamas und Hizbollah. Eine Analyse ihres Politischen Denkens*. LIT Verlag, 2009, ISBN 978-3-8258-1836-4.

Milton-Edwards, Beverley, Farrell, Stephen: *Hamas: The Islamic Resistance Movement*. John Wiley & Sons, 2010, ISBN 978-0-7456-4296-3.

Mittelsten Scheid Jörg: *Pulverfass Pakistan*. Nikolaische Verlagsbuchhandlung GMBH,Berlin, ISBN 978-3-89479-808-6.

Morris, Benny: *1948 – A History of the First Arab-Israeli War*. New Haven 2008.

Mustafa Nazdar (Pseud.): *Die Kurden in Syrien*, in: Gérard Chaliand (Hrg.), Kurdistan und die Kurden, Bd. 1, Göttingen 1988, ISBN 3-922197-24-8.

Naimark, Norman M.: *Flammender Haß. Ethnische Säuberungen im 20. Jahrhundert*. Fischer Taschenbuch, Stuttgart 2008, (Originaltitel: Fires of Hatred: Ethnic Cleansing in Twentieth-Century Europe, 2001)

Oehring, Otmar: *Zur gegenwärtigen Situation der Christen im Nahen Osten*, KAS-Auslandsinfo., 4/2010.

Oğuzlu, H. Tarık: *The Turkomans of Iraq as A Factor in Turkish Foreign Policy: Socio-Political and Demo-graphic Perspectives*. Turkish Foreign Policy Institute, 2001, abg. am 6. 1. 2012.

Oliver Ernst: *Menschenrechte und Demokratie in den deutsch-türkischen Beziehungen. Die Menschenrechtspolitik der Bundesrepublik Deutschland im Spannungsfeld der inneren und äußeren Sicherheit*, Münster 2002.

Osterhammel, Jürgen: *Vom Umgang mit dem „Anderen". Zivilisierungsmissionen – in Europa und darüber hinaus*. In: Boris Barth et al.: Das Zeitalter des Kolonialismus. Stuttgart 2007.

Patterson, David: *Denial, Evasion, and Antihistorical Antisemitism: The Continuing Assault on Memory*. In Alvin H. Rosenfeld (Hrsg.): Deciphering the New Antisemitism. Indiana University Press, Bloomington (IN) 2015, ISBN 978-0-253-01865-6.

Petersen, Uwe: *Das Böse in uns. Phänomenologie und Genealogie des Bösen*, Novum Verlag 2005.

Petersen, Uwe: *Im Anfang war die Tat I. Die Geburt des Willens in der europäischen Philosophie*, Verlag Dr. Kovac Hamburg 2012.

Petersen, Uwe: Philosophie der Psychologie, Psychogenealogie und Psychotherapie. Ein Leitfaden für Philosophische Praxis, Verlag Dr. Kovac Hamburg 2010, S. 360ff.

Petersen, Uwe: *Raum, Zeit Fortschritt. Kategorien des Handelns und der Globalisierung*, Novum Verlag 2006.

Petersen, Uwe: *Säkulare Stagnation unser Schicksal. Grenzen der Angebotsorientierten Wirtschaftspolitik*, „. Aktual. Aufl. 2016.

Petersen, Uwe: *Sprache als wissenschaftlicher er Gegenstand, philosophisches Phänomen und Tat*, Königshausen @Neumann 2008.

Petersen, Uwe: Wirtschaftsethik und Wirtschaftspolitik, Verlag Dr. Kovac Hamburg 2010.

Ploetz, Michael, Hans-Peter Müller: *Ferngelenkte Friedensbewegung?* Münster 2004.

Poppe, Ulrike, Rainer Eckert, Ilko-Sascha Kowalczuk: *Zwischen Selbstbehauptung und Anpassung: Formen des Widerstandes und der Opposition in der DDR*. Christoph Links, Berlin 1995, ISBN 3-86153-097-X.

Radischtschew, A.N.: Ausgew. Werke …, Berlin 1959, *„Wer ist ein Sohn des Vaterlandes?"*;

Rasanayagam, Angelo: *Afghanistan: A Modern History*. I.B. Tauris, 2005 ISBN 1-85043-857-9.

Raschid, Achmed: *Taliban: Islam, Oil and the New Great Game in Central Asia*. I.B. Tauris, 2002 ISBN 1-86064-830-4 S.57.

Roemer, H. R.: *The Safavid Period*. In: The Cambridge History of Iran, Vol. 6: The Timurid and Safavid Periods. Cambridge University Press, Cambridge 1986, ISBN 0521200946, S. 189–350.

Schetter, Conrad: *II. Strukturen und Lebenswelten – Stammesstrukturen und ethnische Gruppen*.

Schimmel, Annemarie: *Das islamische Jahr. Zeiten und Feste*. C.H.Beck, München 2002, ISBN 3406475671.

Sedgwick, Mark J.: *Neo-Eurasianism in Russia*. In: Against the Modern World. Traditionalism and the Secret Intellectual History of the Twentieth Century. Oxford University Press, New York 2004, ISBN 0-19-515297-2, S. 221–240.

Segev, Tom: *Es war einmal ein Palästina – Juden und Araber vor der Staatsgründung Israels*. 4. Auflage, München 2005.

Sezgin, Fuat: *Geschichte des arabischen Schrifttums*. Brill, 1967. Band 1.

Shirali Mahnaz: *The Mystery of Contemporary Iran*. 1. Aufl. Transaction Publishers, New Brunswick 2015, ISBN 978-1-4128-5462-7.

Simonyi, K.: *Kulturgeschichte der Physik*, Wiss.Verlag Harry Deutsch 2001, ISBN 3-8171-1651-9.

Solowjew, Wl.: Deutsche Gesamtausgabe der Werke, Freiburg i.Br. 1957.

Ternon, Yves: *Tabu Armenien: Geschichte eines Völkermordes*. Frankfurt am Main Berlin 1988.

Umland, Andreas: *Alexander Dugin, the Issue of Post-Soviet Fascism, and Russian Political Discourse Today*. In: Russian Analystical Digest. 14, Nr. 7, 2007.

Utermark, Sören: *„Schwarzer Untertan versus schwarzer Bruder". Bernhard Dernburgs Reformen in den Kolonien Deutsch-Ostafrika, Deutsch-Südwestafrika, Togo und Kamerun*, Dissertation, Uni. Kassel 2012.

Vrabl, Andreas: *„Libyen: Eine Dritte Welt - Revolution in der Transition"*, Diplomarbeit, Wien 2008.

Wallerstein, Immanuel: Unthinking Social Science, London, 1991.

Wendorff, Rudolf (1980): *Zeit und Kultur. Geschichte des Zeitbewusstseins in Europa*, Opladen.

Wiedemann, Erich: *DAS ZEITALTER DER KOLONIEN ZWIESPÄLTIGES ERBE*, in: SPIEGEL SPECIAL Geschichte 2/2007.

Wiederkehr, Stefan: *»Kontinent Evrasija« – Klassischer Eurasismus und Geopolitik in der Lesart Alexander Dugins*, in: Markus Kaiser (Hrsg.): Auf der Suche nach Eurasien. Politik, Religion und Alltagskultur zwischen Russland und Europa. Transcript, Bielefeld 2004, ISBN 3-89942-131-0.

Wiederkehr, Stefan: *»Kontinent Evrasija« – Klassischer Eurasismus und Geopolitik in der Lesart Alexander Dugins*. In Markus Kaiser (Hrsg.): Auf der Suche nach Eurasien. Politik, Religion und Alltagskultur zwischen Russland und Europa. Transcript, Bielefeld 2004, ISBN 3-89942-131-0, S. 125–138.

Wilke, Boris: *Governance und Gewalt. Eine Untersuchung zur Krise des Regierens in Pakistan am Fall Belutschistan.* (Memento vom 22. Dezember 2009 im Internet Archive) (PDF; 731 kB) SFB – Governance Working Paper Series, Nr. 22, November 2009.

L'auteur

Uwe Petersen, né en 1932, a étudié les sciences sociales et a obtenu un diplôme en économie en 1956 à Heidelberg. Après une étude ultérieure de philosophie et de droit international, il a reçu son doctorat en 1964 à Heidelberg auprès de Hans-Georg Gadamer (co-auteur de Jürgen Habermas) avec la dissertation *La relation de la théorie et de la pratique en phénoménologie transcendantale de Edmund Husserl*. À partir de 1965, il a travaillé dans divers groupes économiques, puis dans le conseil en développement des affaires et en gestion stratégique et est cofondateur de sociétés de développement des affaires. Depuis 1998, il se concentre sur des sujets philosophiques d'action.

Publications précédentes :

Das Verhältnis von Theorie und Praxis in der Transzendentalen Phänomenologie Edmund Husserls, Dissertation Heidelberg 1964

Ost-West-Kooperation- Möglichkeiten und Grenzen, Rissener Studien, Eigenverlag HAUS RISSEN, Institut für Politik und Wirtschaft 1974

Arbeitslosigkeit unser Schicksal - Wirtschaftspolitik in der Stagflation Peter Lang Verlag, Frankfurt/M. 1985

Finanzmittelplanung in: "Unternehmensgründung, Handbuch des Gründungsmanagements", Verlag Franz Vahlen, München 1990

Finanzmittelplanung, in "Gründungsplanung und Gründungsfinanzierung", Beck-Wirtschaftsberater im dtv, 1991, 2. völlig überarb. Auflage 1995, Finanzbedarfs- und Finanzierungsplanung in 3. Aufl. 2000.

Das Böse in uns. Phänomenologie und Genealogie des Bösen novum Verlag Horitschon-Wien-München 2005.

The Evil in us Phenomenology an Genealogy of Evil, novum pro Verlag 2014.

Raum, Zeit, Fortschritt. Kategorien des Handelns und der Globalisierung novum Verlag, Horitschon-Wien-München 2006.

Das Verhältnis von Theorie und Praxis in der Transzendentalen Phänomenologie Edmund Husserls, Réimpression de la thèse de Heidelberg avec un addendum:*Husserl als Handlungsphilosoph*, Philosophische Reihe Hg. J. Heil, Turnshare Ltd. London 2007.

Kreativität und Willensfreiheit im Zwielicht sinnlicher Erfahrung und theoretische Leugnung, Königshausen& Neumann, Würzburg 2007.

Religionsphilosophie der Naturwissenschaften, Philosophische Reihe Hg. J. Heil, Turnshare Ltd. London 2007.

Sprache als wissenschaftlicher Gegenstand, philosophisches Phänomen und Tat, Königshausen& Neumann, Würzburg 2008.

Philosophie der Psychologie, Psychogenealogie und Psychotherapie.
Ein Leitfaden für Philosophische Praxis, Verlag Dr. Kovač 2010.

Wirtschaftsethik und Wirtschaftspolitik. Zur Lösung der globalen Wirtschaftskrise.
Von der liberalen zur sozialliberalen Wirtschaftsordnung, Verlag Dr. Kovač 2010.

Anthropologie und Handlungsphilosophie, Verlag Dr. Kovač 2011

Unkonventionelle Betrachtungsweisen zur Wirtschaftskrise.
Von Haien, Heuschrecken und anderem Getier, Peter Lang Verlag 2011.

Unkonventionelle Betrachtungsweisen zur Wirtschaftskrise II.
  Krankheiten des Wirtschaftssystems und Möglichkeiten und Grenzen ihrer Heilung. Peter Lang Verlag 2011.

Unkonventionelle Betrachtungsweisen zur Wirtschaftskrise III.
  Was ist zur Lösung der Krise zu tun? Peter Lang Verlag 2012.

Unconventional Consideration Manners of the Economic Crisis III.
  What is to be done for the solution of the crisis? Peter Lang Verlag 2013

Im Anfang war die Tat I. Die Geburt des Willens in der Europäischen Philosophie

Im Anfang war die Tat II. Vom Willen zur Tat Verlag Dr. Kovač 2012.

Are we Doomed to Secular Stagnation? Limitations of Supply-Side Economic Policies.2014,
  ISBN -13: 978-1503319103.

Säkulare Stagnation unser Schicksal? Grenzen der Angebotsorientierten Wirtschaftspolitik.
  2. aktual. Aufl. 2016, ISBN 978-3-00-054939-7.

Zeitfracht Medien GmbH
Ferdinand-Jühlke-Straße 7
99095 Erfurt, Deutschland
produktsicherheit@kolibri360.de